《中国近现代史纲要》学习指导

ZHONGGUO JINXIANDAISHI GANGYAO
XUEXI ZHIDAO

主　　编 ○ 冯　兵
副 主 编 ○ 王玉娟
参编人员 ○ 刘吕红　黄　茂　简红雨　付志刚　于爱华
何志明　刘　肖　邓宏烈　王杰伶　吴国富
邢　艺　冯　兵　王玉娟　周　越　刘正芳
张　践　薛一飞

四川大学出版社

责任编辑:徐丹红
责任校对:周　颖
封面设计:何东琳
责任印制:王　炜

图书在版编目(CIP)数据

《中国近现代史纲要》学习指导 / 冯兵主编. —成都：四川大学出版社，2019.1
ISBN 978-7-5690-2722-8

Ⅰ.①中…　Ⅱ.①冯…　Ⅲ.①中国历史-近代史-高等学校-教学参考资料②中国历史-现代史-高等学校-教学参考资料　Ⅳ.①K25

中国版本图书馆 CIP 数据核字（2019）第 016180 号

书名　**《中国近现代史纲要》学习指导**

主　　编　冯　兵
出　　版　四川大学出版社
地　　址　成都市一环路南一段 24 号 (610065)
发　　行　四川大学出版社
书　　号　ISBN 978-7-5690-2722-8
印　　刷　郫县犀浦印刷厂
成品尺寸　185 mm×260 mm
印　　张　19.25
字　　数　467 千字
版　　次　2019 年 1 月第 1 版
印　　次　2019 年 7 月第 2 次印刷
定　　价　46.00 元

◆读者邮购本书,请与本社发行科联系。
电话:(028)85408408/(028)85401670/(028)85408023　邮政编码:610065
◆本社图书如有印装质量问题,请寄回出版社调换。
◆网址:http://press.scu.edu.cn

序

一

中国共产党第十九次全国代表大会把十八大以来党的理论创新成果概括为新时代中国特色社会主义思想，新修订的《中国共产党章程（修正案）》把习近平新时代中国特色社会主义思想确立为中国共产党的行动指南。为推动习近平新时代中国特色社会主义思想“进教材、进课堂、进头脑”，深入贯彻落实党的十九大和十九届二中、三中全会精神，中宣部、教育部组织对包括《中国近现代史纲要》在内的高校思想政治理论课教材进行修订，新版教材全面体现了党的十九大精神，全面贯彻了习近平新时代中国特色社会主义思想。

为了深刻理解新思想，以帮助学生更好地理解中国近代以来抵御外来侵略、争取民族独立、推翻反动统治、实现人民解放的历史，更好地理解中国特色社会主义现代化建设的任务，更好地帮助学生了解国史、国情，深刻领会历史和人民怎样选择了马克思主义，怎样选择了中国共产党，怎样选择了社会主义道路，怎样选择了改革开放，按照“新时代高校思想政治理论课教学工作基本要求”，四川大学马克思主义学院组织骨干教师，对《中国近现代史纲要》〈学生指导用书〉进行了修订，融入了新版教材的相关内容。

二

本次学习指导用书的修订，主要遵循了以下几点原则。

第一，以习近平新时代中国特色社会主义思想为指导。本指导用书主要体现在力争能够全面体现党的十九大精神，全面贯彻习近平新时代中国特色社会主义思想，因而在修订原有十讲的基础上，新增了两讲内容，即第十讲和第十二讲。

第二，实现教材体系向教学体系的转化。吸收学术界研究的新成果，把教材内容体系转化为教学内容体系，以利于学生全面、准确把握《中国近现代史纲要》教材基本内容为出发点，为教师和学生提供教和学的参考。

第三，在“老老实实、原原本本”学懂、弄通中运用文献。本学习指导用书文献研读内容主要包括党的十九大文献和十九届二中、三中全会文献等相关重要文献。

第四，结合教材基本内容，突出教学重点。2018 年新版教材上编增写增强“四个自信”、马克思主义中国化的历史进程，帮助学生深刻认识中国化马克思主义的形成及其深远意义，牢记党和人民在当今世界安身立命、风雨前行的资格，警惕和反对历史虚无主义思潮等内容。中编融入了十九大主题，这也是党中央向全党发出的为夺取新时代中国特色社会主义伟大胜利动员令的最本质的内容。第六章中，融入了习近平总书记在 2015 年中国人民抗日战争暨世界反法西斯战争胜利 70 周年纪念大会上发表的系列重要讲话等内容，帮助师生把握重大问题和关键问题。特别要强调不仅仅是“七七事变”后全面抗战 8 年的历史，而且更要关注“九一八事变”后 14 年抗战的历史。第四章中，加强了对中国共产党成立意义的论述；阐述了“不忘初心，牢记使命”的思想；增写了红船精神等。第五章中，根据习近平的重要论述，对南昌起义、遵义会议的意义作了进一步阐述；进一步论述了红军长征及其胜利的意义和长征精神。下编根据中国特色社会主义的发展进程，在原来第十章的基础上，阐述了“文化大革命”结束至党的十八大以前的历史，形成新的第十章，即“中国特色社会主义的开创与接续发展”；另外遵循党的十九大关于中国特色社会主义进入新时代的重大政治论断，增写第十一章，即“中国特色社会主义进入新时代”，阐述十八大以来至 2018 年 3 月的历史。另外，依据中共十一届六中全会通过的历史决议，对“文化大革命”的发动及其错误的性质进行了更为准确的阐述。根据上述教材的新增内容，学习指导用书的内容进行了相应的增改。

三

新修订的“学生指导用书”在原来十讲的基础上，新增了两讲，由十二讲构成。

第一讲　贫困的深渊：中国沦为半殖民地半封建社会

第二讲　列强的铁蹄：反对外国侵略的斗争

第三讲　救亡图存的努力：对国家出路的早期探索

第四讲　帝制的终结：辛亥革命与君主专制制度的结束

第五讲　比较中的选择：开天辟地大事变

第六讲　伟大的开篇：中国革命新道路的开辟

第七讲　全民族抗战：伟大的中华民族的抗日战争

第八讲　民主共和的构想：为建立新中国而奋斗

第九讲　有中国特色的社会主义改造：社会主义基本制度的确立

第十讲　初期探索：社会主义建设的曲折发展

第十一讲　民族复兴的征程：社会主义建设的探索与改革开放

第十二讲　中国梦强国梦：中国特色社会主义进入新时代

每个专题由知识要点、重点问题、案例解析、延伸阅读、史学争鸣、实践指导、知识运用七个部分组成。

知识要点：主要是对教材的知识点进行简要的阐释。

重点问题：主要是从教材中抽象出来的重点问题进行深度阐释。

案例解析：结合专题内容，选取热点案例，进行分析。

延伸阅读：体现基于教材、高于教材的教学特点，以专题内容为核心，融入相关的材料进行拓展阅读。

史学争鸣：对专题所涉及的内容，抽出有争鸣的问题，进行介绍和辨析。

实践指导：针对思想政治理论课的理论和实践结合的特点，在理论学习的基础上，加强学生体验学习，以更深入地理解理论学习内容，提出了开展实践教学的建议。

知识运用：由单选题和材料题构成，主要在于梳理书本的知识点及知识点的运用，帮助学生对学习情况进行自测。

四

近年来，除了学生指导用书的编写外，《中国近现代史纲要》教研室还推进了系列教学改革活动。

一是开展了跨校集体备课活动。由学院邀请和主办，教研室全体老师参加了在四川大学举行的南开大学、厦门大学、兰州大学和四川大学《中国近现代史纲要》课程教学首届“四校联动集体备课”活动，并派出骨干教师参加由厦门大学和南开大学主办第二届和第三届“四校联动集体备课”活动。通过跨校集体备课活动，扩大了视野，吸收了著名高校的优点，有效地提升了本门课程的教学质量。

二是教学与党建工作紧密融合，着力打造出“红动1小时”主题实践教学活动。从本门课程特点和学校特色出发，充分发挥学生的主动性和创造力，以自制微视频进行微纪实，并走向中小学课堂和社区开展1小时左右的宣介活动，在与中小学生和基层党员群众的互动过程中，实现一次超越课堂的反击“历史虚无主义”的自我教育和相互教育。目前，“红动1小时”成为学校思想政治理论课教学中的一个主题实践教学创新品牌。

三是充分运用并发挥学校智慧课堂的资源优势，组织多样化的教学课堂形式，提高教学效果。教研室主讲教师中年轻教师所占比例较高，有利于接受和实践新媒体新技术，并将之熟练地运用到课堂教学中，成功地将传统教学形式与现代新媒体技术结合，将“教学相长”和“教研相促”理念落到实处，坚定“立德树人”的使命，将学生培养成堪担民族复兴大任的时代新人，成为中国特色社会主义事业合格的接班人与建设者。

通过努力，教研室形成了一支由13位主讲教师构成的结构合理、队伍稳定、梯队完整的高素质教学团队。团队中现有教授3人，副教授（副研究员）8人，其中博导1人，硕导6人。教师中博士学位覆盖率达85%。在教研室老师们的共同努力下，本门课程被成功打造成省级资源共享课程。当前，教研室全体教师正凝心聚力攻坚克难，以此课程指导用书编写为基础，建设理论体系、教材体系、教学体系、价值体系，奋力将此课程打造成为国家级精品课程。

四川大学马克思主义学院

《中国近现代史纲要》课程负责人：刘吕红

目 录

第一讲　贫困的深渊：中国沦为半殖民地半封建社会

一、知识要点

（一）基本线索

中国是世界上历史最悠久的文明古国之一。璀璨的中国古代文明具有源远流长、博大精深、影响深远的特征。公元前 475 年，中国步入封建社会，至 1840 年的鸦片战争，历经了漫长的 2300 余年。

在一个稳定结构的支撑下，中国封建社会迟滞而漫长。到 18 世纪末、19 世纪初，一方面，中国走到了封建社会的末世，僵化的、没落的封建制度和君主专制主义的政治统治，阻碍着先进生产力的发展和科学技术的进步，无力解决各种各样的社会矛盾和社会危机；另一方面，英国、美国、法国等几个主要西方国家，先后通过资产阶级革命，挣脱了封建主义的束缚，建立了资产阶级政权，率先实行并完成了工业革命，使资本主义制度得到了确立，资本主义经济得到了迅猛发展。

专制、保守、落后的中国和不断向外殖民扩张的英国是世界范围内封建主义与资本主义两个世界的代表。在 18 世纪末、19 世纪初的特殊时期里，两个世界之间发生了冲突，中英两国在 1840 年爆发了鸦片战争。

鸦片战争使中国从传统社会转变为近代社会，从封建社会转变为半殖民地半封建社会。外国资本主义国家，迫使中国签订了一系列不平等条约，在破坏中国主权的同时，一步步地控制了中国的政治、经济、外交和军事，中国丧失了完全独立发展的条件，因而变成了半殖民地。与此同时，外国资本主义的侵略又把中国卷入了世界资本主义经济体系和世界市场之中，这一方面破坏了中国自给自足的自然经济的基础，另一方面又刺激了中国资本主义的发展，使中国成了半封建社会。半殖民地半封建的社会性质，体现在近代中国政治、经济、文化和社会的各个领域，两者是密切结合、互相联系的统一整体。

（二）知识要点

1. 中国古代文明的特征

第一，源远流长；第二，博大精深；第三，影响深远。

2. 封建社会漫长而迟滞的原因

第一，中国封建社会的政治制度是高度集权的封建君主专制制度。

第二，在中国封建社会中，封建地主土地所有制经济占主导的地位，以个体家庭为单位并与家庭手工业牢固结合的小农经济是中国封建社会的基本结构。

第三，社会结构的特点是族权和政权相结合的封建宗法等级制度，其核心是宗族家长制，突出君权、父权、夫权。

第四，文化思想体系是以儒家思想为核心的文化专制制度。

中国封建社会的经济、政治、文化、社会结构，一方面巩固和维系了中国封建社会的稳定、延续，另一方面也使其前进缓慢甚至迟滞，并造成了不可克服的周期性政治、经济危机。

3. 鸦片战争前夕的中国与世界

16 世纪至 19 世纪初，西方资本主义已经产生、发展，西方殖民主义势力肆意向外扩张；中国的清王朝衰相尽显，潜伏着很多危机。至鸦片战争前夕，东西方的发展走向出现了巨大的反差，这使古老的中国遇到了空前严重的挑战。

4. 鸦片战争是近代中国的起点

鸦片战争和《南京条约》等一系列不平等条约的签订，为外国资本主义打开了入侵中国的大门，对近代中国社会产生了深刻的影响。

鸦片战争前，中国是一个领土完整、主权独立的封建国家；鸦片战争后，中国的领土、领海、关税、司法等主权的完整遭到破坏，受到外国侵略者的干涉和控制，清王朝从一个独立的封建国家逐渐沦为半殖民地国家。

鸦片战争前，中国是一个经济上自给自足的封建国家。鸦片战争后，中国封建自然经济逐渐解体，逐渐成为资本主义世界的商品市场和原料供给地。外国资本主义的入侵在客观上促进了中国商品经济的发展，刺激了中国民族资本主义的产生。中国从一个完全的封建社会转变为半封建社会。

随着社会性质的变化，中国社会的主要矛盾、历史任务等也发生了变化，中国革命进入了一个新的时期，即反帝反封建的民主革命时期。鸦片战争成为中国历史的转折点，标志着中国近代史的起点。

5. 近代中国社会的基本国情

近代中国社会性质：半殖民地半封建社会。

近代中国社会的基本特征：体现在近代中国政治、经济、文化、社会、外交的各个领域。

6. 近代中国社会的主要矛盾

近代中国社会矛盾错综复杂，包括中华民族与资本－帝国主义的矛盾、农民与地主阶级的矛盾、资产阶级与地主阶级的矛盾、无产阶级与资产阶级的矛盾、封建统治各集团派系的矛盾、各帝国主义国家在中国争夺的矛盾等。其中，中华民族与资本－帝国主义之间的民族矛盾、封建主义和人民大众之间的阶级矛盾，是近代中国社会的两大主要矛盾。

7. 近代以来中华民族面临的两大历史任务

近代中国社会的历史任务：一个是求得民族独立和人民解放；一个是实现国家繁荣富强和人民共同富裕。

（三）内容框架

中国沦为半殖民地半封建社会
- 漫长的中国古代社会
  - 璀璨的中国古代文明
  - 中国封建社会的迟滞与衰落
  - 鸦片战争前夕的中国与世界
- 鸦片战争是中国近代史的起点
- 近代中国社会的基本国情
  - 近代中国社会的性质
  - 近代中国社会的基本特征
  - 近代中国社会的主要矛盾
  - 近代中国社会的历史任务

二、重点问题

（一）鸦片战争前夕的中国与世界

1. 中国封建社会危机四伏

鸦片战争前夕，清朝统治下的中国，已经处于封建社会的末期，危机四伏。

在政治上，中央高度集权的封建君主专制制度进一步强化，在这一时期继续表现其积极作用的同时，更多地表现出了抑制中国社会生机和活力的消极作用；日益加强的宗法等级制度的保守性严重阻碍着社会的发展和进步；更为严重的是，贪污成风，“少说话、多磕头”成为当时官场上的行为准则，而“三年清知府，十万雪花银”则是当时为官的普遍现象。

在经济上，中国生产方式已经落后，大量的传统手工作坊反映的是低下的生产力水平；生产结构中，小农经济延续了上千年，自给自足的自然经济占主要地位；在传统的“重农抑商”思想影响下，工商业的发展受到极大的压制；地主、商人、高利贷者常常结合在一起，致使生产技术的变动失去动力，造成封建经济发展的迟滞。

在军事上，清军装备陈旧，虽然有了一些抬枪和火枪，但比例有限，大刀、长矛和弓箭等冷兵器依然大量存在；清军营务废弛，八旗军操练不勤、游手好闲、纪律败坏，难以形成强大的战斗力。

总之，中国封建社会的经济、政治、文化等结构的惯性前行而形成的路径依赖成为中国社会前进缓慢甚至迟滞的桎梏；同时，日渐激化的社会矛盾和阶级矛盾严重地动摇着封建统治的根基。到鸦片战争前夕，还做着“天朝上国”美梦的清王朝却不知道四周已潜伏着许多危机，且在故步自封中远远落后于西方资本主义国家。

2. 世界资本主义快速发展

与中国封建社会危机四伏相比，西方国家却呈现出快速发展的态势。到18世纪，英国、法国、美国等主要资本主义国家先后进行了资产阶级革命，建立了资产阶级政权。而18世纪至19世纪，由英国开启的工业革命迅速推广到欧洲，促进了西方资本主义国家的巨大发展，使“资产阶级在它的不到一百年的阶级统治中所创造的生产力，比过去一切世代创造的全部生产力还要多”[①]。工业革命极大地提高了生产力，巩固了资本主义各国的统治；工业革命引起了社会结构的重大变革，还促进了近代城市的兴起；工业革命大大密切了世界各地之间的联系，改变了世界的面貌，最终确立了资产阶级对世界的统治。

然而，获得快速发展的资本主义国家，“如果不开发新的地方并把非资本主义的古老国家卷入世界经济的漩涡，它就不能存在与发展”[②]。因此，资本主义国家开启了“按照自己的面貌为自己创造出一个新世界”[③] 的过程，非资本主义的亚非拉等广大地区的人民就成为其奴役的对象。这些地区逐渐成为西方国家的殖民地，或半殖民地，或附属国家，也造成了东方从属于西方的世界格局。

西方资本主义国家的发展和殖民扩张，使古老的中国遭遇前所未有的挑战，也使中国闭关的大门面临打开的现实。到19世纪初，中国面临的生存危机是如此的临近，如此的致命。1840年，鸦片战争的炮火撞开了中国沉重的大门，也使中国渐渐陷入了半殖民地半封建社会的深渊。

（二）近代中国的两大历史任务及其关系

江泽民在十五大报告中指出，近代中国在鸦片战争后，在逐渐沦为半殖民地半封建社会的历史条件下，中国人民的民主主义革命任务主要有两项，即：①争取民族独立和人民解放；②实现国家富强和人民富裕。

近代中国是一个半殖民地半封建国家，外无民族独立，内无民主制度；经济之落后，政治之腐败，国力之衰微，社会之混乱，人民之贫困，已到了极点。造成这种状况的原因，主要是半殖民地半封建的社会制度，是帝国主义、封建主义、官僚资本主义的统治、压迫和剥削。中华民族要振兴，国家要富强，人民要幸福，必须首先推翻帝国主义、封建主义、官僚资本主义的反动统治，求得民族的独立和人民的解放。

正如毛泽东所指出的那样，首先“改变旧的社会形态、旧的生产关系以及建立在其上面的一切社会的、政治的、精神的旧的建筑物，建立新的社会经济形态、新的生产关系以及竖立在其上面的一切社会的、政治的、精神的新的建筑物”[④]。只有这样，才能解放生产力，发展生产力，为现代化、民主化的进程扫清障碍；只有这样，才能逐步实现经济的发展和社会的进步，实现国家的繁荣富强和人民的共同富裕。这是历史的法则，是不以人们的意志为转移的近代中国社会发展的客观规律。

---

① 《马克思恩格斯选集》第1卷，人民出版社1995年版。

② 列宁：《俄国资本主义的发展》，解放社1950年版。

③ 马克思、恩格斯：《共产党宣言》，中央编译出版社2018年版。

④ 《毛泽东文集》第5卷，第58页，人民出版社1996年版。

近代中国，丧权辱国，民不聊生，矛盾重重，各种问题相当严重。近代中国的时代特点以及帝国主义和中华民族的矛盾、封建主义和人民大众的矛盾，决定了近代中国人民始终面临着两大历史任务：一是求得民族独立和人民解放；二是实现国家的繁荣富强和人民的共同富裕。

在两大历史任务中，首先必须完成的历史任务是求得民族独立和人民解放。因此，如何反对外国列强的侵略，摆脱封建专制的统治，改变国家贫穷落后的面貌，解决独立、自由、民主、统一、富强的问题，成为半殖民地半封建的中国所面临的主要问题。这个历史任务决定了近代中国革命既是反帝的民族革命，又是反封建的民主革命，是民族革命与民主革命的统一。

这两大历史任务的主题、内容与实现方式都不一样，不能互相替代，但又息息相关，不能分割。前一个任务为后一个任务扫清障碍，创造必要的前提；后一个任务是前一个任务的最终目的与必然要求。历史表明，近代中国社会的两大历史任务不是孤立的，而是互相联系的。

从求得民族独立和人民解放这一任务看，要改变民族压迫和人民受剥削的状况，必须从根本上推翻半殖民地半封建的统治，解决上层建筑和生产关系问题；从实现国家繁荣富强和人民共同富裕这一任务来看，要改变近代中国经济和文化落后的状况，就要充分发展以近代工业为主的社会生产力，解决生产力问题，实现中国的现代化。前者为后者扫清障碍，后者是前者的归宿。争取民族独立、人民解放和实现国家富强、人民富裕这两个任务，是互相区别又紧密联系的。

由于腐朽的社会制度束缚着生产力的发展，阻碍着经济技术的进步，必须首先改变这种社会制度，争得民族独立和人民解放，才能为实现国家富强和人民富裕创造前提，开辟道路。因为不经过反帝反封建的斗争，争得民族独立和人民解放，就不可能推翻帝国主义对中国的反动统治，改变它们控制中国经济财政命脉，利用特权向中国大量倾销商品和资本输出，压迫中国民族工商业发展的局面；就不可能废除封建地主土地所有制和专制政治制度，解放农村生产力，改善农民的生活，扩大民族工商业的国内市场；就不可能达到民族的团结、社会的稳定，从而集中力量进行经济、文化、教育等各方面的现代化建设，以实现国家的繁荣富强和人民的富裕。①

三、案例解析

毛泽东论近代中国国情

自从一八四〇年的鸦片战争以后，中国一步一步地变成了一个半殖民地半封建的社会。自从一九三一年九一八事变日本帝国主义武装侵略中国以后，中国又变成了一个殖

① 顾晓静、吴本荣：《科学历史观导论》，南京大学出版社 2011 年版。

民地、半殖民地和半封建的社会。

——毛泽东：《中国革命和中国共产党》，《毛泽东选集》第2卷，人民出版社1991年版。

【解析】

（一）对近代中国基本国情的判断和分析

这个案例反映的是毛泽东对近代中国基本国情的判断和分析。

1. 认识国情

认识国情一般从四个方面展开。一是自然国情，即国家的地理位置、自然风貌、风土人情等，这是相对恒定的国情。二是历史国情，即某一个发展阶段国家的基本概况和特征。这是既定的客观存在的国情。三是现实国情，即国家正在发生的事情和表现出来的特征。这是变化最快、最难把握的国情。四是比较国情，即通过国与国之间的比较，分析国家的基本情况。由此来看，毛泽东是从历史角度做出对国情的判断，是对近代中国国家的基本概况和特征的说明。

2. 认识历史国情

认识历史国情一般从社会性质、阶段特征、主要矛盾、动力和任务等方面展开。

第一，正确认识中国社会性质和发展阶段，并以此为依据客观地分析中国社会的阶段特征，是毛泽东国情理论的核心内容。

毛泽东说，自从1840年的鸦片战争以后，中国一步一步地变成了一个半殖民地半封建的社会。他在分析形成过程中进一步提出，帝国主义列强侵略中国，在一方面促使中国封建社会解体，“促进了中国资本主义萌芽的发展”，把一个封建社会变成了一个半封建的社会；但是在另一方面，它们又残酷地统治了中国，把一个独立的中国变成了一个半殖民地和殖民地的中国。在此基础上，毛泽东从经济、政治、政权性质、帝国主义对中国的影响、中国发展不平衡、中国广大人民的生活处境这六个方面，描述了近代中国社会的主要特征。

第二，从社会性质出发，分析中国社会的阶级、主要矛盾和动力，是毛泽东国情理论的关键内容。

毛泽东于1925年12月1日在《中国社会各阶级的分析》一文中指出：“谁是我们的敌人？谁是我们的朋友？这个问题是革命的首要问题”。那么，敌是谁？友是谁？毛泽东依据近代中国社会的性质，在国情分析中做了深刻的剖析。通过分析中国社会各阶级的特点，他指出无产阶级是中国革命的领导阶级，农民阶级是中国革命的主力军，是无产阶级最可靠的同盟军，而革命的主要对象或主要敌人，就是帝国主义和封建主义，就是帝国主义国家的资产阶级和本国的地主阶级。由此推论出：其一，中国革命的对象就是外国帝国主义在中国的统治和内部的封建主义。其二，中国社会的矛盾必然错综复杂。原来的地主阶级和农民阶级的矛盾，必然转变为外国资本主义和中华民族的矛盾、封建主义和人民大众的矛盾，其中外国资本主义和中华民族的矛盾，必然成为各种社会矛盾中最主要的矛盾。其三，中国革命的动力就是无产阶级、农民阶级、小资产阶级，在一定条件下、一定时期内，还包括民族资产阶级和开明地主。

第三，从中国社会性质和特征出发，分析近代中国的任务和革命的前途，是毛泽东国情理论的科学判断。

毛泽东在国情分析的最后有这样的总结："整个中国革命是包含着两重任务的。这就是说，中国革命是包括资产阶级民主主义性质的革命（新民主主义的革命）和无产阶级社会主义性质的革命、现在阶段的革命和将来阶段的革命这样两重任务的。"这是对近代中国革命任务的非常清晰的表述。

同时，毛泽东还继续表述："完成中国资产阶级民主主义的革命（新民主主义的革命），并准备在一切必要条件具备的时候把它转变到社会主义革命的阶段上去，这就是中国共产党光荣的伟大的全部革命任务。"这就是近代中国革命的又一个任务，即为社会主义革命奠定基础，准备条件。这一任务内涵有现代化的任务。

由此，毛泽东认为：中国革命的前途不是资本主义的，而是社会主义和共产主义的。在革命胜利后，资本主义会有相当程度的发展，但整个社会已经是社会主义和共产主义的，无产阶级和共产党在全国政治势力中的比重不断增长，逐步实现社会主义。

（二）毛泽东关于国情分析的意义及启示

1. 毛泽东关于国情分析的意义

半殖民地半封建社会的特点，在很大程度上规定着中国革命的方式、方法，制约着中国革命的发展道路。认识近代中国社会的性质和特点，是认识近代中国革命的性质和任务、制定革命路线和方针的基础。

2. 启示

国情理论以及毛泽东关于国情的分析给我们的启示就是，正确认识当今国情具有重大意义。

1981 年，党的十一届六中全会通过的《关于建国以来党的若干历史问题的决议》，第一次提出我国社会主义制度还处于初级的阶段。党的十三大召开前夕，邓小平在马克思主义发展史上第一次提出"社会主义初级阶段"这一具有特定内涵的新概念，把社会主义初级阶段作为事关全局的基本国情加以把握。党的十三大系统阐述了社会主义初级阶段理论。

正确认识当今国情对建设中国特色社会主义有重大意义。正是由于我党对于社会主义初级阶段的基本国情有了科学认识与正确把握，我国才得以成功地走出了一条建设中国特色社会主义的新道路，使社会主义在中国显示出蓬勃生机和活力，使社会主义现代化建设在中国取得了举世瞩目的巨大成就。

四、延伸阅读

（一）重要文献推荐

毛泽东：《中国革命与中国共产党》，《毛泽东选集》第 2 卷，人民出版社 1991 年版。

胡绳：《从鸦片战争到五四运动》，红旗出版社 1982 年版。

方小年：《近代中国社会性质研究述评》，曾庆榴、洪小夏主编《中国革命史研究述论》，（香港）华星出版社 2000 年版。

高军：《中国社会性质问题论战（资料选辑）》，人民出版社 1984 年版。

周子东、杨雪芹、季甄馥、齐卫平：《三十年代中国社会性质论战》，知识出版社 1987 年版。

毛泽东：《认识中国社会性质是重要的中心的一点》，《党的文献》，2002 年第 3 期。

（二）延伸阅读材料

1. 传统社会

材料一：所谓传统社会是指自然经济占主导地位，人们思想观念和生活方式比较落后、生产力较低的前工业社会。整体的性质与规律只存在于组成系统的各部分的相互联系、相互作用之中。（刘耀彬、李娟文：《从城市化与现代化的关系探讨中国城市化道路》，《现代城市研究》，2002 年第 4 期）

材料二：在有关现代化的理论中，学者们一般将传统主义色彩明显、生产力水平很低、社会行为受习俗而非法律所支配、社会结构是层阶性的、个人在社会中的地位是传袭性的社会统称为传统社会。（梁丽萍：《中国传统社会汉民族的宗教观与宗教信仰——历史与文化的考察》，《中州学刊》，2002 年第 6 期）

材料三：现代化理论家用传统性（tradition）和现代性（modernity）来区别传统社会和现代社会，凡传统性占主导地位的社会称为传统社会，凡现代性占主导地位的社会称为现代社会。[黄乃文：《城市现代化：基本内涵与指标体系》，《暨南学报》（哲学社会科学），2001 年第 4 期]

材料四：所谓传统社会是指这样一种社会：它的结构是在有限的生产函数内发展起来的。它是以前牛顿时代的科学技术和前牛顿时代人类对物质世界的态度为基础的。（沃尔特·惠特曼·罗斯托：《增长的五个阶段：概述》，《水利规划与设计》，2004 年第 3 期）

【提示】

中国沦为半殖民地半封建社会，步入由传统社会进入现代社会的转型时期。关于传统社会有很多种说法，一般都将之与现代社会相对应。学术界一般认为，传统社会是指以农业文明为特征的社会，现代社会是指以工业文明为特征的社会。那么，认识古代社会向近代社会转折，角度之一就是分析农业文明社会向工业文明社会的转折。

2. 近代中国的起点

材料一：鸦片战争——中国近代史的开端。（史勉之：《炎黄纵横》，2010 年第 6 期第 10～13 页）

材料二：1894 年兴中会的成立，标志着中国近代史的开端。（仓林忠：《关于中国近代史开端之辩》，《赣南师范学院学报》，1996 年第 3 期，第 58～59 页）

材料三：明代是近代史的开端。（晁中辰：《明代隆庆开放应为中国近代史的开端———兼与许苏民先生商榷》，《河北学刊》，2010 年第 6 期，第 53～58 页）

材料四：有的外国学者把中国近代史开端提前到宋代，或明清之际，或清朝康熙时代；有的中国学者认为中国近代史开端应在1644年，1839年，1861年或1905年。（徐立亭：《评中国近代开端说》，《史学集刊》1991年第3期，第38～43页）

【提示】

关于近代中国从什么时候开始，学术界有很多种说法。在各种争论中，一般认为鸦片战争是近代中国社会的起点。在原因分析中，最根本的一条就是，鸦片战争改变了中国社会性质，中国由拥有完整主权的封建国家变成主权不完整的半殖民地半封建国家。也就是说，相比较其他事件，鸦片战争所带来的对社会的影响是最本质、最深刻的。

3. 对半殖民地半封建社会的认识

半殖民地是相对于完全殖民地而言的。它是指民族不独立，国家领土和主权遭到破坏，在社会发展形态上是历史的沉沦。

半封建是相对于完全的封建社会而言的。它是指封建制度开始崩溃，封建社会解体，发生了资本主义，但没有成为独立的资本主义，在社会发展形态上是历史的进步。

半殖民地是从国家的政治地位上看的，半封建是从社会形态结构上看的。半殖民地是促成半封建的原因，半封建又是半殖民地的基础。二者之间有着密切联系，封建经济结构的解体、资本主义因素的发生，帝国主义的侵略起过促进的作用；而封建剥削制度和封建专制统治的保持，又得到帝国主义的支持。（郑凯旋：《什么是半殖民地半封建社会》，中华工商联合出版社，2014年版；梁景和：《中国近代史基本理论问题文献汇编》（上），社会科学文献出版社，2013年版）

【提示】

这是关于“半殖民地”“半封建”概念的认识。对“半殖民地”“半封建”概念的认识，有助于正确理解半殖民地半封建社会的性质，深刻剖析半殖民地半封建社会的基本特征，以及准确判断半殖民地半封建社会带给中国的影响。

4. 近代中国的主要矛盾

半殖民地的国家如中国，其主要矛盾和非主要矛盾的关系呈现着复杂的情况。当着帝国主义向这种国家举行侵略战争的时候，帝国主义和这种国家之间的矛盾成为主要的矛盾，而这种国家内部各阶级的一切矛盾（包括封建制度和人民大众之间这个主要矛盾在内），便都暂时地降到次要和服从的地位。（《毛泽东选集》第1卷，人民出版社，1991年版）

【提示】

关于中国社会的主要矛盾的理论是中国革命理论的重要组成部分，是中国共产党制定路线、方针和政策、制定中国革命的战略和策略的理论基石之一。

改革开放以来，中国近代史的史学研究的突出变化是从革命范式向现代化范式的转换。在革命范式视域下，帝国主义与中华民族的矛盾、封建主义与人民大众的矛盾是近代中国社会的主要矛盾，此论并不是说近代中国社会中，这两大主要矛盾都是平行的、并列的、不分主次的，而是说近代中国社会的许多矛盾中，起支配地位、主导作用的主要矛盾是这两大矛盾。毛泽东也明确地、概括地指出了“半殖民地的国家如中国，其主要矛盾和非主要矛盾的关系呈现着复杂的情况”。换言之，具体到某一时期，则只有一个最主要的矛盾。（王付昌：《对近代中国社会主要矛盾的思考》，《中山大学学报》（社

会科学版），1993 年第 1 期）

从现代化的范式研究出发，近代中国中华民族面临的最大课题是如何适应时代潮流，实现自身的现代化。很显然，在事实上，当时的中国不仅不能适应世界的潮流，而且自身还在急剧地衰落和解体。与此同时，外国帝国主义出于自身的利益需要，又千方百计要扼杀和阻止中国的现代化进程，企图把中国永远变成外国的原料产地和商品倾销市场。因此，中国人民要实现中华民族的现代化，必须扫除上述两股阻碍现代化的势力，由此形成了帝国主义与中华民族之间、封建主义与人民大众之间的两大矛盾。可见，这两大矛盾实际上是同一时代矛盾的两种具体表现形式。（吴鹏森：《史学范式的转换与中国近代社会主要矛盾新说》，《南京师范大学学报》（社会科学版），2007 年第 1 期）

5. 近代中国两大历史任务

鸦片战争后，中国成为半殖民地半封建国家。中华民族面对着两大历史任务：一个是求得民族独立和人民解放；一个是实现国家繁荣富强和人民共同富裕。前一任务是为后一任务扫清障碍，创造必要的前提。（《高举邓小平理论伟大旗帜，把建设有中国特色社会主义事业全面推向二十一世纪——江泽民在中国共产党第十五次全国代表大会上的报告》，1997 年 9 月 12 日）

【提示】

半殖民地半封建社会的性质和主要矛盾，决定了近代中国的两大历史任务，即：求得民族独立和人民解放；实现国家富强和人民共同富裕。二者既区别又联系。首先，前者要改变民族受压迫、人民受剥削的地位和状况，要从根本上推翻半殖民地半封建的社会统治秩序，解决生产关系问题；后者是要改变近代中国经济、文化、社会落后的地位和状态，充分发展近代民族工商业，解决生产力问题。其次，完成第一大任务是为第二大任务完成创造条件。一方面，前者是前提条件，只有实现民族独立、人民解放，才能废除列强强加的不平等条约，才能推翻封建专制制度，改变买办和封建生产关系，解放生产力，开辟走向现代化的道路；另一方面，争取民族独立和人民解放的最终目的是使中国走向现代化，实现国家繁荣和人民共同富裕，使中华民族自立于世界民族之林。

（三）延伸问题解读

告别革命论错在哪里？

张海鹏

1995 年香港一家出版公司推出了一本小书，题名为《告别革命》。那本小书，其实是李泽厚、刘再复两个人平时的谈话，录音后加以整理，居然成书。该书宣布要告别一切革命，不仅要告别法国大革命、十月革命，也要告别辛亥革命，以及辛亥革命以后的一切革命，而且还要告别 21 世纪的革命。

这本小书在谈论“告别革命”时，并没有提出什么理论依据，也没有进行论证，其内容不过是反映谈话者攻击革命历史、革命业绩的阴暗心理。在《告别革命》的思想，其攻击中国近现代革命史的一些基本观点，早已于 1994 年在国内的刊物上发表。这种荒谬的言论，也早已引起思想界、学术界的注意。《求是》杂志等已经连续发表评论，揭示了这种言论的荒谬。

对这种奇谈怪论，我们不可小视。1990—1991 年苏联历史学界攻击十月革命的势头，我们还记忆犹新。我们要问，攻击辛亥革命，攻击中国共产党领导的一系列革命，其用意何在呢？我们不能不作一些辨析。

按照“告别革命”论者的说法，社会历史发展过程中爆发的革命，似乎是可有可无的，如果改良搞得好，革命是可以避免的。显然，这是历史唯心主义者观察历史运动的看法，它完全无视历史发展是有规律可循的客观历史运动。

事实上，革命作为历史发展过程中一种客观的历史运动，不是随心所欲可以制造出来的，也不是随心所欲可以制止的，更不是由什么人可以任意宣布否定就否定得了的。历史上发生过多次革命，尤其是 17 世纪以来，在欧洲、美洲、亚洲先后发生过的多次革命，都是社会矛盾不可调和的产物。统治者不能照旧统治下去，被统治者不能照旧生活下去。于是革命爆发了，旧的制度瓦解了，新的制度建立了，旧的统治秩序被打碎了，新的统治秩序形成了，旧的社会桎梏解除了，社会生产发展了，社会前进了。社会革命往往采用暴力的形式，不通过暴力革命，旧的统治者能退出历史舞台吗？不通过暴力革命，反抗新社会的旧势力可以压制下去吗？“暴力是每一个孕育着新社会的旧社会的助产婆。”马克思这句名言，形象地反映出了历史的真实。革命起来，如暴风骤雨，有人讨厌它，但是却不可以制止住它。社会生活在承平时期，社会阶级矛盾没有激化，如果有人登高一呼，召唤革命，有谁去响应呢？革命，是社会运动的一种形式，是社会进步的一种必要形式。不能说想革命就革命，也不能说不想革命便不革命。革命的发生，是有规律可循的。诅咒革命，诅咒暴力革命。只是反映了旧势力对革命的无奈，对旧社会的哀鸣而已。

“告别革命”论者说，改良比革命好，“解决阶级矛盾可以是阶级调和，协商互让，进行合作，即改良而非革命”。对改良的不加分析的肯定，实际是反对革命的同义语。

诚然，革命并不是社会历史前进的唯一推动力。革命的发生是有条件的，不是任意可以制造出来的。社会发展的经常形式是社会改良。在革命没有发生的时候，当阶级矛盾不到激化的程度，解决社会阶级利益的冲突，往往要靠阶级妥协与调和，那实际是阶级斗争的特殊形式；解决社会政治利益的冲突，往往要靠社会改良的种种办法。阶级调和的办法，社会改良的办法，也能促进社会的发展，但它只能在同一个社会制度内运行。如果要推翻旧制度，建立新制度，阶级调和、社会改良，是无能为力的，它只能让位于革命手段。革命发生，才能使社会发展产生质的变化。因此，革命虽不是社会发展的唯一推动力，却是社会历史发展的根本动力。否定这一点，无原则地歌颂社会改良，显然是一种反历史主义的态度。

有人还攻击说，“史笔只能歌颂农民革命，不能肯定改良，也不能肯定统治阶级的让步政策。”这是攻其一点，不及其余。所谓攻其一点，是只抓住了某些历史学者在不正常的政治气氛下所作出的过头的评论，而不顾我们党和用马克思主义作指导的历史学者对革命和改良的历史作用作出的合乎事实的客观分析。如对康梁领导的戊戌维新运动，一般总是给予高度评价的。1956 年 11 月 12 日，在孙中山诞辰 90 周年的纪念大会上，林伯渠代表中共中央讲话说，资产阶级改良派的维新运动，“对中国人民的觉醒和进步，起了显著的作用”。著名的老革命家和历史学家吴玉章也说过：“1898 年戊戌变法以前，许多爱国的维新志士希望学习俄国彼得大帝的改革和日本明治天皇的维新，要求自上而下的实行变法。这在当时是一种进步的思潮”。著名历史学家范文澜在 1958 年纪念戊戌变法 60 周年学术讨论会上发言，高度评价戊戌变法的历史意义，他说：“旧民主主义革命时期，中国资产阶级在政治上做了两件大事，一件是 1898 年的戊戌变法运动，即改良主义运动。更大的一件是 1911 年的辛亥革命运动。”他还指出，戊戌“变法运动代表着中国社会发展的趋势，赋有进步的意义”，“戊戌变法运动是思想的第一次解放”。著名的历史学家胡绳在他著的《从鸦片战争到五四运动》一书中说：“维新运动是在中华民族和帝国主义的矛盾成为主要矛盾的条件下中国人民大众试图解决这个矛盾的斗争的反映。这次运动以中国民族资产阶级初次走上政治舞台为特征而成为中国资产阶级领导的民主革命的前奏。”著名历史学家刘大年在他主持的《中国近代史稿》第 3 册（1984 年版）里称赞戊戌变法掀起了“近代中国第一个思想解放的潮流”，指出，改良派发动维新运动，要求挽救民族危亡，明显地具有爱国主义性质；又说，资产阶级改良派要求在中国发展资本主义，使一个贫穷落后的中国变为富强先进的中国，这在当时的情况下，是顺应历史发展潮流的。这些，能说我们不能肯定改良吗？但是，当中国出现革命形势的时候，当中国革命派正在掀起革命运动的时候，改良派跳出来加以反对，坚持保皇立场，坚持认为只有改良是唯一正确的方法，就是错误的了，就是不能肯定的了。对历史过程的不同阶段采取不同的评价，这种分析的态度，是历史主义的态度；以社会发展规律为准绳，按照一定的时间、地点和条件，来观察、分析事件和人物的表现，是历史唯物主义的方法。对改良和革命，离开了具体的时间、地点和条件，妄作评议，正如范老所说，这是爱而欲其扬，恶而欲其抑，都不免徒劳而无益。

论者还说，他“赞成英国式的改良，不赞成法国式的暴风骤雨式的大革命”，还说什么，“虚君共和”就是英国式，用暴力打倒皇帝就是法国式。作者常把英国式改良与法国式革命相比较，法国式革命如何残酷，英国式改良如何文明。稍为知道一点世界近代史的人都会看出，这是一种错误的历史比较。法国革命是革命，英国也同样搞了革命，而且是欧洲近代史上第一场最重要的资产阶级革命。法国革命打倒皇帝，让路易十六上了绞刑架，英国革命开始也打倒了皇帝，割掉了查理一世国王的头。英国革命处死国王后，克伦威尔宣布英国是共和政治。只是此后斯图亚特王朝复辟，在共和国垮台后 30 年间形成了“虚君共和”的局面。此后英国政治是在改良的道路上行进，但那已经是在资产阶级占统治地位的“君主立宪”体制内的改良。英国革命与法国革命是在不同的时代背景、不同的国情里发生的不同形式的革命。英国革命发生在 17 世纪 40 年代，延续到 80 年代。法国革命爆发在 18 世纪 80 年代，而延续到 19 世纪初。当英国在“君主立宪”的体制内进行社会改良的时候，法国革命还没有发生。因此，把所谓英国改良和法国革命相提并论，是不恰当的历史比附，是历史的错位，是对读者的误导，是把自己的立论建立在沙滩上。

《告别革命》作者经常强调辛亥革命搞糟了的观点。他说：“20 世纪中国的第一场暴力革命，是孙中山领导的辛亥革命。当时中国可以有两种选择。一是康梁所主张的

'君主立宪'之路；一是孙中山主张的暴力革命的道路。现在看来，中国当时如果选择康梁的改良主义道路会好得多，这就是说，辛亥革命是不必要的。这样，我就否定了孙中山最重要的革命业绩。"一个被其同气者称为哲学家和有"杰出的思维脑袋"的人，在这里显出了思维逻辑的极度混乱。20 世纪初的中国存在着两种选择，这是不错的。但是历史抛弃了康梁主张的"君主立宪"之路，选择了孙中山的暴力革命道路。20 世纪初的中国历史就是这样发展过来的。怎么可以得出"如果选择康梁的改良主义道路会好得多，这就是说，辛亥革命是不必要的"这样的结论呢？这句话中，前一个结论是带"如果"的虚拟语气，后一个结论是不带"如果"的肯定语气。用一个虚拟的前提，来证明"辛亥革命"这个肯定的事实之不必要，简直是荒唐的逻辑。在爱康梁、爱改良者看来，如果那个"如果"实现，果然是好得多，但那个"如果"却无情地被历史发展抛弃了，那个"好得多"，也只是存在于虚无飘渺的乌有之乡，只是证明它是不必要的；反过来，历史对辛亥革命的选择却是必要的，而不是不必要的。我们的哲学家不是不懂这个浅显的逻辑，而是故意造成一种逻辑混乱，误导不经事者相信"改良比革命好"罢了。这真是爱而欲其扬、恶而欲其抑的典型心理。

论者又谓：清朝的确是已经腐朽的王朝，但是这个形式存在有很大意义，宁可慢慢来，通过当日立宪派所主张的改良来逼着它迈上现代化和"救亡"的道路，而一下子把它搞掉，反而糟了，必然军阀混战。又说，袁世凯称帝等现象乃是革命的后遗症，是暴力革命这种方式本身带来的问题。这都是些经不起驳斥的歪理。明知清朝已经腐朽，还要保留这个形式，还要逼它走上现代化，这无异于痴人说梦。说到形式，英国的"虚君"是个形式，但那是资产阶级革命后的形式，那个"虚君"至今差不多 300 年，没有人不说英国是老牌资本主义国家。清朝的皇帝，哪怕是由摄政王控制着的宣统小皇帝，也不是"虚君"，而是实实在在的封建君主专制。在这个专制下，即使是慈禧太后派出的出洋考察政治大臣，提出改革政治的建议，危及军机处的存在，也立即被慈禧否定。袁世凯贵为军机大臣、外务部尚书，因其掌握北洋新军为摄政王所疑忌，一声令下，也只落得到洹上去养"足疾"。直到 1911 年 5 月，军机处才被撤销，成立所谓责任内阁。阁员 13 人中，满族 9 人，其中皇族 7 人，是谓皇族内阁。换汤不换药，朝廷面貌依旧。预备立宪，朝野沸腾，立宪派掀起三次全国性请愿，甚至宫门喋血，也只不过换来个到宣统五年（1913）实行立宪。如此预备，连立宪派也对朝廷失望了。以至于武昌起义爆发，立宪派大多不站到清廷颁布的《宪法重大信条十九条》一边，而纷纷站到革命派一边了。

如此看来，腐朽的清王朝这个形式还能保留吗？还能够逼它走上现代化吗？康梁等人在国内甚至不能立足，其改良主张也只能在海外徒呼奈何啊。而且，直到武昌起义，清王朝这个形式也绝非仅仅是形式。北洋六军仍是当时中国最现代化的部队，袁世凯卷土重来，攻下汉口，攻下汉阳，炮弹已经打到武昌的革命军都督府。如果革命派力量更强大，广泛发动工农站到自己一边，如果资产阶级的阶级基础更雄厚，就能使革命更彻底一些，那时北伐军直捣黄龙，犁庭扫穴，哪还有南北议和，哪还能容袁世凯耍弄逼宫把戏，哪还有此后袁世凯的称帝呢？论者要我们摆脱原来研究辛亥革命的思路，"不能老是毋庸置疑的一味歌颂，或老讲'太不彻底'那些话"，这是不能照办的。对辛亥革命还要歌颂，歌颂革命派发扬大无畏革命精神，敢于去推翻几千年的封建专制；也要批评，批评其“太不彻底”。这样做是符合中国历史发展事实的。反之，要歌颂立宪，歌颂保留腐朽的清王朝，恰恰反映了遗老遗少的声音，是违背历史发展方向的。

《告别革命》一书作者在序言中说：“影响20世纪中国命运和决定其整体面貌的最重要的事件就是革命。我们所说的革命，是指以群众暴力等急剧方式推翻现有制度和现有权威的激烈行动（不包括反对侵略的所谓‘民族革命’）。”作者宣称要“告别”的就是这些革命。谢天谢地，作者把“反对侵略的所谓民族革命”排除在外。难怪作者在否定法国革命、否定十月革命的时候，对美国的独立战争不置一词。独立战争恰恰是反对英国殖民侵略的民族革命。但是这样一来，作者自然又制造出一个悖论，制造了一个他们无法辩解的矛盾。作者怎么把民族革命从他们所要反对的革命中分离出来呢？尽管作者巧舌如簧，事实上也难逃反对民族革命的干系。20世纪的中国，从旧民主主义革命到新民主主义革命，哪一场革命是脱离了反对帝国主义侵略的民族革命的性质的？整个中国近代史，都是反帝反封建嘛。

按照他们的定义，辛亥革命当然是推翻现有制度和现有权威的激烈行动。辛亥革命为什么要推翻清王朝？如前所述，朝廷已经腐朽了。腐朽的重要内容之一，就是它是“洋人的朝廷”。“量中华之国力，结与国之欢心”，“宁赠友邦，勿与家奴”，是这个朝廷对外屈辱的写照。革命派正是愤慨于这个“洋人的朝廷”，所以要发动民族革命；愤慨于这个朝廷的对内专制，所以要发动民权革命（民主革命）。辛亥革命是一身而二任的，它既是民族的，又是民主的，也就是我们后来所说反帝反封建的。试问，可以从这个革命中把民族革命的内容分离出来吗？正是因为辛亥革命是反帝反封建的民族民主革命，孙中山为临时大总统的中华民国临时政府就得不到帝国主义列强的承认，尽管孙中山是真诚学习西方资产阶级民主制度的好学生，帝国主义不支持孙中山，却要支持袁世凯。所以后来又有“二次革命”、“护法、护国”乃至“大革命”。到国共合作的大革命，就明确喊出了反帝反封建的口号。直到1949年，新民主主义革命取得胜利，其性质也是反帝反封建的。支持国民党反动政府在中国打内战的，正是美帝国主义。国民党政权垮台了，就是对其后台老板美帝国主义在华利益的根本打击。谈中国近代史，谈近代中国的革命或改良，而不谈帝国主义列强在中国的作用，如果不是无知，不是隔靴搔痒，就是有意隐瞒事实真相。《告别革命》一书谈了近代中国的政治、经济，革命、改良，历史、现实，理论与实践，哲学与文学，应有尽有，就是不谈帝国主义对中国的侵略，不谈中国社会各阶级对列强侵略的态度和行动，其理论之虚伪，明眼人是不难指出的。由此可见，所谓不反对“民族革命”，也只是虚晃一枪而已。

为什么要提出“告别革命”论？反对法国大革命，是为了反对十月革命；反对辛亥革命，是为了反对中国共产党的新民主主义革命。他们要“反省整个中国近代史”，就是这个目的。他们要改变反共反社会主义的策略，于是“放弃激进的社会/政治批判话语，转而采取文化上的保守主义话语”，实际上是“隐喻了某种意识形态的企图”。这还说得不够明确。《告别革命》一书序言，把“告别革命”说的目的全盘托出。它说，“这套思想，恰恰是‘解构’本世纪的革命理论和根深蒂固的正统意识形态最有效的方法和形式”。原来如此。把近代中国的革命历史都否定了，把本世纪的革命理论都“解构”

了，所谓反帝反封建自然不成立了，中华人民共和国的成立自然就失去合理性了。如此，则所谓有中国特色的社会主义、社会主义的市场经济，岂不是都消解殆尽了么？

“告别革命”论错在哪里？所谓告别革命，实际上是要告别马克思主义，告别社会主义，告别近代中国人民的全部革命传统。理论的错误，掩盖了现实目的的错误。既然做了人家的讲座教授、客座教授，总要为人家“分化”、“西化”出点主意，为人家的和平演变出点主意。和平演变，不就是不要剧烈手段么？发明出一个能够“解构”革命的理论，以便“消解”中国人的革命的意识形态，便是最好的贡献了。

这种“解构”革命的理论，与前几年苏联出现的攻击、歪曲十月革命历史的情形，何其相似。“告别革命”论究竟错在哪里，读者当自会作出判断。

（张海鹏：《“告别革命”说错在哪里?》，《当代中国史研究》，1996 年第 6 期）

五、史学争鸣

关于中国近代史基本线索的几种观点

第一种，“两个过程论”。有学者认为，毛泽东在《中国革命和中国共产党》一文中提出的著名论断：“帝国主义和中国封建主义相结合，把中国变为半殖民地和殖民地的过程，也就是中国人民反抗帝国主义及其走狗的过程”[①]，原则上表述了中国近代史的基本内容，应该以此作为中国近代史的基本线索。这一观点，史学界称之为“两个过程论”。

第二种，“三次革命高潮说”。1954 年胡绳在《中国近代史的分期问题》[②] 一文中，主张以阶级斗争的表现作为划分时期的标志，提出把近代史划分为太平天国革命运动、义和团运动和辛亥革命三大革命运动高潮，三次革命高潮构成中国近代历史演进的基本线索。“三次革命高潮说”为学术界所公认，几成定论，20 世纪 80 年代中期以来出版的教科书和中国近代通史著作，基本是按照这个理论框架编写的。

第三种，“两种趋向论”。从 20 世纪 80 年代起，我国史学界又一次掀起了中国近代史基本线索问题的讨论。一些研究者提出了新的观点或说法，如“两种趋向论”认为，近代中国社会的发展实际上存在着两种趋向，一是从独立国家变为半殖民地（半独立）并向殖民地演化的趋向；一是从封建社会变为半封建（半资本主义）并向资本主义演化的趋向。前者是一个向下沉沦的趋向，后者是一个向上发展的趋向。对中国近代史基本线索的这种认识史学界称之为“两种趋向论”。

第四种，“三个阶梯说”或“四个阶梯说”。李时岳在《从洋务、维新到资产阶级革命》[③] 一文中指出，1840—1919 年的中国近代史，经历了农民战争、洋务运动、维新运动、资产阶级革命四个阶段，反映了近代中国社会的急剧变化与近代中国人民政治觉悟的迅速发展，标志着近代中国历史前进的基本脉络。该文强调要重视近代史上资本主义

① 《毛泽东选集》第 2 卷，人民出版社 1991 年版，第 632 页。
② 胡绳：《中国近代史的分期问题》，《历史研究》1954 年第 1 期。
③ 李时岳：《从洋务、维新到资产阶级革命》，《历史研究》1980 年第 1 期。

经济发生、发展的意义，给予资产阶级政治运动以应有的政治地位；强调要以“洋务运动——维新运动——资产阶级革命”作为中国近代史的进步潮流或基本线索。一些学者把这种提法概括为“三个阶梯说”。如果把太平天国农民战争作为中国近代历史基本线索中的最初一阶，则称为“四个阶梯说”。

第五种，“两个任务论”。江泽民在党的十五大报告中指出，“鸦片战争后，中国成为半殖民地半封建国家。中华民族面对着两大历史任务：一个是求得民族独立和人民解放；一个是实现国家繁荣富强和人民共同富裕”。据此，有学者认为，中国近代史是中华民族争取民族独立、人民解放和为实现国家繁荣富强及人民共同富裕而斗争的历史。也就是说，中国近代史是中华民族反对帝国主义、封建主义和为实现现代化而斗争的历史，并以此作为中国近代史的基本线索的，称之为“两个任务论”。

第六种，陈旭麓的“新陈代谢论”。陈旭麓在《关于中国近代史线索的思考》① 一文中，把 1840—1949 年这 110 年的历史作为一个完整的历史时期来考察，建构了其“新陈代谢”为旨趣的近代史新架构。他认为近代中国社会始终处于大变革的过程，一个又一个变革的浪头表现为急剧的新陈代谢，螺旋地推进，中国近代社会新陈代谢的本质是一步步有限地推向近代化，即推封建主义之陈，行民主主义（资本主义）之新。在 19 世纪中晚期，中国在推动变革的道路上有三次革命高潮（1911 年的辛亥革命，推翻了清朝政府；1927 年的大革命，打倒了北洋军阀政府；1949 年中国共产党领导的解放战争，推翻了国民党的统治，夺取全国胜利），以不同的斗争方式，程度不等地推动或体现了新陈代谢的历程。陈旭麓的“新陈代谢论”自成一家之说。

第七种，罗荣渠为代表的“现代化论”。从 20 世纪 80 年代起，我国史学者以北京大学罗荣渠教授和华东师大的章开沅教授为代表，开始参与现代化研究。他们在介绍、评论国外现代化理论的基础上，力图建立中国自己的现代化理论、概念体系和分析框架。他们作了大量的艰苦探索工作，取得了显著成果，并得到学界同仁的首肯和响应。目前，许多学者跟着提出了近代史研究的“现代化范式”、“现代化视角”和“现代化主线”等论点，均可称为“现代化论”。

[参见李延华、陶爱新、曹英敏：《论中国近代史的基本线索》，《河北工程大学学报》（社会科学版）2006 年第 2 期，第 107～108 页]

六、实践指导

（一）历史遗迹介绍

1. 北京圆明园遗址

圆明园亦称“圆明三园”，是圆明园及其附园长春园、万春园的统称，是清代行宫式御园。圆明园占地 350 公顷（5200 余亩），其中水面面积约 140 公顷（2100 亩），有园林风景百余处，建筑面积逾 16 万平方米，是清朝帝王在 150 余年间创建和经营的一

① 陈旭麓：《关于中国近代史线索的思考》，《历史研究》1988 年第 3 期。

座大型皇家宫苑。

圆明园遗址公园建成于1988年，仅存山形水系、园林格局和建筑基址，假山叠石、雕刻残迹仍然可见。

圆明园是由康熙皇帝命名的，取意于雍正的佛号“圆明”。圆明园继承了中国三千多年的优秀造园传统，既有宫廷建筑的雍容华贵，又有江南水乡园林的委婉多姿，同时，又吸取了欧洲的园林建筑形式，把不同风格的园林建筑融为一体，在整体布局上使人感到和谐完美。圆明园以其宏大的地域规模、杰出的营造技艺、精美的建筑景群、丰富的文化收藏和博大精深的民族文化内涵而享誉于世，被誉为“一切造园艺术的典范”和“万园之园”。（参见凌岳：《最著名的爱国主义教育基地》，漓江出版社，2012年版）

2. 成都金沙遗址

金沙遗址位于成都市西郊青羊区金沙遗址路。金沙遗址是中国进入21世纪后的第一项重大考古发现，2006年被评为全国重点文物保护单位。金沙遗址是民工在开挖蜀风花园大街工地时首先发现的，在沉睡了3000年之后被发掘出来，“一醒惊天下”。

金沙遗址博物馆占地面积30万平方米，总建筑面积约38000平方米，由遗迹馆、陈列馆、文物保护中心和园林区等部分组成。（行者无疆工作室：《四川九寨沟玩全攻略　图文全彩版》，清华大学出版社，2013年版）

成都金沙遗址的发掘，使成都有文字可考的建城历史最早可追溯到张仪筑成都城的战国晚期。金沙遗址揭示了以往文献中完全没有的珍贵材料，将改写成都历史和四川古代史。（参见温立芳：《小小探索者系列　发掘传世宝藏》，天津人民出版社，2013年版）

3. 广汉三星堆遗址

三星堆古遗址是迄今在中国西南地区发现的范围最大、延续时间最长、文化内涵最丰富的古城、古国、古蜀文化遗址，被称为20世纪人类最伟大的考古发现之一，昭示了长江流域与黄河流域一样，同属中华文明的母体，被誉为“长江文明之源”。（张译云：《每天读一点传统文化》，江西教育出版社，2015年版）

三星堆遗址位于四川成都平原广汉南兴镇，属全国重点文物保护单位，是中国西南地区的青铜时代遗址。三星堆文明上承古蜀宝墩文化，下启金沙文化、古巴国，前后历时约2000年，是我国长江流域早期文明的代表，也是迄今为止我国信史中已知的最早的文明。不能否认，三星堆文化的确是中华文明最古老的源流之一。（参见邵梦茹：《神奇悬疑的30°纬线》，天津科学技术出版社，2014年版）

（二）走访历史学者，认识传统社会向近代中国社会的转折

建议访谈内容：璀璨的中国古代文明的全貌；鸦片战争前夕的中国与世界状况；近代中国社会的内涵；了解转折、转型的概念及特征；讨论国情理论。

（三）视频资料：史诗电影《圆明园》

电影《圆明园》由北京科学教育电影制片厂投资创作，第一次全景式地表现了圆明园的历史和真实的皇家生活。这是每一个中国人都应该铭刻在心中的记忆。

七、知识运用

（一）单项选择题

1. 近代中国的起点是（　　）。
   A. 郑和下西洋　　B. 鸦片战争
   C. 洋务运动　　D. 戊戌变法
2. 没有体现鸦片战争前夕的中国社会特征是（　　）。
   A. 自给自足的小农经济
   B. 高度集权的封建君主专制制度
   C. 外国资本主义国家已经逐步打开中国的大门
   D. 文化专制制度
3. 近代中国最革命的阶级是（　　）。
   A. 农民阶级　　B. 无产阶级
   C. 大资产阶级　　D. 民族资产阶级
4. 中国工人阶级最早出现在（　　）。
   A. 外国资本主义在华企业中　　B. 洋务派举办的企业中
   C. 中国民族企业中　　D. 买办、官僚投资的新式企业中
5. 认识中国近代一切社会问题和革命问题的最基本的依据是(　　)。
   A. 中国资本主义的发展　　B. 世界资本主义的发展
   C. 中国近代社会的性质　　D. 中国革命运动的性质
6. 毛泽东在分析近代中国社会时指出，在半殖民地半封建中国社会、经济生活中占主导地位的是（　　）。
   A. 封建剥削制度与买办资本、高利贷资本的结合
   B. 民族资本主义经济
   C. 封建剥削制度与民族资本、买办资本的结合
   D. 官僚买办资本
7. 近代中国民族资本主义未能充分发展的根本原因是（　　）。
   A. 没有形成统一的国内市场
   B. 民族资产阶级具有两面性的特点
   C. 民族资产阶级的政治地位低
   D. 受到近代中国社会性质的制约
8. 在近代中国，实现国家富强和人民富裕的前提是（　　）。
   A. 进行实业救国　　B. 实行资本主义
   C. 争得民族独立和人民解放　　D. 进行西方式的工业革命
9. 英国强迫清政府割让香港的条约是(　　)。
   A. 1842 年《南京条约》　　B. 1860 年《北京条约》

C. 1858年《瑷珲条约》　D. 1895年《马关条约》

10. 鸦片战争后，中国社会最主要的矛盾是(　　)。
A. 地主阶级和农民阶级的矛盾　B. 外国资本主义和中华民族的矛盾
C. 封建主义和人民大众的矛盾　D. 清朝统治和汉族的矛盾

11. 第二次鸦片战争时期，侵占我国北方大量领土的国家是(　　)。
A. 日本　B. 俄国
C. 德国　D. 英国

12. 鸦片战争前，中国社会经济中占统治地位的是(　　)。
A. 商品经济　B. 自然经济
C. 半殖民地经济　D. 资本主义经济

13. 在近代中国，争得民族独立和人民解放的前提是(　　)。
A. 推翻清政府　B. 打倒帝国主义
C. 进行反帝反封建的民主革命　D. 走资本主义道路

14. 世界历史开始进入资本主义时代的标志是(　　)。
A. 1640年英国资产阶级革命　B. 1642年英国资产阶级革命
C. 1789年法国资产阶级革命　D. 1790年法国资产阶级革命

15. 中国封建社会的正统思想是(　　)。
A. 道家思想　B. 佛教思想
C. 儒家思想　D. 法家思想

16. 英国殖民者改变对华贸易逆差的手段是(　　)。
A. 贩卖军火　B. 出口廉价工业产品
C. 走私鸦片　D. 提高茶叶、生丝的关税

17. 近代中国人民斗争的主要出发点是(　　)。
A. 推翻清政府　B. 获得土地
C. 挽救中华民族的危亡　D. 实现中华民族伟大复兴

18. 从1840年鸦片战争开始，到1949年中华人民共和国成立之前，中国的社会性质是(　　)。
A. 社会主义社会　B. 封建主义社会
C. 半殖民地半封建社会　D. 资本主义社会

19. 2012年11月29日，习近平总书记在参观“复兴之路”展览后发表重要讲话，提到中国梦，中国梦就是(　　)。
A. 全面建成小康社会
B. 建成富强民主文明和谐美丽的社会主义现代化强国
C. 实现中华民族伟大复兴
D. 实现共产主义

（二）材料分析题

1. 阅读以下材料，并回答问题：

材料一：

1840 年春，英国议会在辩论中对中国出兵是否合理的问题时，反对派以拒绝支持一种恶毒的、有伤道德的交易而进行战争为理由反对政府的政策。

——马士：《中华帝国对外关系史》

材料二：

当中国人实行一种激烈的禁烟运动而使危机加剧的时候，战争果然就到来了：可是它并不是为了维持鸦片贸易而进行的斗争，它不过是一个持续了 20 年，并且要决定东方和西方之间应有的国际和商务关系的斗争的开端。

——马士：《中华帝国对外关系史》

材料三：

1840 年 3 月，英国对华棉织品出口商，曼彻斯特商会主席莫克·维卡在致英国外相巴麦尊的信中说："是他们自己陷入了错误的处境，逼得我们不得不为国家所受的侮辱，为个人所受的委屈要求补偿的地位。如果曲解自由与正义的观念，现在我们不去就我们和他们之间商务关系上的合理利益而采取被迫采取的态度，这种想法就太过堂·吉诃德化了。"莫克·维卡在同一封信中还说："当前局势，可能提供机会，完成两国关系的改善，随着关系的改善，我们输出（棉织品）的扩张程度将是不可估量的。"

——《英国资产阶级纺织利益集团与两次鸦片战争资料》

问题：

（1）材料一中反对派为什么反对政府的政策？

（2）材料二所说的"危机加剧"的原因是什么？

（3）结合 19 世纪历史背景，说明材料二、材料三认为鸦片战争的目的是什么？你认为这一目的的实质是什么？

2. 阅读以下材料，并回答问题：

材料

英国的大炮破坏了中国皇帝的权威，迫使天朝帝国与地上的世界接触。与外界完全隔绝曾是保存旧中国的首要条件，而当这种隔绝状态在英国的努力之下被暴力所打破的时候，接踵而至的必然是解体的过程，正如小心保存在密闭棺木里的木乃伊——接触新鲜空气便必然要解体一样。

——马克思：《中国革命和欧洲革命》，《马克思恩格斯选集》第 2 卷

问题：

（1）材料中所提的"解体"是指什么？

（2）分析西方列强入侵对近代中国政治、经济产生的重大影响。

第二讲　列强的铁蹄：反对外国侵略的斗争

一、知识要点

（一）基本线索

自 1840 年鸦片战争以来，资本—帝国主义列强以军事侵略为前奏，在政治上侵犯中国主权，经济上掠夺中国财富，文化上麻醉中国民众。资本—帝国主义列强的侵略，使中国社会发生急剧变化，中国进入半殖民地半封建社会。在本讲的学习中，首先要了解 1840 年至 1919 年间资本—帝国主义列强侵略中国的历史及其对中国社会的影响；其次要了解近代中国人民反侵略战争的历程，总结其失败原因和经验教训；其三要认识近代中国人民民族觉醒的伟大历史意义。

（二）知识要点

1. 资本—帝国主义列强的军事侵略

1840—1919 年，资本—帝国主义列强对中国发动了 5 次大的侵略战争，包括鸦片战争、第二次鸦片战争、中法战争、中日甲午战争、八国联军侵华战争。他们还制造了一系列惨案，大肆屠杀中国人民，犯下了滔天罪行。

资本—帝国主义列强割占中国大片领土，在中国设立租界，在租界内列强享有极高特权，划分势力范围，破坏中国的主权和领土完整。

资本—帝国主义列强通过不平等条约，向中国勒索巨额赔款，抢掠财富。1842 年，英国以武力迫使清政府签订了中国近代史上第一个不平等条约——《南京条约》。自此以后，西方列强趁火打劫，强迫清政府签订了一系列不平等条约，使中国陷入半殖民地半封建社会的深渊。

2. 资本—帝国主义列强的政治控制

鸦片战争后，资本—帝国主义列强逼迫清政府允许外国公使常驻北京，由外国人组成并率领外交使团对中国外交进行控制。这也证明弱国无外交。

资本—帝国主义列强在中国享有领事裁判权。1844 年签订的中美《望厦条约》中，更扩大了领事裁判权的范围，即所有美国人在华之一切民事、刑事诉讼，“均由本国领事等官询明办理”。从此，外国人可以在中国横行不法，中国政府却无权干预。

为了把中国政府变成驯服工具，从而控制中国的政治，资本－帝国主义列强扶植、收买自己的代理人，先后扶植清政府、北洋军阀作为它们在中国的代理人，维护其在华利益，而且勾结清政府镇压中国人民的反侵略反封建斗争。

3. 资本－帝国主义列强的经济掠夺

《南京条约》签订后，清政府被迫开通上海、福州、宁波、厦门以及广州等5个港口城市为通商口岸，这5个通商口岸成为资本－帝国主义列强在中国进行经济侵略的基地。到1919年，列强控制了中国约20个通商口岸。

从19世纪50年代起，外国人还控制了中国海关的行政权，掠夺中国的关税自主权，先后向中国实行商品倾销和资本输出。《马关条约》签订以前，资本－帝国主义列强对中国的商品倾销主要是鸦片的输入；《马关条约》签订以后，它们在中国大量投资办厂、修铁路、开矿山，但是这些资本主要不是外国的，而是从中国直接掠取的。

4. 资本－帝国主义列强的文化渗透

资本－帝国主义列强的文化渗透活动，许多是披着宗教外衣，在传教的名义下进行的。它们还为侵略中国制造舆论，办报纸、杂志，翻译、出版各种书刊，大肆宣扬“种族优劣论”。

5. 反抗外来侵略的斗争历程

（1）人民群众的反侵略斗争

从第一次鸦片战争期间广州三元里人民的抗英斗争，到义和团运动，中国人民表现出来的不屈不挠的反侵略、反压迫的坚强意志和斗争精神，充分说明了人民群众是进行反侵略斗争的主力。

（2）爱国官兵的反侵略斗争

在抗击外国侵略的战争中，爱国官兵表现了英勇顽强的战斗精神，他们的英雄事迹可歌可泣。在中法战争中，冯子材领导爱国官兵取得了镇南关大捷；在中日甲午战争中，致远号管带邓世昌、经远号管带林永升率领官兵与日军殊死搏斗，最后壮烈牺牲。

6. 列强瓜分中国图谋的破产

19世纪70至80年代，中国陷入“边疆危机”，德国强租山东胶州湾；俄国占据长城以北和新疆；法国的势力在广东、广西和云南；英国占领长江流域；日本控制福建。中国面临被资本－帝国主义瓜分的危险。但是，资本－帝国主义并没有实现瓜分中国的图谋，其根本原因是中华民族进行的不屈不挠的反侵略斗争，尤其是义和团运动所表现出的中国人民高尚的爱国主义精神、反侵略的伟大气魄和不甘屈服于帝国主义及其走狗的顽强的反抗精神，粉碎了列强瓜分中国的图谋。

7. 反侵略战争的失败原因及伟大意义

（1）社会制度的腐败是反侵略战争失败的根本原因

统治中国的清王朝，从皇帝到权贵，大都昏庸愚昧，不了解世界大势，不懂得御敌之策。他们对外妥协投降，且畏于世界发展潮流；对内压制民众反击外来侵略势力的斗争，使中国在半殖民地半封建社会的泥潭里越陷越深。

（2）经济技术落后是反侵略战争失败的重要原因

近代中国的国家综合实力特别是经济、科学技术和作战能力十分落后。西方资本主义国家经过工业革命，经济和科学技术飞速发展，相较之下中国则在封建主义的迟暮中步履蹒跚，被远远地抛在了后面。这种鲜明的对比与反差，在某种程度上已经注定了近代中国落后挨打的悲惨命运。

（3）反侵略战争的伟大意义

中国近代历次反侵略战争虽然都失败了，但其从不同的历史角度产生了积极的影响，推动了历史的前进。中国人民在反侵略斗争中表现出来的爱国主义精神，铸成了中华民族的民族魂。这种民族精神是我们国家和民族历尽劫难、屡遭侵略而不亡的根本所在。

8. 民族意识的觉醒

（1）“师夷长技以制夷”的维新思想

鸦片战争失败后，严酷的现实，不能不引起忧国忧民的有识之士的反省。林则徐被誉为近代中国“睁眼看世界的第一人”，他威震四海的虎门销烟，使禁烟运动达到最高潮。魏源在《海国图志》中提出的“师夷长技以制夷”的思想，开辟了向西方寻求救国真理的新方向，对中国近代思想产生重大影响。

（2）救亡图存和“振兴中华”口号的提出

甲午战争后，中华民族民族意识进一步觉醒。中国近代资产阶级启蒙思想家、翻译家严复在《救亡决论》一文中，发出了“救亡”的呼声。资产阶级革命家孙中山于1894年11月创立了革命团体兴中会，喊出了“振兴中华”的口号，中华民族民族意识的觉醒开始形成一股浩荡潮流。

9. 列强的侵略是近代中国贫穷、落后的总根源

（1）中国成为资本－帝国主义的商品倾销市场和原料供应地

鸦片贸易仍然是西方侵略者对华经济掠夺的重要手段。它们还经营商业与轮船航运业、开办工矿业、开设银行，牢牢掌握、操纵中国的经济命脉。

（2）自给自足的自然经济开始解体

资本－帝国主义的侵略使中国农村逐步被卷入世界资本主义的市场体系，租界开始出现，国土被大量割让，大批华工被掠卖出国。

（3）中国社会阶级结构和主要矛盾发生变化

中国开始出现买办商人和工人，中国最早的产业工人出现，社会主要矛盾发生变化。

总之，资本－帝国主义对中国的侵略是产生近代中国社会主要矛盾和各种社会矛盾的主要原因；资本－帝国主义对中国的侵略和本国封建势力对人民的压迫，是近代中国贫困、落后的总根源。

（三）内容框架

- 反对外国侵略的斗争
  - 资本—帝国主义对中国的侵略
    - 军事侵略
    - 政治控制
    - 经济掠夺
    - 文化渗透
  - 反抗外来侵略的斗争历程
    - 人民群众的反侵略斗争
    - 爱国官兵的反侵略斗争
  - 粉碎瓜分中国的图谋
    - 边疆危机和瓜分危机
    - 义和团运动与列强瓜分中国图谋的破产
  - 反侵略斗争的失败和民族意识的觉醒
    - 反侵略斗争的失败原因及其伟大意义
    - 民族意识的觉醒

二、重点问题

鸦片战争后中国社会呈现两个过程：一是资本—帝国主义及其走狗要把一个封建社会的中国逐步变为半殖民地半封建国家的过程；二是中国人民和中国的爱国官兵抵制和反抗资本—帝国主义列强入侵的过程。

资本—帝国主义列强对中国的侵略，首先和主要方式是进行军事侵略，迫使中国政府签订不平等条约，主要表现在四个方面。

第一，军事侵略。通过不平等条约，资本—帝国主义列强侵占中国领土；勒索巨额赔款；在战争中屠杀中国人民；公开抢劫中国财富，肆意破坏中国文物和古迹，对中华民族优秀文化造成空前浩劫。

第二，政治控制。资本—帝国主义列强通过军事侵略和不平等条约，控制中国内政和外交，把持中国海关，镇压中国人民的反抗，扶植、收买代理人。

第三，经济掠夺。资本—帝国主义列强控制中国通商口岸、剥夺中国关税自主权、对华倾销商品和资本输出，并逐渐操纵中国经济命脉。

第四，文化渗透。资本—帝国主义列强利用宗教进行侵略活动，鼓吹侵略有功论、“种族优劣论”，为侵华制造舆论。

总之，资本—帝国主义在给中国带来某些新变化的同时，又为控制和掠夺中国的目的而同中国的封建统治者勾结起来，共同阻碍中国人民的独立和解放。它们来到中国的主要目的，并非要把落后的中国变成先进的中国，而是要强迫中国永远成为西方列强的附庸国。

中华民族反抗外来侵略的斗争历程包括以下主体。

第一，人民群众。三元里人民抗英斗争，这是中国近代史上第一次大规模反侵略武装斗争；太平天国农民战争后期，太平军多次重创外国侵略者；台湾人民多次抗击入侵的日本侵略者；1900 年，义和团与八国联军进行了殊死搏斗。

第二，爱国官兵。1841 年 2 月，广东水师提督关天培战死虎门；1842 年 6 月，江南提督陈化成在吴淞口炮台以身殉国；7 月，副都统海岭（满族）在镇江战死疆场；第二次鸦片战争时期，提督史荣椿、乐善（蒙古族）战死；中法战争期间，冯子材率清兵获镇南关大捷；中日甲午战争中，左宝贵战死平壤，致远舰管带邓世昌、经远舰管带林永升在黄海海战中牺牲；北洋舰队统帅丁汝昌、定远舰管带刘步蟾在威海卫战役中为国捐躯。

总之，近代中国人民和爱国官兵在抵御外来侵略的斗争中，表现出来的爱国主义精神，铸就了中华民族的民族魂。正是由于中国人民的前赴后继、英勇斗争，才使我们的国家和民族历尽艰难、屡遭侵略而永不灭亡。

三、案例解析

西方列强的侵略究竟给中国带来了什么？

日清战争就这样在世界面前展开，文明世界的公众到底如何看待？战争虽然发生在日清两国之间，而如果要问其根源，实在是努力于文明开化之进步的一方，与妨碍其进步的一方的战争，而绝不是两国之争。本来日本国人对支那人并无私怨，没有敌意，而欲作为世界上一国民在人类社会中进行普通的交往。但是，他们却冥顽不灵，不懂普通的道理，见到文明开化的进步不但不心悦诚服，反而妨碍进步，竟然无法无天，对我表示反抗之意，所以不得已发生了此战。也就是说，在日本的眼中，没有支那人也没有支那国，只以世界文明的进步为目的，凡是妨碍和反对这一目的的都要打倒。所以这个不是人与人，国与国之间的事，可以看作一种宗教（信仰）之争……几千清兵无论如何都是无辜的人民，杀了他们是有点可怜，但他们不幸生在清国那样的腐败政府之下，对其悲惨命运也应有所觉悟。倘若支那人鉴于此次失败，领悟到文明的力量多么可畏，从而将四百余州的腐云败雾荡涤一空，而迎来文明日新的曙光，付出一些代价也值，而且应当向文明的引导者日本国三叩九拜，感谢其恩。我希望支那人早早觉悟，痛改前非。

——《福泽谕吉全集》第 14 卷，第 491～492 页，转引自王向远：《日本对中国的文化侵略》，昆仑出版社 2005 年版，第 56 页。

【解析】

在中日甲午战争期间，日本人福泽谕吉写了一篇文章叫《日清战争是文明与野蛮的战争》。在这篇文章中，他极力鼓吹日本对中国的战争是"文明"战胜"野蛮"的战争，给中国带来的是"文明"，是"现代化"。在福泽谕吉的逻辑中，"文明"是衡量一切的标准，而日本是"文明"的代表，不服从日本就是不服从"文明"。因此，日本发动的战争是"文明"的战争，而"文明"的战争是绝对正确的和必要的。附和这种观点的还有："鸦片战争一声炮响，给中国带来了近代文明""殖民主义在世界范围推动了现代化进程”“没有西方的殖民侵略，东方将永远沉沦。”① 这个问题实际上涉及的是如何认识殖民主义统治的问题。

殖民主义由来已久，15 世纪西方冒险家远渡重洋、环球旅行，随之而来的征服、掠夺就开始了。在资本原始积累时期，殖民主义者主要通过海盗式的土地和财物掠夺、欺诈性的贸易和奴隶贩卖等方式，从美洲、非洲、亚洲、大洋洲的许多国家和地区攫取巨额财富。在资本主义制度确立以后，殖民主义者运用各种手段对一些国家和地区进行了军事、政治、经济和文化等方面的侵略，使它们在不同程度上沦为列强的殖民地和半殖民地，成为其垄断的商品倾销市场、原料供应基地和投资场所。到了 19 世纪末期，资本输出成为殖民剥削的重要形式，殖民主义者掀起了瓜分世界的狂潮，殖民主义进一步发展成为一个由少数帝国主义强国主宰世界的更完整的体系。马克思对殖民主义有“双重使命”的论断，他指出：“英国在印度要完成双重使命，一个是破坏性的使命，即消灭旧的亚洲式的社会；另一个是建设性的使命，即在亚洲为西方式的革命奠定物质基础。”“英国不管是干了多少的罪行，它造成这个革命毕竟是充当了历史的不自觉的工具。”“印度失掉了他们的旧世界而没有获得一个新世界，这就使他们现在所遭受的灾难具有一种特殊的悲惨色彩。在印度人民还没有强大到能够完全摆脱英国的枷锁以前，印度人民是不会收获到不列颠资产阶级在他们中间播下的新的社会因素所结的果实的。”② 可见，殖民主义的历史就是一部资本－帝国主义侵略、掠夺和压迫包括印度和中国在内的广大殖民地、半殖民地国家和地区的苦难历史。殖民主义的本质给殖民地半殖民地地区的人民带来灾难。正如史料所指出的：“比年以来，帝国主义与军阀狼狈为奸，加重我内乱，掠夺我金钱，屠戮我民命，已成不可掩之事实。而为彼等最便于勾结，最利于进攻之工具，尤当数一部部不平等条约。由是观之，弱我中国者，资本－帝国主义也；致我于危亡者，由此产生之不平等条约也。资本－帝国主义实为蚕食我之封豕长蛇；不平等条约实为我之桎梏陷阱。”③

当然，殖民主义者为获取最大利益，不可避免地按照自己的面貌去改变殖民地国家。在此过程中不可避免地会传播西方文明，如先进的生产方式、科学技术、管理经验等，这在客观上促进了殖民地地区的发展。换句话说，西方殖民者对落后国家的侵略，促使那里封建经济结构解体，刺激了那里资本主义的产生，从而打破了这些国家封闭落后的社会结构，为现代化提供了一定的条件。但是，西方的侵略，又使落后国家的经济呈现依附性的畸形、片面发展。为了自己的利益，西方殖民者往往还扶植和保护落后国家的自然经济，使落后国家的经济呈现先进工业与落后农业共存的二元结构状况，使被侵略国家民族工业难以独立地发展壮大，这又是不发达国家现代化困难重重的根本原因之一。

因此，资本－帝国主义的侵略对近代中国而言，具有“双重作用”。其一，积极作

① 沙健孙、李捷、龚书铎：《〈中国近现代史纲要〉教师参考书》，高等教育出版社 2007 年版，第 29 页。

② 马克思：《不列颠在印度统治的未来结果》，《马克思恩格斯选集》第 1 卷，人民出版社 1995 年版，第 768 页。

③ 漆树芬：《经济侵略下之中国》，光华书局 1926 年版，第 13 页。

用：打开了中国封闭的国门，开阔了人们的眼界；把西方技术带入中国，对中国旧制度、旧观念产生了前所未有的冲击，促使中国封建经济解体，刺激了资本主义工业的产生，客观上促进了中国的近代化进程。其二，消极作用：破坏了中国领土、主权的完整与独立，造成了无数生命财产的损失，给中国人民留下了难以磨灭的心灵、精神创伤，这是中国近代社会日益贫穷和落后的总根源。综合来看，其消极作用远远大于积极作用。第一，从结果来看，西方的侵略并没有将中国变成资本主义现代化国家，而只是将中国沦为西方列强的半殖民地。第二，从主次作用来看，列强对促进商品经济的发展起了一定的作用，但这种作用是次要的、被动的，它们只是“充当了历史的不自觉的工具”，而对中国近代工业的阻碍、摧残则是帝国主义侵略的主要方面。第三，从可能性来看，一个国家如果没有外力的推动，是否会永远处于落后的状态？中国积极的对内改革、对外开放的政策就是最好的回答。第四，从内因与外因的作用来看，外因只是必要的条件，内因才是决定性因素。封闭守旧必然落后，落后必然挨打；民族的振兴、国家的富强，离不开外部因素的影响，但主要靠自身的努力与奋斗。历史证明：只有推翻帝国主义和封建主义在中国的统治，中国才有可能走上独立、富强的道路。

四、延伸阅读

（一）重要文献推荐

马克思：《不列颠在印度统治的未来结果》，《马克思恩格斯选集》第 1 卷，人民出版社 1995 年版。

列宁：《对华战争》，《列宁选集》第 1 卷，人民出版社 1995 年版。

毛泽东：《中国革命和中国共产党》，《毛泽东选集》第 2 卷，人民出版社 1991 年版。

胡绳：《从鸦片战争到五四运动》（上、下），人民出版社 1998 年版。

〔美〕费正清：《剑桥中国晚清史》（上、下），中国社会科学出版社 1985 年版。

〔美〕费正清：《剑桥中华民国史》，上海人民出版社 1992 年版。

丁名楠：《帝国主义侵略史（1—3）》，人民出版社 1973 年版。

李侃、龚书铎：《中国近代史》，中华书局 2005 年版。

（二）延伸阅读材料

瓦德西拳乱笔记（节选）

（1901 年 2 月 3 日）

关于近年以来，时常讨论之瓜分中国一事，若以该国现刻武备之虚弱，财源之枯竭，政象之纷乱而论，实为一个千载难得之实行瓜分时机。现在所欲问者，只是各国对此问题，究取何种态度。俄国方面，因占领满洲之故，在最近期间，当可心满意足。假如现在法国进据云南，日本占领福建，英国取得长江流域一部分，德国占据山东，则中国方面是无力加以阻止。因此，我们对此问题，必须十分注意，倘或一旦列强对于瓜分之事，果有妥协之望。

但余对于此事，却认为绝对不能实现。英国极不愿意法国进据云南，日本占领福建。日本方面对于德国之据有山东，则认为危险万分。各国方面对于英人之垄断长江，认为势难坐视。至于美国方面，更早已决定，反对一切瓜分之举。俄国方面若能听其独占满洲，毫不加以阻挠，则该国对于他国之实行瓜分中国，当可袖手旁观，盖彼固深信，各国对于此事，彼此之间必将发生无限纠葛故也。因此之故，急欲促现瓜分一事，实系毫无益处之举。

……

……即吾人对于中国群众，不能视为已成衰弱无德行之人；彼等在实际上，尚含有无限蓬勃之生气，更加以备具出人意料之勤俭巧惠诸性，以及守法易治。余认为中国下层阶级，在生理上，实远较吾国多数工厂区域之下层阶级为健全。倘若中国方面将来产生一位聪明而有魄力之人物为其领袖，更能利用世界各国贡献与彼之近代文化方法，则余相信中国前途，尚有无穷希望。吾人若一观察日本维新之迅速与成功，则此处实值得吾人加以特别注意。——至于中国所有好战精神，尚未完全丧失，可与此次“拳民运动”中见之。在山东直隶两省内，至少当有十万人数，加入此项运动。彼等之败，只是由于武装不良之故。其中大部分，甚至于并火器而无之。

……

假如现在俄国果真努力，以助中国发达，则该国之政策，可谓完全错误。近来有一中国老人，曾宣言曰：“我们自四百年以来，皆在睡梦之中，但其间我们深觉安适无已。你们白人，必欲促使我们醒觉，则将来终有一日，你们对于此举深为扼腕之时。”云云。

关于德国在山东方面并吞较大土地一事，尚有一种困难，即华人置诸德国官吏治理之下是也……假如中国一旦复欲夺取山东，则德国方面……对于此种战事，非至财政破产不可。

——选自龚书铎：《中国通史参考资料·近代部分》下册，中华书局1980年版，第203~206页。

【提示】

从瓦德西的“拳乱笔记”中可以看出，19世纪末20世纪初，资本-帝国主义确实存在将中国瓜分的意图，中国面临着边疆危机和瓜分危机。列强已经在中国部分地区成功地划分了各自的势力范围，但它们对彼此之间的利益冲突和制约也非常困惑，对能不能成功地长期统治分到手的占领地也很踌躇。对此，瓦德西得出的是否定的结论。这说明资本-帝国主义之间的相互纠葛、制约又相互矛盾的情形，成为资本-帝国主义瓜分中国图谋破产的原因之一。

资本-帝国主义瓜分中国的图谋不能实现，不仅仅是因为列强之间的相互矛盾和相互制约，更重要的是中华民族所具有的强大的民族抗争精神、奋斗精神，特别是以义和团运动为主导的中华民族不屈不挠的反侵略斗争，有效地阻止了列强瓜分中国的阴谋，打破了它们瓜分中国的迷梦，使之成为资本-帝国主义瓜分中国图谋破产的最根本原因。

（三）历史人物介绍

1. 林则徐

林则徐（1785—1850），字元抚，又字少穆，晚号竢村老人，福建侯官（今福建福州）人。他曾与龚自珍、魏源、黄爵滋等提倡经世致用之学，鸦片战争时期主张严禁鸦片、抵抗侵略。史学界称他为近代中国“睁眼看世界的第一人”。

林则徐在任湖广总督之时，中国的鸦片已成为严重弊害。他提出六条禁烟方案，并率先在湖广实施。他上奏指出，历年禁烟失败在于不能严禁。他力陈禁烟的重要性和禁烟方略。而后他受命为钦差大臣，前往广东禁烟。林则徐抵达广州后，会同两广总督邓廷桢等传讯洋商，令外国烟贩限期交出鸦片，并收缴英国趸船上的全部鸦片。1839 年 6 月起，中国在虎门海滩销烟，20 天中销毁鸦片 19179 箱、2119 袋，共计 2376254 斤。在此期间，林则徐注意了解外国情况，组织翻译西文书报，供制定对策、办理交涉参考。其所译资料，先后辑有《四洲志》《华事夷言》《滑达尔各国律例》《澳门新闻纸》等，成为中国近代最早介绍外国的文献。林则徐大力整顿海防，积极备战，购置外国大炮加强炮台，搜集外国船炮图样准备仿制。他坚信民心可用，组织地方团练，在沿海招募水勇，操练教习。后因英国驻华商务监督义律拒不交出杀害中国村民的英国水手，又不肯具结保证不再夹带鸦片，他下令断绝澳门英商接济。义律诉诸武力，挑起九龙炮战和穿鼻洋海战。林则徐督师数败英军并遵旨停止中英贸易。鸦片战争开始后，英军陷定海，再北侵大沽。道光帝惊恐求和，归咎林则徐。1839 年 9 月，林则徐被革职，最后被充军伊犁。

2. 刘永福

刘永福（1837—1917），清末爱国将领。字渊亭，本名义，广东（今广西）钦州人。刘永福于 1866 年创建黑旗军，助越抗法十多年，堪称“北圻之长城”。1873 年、1883 年，他两度应越南政府约请率部抗法，前一次毙法军统领安邺，后一回斩法军统帅李威利，取得震动中外的罗池、纸桥大捷，被越王封为二宣提督。中法战争中，他又大败法军，取得左育、宣光、临洮大战胜利。中法战争结束后，中法政府经多次交涉达成协议，以黑旗军回国换取法军从澎湖撤走。刘永福应召回国，1886 年任广东南澳镇总兵；1894 年帮办台湾防务，渡台抗日，驻守台南，被尊称为“百年前的抗日爱国英雄”。

刘永福在民族危难时刻，高擎抗日大旗，领导台湾爱国军民浴血奋战，抗倭寇、保国土，为中华民族树立了光辉的榜样。一代伟人孙中山赞：“余少小即钦慕我国民族英雄黑旗刘永福。”当代著名诗人田汉赋诗颂：“近百年来多痛史，论人应不失刘冯。”台湾苗栗市福星山公园（现改为猫狸公园）忠烈祠大殿供奉 3 位神像，正中是明朝民族英雄郑成功，左边是抗日义军志士丘逢甲，右边是黑旗将军刘永福。广州有刘永福村、永福路、刘义亭。刘永福的故乡钦州市，建有永福大街、永福广场。1996 年 9 月，国家教委、解放军总政治部等 6 个单位命名“钦州市民族英雄刘永福故居”为“全国中小学爱国主义教育基地”。2001 年 6 月，国务院公布其为全国重点文物保护单位，先后有 40 多个国家及港澳台地区数百万游客前来参观，留下 100 多件赞颂英雄的墨宝。（转载自第一范文网，http://www.diyifanwen.com）

3. 邓世昌

邓世昌（1849—1894），中国清末海军爱国将领，字正卿，原籍广东东莞，生于番禺（今广州市海珠区），中日甲午战争时为致远号巡洋舰管带，在 1894 年 9 月 17 日海战中捐躯报国。

1887 年春，邓世昌率队赴英国接收清政府向英、德订造的“致远”“靖远”“经远”“来远”四艘巡洋舰，年底回国。归途中，邓世昌沿途安排舰队操演练习。因接舰有功，邓世昌升副将，任“致远”舰管带。1894 年 9 月 17 日在黄海大东沟海战中，邓世昌指挥“致远”舰英勇作战。后在日舰围攻下，“致远”舰多处受伤，全舰燃起大火，船身倾斜。邓世昌鼓励全舰官兵道：“吾辈从军卫国，早置生死于度外，今日之事，有死而已！”“倭舰专恃吉野，苟沉此舰，足以夺其气而成事。”他毅然驾舰全速撞向日本主力舰“吉野”号右舷，决意与敌同归于尽。倭舰官兵见状大惊失色，集中炮火向“致远”舰射击，不幸一发炮弹击中“致远”舰的鱼雷发射管，管内鱼雷发生爆炸导致“致远”舰沉没。邓世昌坠落海中后，其随从以救生圈相救，被他拒绝，并说：“我立志杀敌报国，今死于海，义也，何求生为！”所养的爱犬“太阳”亦游至其身旁，用嘴衔住他的胳膊不放。邓世昌誓与军舰共存亡，毅然按犬首入水，自己也沉没于波涛之中，与全舰官兵 250 余人一同壮烈殉国。

邓世昌牺牲后举国震动，光绪帝垂泪撰联“此日漫挥天下泪，有公足壮海军威”，并赐予邓世昌“壮节公”谥号，御笔亲撰祭文、碑文各一篇。威海百姓感其忠烈，于 1899 年在成山上为邓世昌塑像建祠，以表永久敬仰。1996 年 12 月 28 日，中国人民解放军海军命名新式远洋综合训练舰为“世昌”舰，以示纪念。（转载自第一范文网，http://www.diyifanwen.com）

五、史学争鸣

资本—帝国主义的入侵给近代中国带来的影响

中国近代史中的诸多问题的研究和史学争鸣，基本上是从中国近代史的起点——鸦片战争发端的。关于鸦片战争给中国带来什么影响、如何认识帝国主义及它们的侵略行径等，东、西方学者由于世界观和方法论的不同，在这些问题的研究上存在分歧和争鸣。

第一种观点：“冲击——回应”模式。此模式认为，在 19 世纪中国历史发展中起主导作用的因素或主要线索是西方入侵，解释这段历史可采用“西方冲击——中国回应”这一公式。这一模式严重夸大了西方冲击的历史作用。这一理论框架所依据的前提假设是：就 19 世纪的大部分情况而言，左右中国历史的最重要影响是与西方的对抗。在这段中国历史中，西方扮演着主动的角色，中国则扮演着极为消极的或者说回应的角色。[①]

① 参见［美］柯文：《在中国发现历史》，“译者代序”第 8 页、第一章第 1 页。

第二种观点："传统—近代"模式。此模式的前提是认为西方近代社会是当今世界各国万流归宗的"模楷"，因而中国近代史也将按此模式，从"传统"社会演变为西方的"近代"社会，认为中国历史在西方入侵前停滞不前，只能在"传统"模式中循环往复或产生一些微小的变化，只有等待西方猛击一掌，然后才能沿着西方已走过的道路向西方式的"近代"社会前进。美国一些史学家把社会演变分为"传统的"与"近代的"两个阶段，而这些史学家几乎都采用"传统"和"近代"二词来划分中国漫长的历史，"近代"一词通常指与近代西方接触比较频繁的时期。①

第三种观点："帝国主义"模式。此模式认为，帝国主义是中国近代史各种变化的主要动因，是中国百年来社会崩解、民族灾难、无法发展前进的祸根。研究 19、20 世纪中国历史的美国学者使用"帝国主义"一词时有两种基本含义：一些思想比较激进的史学界成员从毛泽东的著名论断"中国近代史是一部帝国主义侵略中国，反对中国独立与发展资本主义的历史"得到启发，从比较概括的含义来理解帝国主义，认为它是鸦片战争到共产党胜利这一个世纪中中国种种问题的最后根源；另外一些史家虽然激烈反对这种包罗万象的看法，却十分愿意承认帝国主义曾起过某种有限度的作用，特别是在政治领域。美国史学家柯文认为，这一模式和前面两种模式实质上同属"西方中心模式"，因为它们都认为西方近代的工业化是一件天大的好事，而中国社会的内部始终无法产生这种工业化的前提条件，需要西方入侵提供这些条件，因此它们都认为 19、20 世纪中国所经历的一切有历史意义的变化只能是西方式的变化，而且只有在西方冲击下才能引起这些变化。这样就堵塞了从中国内部来探索中国近代社会自身变化的途径，把中国近代史研究引入狭窄的死胡同。②

第四种观点："中国中心观"。美国史学家柯文明确地提出了他自己的观点即中国中心观，并把这一看法的特点归纳为 4 点："（1）从中国而不是从西方着手来研究中国历史，并尽量采取内部的（即中国的）而不是外部的（即西方的）准绳来决定中国历史中哪些现象具有历史重要性；（2）把中国按'横向'分解为区域、省、州、县与城市，以展开区域性与地方历史的研究；（3）把中国社会再按'纵向'分解为若干不同阶层，推动较下层社会历史（包括民间与非民间历史）的撰写；（4）热情欢迎历史学以外诸学科（主要是社会学科，但也不限于此）中已形成的理论、方法与技巧，并力求把它们和历史分析结合起来。③

第五种观点：马克思针对殖民主义者对印度的侵略，论述到："英国在印度要完成双重使命，一个是破坏性使命，即消灭旧的亚洲式的社会；另一个是建设性的使命，即在亚洲为西方式的革命奠定物质基础。""英国不管是干了多少的罪行，它造成这个革命毕竟是充当了历史的不自觉的工具。""印度失掉了他们的旧世界而没有获得一个新世界，这就使他们现在所遭受的灾难具有一种特殊的悲惨色彩。在印度人民还没有强大到能够完全摆脱英国的枷锁以前，印度人民是不会收获到不列颠资产阶级在他们中间播下

① 参见［美］柯文：《在中国发现历史》，"译者代序"第 8 页、第二章 55 页。
② 参见［美］柯文：《在中国发现历史》，"译者代序"第 8 页、第三章 106 页。
③ 参见［美］柯文：《在中国发现历史》，"译者代序"第 8～9 页。

的新的社会因素所结的果实的。"[1] 马克思的观点表明了：英国资产阶级既不会给印度人民带来自由，也不会根本改变他们的社会状况。尽管英国工业无产阶级和印度人民还未能推翻英国资产阶级的统治；但是，马克思在他的著述中满怀信心地预言，帝国主义的殖民统治终将被埋葬，印度人民争取独立、自由的斗争终将取得胜利。

第六种观点：毛泽东在《中国革命和中国共产党》这篇论著中明确地指出帝国主义列强侵略中国，在一方面促进中国封建社会解体，促进中国发生了资本主义因素，把一个封建社会变成了一个半封建的社会；但是在另一方面，它们又残酷地统治了中国，把一个独立的中国变成了一个半殖民地和殖民地的中国。毛泽东还进一步指出："没有独立、自由、民主和统一，不可能建设真正大规模的工业。没有工业，便没有巩固的国防，便没有人民的福利，便没有国家的富强。""一个不是贫弱的而是富强的中国，是和一个不是殖民地半殖民地的而是独立的，不是半封建的而是自由的、民主的，不是分裂的而是统一的中国，相联结的。在一个半殖民地、半封建的、分裂的中国里，要想发展工业、建设国防、福利人民、求得国家的富强，多少年来多少人做过这种梦，但是一概幻灭了。"[2]

六、实践指导

（一）辩论赛：鸦片战争给中国带来了什么？

1. 活动目的

以"鸦片战争一声炮响，给中国带来的是什么？"为题，展开辩论：中国由此走上现代化/中国由此灾难深重。

2. 活动方式

由本课课代表组织，以小组为单位参加活动。

3. 活动步骤

由课代表负责组织辩论赛活动，拟定活动方案，包括活动举行的时间和地点、评比方法和程序、评委组成、奖励方法等。

抽签决定辩论赛的正方、反方，双方收集资料，进行准备，参赛组员做好任务分工。

按计划进行活动，辩论赛结束后，进行点评、总结。

（二）主题班会：谈谈近代中国的民族英雄

1. 活动目的

引导学生通过上网、看书、查阅资料等方式，了解中国人民近代反侵略斗争的光辉

① 马克思：《不列颠在印度统治的未来结果》，《马克思恩格斯选集》第1卷，人民出版社1995年版，第768页。

② 《论联合政府》，《毛泽东选集》第4卷，人民出版社1991年版，第1080页。

事迹，寻找我们心目中的民族英雄，并让学生们在互相交流中感受中华民族不屈不挠的民族精神。

2. 活动方式

以小组为单位进行讲述或演讲。

3. 活动步骤

本课课代表或班长负责组织活动，先布置活动题目，同学们分成若干小组，每个小组负责一个人物。

本小组同学协商分工，完成资料收集和整理工作、撰写报告、制作 PPT 等。

召开主题班会，按抽签顺序进行小组讲述或演讲。

所有同学都可分享参加活动的体会，可对其他小组的表现给予评价。参加活动的小组成员都记平时成绩。

七、知识运用

（一）单项选择题

1. 中国经历了两千多年的封建社会，其社会的主要矛盾是（　　）。
   A. 帝国主义与中华民族的矛盾
   B. 封建主义与人民大众的矛盾
   C. 地主阶级与农民阶级的矛盾
   D. 资产阶级与无产阶级的矛盾
2. 1860 年，英法联军攻占北京，抢劫、焚毁了有“万园之园”美誉的皇家园林是（　　）。
   A. 颐和园　　B. 北海
   C. 中南海　　D. 圆明园
3. 中国近代史上中国人民第一次大规模的反侵略武装斗争是（　　）。
   A. 香港工人拒修法舰　　B. 太平军抗击外国侵略者
   C. 黑旗军抗击日军　　D. 三元里人民抗英斗争
4. 中法战争期间，率领清军和民众取得“镇南关大捷”的老将是（　　）。
   A. 刘铭传　　B. 丁汝昌
   C. 冯子材　　D. 关天培
5. 近代中国“睁眼看世界的第一人”是（　　）。
   A. 魏源　　B. 林则徐
   C. 严复　　D. 康有为
6. 1842 年，中英间签署的关于中国割让香港岛给英国的条约是（　　）。
   A.《北京条约》　　B.《南京条约》
   C.《虎门条约》　　D.《黄埔条约》

7. 1894年11月，日军制造的连续4天大屠杀，造成2万中国居民死亡的惨案是（　　）。
   A. 旅顺大屠杀惨案　　B. 江东六十四屯惨案
   C. 火烧圆明园　　D. 庄王府杀害义和团团民惨案
8. 1841年战死虎门的广东水师提督是（　　）。
   A. 陈化成　　B. 海龄
   C. 左宝贵　　D. 关天培
9. 中法战争期间，法舰侵犯台湾基隆进而又犯淡水，被守军击退，其指挥官是（　　）。
   A. 邓世昌　　B. 林永升
   C. 刘铭传　　D. 左宝贵
10. 1860年，洗劫和烧毁圆明园的侵略军是（　　）。
   A. 日本侵略军　　B. 俄国侵略军
   C. 英法联军　　D. 八国联军
11. 1895年签订的将中国领土台湾割让给日本的不平等条约是（　　）。
   A.《南京条约》　　B.《北京条约》
   C.《天津条约》　　D.《马关条约》
12. 19世纪末，在帝国主义列强瓜分中国的狂潮中提出“门户开放”政策的国家是（　　）。
   A. 俄国　　B. 日本
   C. 美国　　D. 德国
13. 帝国主义列强对中国的争夺和瓜分的图谋达到高潮是在（　　）之后。
   A. 鸦片战争　　B. 中法战争
   C. 甲午战争　　D. 八国联军侵华
14. （　　）曾掌握中国海关大权达40余年之久。
   A. 赫德　　B. 金登干
   C. 卜罗德　　D. 华尔
15. 帝国主义列强不能灭亡和瓜分中国，最根本的原因是（　　）。
   A. 帝国主义列强之间的矛盾和互相制约
   B. 帝国主义的社会内部矛盾
   C. 中华民族进行的不屈不挠的反侵略斗争
   D. 中国疆域辽阔、人口众多
16. 西方列强对中国的侵略，首先和主要的是（　　）。
   A. 政治控制　　B. 军事侵略
   C. 经济掠夺　　D. 文化渗透
17. 近代割占中国领土最多的国家是（　　）。
   A. 英国　　B. 俄国
   C. 法国　　D. 日本

18. （　　）是清政府专门办理中外一切交涉的机关。
A. 同文馆　　B. 海关
C. 总理各国事务衙门　　D. 内阁

19. 帝国主义统治中国的主要社会基础是（　　）。
A. 封建地主阶级　　B. 小资产阶级
C. 官僚大资产阶级　　D. 民族资产阶级

20. 外国侵略者和本国封建统治者的主要压迫对象是（　　）。
A. 工人　　B. 手工业者
C. 城市贫民　　D. 农民

21. 1887 年，葡萄牙胁迫清政府签订的允许葡萄牙“永驻管理澳门”的条约是（　　）。
A.《中葡友好通商条约》　　B.《五口通商条约》
C.《望厦条约》　　D.《黄埔条约》

22. 1900 年，俄国军队侵入中国东北制造的惨案是（　　）。
A. 旅顺大屠杀惨案　　B. 江东六十四屯惨案
C. 火烧圆明园　　D. 庄王府杀害义和团团民惨案

23. 1842 年，开放广州、厦门、福建、宁波、上海为通商口岸的条约是（　　）。
A.《北京条约》　　B.《天津条约》
C.《南京条约》　　D.《辛丑条约》

24. 1842 年，在镇江战场战死的满族副都统是（　　）。
A. 乐善　　B. 史荣椿
C. 毓贤　　D. 海龄

25. 甲午战争中，英勇牺牲的致远舰管带是（　　）。
A. 邓世昌　　B. 林永升
C. 刘步蟾　　D. 左宝贵

26. 1839 年，林则徐组织翻译了英国人的《地理大全》，编成了（　　）。
A.《海国图志》　　B.《四洲志》
C.《天演论》　　D.《救亡决论》

27. 魏源编纂的综述世界各国历史、地理及中国应采取的对外政策的书是（　　）。
A.《海国图志》　　B.《四洲志》
C.《天演论》　　D.《救亡决论》

28. 提出“师夷长技以制夷”的思想的是（　　）。
A. 林则徐　　B. 魏源
C. 严复　　D. 郑观应

29. 提出“物竞天择，适者生存”口号的书是严复翻译的（　　）。
A.《海国图志》　　B.《四洲志》
C.《救亡决论》　　D.《天演论》

30. 允许外国公使常驻北京的条约是（　　）。

A.《北京条约》　　B.《南京条约》

C.《辛丑条约》　　D.《天津条约》

（二）材料分析题

材料一：

1841年12月，曾担任过美国总统的亚当斯在马萨诸塞州历史协会发表演说，为英国挑起侵华战争辩解，称“战争的原因是叩头”，即“中国妄自尊大”，不愿与西方国家平等交往。

——《美国人在东亚十九世纪美国对中国、日本和朝鲜政策的批判的研究》，商务印书馆，1959年，第89页。

材料二：

英国的大炮破坏了皇帝的权威，迫使天朝帝国与地上的世界接触。与外界完全隔绝曾是保存旧中国的首要条件，而当这种隔绝状态通过英国而为暴力所打破的时候，接踵而来的必然是解体的过程，正如小心保存在密闭棺材里的木乃伊一接触新鲜空气便必然要解体一样。

——《马克思恩格斯选集》第1卷，人民出版社，1995年版，第692页。

材料三：

帝国主义列强侵略中国，在一方面促使中国封建社会解体，促使中国发生了资本主义因素，把一个封建社会变成了一个半封建的社会；但是在另一方面，它们又残酷地统治了中国，把一个独立的中国变成了一个半殖民地和殖民地的中国。

——《毛泽东选集》第2卷，人民出版社，1991年版，第630页。

问题：

1. 材料一中亚当斯的论调是否符合历史事实？这种论调说明了什么问题？
2. 请根据材料二和材料三及所学知识，说明资本－帝国主义的入侵对中国的影响。

第三讲　救亡图存的努力：对国家出路的早期探索

一、知识要点

（一）基本线索

本讲主要介绍从鸦片战争以后到辛亥革命以前，面对外国资本主义入侵和本国封建主义残酷压迫所造成的中国严重的民族危机和社会危机，近代中国社会各阶级、各阶层的人们为探索国家独立与民族富强而走过的艰难曲折的探索道路。他们从各自的阶级立场出发，先后提出了自己的主张和方案，对国家的出路进行了可贵而大胆的探索，其中有代表性的为：洪秀全领导的太平天国农民运动，企图用绝对平均主义方案改造社会；地主阶级洋务派进行的洋务运动，企图采取中体西用模式求强求富；康有为、梁启超、严复为代表的新兴资产阶级维新派发起变法维新，企图通过政治改良道路救亡图存。虽然这些早期的探索都不可避免地失败了，但仍然具有重要意义，给后世留下了宝贵而深刻的经验教训。

（二）知识要点

1. 太平天国农民运动

（1）太平天国农民运动发生的历史背景

首先，太平天国农民运动爆发的根本原因是封建专制政权和地主阶级对农民的政治压迫、经济剥削；其次，鸦片战争带来的恶果使得中国社会的阶级矛盾、社会矛盾普遍被激化了；第三，太平天国农民运动发生前十年正是包括广西在内全国自然灾害频发时期，大量灾民流离失所。

（2）发展经过

太平天国农民运动的发展经过为：

建立拜上帝会⟶理论宣传⟶金田起义⟶永安建制⟶定都天京⟶西征北伐⟶失败。

（3）纲领性文件

太平天国早期的纲领《天朝田亩制度》是最能体现太平天国社会理想和这次农民起义特色的纲领性文件。这是一个以解决土地制度为中心的社会改革方案，但是，这个纲领并没有超出农民小生产者的狭隘眼界，而且，平分土地即使在太平军占领地区也并没有付诸实施。

《资政新篇》是太平天国后期颁布的一个具有资本主义色彩的改革与建设方案，其中有很多学习西方的内容，是中国人对国家出路的一次早期探索。但作为农民运动领导人提出的治理朝政的纲领，通篇未涉及农民问题和土地问题，这一致命的弱点决定了这个方案从一开始就缺乏实施的阶级基础和社会基础。

（4）太平天国农民运动的历史意义

第一，沉重打击了封建统治阶级，强烈撼动了清政府的统治根基。

第二，它是中国旧式农民战争的最高峰。

第三，冲击了孔子及儒家经典的正统权威。

第四，太平天国农民运动有力地打击了外国侵略势力。

第五，推动了亚洲民族解放运动的新发展。

（5）太平天国农民运动失败的原因

客观上，由于中外反动势力过于强大，太平天国农民运动最终被中外反动势力联合绞杀。

主观上，也是失败的根本原因在于农民阶级的阶级局限性。农民阶级不是先进生产力的代表，不能提出完整、正确的政治纲领和社会改革方案，无法长期保持领导集体的团结，无法制止统治集团内部腐化现象的滋生，对资本-帝国主义缺乏理性的认识，宗教迷信色彩过于浓厚。

（6）太平天国农民运动的历史教训

在半殖民地半封建的中国，农民阶级有着强烈的反帝反封建的要求；但是，由于阶级和时代的局限，农民阶级不能担负起领导反帝反封建斗争取得胜利的重任。

2. 洋务运动

（1）洋务运动的兴起

洋务运动是在19世纪60年代初，清政府镇压太平天国农民运动的过程中和第二次鸦片战争结束后兴起的。面对内忧外患的局面，为了挽救统治危机，清政府统治集团内部一些比较开明的官员，如奕䜣、曾国藩、李鸿章、左宗棠、张之洞等，主张引进、仿造西方的武器装备和学习西方的科学技术，设立近代企业，兴办洋务。1861年设立“总理各国事务衙门”，标志着洋务运动开始。洋务运动又称同治中兴、同光新政、自强运动。

（2）洋务运动的指导思想

洋务运动的指导思想为：“中学为体，西学为用”。

（3）洋务运动的主要内容

第一，兴办近代企业。洋务派最早兴办的是军事工业，在各地建立了20多个制造枪炮、舰船和弹药的工厂。从19世纪70年代开始，洋务派除了继续举办军事工业以外，还开始举办民用工业，包括采矿、冶炼、纺织等工矿业以及航运、铁路、电讯等企业，主要采用的是官督商办的经营形式，大约兴办了20多家民用企业。

第二，建立新式海陆军。八旗兵和地方武装成立洋枪队，装备洋枪洋炮。1874年兴起海防之议，到19世纪90年代，建成福建水师、广东水师、南洋水师和北洋水师。

第三，创办新式学堂、派遣留学生。洋务派在兴办洋务事业的过程中创办了翻译学堂、工艺学堂和军事学堂，同时公费派遣学生到美、英、法、德等国家留学。

（4）洋务运动的历史作用

第一，在客观上促进了中国早期工业和民族资本主义的发展。

第二，成为中国近代教育的开端。

第三，传播了新知识，使人们开阔了眼界。

第四，引起了社会风气和价值观念的变化，这些都有利于资本主义的发展。

（5）洋务运动失败的原因

第一，洋务运动具有封建性。

第二，它对西方列强具有依赖性。

第三，洋务企业的管理具有腐朽性。

（6）洋务运动的失败给我们的启示

新的生产力与落后的封建生产关系及其上层建筑是不能相容的，洋务运动在封建主义思想的指导下只注重西法练兵和办企业，而不去改变落后的政治制度和上层建筑，无法使中国走向富强之路，其自身也难以取得成功。

3. 戊戌维新运动

（1）戊戌维新运动兴起的历史背景

一方面，19 世纪 90 年代以后，中国民族资本主义有了初步发展，新兴的民族资产阶级迫切要求为在中国发展资本主义开辟道路；另一方面，甲午战争中国的惨败，造成了新的民族危机，激发了中华民族新的普遍的民族觉醒。在内忧外患的冲击和中西文化的碰撞过程中，人们逐步形成了共识：要救国只有维新，要维新只有学西方。于是，出现了一场资产阶级改良性质的变法维新的政治运动。

（2）“公车上书”与维新运动的兴起

“公车上书”是指 1895 年康有为领导的一次著名的上书活动，提出拒签和约、迁都再战、变法图强等主张，产生很大影响。它使变法维新由一场政治思潮上升为一场政治运动，揭开了变法维新运动的序幕，标志着资产阶级维新派开始登上中国的政治舞台。

以康有为、梁启超、谭嗣同、严复等为主要代表人物的资产阶级维新派不但要求学习西方的科学技术，而且要求学习西方资本主义的政治制度（建立君主立宪制）和思想文化。资产阶级维新派采取了一系列行动宣传维新主张，即：向皇帝上书、著书立说、介绍外国变法的经验教训、成立学会、设立学堂、出版报刊等。

（3）维新派与守旧派的论战

论战主要围绕三个问题展开，即：要不要变法；要不要兴民权、设议院，实行君主立宪；要不要废八股、改科举和兴学堂。论战实质上是资产阶级思想与封建主义思想在中国的第一次正面交锋。论战使西方资产阶级社会政治学说在中国得到进一步的传播，为维新变法运动作了思想舆论的准备。

（4）百日维新

在维新派的推动下，1898 年 6 月 11 日，光绪皇帝颁布“明定国是”诏书，宣布开始变法。在此后的 103 天中，清政府接连发布了一系列涉及政治、经济、军事、文化教育等各方面的新政政令，史称“戊戌变法”，又称“百日维新”，维新运动开始进入高潮。

1898 年 9 月 21 日，慈禧太后发动政变，戊戌变法中的新政措施除京师大学堂（北京大学前身）被保留下来以外，其余全部被废止，“百日维新”昙花一现，近代中国探索国家出路的又一次努力宣告失败。

（5）戊戌维新运动的意义

第一，它是一次爱国救亡运动。

第二，它是一场资产阶级性质的政治改革运动。

第三，它是一场思想启蒙运动。

（6）戊戌维新运动失败的原因

戊戌维新运动失败的主要原因在于维新派自身的局限和以慈禧太后为首的强大的守旧势力的反对。维新派自身的局限表现在三个方面，即：不敢否定封建主义，对帝国主义抱有幻想，惧怕人民。

（7）戊戌维新运动失败的经验教训

戊戌维新运动的失败不仅暴露出资产阶级的软弱性，同时说明在半殖民地半封建的中国，企图通过统治者进行自上而下的改良的道路是行不通的，要想实现国家的独立、民主、富强必须采取革命的手段，推翻帝国主义与封建主义联合统治的半殖民地半封建的社会制度。

（三）内容框架

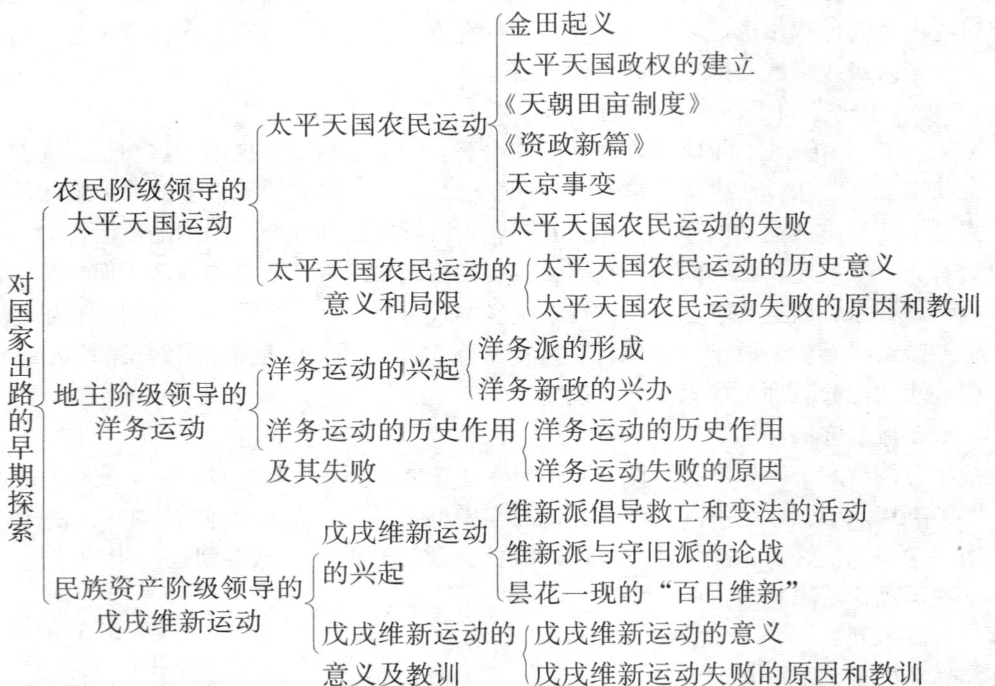

二、重点问题

（一）《资政新篇》是近代中国第一部带有资本主义色彩的改革方案

1859年颁布的《资政新篇》是太平天国学习西方资本主义的一个改革方案，提出者洪仁玕在香港生活多年，他是一位对西方有所了解，讲求实务，积极向西方学习的新式知识分子。《资政新篇》不仅是洪仁玕担任“军师”、总理朝纲的政治设计，也是洪秀全赞同和批准的太平天国政治改革方案。

《资政新篇》的可贵在于，它看清了中国的衰弱和落后，毅然决然奋起直追，希望通过改革、“革故鼎新”，向西方学习，“立法”以新体制，奖励工商以新“技艺”，目的是使中国成为后来居上的资本主义国家，“与番人竞雄”，建成一个“云净而月明，春来而山丽”的太平天国“新天新地新人新世界”，这个改革方案表现了中国人的清醒与虚心，也表现了中国人的自信与信心。

《资政新篇》从西方汲取了很多营养，涉及的内容很多，其中资本主义色彩最浓之处是奖励兴办私人工商业、金融业、交通运输业，把科学技术提高到“国中之宝”的地位，主张“准富人请人雇工”，对于穷人则“宜令作工，以受所值”，这是把学习西方从生产力的领域扩展到生产关系的领域，明确提倡发展资本主义雇佣劳动制的生产关系。

《资政新篇》是近代中国第一部比较完整的资本主义改革方案，是太平天国历史上一个光辉的亮点，使这次农民运动鲜明地不同于历史上的其他农民运动，反映了太平天国领导人向西方寻求真理、探索国家出路的努力。

（二）太平天国农民运动是中国近代民主革命准备时期的重要事件

从近代中国社会的主要矛盾和历史任务来看，帝国主义和中华民族的矛盾，封建主义和人民大众的矛盾是中国半殖民地半封建社会的主要矛盾，中国人民只有推翻了帝国主义、封建主义的联合统治的半殖民地半封建的社会制度，才能争得民族独立后人民解放，实现国家富强和人民富裕。

太平天国农民运动反抗西方资本主义国家的侵略，沉重打击了封建统治阶级，强烈撼动了清王朝的统治根基，加速了清王朝的衰败过程。因此，太平天国农民运动的打击目标与以后以反帝反封建为目标的资产阶级民主革命的任务是一致的，所以说，太平天国农民运动是中国近代民主革命准备时期的重要事件。

（三）农民阶级的局限性与太平天国农民运动的失败

中国历史上的农民起义只有两个结果，一是失败，二是建立新的封建王朝。太平天国农民运动没有能够争取到第二个结果而最终失败。太平天国农民运动之所以失败，从主观原因分析主要是农民阶级的局限性。

农民阶级不是新的生产力和生产关系的代表，带有小生产者所固有的阶级局限性，如自私、狭隘、保守、落后、散漫、深刻的皇权思想等，他们自身无法克服小生产者所固有的阶级局限性，既不能提出完整、正确的政治纲领和社会改革方案，也无法长期保持领导集团的团结，更无法制止统治集团内部腐化现象的滋生。太平天国定都天京后，农民起义所固有的矛盾和弱点就充分地暴露出来了，直至酿成内讧悲剧。这一切大大削弱了太平天国的向心力和战斗力，不可避免地深刻影响了这次农民运动的进程和失败的结局。

因此，在中国近代，农民阶级不能担负起领导反帝反封建斗争取得胜利的重任，单纯的农民战争是不可能完成争取民族独立后人民解放的历史任务的。

（四）洋务运动也是近代中国人探索国家出路的一场尝试

洋务运动是清王朝封建统治阶级中的洋务派，在内忧外患的双重打击之下，为了维护清王朝的封建统治而进行的一场自救运动。

洋务派在 30 多年的洋务运动中，相继开办了几十个军事、民用的企业，这些企业是中国人兴办的最早的一批使用机器的近代企业，引进了一些现代科技、管理方法，客观上对中国资本主义的产生和初步发展起了一定的示范和促进的作用。办学堂、派留学生等在传播近代科技知识、培养科技人才等方面也有积极意义，给当时的中国带来了新知识、新学问，开阔了人们的眼界，而且对封建思想文化也产生一定的冲击。建立近代海军是为了保卫国家的海防，抵御外侮。随着中国边疆危机的加深和海防问题讨论的深入，建立中国近代海军的任务提上了议程，到 1895 年共拥有 60 多艘兵船，形成了广东水师、福建水师、南洋水师和北洋海军。

洋务运动虽然是部分地主阶级代表人物领导进行的，目的是为了挽救清王朝的统治，但我们从近代中国社会的主要矛盾和两大历史任务着眼，以历史唯物主义为指导，来分析洋务运动的作用和地位，应该把洋务运动也归为近代中国人探索国家出路的又一次尝试和努力。

（五）洋务运动的封建性

洋务运动自身的缺陷限制了它的发展，导致其最后以失败而告结束，洋务运动失败的最主要的原因是其封建性的问题。

洋务运动是由地主阶级中的部分当权人物倡导的，目的是为了维护清王朝的封建统治，在这个过程中，洋务派不敢也不愿对清王朝的政治制度做任何真正的改革。洋务派坚持“中学为体，西学为用”，只是在器物、技术层次学习西方，在政治、经济、法律制度层次则不作任何改革。他们企图以学习西方近代生产技术为手段，来达到维护和巩固中国封建统治的目的，这就决定了它必然失败的命运。因为新的生产力是同封建主义的生产关系及其上层建筑不相容的，是不可能在封建主义的桎梏下充分发展起来的。

清王朝的政治制度不合世界潮流这个大问题洋务派并非毫无察觉，但洋务派是矛盾人物，他们有一定的政治抱负，洋务运动就是他们理想、作为的体现，然而洋务派在政治、经济、文化等各个方面同清王朝整个统治集团，同整个地主阶级的根本利益是一致的，这是洋务派不敢也不愿对清王朝的政治制度做任何真正的改革的最根本原因。

洋务运动的失败说明，在不触动封建专制统治，试图通过局部的枝节改革发展资本主义而达到自强求富的目的是不可能的。

（六）戊戌维新运动在思想文化领域产生了很大的影响

在阐述戊戌维新运动的历史意义时，应该特别强调它在思想文化领域的重要影响，维新派在思想文化方面的影响超过了他们在政治、经济等方面的影响。

首先，戊戌维新运动是一场思想启蒙运动。虽然鸦片战争发生已有50多年了，但人们对周围发生的变化并不像我们今天看得那样清楚，人们还津津乐道“同治中兴”，习惯过他们的“太平”日子。士大夫的心态也与半个多世纪前没有太大的区别，习惯于用祖辈沿袭的旧观念看待事物，“名教罪人”“士林败类”的罪名几乎是所有士大夫都不敢担当的。少数有远见的知识分子，如郑观应等痛感需要向沉睡的人们发出“危言”，但也同时不得不表白人们仍处于“盛世”之中。

思想界这种状况的改变是从维新运动开始的，维新运动是近代中国民主启蒙运动的真正起点。在维新运动期间，维新派大力宣传西方资产阶级的社会政治学说和自然科学知识，宣传天赋人权、自由平等、社会进化等观念，批判封建君权和封建纲常伦理。维新派还与守旧派进行了论战，论战的实质是资产阶级思想与封建主义思想在中国的第一次正面交锋，通过这场论战，进一步开阔了知识分子的眼界，有利于民主主义思想在中国的传播，有利于人们的思想解放，从而掀起了近代中国第一次思想解放运动的潮流，推动了中华民族的觉醒。

其次，维新运动期间形成了广泛的文化革新运动。在维新派的推动下，“诗界革命”“文体革命”“小说界革命”“戏剧改良”“史学革命”等相继而起，梁启超、黄遵宪、谭嗣同、汪康年等人身体力行，掀起了广泛的文化革新运动。以维新运动为起点，资产阶级新文化开始打破封建文化独占文化阵地的局面。

再有，维新运动对近代教育发展起了积极作用。维新派主张采用西方近代教育制度，兴办新式学堂，京师大学堂的创立更成为中国近代国立高等教育的发端，这些对中国近代教育的发展起了积极的推动作用。

同时，维新运动在改革社会风气方面也有不可低估的意义。维新派主张革除吸食鸦片、妇女缠足等陋习，主张“剪辫易服”，倡导讲文明、重卫生、反跪拜等。其移风易俗、开启社会新风气的作用不可低估。

三、案例解析

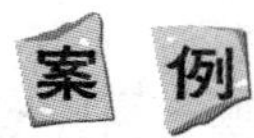

在近代中国，为什么渐进式的改良运动（如戊戌维新运动）没能把中国从危难中拯救出来？

【解析】

（一）戊戌维新运动的进步性和历史意义

毛泽东于1949年6月30日在《论人民民主专政》一文中指出："自从一八四〇年鸦片战争失败那时起，先进的中国人，经过千辛万苦，向西方国家寻求真理。洪秀全、康有为、严复和孙中山，代表了在中国共产党出世以前向西方寻求真理的一批人物。"（《毛泽东选集》第4卷，人民出版社1991年版，第1469页）毛泽东的这段话反映了他对戊戌维新运动和维新派的进步性是肯定的，认为作为戊戌维新运动的代表人物康有为、严复是先进的中国人，经过千辛万苦向西方国家寻求救国的真理，戊戌维新运动就是他们救国道路的一次探索。

戊戌维新运动是在西方列强不断加深侵略、国内社会危机日益严重的背景下发生的，是中国民族资产阶级登上政治舞台的第一次表演，显示了民族资产阶级及其知识分子的政治朝气，表达了这一新兴阶级在一定程度上要求在中国发展资本主义和一定程度上的反帝反封建的政治诉求。

戊戌维新运动是一场资产阶级性质的政治改良运动，维新派鼓吹民权，提倡设议院，主张用资产阶级君主立宪制来取代封建君主专制制度；同时，主张在政治、经济、文化教育等方面采取一系列重大措施，以建立资本主义制度。

戊戌维新运动也是中国近代思想发展里程中的一座丰碑，它有两个鲜明的特征，即：既是伟大的爱国救亡运动，又是伟大的启蒙运动。"救亡"，这个深藏在千百万人心头的口号被响亮地喊了出来，成为中华民族行进中的主旋律。经过奔走呼号，维新派思想家终于把原本根深蒂固的封建正统观念的大网撕开了一个大口子。经历了维新思潮的冲击，中国思想界原来的一潭死水状态也发生了新的变化。

所以，戊戌维新运动是近代中国早期探索国家出路的又一次努力。

（二）戊戌维新运动失败的原因

戊戌维新改良运动最后的结局是失败，这是为什么呢？其具体原因主要有以下几点。

1. 从社会制度层面上看

中国从秦朝开始就建立了封建专制主义的中央集权制度，历朝历代不断强化，明朝达到顶点，清朝基本延续了明代的制度并有所发展。因此，在维新变法时，中国社会封建专制统治的基础依然十分牢固，封建顽固势力力量强大。以慈禧太后为首的、从中央到地方的封建顽固势力控制着军政实权，他们激烈反对变法，多方阻挠破坏，在各省官员中只有湖南巡抚支持变法，势单力薄，变法法令基本没有施行，戊戌政变直接导致变法失败。

2. 从社会发展的经济状况看

19 世纪 70 年代中国才开始出现民族资本主义。在维新变法前，中国资本主义的发展水平很低，资产阶级力量弱小，薄弱的资本主义经济难以改造植根于封建经济基础之上的强大的封建性质的上层建筑。甲午战争以后，中国民族资本主义有了初步的发展，这是这场运动的经济基础。据不完全统计，在 1895—1900 年，全国各地新办的私人资本工矿企业，其资本总额为 2300 万元，这个数目还抵不上一年偿还外债的数目；同时，在遭到帝国主义和封建主义的双重压迫和摧残下，其发展十分艰难，许多厂矿只能维持简单再生产，很难进行扩大再生产。可见，当时中国民族资本主义发展水平很低，阶级力量相当弱小，不具备进行资产阶级性质的社会变革的经济条件和物质基础。

3. 从变法的领导力量看

领导戊戌变法的主体是一批具有资产阶级思想的知识分子，他们大多由官僚、封建士大夫、商人、买办转化而来，从小接受严格的封建正统教育，在深刻地感受着民族危机的同时接触到西方资本主义文明，思想观念逐渐发生改变。他们痛苦地反省中国的传统，提出了变法的主张并将其付诸实践，主张学习西方政治、经济制度，宣传西方资产阶级的民主、自由、平等和进化论学说；但他们在政治上不敢根本否定封建君主制度。康有为、梁启超、谭嗣同、严复等是他们的代表人物。

相对于强大的封建保守势力，中国的维新派势力弱小，始终没有掌握军政实权。康有为等维新派从一开始就站在害怕和反对革命的立场上，他们轻视群众，脱离群众，没有广大人民群众做后盾，只是依靠一个没有实权的光绪皇帝。他们基本上是一批缺乏政治斗争经验的封建知识分子，缺乏运筹帷幄的雄才大略，缺乏应有的深谋远虑和相应的策略，在操作上显得过于急躁。他们是思想家、宣传家，但不是合格、老辣的政治家。他们还同帝国主义和封建主义保持着较多的联系，带有更多的软弱妥协性和不彻底性。

（三）渐进式的改良运动为什么没能把祖国从危难中拯救出来?

人类社会的变革有两种形式，一种是在原有的社会秩序下渐进的改革，我们称之为改良；另一种是在短时间内以激进的方式改变原有的社会秩序，然后在此基础上推进各项改革，我们称之为革命。

近代以来，中华民族始终面临着两大历史任务，一是求得民族独立和人民解放，二是实现国家繁荣富强和人民共同富裕。只有完成第一大任务，就是求得民族独立和人民解放，废除列强同中国签订的一切不平等条约，推翻封建专制制度，改变买办的和封建的生产关系，结束半殖民地半封建社会，才能为完成第二大任务，即实现国家繁荣富强和人民富裕的目的，最终解放与发展生产力，使国家富强，开辟走向现代化的道路，为中华民族自立于世界民族之林创造条件，把祖国从危难中拯救出来。

近代中国是一个半殖民地半封建的、分裂的中国，是没有获得民族独立和人民解放的国家，国家的命运掌握在封建统治阶级手里。在国难极端深重而腐朽的统治阶级又拒绝一切根本的社会变革的情况下，渐进式的改良运动是无法实现国家繁荣富强和人民共同富裕的，是不能把祖国从危难中拯救出来的。“百日维新”昙花一现，只经历了103天就夭折了，主张变法的光绪皇帝被囚禁，“戊戌六君子”被杀，康、梁被迫出逃，支持变法的张荫桓等帝党官员被遣戍新疆，陈宝箴等人被革职并永不叙用，一切旧制随之恢复，一场温和的改良最后以流血的方式结束。

戊戌变法的失败告诉我们，必须采取革命手段才能求得民族独立和人民解放，进而才能实现国家繁荣富强和人民共同富裕，才能把祖国从危难中拯救出来。戊戌变法的失败使一部分人，尤其是一批青年知识分子放弃改良的主张，开始走上革命的道路。“因那一回政变的刺激，从桎梏麻醉中醒过来，中国的革命也就积极地走上了一条新的道路。”（欧阳予倩：《谭嗣同全集》，中华书局1981年版，第534页）千百万人奋不顾身地投身革命，就是由这样深刻的社会原因造成的。

四、延伸阅读

（一）重要文献推荐

罗尔纲：《太平天国通史》，中华书局1992年版。
夏春涛：《天国的陨落——太平天国宗教再研究》，中国人民大学出版社2006年版。
夏东元：《洋务运动史》，华东师范大学出版社1992年版。
孔令仁、李德征：《中国近代化与洋务运动》，山东大学出版社1992年版。
汤志钧：《戊戌变法史》，上海社会科学院出版社2003年版。
茅海建：《戊戌变法史事考》，生活·读书·新知三联书店2005年版。

（二）延伸阅读材料

1. 太平天国与晚清政治

以推翻清王朝为目的的太平天国运动虽然失败了，清王朝暂时保住了政权，但当时就有人预言清王朝不出50年就会彻底垮台。事实上不到48年，面对风雨激荡的辛亥革命，清王朝的末代皇帝于1912年2月12日宣布退位。辛亥革命党人之所以能一举推翻清王朝，重要的原因之一是太平天国运动沉重打击了封建统治阶级，强烈撼动了清政府的统治根基，对晚清政治产生了重大影响，具体表现在：

（1）从“主威素重”、中央集权到“内轻外重”、督抚专政

这是晚清政治最明显的变化，这种变化直接源于太平天国运动。咸丰朝以前清政府政治的显著特点是“主威素重”、中央集权，地方几无独立之权。太平天国运动爆发、咸丰朝以后，这种状况被打破了，逐渐形成内轻外重、督抚专政的局面，主要体现在：

①军权下移，督抚掌握了半地方化和半私人化的军队。如在镇压太平天国时兴起的湘军、淮军，尤其是以后袁世凯的北洋军并不绝对听命于中央。

②财权下移，督抚逐渐掌握了地方财政大权。太平天国控制长江流域富庶省份后，中央部库无款可拨，各省自己筹款筹饷，财权下移，其后中央财政收支不及各省。

③行政人事权下移，督抚扩大了对官员的支配权。伴随着督抚军权与财权的扩大，布政使和按察使逐渐成为地方督抚的属员。

太平天国运动打乱了清王朝高度中央集权的统治秩序，为湘军、淮军的崛起提供了历史契机，清政府倚重湘军、淮军镇压太平天国运动就不得不赋予他们极大的权力，从而为督抚专政创造了历史前提。督抚权力的膨胀和中央集权的衰落，又为推翻清王朝的辛亥革命准备了条件。

（2）满汉力量对比发生变化

满汉力量对比的变化是太平天国运动影响晚清政治的又一个重要方面。清王朝是满洲贵族入主中原建立起来的封建王朝，满汉关系一直是清代政治中的重要问题，满人的特权、对汉人的民族歧视和民族压迫始终是严酷的现实。曾国藩、左宗棠、李鸿章等在镇压太平天国运动中崛起，造成统治阶级中汉人地位明显加强，这引起满洲贵族的忌恨，太平天国运动被镇压后西太后立即实行打压汉人的政策。到了甲午战争后，汉族爱国官员和士大夫要求变法救亡图存，满洲亲贵中的顽固势力抵制变法。到了 20 世纪初，皇族亲贵进一步奉行集权政策，设立“皇族内阁”，于是革命党人的排满革命的声浪遍布全国。这种情况的发展使满洲贵族统治的基础日益动摇，汉族官僚士大夫的离心倾向与日俱增。

（3）内忧外患促使清朝统治集团发生分化

太平天国运动以及第二次鸦片战争所造成的内忧外患的形势促使清朝统治集团内部发生分化，出现革新势力即洋务派。革新势力即洋务派的出现，推动清王朝逐渐从闭关自守的状态向实行对外开放和洋务新政转化，由此引发了统治集团内部延续整个晚清政治的革新派与守旧派的矛盾和斗争。这个时期出现的洋务运动对中国早期工业和民族资本主义的发展起了促进作用，同时也使一些传统观念和社会风气开始发生变化。这些必将深刻地影响到晚清的政治结局。

——参见郭汉民：《太平天国与晚清政治》，载郭汉民专著：《中国近代史事探索》，湖南师范大学出版社 2004 年版，第 13～26 页。

【提示】

这篇文章论述了晚清政治中各种主要矛盾与太平天国农民运动的某种程度的联系，这些矛盾的不断激化，为辛亥革命的发动准备了历史前提。太平天国农民运动正是从这个意义上表现出了重要的历史作用。

文章在论述太平天国农民运动的重要历史作用的同时，还用事实告诉我们，必须看到历史的关联性，一个社会是在继承了它的前一社会时期政治的、经济的、文化的、阶级关系的基础上发展而来的，历史是继往开来的，没有空中楼阁。这是马克思主义的历史唯物主义观点，也是我们认识历史的基本出发点。

2. 从体制上分析制约中国早期现代化发展的因素

晚清现代化起步之艰难、行动之缓慢，仅仅从某一方面找原因是远远不够的，必须深入到体制和社会结构中去进行探索。以下我们从政治、经济、文化三个层次分析制约中国早期现代化的因素。

（1）中国传统政治结构对社会变革的容忍能力与现代化领导力量的构成问题

东方国家的现代化是外源性现代化，在启动阶段，国家政权的强弱是引导社会变革的决定性因素。中国的权利结构是一种高度一元化的巨型帝国式的金字塔结构。金字塔的顶端是高度集中的绝对皇权，由政治权利控制经济权利。金字塔的中层是一个非常庞大的官僚系统，它是对皇帝负责的各级办事机构。下层是由地主乡绅操纵的、家族本位的、高度分散的半自然经济社会，是一个具有一定自由度的乡土社会。这样一种板块政治结构具有很高的稳定性，只有非常有限的容忍社会变革的能力，从而严重阻碍了中国传统文化中许多接近现代化的因素的发挥。

19世纪下半叶，由于内外的打击，清王朝的专制机器已严重削弱，部分军、政、财大权从中央向地方转移，从满人向汉人转移，形成了汉人地方军事大员领导的区域性政治、经济、司法的一体化格局。这种分权化趋势松动了原来的中央高度集权的政治结构，使一些得风气之先的地方大员成为中国早期工业化的领导者和推动者。但缺乏中央政权的统一规划，这是中国早期工业化的一个突出弱点。

（2）中国传统经济结构对经济增长与工业化的启动机制问题

传统中国是一个以小农生产方式为核心的自给自足经济体系。它的特点是小农与手工业紧密结合，社会分工水平低，生产量小，消费量小。任何农业社会向工业社会过渡，都要求农业生产率的巨大提高，并能将农业和商业的经济剩余转移到工业部门。中国现代化启动的缓慢就在于传统经济结构严重阻碍了这种转移。

清政府的岁入所占份额相当有限，而地主阶级却占有了经济剩余的绝大部分。但是视土地为唯一财富的传统观念束缚了地主阶级，他们宁可购买土地、放高利贷，也不愿投资于有风险的工商业。这就从根本上束缚了工业化的启动。

（3）中国传统教育和文化体制对外来科学技术的抵触与对社会变革的抵制

中国传统教育制度特别是科举制，使人才的选拔制度化，在封建社会中期发挥过重要作用；但在清王朝时代，实际上是厉行思想钳制、大兴文字狱的时代。18世纪末以后，科举考试中已取消“策问”，考生不许再讨论现实问题。1862年，京师同文馆建立，规定学习外语，毕业后可保举为八品或九品官，但当时的士大夫知识分子都不愿进这所学堂。最早从美国留学归来的容闳、从英国归来的严复都因在国内没有功名而站不住脚。由此可见，延续了一千余年的科举制在中国政治、文化中的积弊之深。

——摘自罗荣渠：《现代化新论》（增订本），商务印书馆2004年版，第287～300页。

【提示】

洋务运动是19世纪中叶中国早期现代化的开端。现代化是指落后国家从传统的农业社会向现代工业社会不断转变的一个历史过程。在这个过程中，以工业化为核心的经济现代化是最重要的内容，但同时还必须包括政治、社会结构、教育、组织管理等方面的现代化。洋务运动只注重举办工业、编练新式海陆军、创办新式学堂、派遣留学生等内容，而不去改变封建落后的政治制度、社会结构等上层建筑，是无法使中国走向富强之路的，也就决定了它必然失败的命运。

3. 京师同文馆中科学教育的课程设置

1862年设立的京师同文馆最初只设英文馆，一年后增设法文、俄文馆，1867年天文、算学馆正式招生。此后，同文馆的课程大加扩充，输入的新课程有算学、化学、万国公法、医学生理、天文、物理等。

1869年，美国传教士丁韪良担任京师同文馆的总教习，他按照美国的学校教育的模式改革京师同文馆，对教学模式进行了重新规划，为不同程度的学生拟定了八年制和五年制课程表。其具体课程设置如下。

八年制课程设置：

首年：认字写字、浅解辞句、讲解浅书。

二年：讲解浅书、练习文法、翻译条子。

三年：讲各国地图、读各国史略、翻译选编。

四年：数理启蒙、代数学、翻译公文。

五年：讲求格物、几何原本、平三角、弧三角、练习译书。

六年：讲求机器、微分积分、航海测算、练习译书。

七年：讲求化学、天文测算、万国公法、练习译书。

八年：天文测算、地理金石、富国策、练习译书。

五年制课程设置：

首年：数理启蒙、九章算法、代数学。

二年：学四元解、几何原本、平三角、弧三角。

三年：格物入门、兼讲化学、重学测算。

四年：微分积分、航海测算、天文测算、讲求机器。

五年：万国公法、富国策、天文测算、地理金石。

八年制课程是为年纪较小的学生设置的，对于年纪较大的学生采用五年制课程设置。这两种课程表除了讲求知识结构的完整性、注意自然科学基础知识的教学外，还突出了分类指导、循序渐进的特点。

——节选自曲铁华、李娟：《中国近代科学教育史》，人民教育出版社2010年版，第87～91页。

【提示】

洋务派在洋务运动中聘请西方的传教士和教育工作者，按照西方国家的学校教育模式开办新式学堂。在这个过程中，他们翻译了一批西方的书籍，介绍并讲授西方近代的科学文化知识，如数学、化学、电学、光学、声学、农学、矿学等，给当时的中国带来了新学问，开阔了人们的眼界，培养了一批近代化人才。同时，这两个具体课程表也可以清楚地看到在新式学堂课程设置方面，开始摆脱中国传统课程设置，逐步向西方先进课程体系靠拢。

（三）重要人物介绍

1. 洪秀全

洪秀全（1814—1864），广东花县人，农民家庭出身的知识分子，太平天国农民运动的领袖。在鸦片战争后中国社会矛盾更加激化的情况下，他从农民革命的要求出发，汲取西方基督教义中的平等思想，于1843年创立拜上帝会宣传革命理论。1851年1月11日在广西桂平金田村举行起义，建号太平天国，称天王。在他的领导下，太平天国起义军经过英勇斗争，于1853年定都南京，称天京，建立了与清王朝相对立的农民政权。颁布《天朝田亩制度》，分兵北伐和西征。1856年发生天京事变后提拔青年将领扭转被动局面。他于天京被围的1864年逝世。所著诗文及诏旨、文告等多收入《太平天国》及《太平天国史料》等书中。（《辞海》历史分册中国近代史部分，上海辞书出版社，1980年版。）

2. 曾国藩

曾国藩（1811—1872），字涤生，湖南湘乡人，道光朝进士。清末湘军的创立人和统帅者，洋务派首领，晚清重臣，官至两江总督、直隶总督、武英殿大学士，封一等毅勇侯，谥文正。1853年为对抗太平天国农民运动在湖南办团练，后扩编为湘军，进攻太平天国，不断扩充实力。1860年任两江总督，节制浙、苏、皖、赣四省军务，主张“借洋兵助剿”，与英、法军队和由外国军官组织的“常胜军”、“常捷军”联合镇压太平天国农民运动，1864年7月湘军攻陷天京。1865年任钦差大臣对捻军作战。洋务运动时期，他与李鸿章、左宗棠等创办江南制造总局，福建马尾船政局等军事工业。曾国藩是中国早期现代化建设的开拓者，在他的倡议下，建造了中国第一艘轮船，建立了第一所兵工学堂，印刷翻译了第一批西方书籍，安排了第一批赴美留学生。1870年在直隶总督任内查办天津教案，其处理结果受到舆论谴责，不久病死。曾国藩是近代中国最有影响、最显赫、也是最有争议的人物之一，有《曾文正公全集》存世。（参见《辞海》历史分册中国近代史部分，上海辞书出版社，1980年版。）

3. 李鸿章

李鸿章（1823—1901），字少荃，安徽合肥人，道光朝进士。清末淮军创始人和统帅，洋务运动的主要倡导者之一，晚清重臣，官至直隶总督兼北洋通商大臣，授文华殿大学士，封一等肃毅侯，谥文忠。1853年在家乡办团练抵抗太平军，继而充当曾国藩幕僚。1861年编练淮军，继续镇压太平天国。1866年任钦差大臣与捻军作战。1870年任直隶总督兼北洋通商大臣，掌管外交、军事、经济大权。从60年代开始开办近代军事工业和民用工业，先后设立江南制造总局、轮船招商局、开平煤矿、天津电报局、津榆铁路、上海机器织布局等企业，建立新式海陆军，清政府的海军主力——北洋海军一直由他管辖。他曾经代表清政府签订了中英《烟台条约》、《中法新约》、中日《马关条约》、《中俄密约》和《辛丑条约》等，在八国联军侵华战争期间支持东南互保。李鸿章不仅是一位中国近代史上争议最大的历史人物，而且也是一位影响了近代中国近半个世纪的晚清军政重臣。有《李文忠公全集》存世。（参见《辞海》历史分册中国近代中国近代史部分，上海辞书出版社，1980年版。）

4. 左宗棠

左宗棠（1812—1885），字季高，湘南湘阴人，举人出身。清末湘军著名将领，洋务派首领，晚清重臣，官至东阁大学士、军机大臣，封二等恪靖侯。初为湖南巡抚骆秉章幕僚，1860年由曾国藩推荐，率湘军与太平军作战，后升任闽浙总督。1866年上疏奏请设局监造轮船获准，于福州马尾办船厂，派员出国购买机器，建立中国第一个新式造船厂，并创办福州船政局，附设有船政学堂，培养造船技术人才和海军人才。同年调任陕甘总督，进攻捻军，后又镇压西北回民起义。1875 年督办新疆军务，率军讨伐阿古柏，收复乌鲁木齐、和田等地，阻止了俄、英对新疆的侵略，为晚清做出了巨大的贡献。1881 年任军机大臣，调任两江总督。中法战争时督办福建军务。有《左文襄公文集》存世。（参见《辞海》历史分册中国近代史部分，上海辞书出版社，1980 年版。）

5. 康有为

康有为（1858—1927），字广厦，号长素，又号更甡（shen），广东南海人，光绪朝进士，官授工部主事。近代著名政治家、思想家、社会改革家、书法家和学者，信奉孔子儒家学说，并致力于将儒家学说改造为可以适应现代社会的国教。中日甲午战争后，鉴于民族危机日益加深，多次上书皇帝要求变法图强，领导了著名的“公车上书”。中日《马关条约》签订后他在京组织强学会，编印《中外纪文》，设立报馆、学堂，与洋务派、顽固派进行论战，鼓吹变法维新。1898 年又在北京成立保国会，受到光绪皇帝召见，促成“百日维新”。戊戌政变后逃亡国外，此后组织保皇会反对民主革命。辛亥革命后主编《不忍》杂志，陆续发表反对共和、保存国粹的言论，并担任孔教会会长，为帝制复辟造舆论。1917 年和张勋策划复辟，旋即失败。著作有《新学伪经考》《孔子改制考》、《戊戌奏稿》、《大同书》《康南海先生诗集》等。（参见《辞海》历史分册中国近代史部分，上海辞书出版社，1980 年版。）

6. 梁启超

梁启超（1873—1929），字卓如，号任公，又号饮冰室主人，广东新会人，举人出身。中国近代史上著名的政治活动家、启蒙思想家、资产阶级宣传家、教育家、史学家和文学家，著名学者。戊戌变法（百日维新）领袖之一，和其老师康有为一起倡导变法维新，并称“康梁”。1895 年跟随康有为发动“公车上书”。1896 年在上海主编《时务报》，积极鼓吹和推进维新运动。1898 年入京，参与“百日维新”，以六品衔办京师大学堂、译书局。戊戌政变后逃亡日本。初编《清议报》，继而编《新民丛报》，坚持立宪保皇，受到民主革命派的批判，但大量介绍西方资产阶级社会、政治、经济学说，对当时知识界有很大影响。辛亥革命后，继续主张立宪，拥护袁世凯。1916 年策动蔡锷组织护国军反对袁世凯称帝。“五四”时期反对“打倒孔家店”的口号，但倡导文体改良。早年所作政论文章流利畅达，感情奔放，颇有特色。晚年在清华学校讲学。其著作编为《饮冰室合集》。（参见《辞海》历史分册中国近代史部分，上海辞书出版社，1980 年版。）

五、史学争鸣

（一）太平天国农民运动

在中国近代史的研究中，太平天国农民运动问题可以说是新中国成立以来研究成果最丰富的领域之一，完全称得上是中国近代史的“热门”课题，无论是资料的收集整理、专题的深入探讨，还是大型专著的撰写出版，都获得了可喜的成就。

很长的一段时期内，太平天国运动一直被称为伟大的农民革命，是中国近代历史上反帝反封建革命斗争的一个高潮，在具体事件和人物的评价上有拔高的倾向。20世纪80年代以来，学术界对太平天国的评价日趋多元化，近十多年来甚至出现了一些完全否定太平天国的论点，持这些观点的学者引用马克思1862年发表的《中国记事》的一段话，作为否定太平天国的重要依据。马克思确实对太平天国这样评价过："除了改朝换代以外，他们没有抱定什么任务，他们没有提出什么口号。他们所给予民众的惊惶比给予旧有当权者的惊惶还要厉害。他们的全部使命，似乎就在于用奇形怪状的破坏，用全无建设工作萌芽的破坏来和保守派的腐化相对立。"毫无疑问，太平天国农民军是有很多破坏行为，后期尤其严重。不过我们应该看到大量的屠杀、破坏行为是清朝军队所造成的。马克思在文章中说得很清楚，他所依据的资料主要来自驻宁波的英国领事夏福礼致英国驻北京公使的信件，马克思当时不可能获得有关太平天国全面、深入的信息，所以，我们不宜过分强调马克思的某些具体论述，应该遵循马克思主义的历史唯物主义观点，客观地依据太平天国的方针、政策和实践进行全面的评价。

在评价太平天国的历史地位时可以从以下几个方面去分析。

1. 太平天国农民运动发生的历史必然性①

太平天国农民运动爆发的根本原因是封建专制政权和地主阶级对农民阶级残酷的剥削压迫，在这点上，太平天国农民运动和中国古代封建社会所爆发的农民运动是一样的，再加上鸦片战争带来的恶果使得中国社会的阶级矛盾、社会矛盾普遍激化，于是人祸和天灾并行。曾国藩在给皇帝的奏折中就着重谈了"银价太昂，钱粮难纳""盗贼太众，良民难安""冤狱太多，民气难伸"等社会问题，曾国藩作为镇压太平天国的清朝统治阶级的重要成员，他的话是有信服力的。这些问题汇集到一起就激起了民众走上反抗的道路，鸦片战争后10年间，汉、壮、苗、瑶、彝、回、藏等各民族人民的起义和抗粮抗租斗争有上百次之多，几乎遍及全国各地。太平天国金田起义仅仅两年多，革命队伍由1万多人迅速发展到20余万人，席卷6省，定都南京。

我们可以看出太平天国农民运动的发生和发展绝非出自洪秀全个人志向的偶然性，而是近代中国国内各种尖锐矛盾的相互作用的结果，而农民战争是化解社会矛盾的一种独特方式，应该充分肯定太平天国农民运动的正义性。

2.《天朝田亩制度》具有反封建的本质②

关于太平天国的建国理想和前期纲领《天朝田亩制度》的性质，历来争论最多，分歧也最大，有的学者根据《天朝田亩制度》中关于诸匠营、百工衙等军事化的集中管理模式、产品和收成的平均分配等，把它定性为"实质上是反动的"。但学术界普遍的共

---

① 参考余明侠：《关于太平天国运动历史地位的评价问题》，《广西师范大学学报》（哲学社会科学版）2002年第1期；史料参考曾国藩：《备陈民间疾苦疏》，《曾国藩全集·奏稿一》，岳麓书社1986年版，第29页。

② 参考郭毅生：《如何评价太平天国的历史和有关的历史人物?》，载沙健孙、龚书铎主编《走什么路——关于中国近现代历史上的若干重大是非问题》，山东人民出版社1997年版。

识还是认为《天朝田亩制度》的本质是革命的、反封建的，它有空想、落后的方面，但这是非本质的。

《天朝田亩制度》反封建最主要体现在彻底否定地主土地所有制，将土地按人口平均分配给农民，这就意味着铲除封建制度的根基，挖掉封建专制体制的墙角。

3. 太平天国指导思想的局限①

太平天国利用拜上帝教的教义来发动和组织农民方面的作用是极为明显的，但这种宗教不是科学、先进的思想，它既有西方的色彩，又含有大量粗鄙、迷信的内容（如“上帝附体”之类）。

拜上帝教以耶稣立教，贬孔子，斥菩萨，把中国人的一切旧宗教统统划入“邪魔妖鬼”，把自己孤立于中华文化之外，这样做显然失去了同广大人民尤其是士大夫们在心理上的联系。太平天国是中国历史上规模最大的农民起义，但在吸收士大夫参加方面却不如其他规模小得多的农民起义，士大夫阶层的精英人物基本站在清王朝一边，这与太平天国的宗教、文化政策有很大关系。洪秀全在太平天国后期不仅没有对宗教进行必要的改造，反而强化了其粗鄙、迷信的一面，其对群众已经没有号召力了，只有洪秀全本人依然深深沉迷其中。

（二）洋务运动

新中国成立之后50多年，对洋务运动的评价同太平天国农民运动的评价相比经历了正好相反的变化过程。以往，因为洋务派首领曾国藩、李鸿章是镇压太平天国的刽子手，是地主阶级的当权人物，洋务运动的目的是为了维护清王朝的统治，所以，洋务运动被完全否定。从20世纪70年代末开始，逐渐有学者把洋务运动放在中国早期现代化的过程下审视，认为不能简单否定。学术界经过热烈讨论、争鸣，对洋务运动所涉及的多个方面进行分析和评价，逐渐得出一个比较共同的观点，就是肯定洋务运动对中国近代化的贡献。

到了近年，随着学术界的研究不断深入，加上有一些以曾国藩、李鸿章、左宗棠、张之洞等为主要人物的小说、影视作品的出版、播放，对洋务运动和洋务派的评价呈现出多元化的倾向，并引起人们很大的兴趣与关注。但是，对洋务运动的评价必须客观，不能随意拔高，它对中国资本主义的产生和发展的作用是两方面的，既有促进的一面，也有阻碍的一面，而且到了后期，阻碍是主要方面。

在评价洋务运动的历史地位时可以从以下几个方面去分析。

1. 洋务运动“中体西用”的指导思想②

在对洋务运动研究的众多成果中，对洋务运动的指导思想——“中体西用”的讨论最为激烈，主要有三种观点：其一，完全否定，认为是反动的口号，目的是为了维护封

① 参考沙健孙、李捷、龚书铎主编《〈中国近现代史纲要〉教师参考书》，高等教育出版社2007年版，第62～63页；罗福惠：《历史事实和历史人物评价的多样范式》，《探索与争鸣》2006年第3期。

② 参考王兆祥：《“中体西用”再论》，《广西社会科学》2008年第8期；王哲：《论洋务运动时期“中体西用”文化语境的合理诉求》，《河南师范大学学报》（哲学社会科学版）2009年第3期。

建统治；其二，认为这个思想的提出和存在有其合理性；其三，认为在不同时期产生了不同的作用，在19世纪六七十年代有其进步性，到19世纪八九十年代后成为一种反动的理论。

应该看到，“中体西用”的思想虽然对洋务运动的失败有一定的责任，但它也是使洋务运动得以发生，并持续三十多年的一个关键因素，在实践中对中国近代化做出了重要贡献，“中体西用”思想在当时是有其合理性和积极作用的。

首先，“中体西用”思想的提出是当时先进人士为引进先进外来文化的唯一选择模式。在当时要在充满着封建主义旧文化的天地里容纳若干资本主义的新文化，除了“中体西用”提不出更好的宗旨来，如果没有“中体”做前提，“西用”便无所依托，更谈不上实践运用。

其次，“中体西用”思想的提出在洋务运动期间具有进步的历史作用。它突破了“华夷之辩”，实现了从“鄙夷”到“师夷”的转变，开始向引进西学、重视西学的观念转变，为洋务运动的中国近代化开辟了道路。

但“中体西用”的宗旨毕竟是为了巩固封建统治的“本”，所以，从其思想一提出，便同时含有消极与落后的一面，随着西学引进的深入，其进步作用逐渐消失，越来越成为历史前进的阻力和障碍。

2. 洋务运动中官督商办体制①

关于洋务运动中的官督商办体制问题，改革开放前，中国大陆公开发表的文章不多，海外学者对此研究却一直方兴未艾。近二十年来，大陆学者对官督商办研究成果斐然，研究的范围更加广阔，学者们从其性质、作用，到官商关系、企业制度等皆有深入的研究。

官督商办是中国早期资本主义近代企业的重要组织形式，也是当时中国特定历史条件下的产物。洋务派在洋务运动中兴办了一批企业，除少数采取官办或官商合办方式外，多数都采取官督商办的方式。所谓官督商办，就是官府负责保护和扶持企业，派官员到企业中去监督管理，有时官府也借垫给企业部分资金，但资金的主要来源则是由商人投资入股，企业的产、运、销等由商人管理，盈亏由商人自己承受。

官督商办的做法在其早期有它的合理性，因为中国的封建顽固势力很大，一切新生事物都会遭到反对，必须有官府的保护才能减少阻力取得合法地位。当时中国商品经济不发达，社会风气和价值观念都不开放，商人没有官府的出面不敢也不愿投资新式企业，因此，这个阶段“官督商办”是有其积极意义的。但是到了19世纪80年代，特别是90年代后，中国民族资本主义有了初步发展，官督商办的体制就逐渐束缚了企业的发展，官府派官员管理，大量安插私人，控制并监督了商人的投资积极性，官员往往把近代企业作为牟利的新途径，贪污受贿，挥霍浪费，大大增加了企业的成本压力，这样，“官督”的负面作用就越来越明显，因而受到商人的广泛反对而无法再推行下去。

---

① 参考沙健孙、李捷、龚书铎主编《〈中国近现代史纲要〉教师参考书》，高等教育出版社2007年版，第67页；张海鹏：《洋务活动及其现代的解释》，载《东厂论史录》，广东人民出版社2005年版。

（三）戊戌维新运动

中华人民共和国成立以后，对如何评价戊戌维新运动的问题一直是近代史研究中的重要课题。

1958年，为纪念戊戌变法60周年在北京召开了大型学术讨论会，肯定这次运动挽救民族危亡和促进思想解放的重要意义，也指出了它的阶级局限性，推动了这方面的研究。

改革开放后，戊戌维新运动重新得到肯定的评价，对戊戌维新运动的研究也取得很多新的成果，尤其是20世纪80年代以后，有关戊戌维新运动的史料考订成果更是引人注目，戊戌维新运动的研究范围更加广泛，视角更加丰富，研究范围从维新运动扩大到19世纪90年代中国的政治、经济、思想、文化、教育、新闻出版、科学技术以及中外关系等各个方面；从对康有为、梁启超、光绪、慈禧、袁世凯等关键人物的探讨，扩大到对翁同龢、李鸿章、张之洞、盛宣怀等较有影响的统治阶层代表人物的剖析，从而把这个历史事件作为整个中国近代社会发展的重要环节加以考察。另外，通过史料的发掘和考辨，对以往的一些论点也提出了一些新的、不同的看法。

戊戌维新运动的失败是有许多复杂而深刻的原因的，下面介绍一些探讨戊戌维新运动失败原因的观点。

1. 中国传统文化的制约作用是导致维新运动失败的原因之一①

戊戌政变后慈禧太后对光绪皇帝的一段怒斥颇能说明问题。政变发生当天，慈禧太后重新训政，对光绪厉声问道："康有为之法能胜于祖宗所立之法？汝何昏聩，不肖乃尔！""变乱祖法，臣下犯者，汝知何罪？试问汝祖宗重，康有为重，背祖宗而行康法，何昏聩至此？"光绪战战兢兢地回答："是固自己糊涂，洋人逼迫太急，欲保存国脉，通融用西法，并不敢听信康有为之法也。"太后又大声怒斥道："难道祖宗不如西法，鬼子反重于祖宗乎？"光绪魂飞齿震，此时"竟不知所对"。②

一句"难道祖宗不如西法，鬼子反重于祖宗"的质问便使光绪皇帝无言以对，足见其效力之大如有"神功"。祖宗崇拜和"华夏中心"论是中国传统文化的重要特点。祖宗崇拜将祖先、祖制神圣化，使任何改革都非常困难，总被视为"数典忘祖"。"华夏中心"论则认为中国是居于世界中心的天朝上国，文化最优秀，其他民族、国家都是夷、狄、蛮邦，对其他文化表现出强烈的排斥和歧视。祖宗崇拜和"华夏中心"论二者结合，就使学习外国的变革非常困难。维新派学习西方的政治制度，被视为大逆不道、乱臣贼子、认贼作父、认敌为师。

在中国近代变革与守旧的理论斗争中，变革者一直没有建立起系统的变革理论体系，没有真正突破传统文化，所以只能一直居于守势，往往只有招架之功。应当承认，与洋务派相比，维新派相当重视意识形态的重构，但这个工作毕竟才刚刚开始，远未深入人心。因此，我们可以看出，深厚的、无处不在的中国传统文化的制约作用是导致维

① 参考雷颐：《戊戌变法失败的文化因素》，《光明日报》2004年7月19日。

② 苏继祖：《清廷戊戌朝变记》，广西师范大学出版社2008年版。

新运动失败的原因之一。

2. 光绪皇帝和维新派的“全变”“大变”和“速变”的激进变革措施得罪了整个上层阶级和全国的读书人，是导致戊戌维新运动失败的又一个重要原因①

早在20世纪30年代，陈恭禄编写过一部《中国近代史》，其中在分析维新运动失败的原因时云：“康梁之徒，欲以最短期内铲除千余年之积弊，俾中国欲为强国。梁启超述其师语曰：‘守旧不可，必当变法；缓变不可，必当速变；小变不可，必当大变。’其视事也，若此之易，实无政治上之经验……而康梁诸人不知环境之阻力，偏于理想，多招忌妒，终则一无所成，其人固无经验之书生也。”戊戌维新运动失败后不久，梁启超在总结此次运动的经验教训时也说：“戊戌维新之可贵，在精神耳，若其形式，则殊多缺点。”

当代很多学者也持有同样的看法。如萧功秦在《危机中的变革》一书中谈道：“当变法派取得皇帝信任并开始推行改革时，他们不是采取步步为营、突破一点、逐步扩大战果的渐进方式，而是主张‘快变、大变与全变’的一揽子解决方式……在改革产生的利益重新分配过程中，这种大刀阔斧的做法，则会使那些原有利益受到影响的人们越来越多的聚集于反对派一边。”这样的“大变”直接触犯了统治阶级、官僚地主阶级的利益，引起他们的强烈反对从而导致变法的快速失败。

光绪皇帝和维新派全变、大变的激进变革主张造成整个社会结构的强烈震荡，使许多与现存社会有利害关系的社会集团和政治势力感受到了威胁。变法期间，下谕旨204件，数量太多，涵盖太宽，缺乏实施细则，各地官员怨声载道。光绪皇帝严惩阻挠变法的官员，树敌太多。至于废除八股，改革科举制度，又在庞大士人群体中引起普遍的恐慌。

改革是多方面的利益大调整，不管是兴利还是除弊，不管是破旧还是立新，实质上都是权力、利益和社会资源在社会成员中的分配和再分配，因此，改革应事先进行充分的沙盘推演，尽量做好预案，以减少成本，提高效益。改革是不能一蹴而就的，急于求成是要不得的。

六、实践指导

历史遗迹介绍：太平天国天王府、江南机器制造总局、京师大学堂。

（一）太平天国天王府

太平天国天王府是指太平天国王府遗址，位于南京市城东长江路292号，又称“煦园”，是一座颇具江南特色的古典园林。这里明代曾为沐昕府第，清代设两江总督衙署于此。1853年太平天国定都天京，将两江督署改建为洪秀全的天朝宫殿（天王府）。中心建筑5间8架的“金龙殿”与西花园内的石舫等保留至今。1912年孙中山在南京就

① 参考陈冠玉：《百日维新运动是一场不成功的资产阶级革命》，《中州大学学报》2010年第3期；苏新华、张晓辉：《戊戌变法时期知识分子心态浅析》，《前沿》2010年第24期。

任临时大总统，以此作为临时大总统办公处；天王府后来又成为国民党的总统府。1951年，在此建立郭沫若题写的“太平天国起义一百周年纪念碑”。1982年，国务院公布太平天国天王府遗址为第二批全国重点文物保护单位。

【实践目的】

凭吊太平天国遗址，加深对中国旧式农民战争的最高峰——太平天国农民运动那段历史的感性认识，进一步思索这场农民运动兴起、发展、壮大、成功、失败带给我们的启示。

（二）江南机器制造总局

江南机器制造总局地处上海市崇明长兴岛长兴江南大道，简称江南制造局或江南制造总局，又称上海机器局。该机构1865年9月20日成立于上海，由曾国藩规划，后由李鸿章实际负责，是李鸿章在上海创办的规模最大的洋务企业。它不断扩充，先后建有十几个分厂，雇用工兵2800人，能够制造枪炮、弹药、轮船、机器，还设有翻译馆、广方言馆等文化教育机构。江南机器制造总局是清朝洋务运动中成立的军事生产机构，为晚清中国最重要的军工厂，是清政府洋务派开设的规模最大的近代军事企业和近代最早的新式工厂之一。

江南机器制造总局于19世纪80年代又相继建成炮弹厂、水雷厂、炼钢厂、栗色火药厂、无烟火药厂等，1996年改为江南制造（集团）有限责任公司，现属于中国船舶工业集团公司。

【实践目的】

参观筹建于1865年的江南机器制造总局的旧址，对比今天在原址上的著名现代化企业江南制造（集团）有限责任公司，追溯一百多年来中国现代化的历史变迁，更坚定地认识到只有求得民族独立和人民解放，才能实现国家繁荣富强和人民共同富裕。

（三）京师大学堂

京师大学堂是北京大学在1898年到1912年间所使用的名称，位于北京市海淀区颐和园路5号。近代以来，为挽救民族、国家危亡，中国先进的知识分子大声疾呼变法自强，掀起维新变法运动，京师大学堂就是在戊戌维新运动中诞生的。1898年，经光绪皇帝下诏，京师大学堂在孙家鼐的主持下在北京创立。京师大学堂是中国近代史上第一所国立综合性大学，它既是全国最高学府，又是国家最高教育行政机关，统辖各省学堂。戊戌政变后，百日维新失败，而京师大学堂以“萌芽早，得不废”，但举步维艰。辛亥革命后，京师大学堂于1912年5月15日改名为国立北京大学。

中华人民共和国成立后，全国高校于1952年进行院系调整，燕京大学并入北京大学，北京大学自北京城内迁入燕园。北京大学作为一所以文理基础教学和研究为主的综合性大学，为国家培养了大批人才，中国人文社科界有影响的人士许多出自北京大学，许多重大研究成果出自北京大学。

【实践目的】

通过参观京师大学堂这个戊戌变法唯一保留下来的成果，了解其从筹备建立、历尽磨难，到获得新生、走向辉煌的历史，见证近代中国社会各阶级、各阶层的人们为探索国家独立与民族富强而走过的艰难曲折的探索之路。

七、知识运用

（一）单项选择题

1. 太平天国农民运动爆发的根本原因是（　　）。
   A. 封建专制政权和地主阶级对农民的政治压迫和经济剥削
   B. 鸦片战争的影响
   C. 自然灾害频发
   D. 洪秀全等人的宣传
2. 1851 年，洪秀全发动起义的地点在（　　）。
   A. 广东花县　　B. 广西紫荆山区
   C. 广西金田村　　D. 江苏南京
3. 最能体现太平天国社会理想和这次农民战争特点的纲领性文件是（　　）。
   A.《资政新篇》　　B.《天朝田亩制度》
   C.《原道救世歌》　　D.《原道醒世训》
4.《天朝田亩制度》是起义农民提出的以解决（　　）为中心的比较完整的社会改革方案。
   A. 政治问题　　B. 经济问题
   C. 社会问题　　D. 土地问题
5. 1856 年上半年，太平天国在军事上达到全盛时期，但也有军事上的失利，失利是指（　　）。
   A. 东征　　B. 西征
   C. 北伐　　D. 天京破围战
6. 太平天国农民运动由盛转衰的转折点是（　　）。
   A. 天王不理朝政　　B. 天京事变
   C. 洪秀全病逝　　D. 北伐失利
7. 太平天国后期提出《资政新篇》的是（　　）。
   A. 天王洪秀全　　B. 干王洪仁玕
   C. 英王陈玉成　　D. 忠王李秀成
8. 太平天国农民运动作为中国旧式农民战争的高峰，所遇到的与历次农民运动相比较不曾有过的新情况是（　　）。
   A. 封建势力过于强大　　B. 领导集团发生分裂
   C. 中外反动势力联合绞杀　　D. 宗教思想的弊端
9. 洋务运动的指导思想被概括为（　　）。
   A. 求强求富　　B. 师夷长技以制夷

C. 重农抑商 D. 中学为体，西学为用

10. 洋务派倡导洋务运动的根本目的是（ ）。
A. 维护封建经济 B. 维护封建统治
C. 发展资本主义 D. 抵御外来侵略

11. 洋务派首先兴办的是（ ）。
A. 军用工业 B. 民用工业
C. 新式海陆军 D. 新式学堂

12. 洋务运动中，洋务派兴办的民用企业多数采取（ ）的方式。
A. 官办 B. 商办
C. 官督商办 D. 官商合办

13. 洋务派兴办的当时国内最大的兵工厂是（ ）。
A. 天津机器局 B. 湖北枪炮厂
C. 江南制造总局 D. 福州船政局

14. 在洋务运动所办企业中，基本属于资本主义性质的近代企业是（ ）。
A. 官办军用企业 B. 官办民用企业
C. 官商合办民用企业 D. 官督商办民用企业

15. 在客观上对中国的早期工业和民族资本主义的发展起了某些促进作用的是( )。
A. 鸦片战争 B. 太平天国农民运动
C. 洋务运动 D. 辛亥革命

16. 中国近代教育是从（ ）时期开始的。
A. 太平天国农民运动 B. 洋务运动
C. 维新运动 D. 辛亥革命

17. 站在救亡图存和变法维新前列的是（ ）。
A. 代表民族资本主义发展要求的知识分子
B. 帝党官员
C. 洋务派官员
D. 资产阶级革命派

18. 1895 年，康有为联合在京参加会试的举人共同向皇帝上书，史称（ ）。
A. 戊戌变法 B. 戊戌政变
C. 百日维新 D. 公车上书

19. 资产阶级思想与封建主义思想在中国的第一次正面交锋是（ ）
A. 维新派与守旧派的论战 B. 洋务派与守旧派的争论
C. 革命派与维新派的论战 D. “问题与主义”之争

20. 从 1898 年 6 月 11 日到 9 月 21 日，光绪皇帝颁布了一系列变法上谕，史称（ ）。
A. 公车上书 B. 自强求富
C. 戊戌政变 D. 百日维新

21. 京师大学堂是在（　　）时期创设的。
A. 太平天国农民运动　　B. 洋务运动
C. 戊戌维新运动　　D. 辛亥革命

22. 维新派主张用（　　）代替君主专制制度。
A. 君主立宪制　　B. 民主共和制
C. 人民民主专政制度　　D. 多党制

23. （　　）的创设成为近代中国国立高等教育的发端。
A. 京师同文馆　　B. 工艺学堂
C. 船政学堂　　D. 京师大学堂

24. 戊戌维新运动的失败主要是由于（　　）和以慈禧太后为首的强大的守旧势力的反对。
A. 维新派自身的局限性　　B. 维新派不敢否定封建主义
C. 维新派对帝国主义抱有幻想　　D. 维新派惧怕人民群众

（二）材料分析题

材料一：

洋务派地方代表人物曾国藩认为："今日和议既成，中外贸易，有无交通，购买外洋器物，尤属名正言顺。购成之后，访募覃思之士，智巧之匠，始而演习，继而试造，不过一二年，火轮船必为中外官民通行之物，可以剿发捻，可以勤远略。"

——曾国藩：《复陈购买洋船炮折》，《曾文正公全集》"责稿"，中册，河北人民出版社，2016 年，第 126 页。

材料二：

咸丰十一年（1861）初，洋务派代表、恭亲王奕䜣上疏奏陈："就今日之势论之，发捻交乘，心腹之害也。俄国壤地相接，有蚕食上国之志，肘腋之忧也。英国志在通商，暴虐无人理，不为限制则无以自立，肢体之患也。故灭发捻为先，治俄次之，治英又次之。"

——奕䜣：《请设总理衙门等事酌权章程六条折》，出自《中国近代法制史资料选辑（1840—1949）》第 3 辑，1985 年，内部编印，第 318 页。

材料三：

"以中国之伦常名教为原本，辅以诸国强富之术。"

（冯桂芬：《校邠庐抗议》，上海书店 2002 年版，第 57 页。）

问题：

（1）材料一中曾国藩所谓啦"剿发捻"和"勤远略"分别指什么？

（2）参考材料一、材料二、材料三，说明洋务派兴办洋务事业的指导思想和目的是什么？

（3）综合上述材料，你认为洋务运动失败的原因有哪些？

第四讲　帝制的终结：辛亥革命与君主专制制度的结束

一、知识要点

（一）基本线索

1. 内在线索

由改良到革命——从根本上说，近代中国的革命是由外国侵略者和本国封建统治者逼出来的。以孙中山为首的资产阶级革命派在尝试使用和平手段、通过改良方式推进中国变革与进步而失败之后，选择了以武装起义推翻清王朝统治的革命斗争。

2. 革命进程

辛亥革命的进程为：背景与条件→酝酿与发展→爆发与高潮→结束与意义（如图4－1所示）。

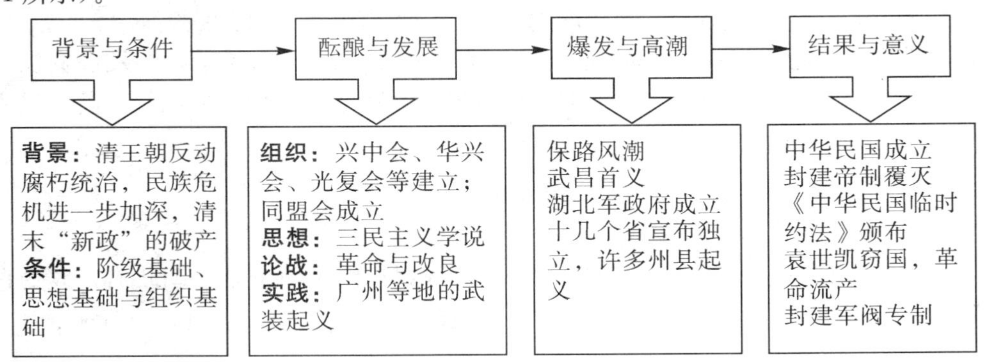

图4－1　辛亥革命进程图示

（二）知识要点

1. 辛亥革命爆发的原因

（1）清王朝反动腐朽统治

长期以来，腐朽的清王朝对内实行残暴的专制统治，束缚着生产力的发展，阻碍着经济技术的进步，对外与帝国主义列强相勾结，共同压迫中国人民。在清王朝的最后几年里，各种旧税一次又一次被追加，种种巧立名目的新税更是层出不穷，各级官吏还要中饱私囊，致使民怨沸腾，社会矛盾不断激化。

(2) 民族危机进一步加深

20 世纪初，帝国主义列强对中国的侵略日益扩大。它们在迫使中国签订《辛丑条约》以后，加强了对清政府的政治经济控制和对中国人民的压榨掠夺。

(3) 清末“新政”的破产

清政府为摆脱自身统治困境，1901 年 4 月成立了督办政务处，宣布实行“新政”。此后，又陆续推行一些改革。然而，“新政”并没有能够挽救统治者的命运，反而激化了社会矛盾，加重了危机。

2. 辛亥革命爆发的条件

(1) 阶级基础

19 世纪末 20 世纪初，中国民族资本主义得到了初步发展。无论是民族资本主义企业的数量和规模，还是民族资产阶级及与它相联系的社会力量都在不断发展壮大。民族资产阶级为了冲破帝国主义、封建主义的桎梏，发展资本主义，需要自己政治利益的代言人和经济利益的维护者。这正是资产阶级革命派形成的阶级基础。

(2) 思想基础

资产阶级革命派的骨干力量不仅接触到了近代西方资本主义的思想文化，而且对世界大势与国内民族危机也有了更敏锐的认识。1905 年至 1907 年间，资产阶级革命派与改良派围绕中国究竟是采用革命手段还是采用改良方式展开了一场大论战。通过这次论战，划清了革命与改良的界限，传播了民主革命思想，促进了革命形势的发展。

(3) 组织基础

在资产阶级革命思想的传播过程中，资产阶级革命团体也在各地次第成立。从 1904 年开始，出现了十多个革命团体，为革命思想的传播及革命运动的发展提供了不可缺少的组织力量。1905 年 8 月 20 日，中国同盟会的成立，使得中国资产阶级民主革命进入了一个新的阶段。

3. 三民主义学说

(1) 民族主义

内容包括“驱逐鞑虏，恢复中华”。第一，要以革命手段推翻清朝政府，改变它一贯推行的民族歧视和民族压迫政策；第二，追求独立，建立“民族独立的国家”。

(2) 民权主义

内容是“创立民国”，即推翻封建君主专制制度，建立资产阶级民主共和国。

(3) 民生主义

民生主义在当时指的是“平均地权”。孙中山主张核定全国土地的地价，其现有之地价，仍属原主；革命后的增价，则归国家，为国民共享。国家还可按原定地价收买地主的土地。

4. 关于革命与改良的辩论

(1) 要不要以革命手段推翻清王朝

改良派认为，革命会引起下层社会暴乱，招致外国的干涉、瓜分，使中国“流血成河”“亡国灭种”，所以要爱国就不能革命，只能改良、立宪。革命派认为，清政府是帝国主义的“鹰犬”，只有通过革命，才能“免瓜分之祸”，获得民族独立和社会进步。同时他们还认为，革命固然会有牺牲，但不革命恰恰会遭受更难堪的痛苦并做出更大的牺牲；牺牲是以换取历史的进步作为补偿的。

（2）要不要推翻帝制，实行共和

改良派认为，中国“国民恶劣”“智力低下”，没有实行民主共和政治的能力，如果实行，非亡国不可。因此，只能实行君主立宪。革命派认为，不是“国民恶劣”，而是“政府恶劣”。民主共和是大势所趋，人心所向。只有“兴民权改民主”，才是中国的唯一出路。

（3）要不要社会革命

改良派反对土地国有，反对平均地权。他们认为中国社会经济组织优良，土地问题不是中国最重要的问题，不存在社会革命的可能。社会革命只会导致中国的大乱。革命派认为，必须通过平均地权以实现土地国有，在进行政治革命的同时实现社会革命，才能避免贫富不均等社会问题的出现。

5. 辛亥革命的成功与失败

（1）辛亥革命的历史意义

辛亥革命是资产阶级领导的以反对君主专制制度、建立资产阶级共和国为目的的革命，开创了完全意义上的近代民族民主革命。

（2）辛亥革命的失败

辛亥革命取得了巨大的成功，但仍以失败而告终。北洋军阀首领袁世凯在帝国主义和国内反动势力以及附从革命的旧官僚、立宪派的共同支持下，窃夺了辛亥革命的果实，并建立了代表大地主和买办资产阶级利益的北洋军阀反动政权。

（3）辛亥革命失败的原因和教训

从根本上说，辛亥革命的失败是因为在帝国主义时代，在半殖民地半封建的中国，资本主义的建国方案是行不通的。

从主观上说，辛亥革命的失败是因为它的领导者资产阶级革命派本身存在许多弱点和错误。

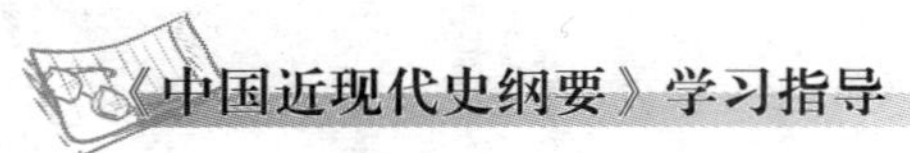

（三）内容框架

- 辛亥革命与君主专制制度的终结
  - 爆发原因：清王朝反动腐朽统治，民族危机进一步加深，清末“新政”的破产
  - 爆发条件：阶级基础、思想基础与组织基础
  - 三民主义学说和资产阶级共和国方案：民族主义，民权主义，民生主义
  - 革命与改良的辩论
    - 要不要以革命手段推翻清王朝
    - 要不要推翻帝制，实行共和
    - 要不要社会革命
  - 辛亥革命与民国建立
    - 封建帝制的覆灭：武装起义与保路风潮，武昌首义与各地响应
    - 中华民国建立：中华民国临时政府成立，《中华民国临时约法》颁布
    - 辛亥革命的历史意义
      - 推翻了清王朝的统治
      - 结束了封建君主专制制度
      - 带来了一次思想上的解放
      - 促使社会经济、思想习惯和社会风俗等方面发生积极变化
      - 打击了帝国主义侵略势力，推动了亚洲民族解放运动高涨
  - 辛亥革命的失败
    - 封建军阀专制统治的形成：袁世凯窃国，辛亥革命流产；封建军阀的专制统治
    - 旧民主主义革命的终结：挽救共和的努力及其受挫
    - 辛亥革命失败的原因和教训
      - 从根本上说，资本主义的建国方案是行不通的
      - 从主观上说
        - 没有提出彻底的反帝反封建的革命纲领
        - 不能充分发动和依靠人民群众
        - 不能建立坚强的革命政党

二、重点问题

（一）清末“新政”的破产

面对日益高涨的革命形势，清政府为摆脱困境，于 1901 年 4 月成立督办政务处，宣布实行“新政”。此后，陆续推进了政治、经济、商贸、教育、军事等方面的改革，并于 1906 年宣布“预备仿行宪政”。预备立宪不仅未能挽救清王朝，反而激发了矛盾，让人民进一步看清了清朝统治者借改革之名谋统治之实的面目。正如出洋考察五大臣所呈奏则所说，立宪有三大利：“皇位永固”“外患渐轻”“内乱可弭”。

1911 年 5 月，迫于形势压力而成立的责任内阁，13 名大臣中满族占 9 人，其中皇族占 7 人，被讥讽为“皇族内阁”。这不仅使立宪派大失所望，也使统治集团内部因利益斗争而分崩离析。

（二）北洋军阀与北洋政府

北洋军阀是由袁世凯掌权后的“北洋新军”主要将领组建而成的，代表大地主和买办资产阶级的利益。袁世凯死后，由于无人具有足够实力统领整个北洋军队及政权，各领导人以省割据，依托军事力量在各省建立起了各自的势力范围。虽然北洋军阀在名义上仍服从北京政府管辖，但由于北京政权实为不同时期的军阀所控制，因此，在北洋军阀时期的北京政府实为北洋军阀的政府（又称北洋政府）。

北洋军阀政府实质是封建专制政府，封建割据局面逐渐形成，中国重新落入了黑暗的深渊。

（三）辛亥革命的历史意义

辛亥革命是资产阶级领导的以反对君主专制制度、建立资产阶级共和国为目的的革命，是一次比较完全意义上的资产阶级民主革命。

第一，辛亥革命推翻了封建势力的政治代表、帝国主义在中国的代理人清王朝的统治，沉重打击了中外反动势力，使中国反动统治者在政治上乱了阵脚。

第二，辛亥革命结束了统治中国两千多年的封建君主专制制度，建立了中国历史上第一个资产阶级共和政府，使民主共和的观念开始深入人心。

第三，辛亥革命给人们带来了一次思想上的解放，打开了思想进步的阀门。辛亥革命促使社会经济、思想习惯和社会风俗等方面发生了新的积极的变化。

（四）旧民主主义革命的界定

革命领导权掌握在无产阶级手中，还是掌握在资产阶级手中，这是新民主主义革命与旧民主主义革命最根本的区别。旧民主主义革命是指，由资产阶级领导的，旨在建立资本主义社会和资产阶级专政国家的、反对外国侵略和本国封建统治的革命。

三、案例解析

关于革命与改良的辩论

1905年10月20日，孙中山在《〈民报〉发刊词》中号召，要把三民主义之理想“输灌于人心，而化为常识”。继《民报》之后，资产阶级革命派在国内外各地遍设宣传机关，出版书报杂志。据统计，1905年至1907年革命派主办的报纸、杂志达60余种，其它革命出版物“无虑百数十种”。这些刊物都在不同程度上阐述了同盟会的革命主张。

对此，康、梁等人十分恐惧，公然宣称：“今者我党与政府死战，犹是第二义，与革党死战，乃是第一义。”梁启超以《新民丛报》为阵地，连续发表文章，抨击同盟会政纲。随之，革命派也组织有力的回击。这样，以《民报》和《新民丛报》为主要舆论阵地，双方展开了一场大论战。

——参见血铸中华：《革命派与改良派的大论战》，辛亥革命网，2010 年 8 月 19 日，http：//www.xhgmw.org/html/xiezhen/qianzou/2014/0715/472.html。

【解析】

1905 年至 1907 年间，以孙中山为代表的革命派与以康有为、梁启超为代表的改良派，围绕中国究竟是采用革命手段还是改良方式这个问题展开了论战。此次大论战持续时间之长，波及范围之广，影响之深远，都是前所未有的。

1. 关于革命与改良的界定

一种意见认为，革命是一个阶级推翻另一个阶级统治的暴烈行动，是消灭旧制度、建立新制度，实现一种社会经济形态向另一种新的社会经济形态的转变。它是飞跃，是质变，通常表现为自下而上的暴力行动。而改良则不破坏统治阶级的政权基础，只要求统治阶级在保持其统治的条件下做某些让步，依然保存现行的社会经济制度的基础。它是渐进，是量变，通常是以自上而下的非暴力形式进行的。另一种意见认为，革命与改良并无本质上的区别，只是在斗争的方法与手段上有所不同：前者采取暴力手段，后者采取非暴力手段。……但是，验之于中国近代史，那些被称为改良的政治运动也有要求质变的。(梁友尧、谢宝耿：《中国史问题讨论及其观点》，山西人民出版社 1984 年版，第 434～437 页)

就此次论战来看，双方对于旧王朝的态度、国家未来的发展前途与实现国家和社会变革的方式等都有本质的区别，彼此态度鲜明，界限明晰。通过此次论战，西方的资产阶级民主思想与孙中山的三民主义思想得到了更广泛的传播，促进了革命形势的发展。但这场论战也暴露了自身思想理论方面的缺陷，这也反映了民族资产阶级的软弱性和妥协性。

2. 双方论战的焦点与核心

(1) 要不要以革命手段推翻清王朝

改良派认为，革命会引起下层社会暴乱，招致外国的干涉、瓜分，使中国“流血成河”“亡国灭种”，所以要爱国就不能革命，只能改良、立宪。革命派指出，清政府是帝国主义的“鹰犬”，因此爱国必须革命。

(2) 要不要推翻帝制，实行共和

改良派认为，中国“国民恶劣”“智力低下”，没有实行民主共和政治的能力，只能实行君主立宪。革命派指出，不是“国民恶劣”，而是“政府恶劣”。民主共和是大势所趋，人心所向。拯救中国与建设中国都必须直接推行民主制度。

(3) 要不要社会革命

改良派反对土地国有，反对平均地权。革命派强调，当时的中国存在着严重的“地主强权”“地权失平”的现象，必须通过平均地权以实现土地国有，在进行政治革命的同时实现社会革命，才能避免贫富不均等社会问题的出现。

3. “两条道路”与“三方角力”

革命派一面要发动武装推翻清朝的战斗，一面要从政治路线上同保皇的改良派做斗争；反过来，保皇的改良派一面要花很大的气力对付革命派，另一面为了保皇立宪，仍要同以慈禧太后为代表的顽固派争夺；同样，清朝政府也是在两面的格斗中挣扎。在这个两条道路（革命与改良）和三方（革命、改良、朝廷）角逐的形势下，革命是那时的趋势，革命派也就成为时代的主角。而保皇的改良派同慈禧太后顽固派在继续较量，也存在着立宪的微弱前景，这就使他们作为新派人物的颜色并没有完全脱落，还有些号召力，特别是对那些从封建营垒中渐次苏醒过来而又害怕革命的人们。所以，清朝政府仍把康有为、梁启超同孙文一起列为“诸逆”，要它的驻外使节认真访拿。（陈旭麓：《中国近代史十五讲》，中华书局 2008 年版，第 43～44 页）

中国资产阶级革命派的思想发展的主流是由爱国而革命，即由抵抗外国侵略要求祖国富强而必须推翻清朝政府，是为了国家的独立、自由、富强而革命，这与洛克、卢梭等人强调个人的自由、平等、独立、人权，为这些而斗争的革命，并不完全相同。国家的独立始终是中国革命的首要主题。孙中山认为：“外国革命是由争自由而起，奋斗了两三百年，生出了大风潮，才得到自由，才得到民权。……民族主义就是为国家争自由，但欧洲当时是为个人争自由。到了今天……万不可再用到个人身上去。要用到国家上去。个人不可太过自由，国家要得到完全自由，到了国家能够行动自由，中国便是强盛国家，要这样做去，便要大家牺牲自由。”（李泽厚：《中国近代思想史论》，三联书店 2008 年版，第 318～319 页）

辛亥革命是“一朵不结果实的花”？

辛亥革命是中国 20 世纪最重大的事件之一。它推翻了清王朝，结束了两千多年的封建君主专制制度，给人们带来了一次深刻的思想解放，促使社会、政治、经济等方面发生了新的积极变化。

然而，拥有强大势力的袁世凯很快就窃取了革命果实，建立了代表大地主和买办资产阶级的北洋军阀反动政权，开始了封建军阀的专制统治。随后，中国民族资产阶级革命派发动的“二次革命”“护法运动”的失败使得中国的旧民主主义革命陷入绝境，旧民主主义革命就此终结。对此，人们常说辛亥革命是“一朵不结果实的花”，甚至还有人认为，关于辛亥革命“既成功又失败”的概括也是矛盾的。那么，我们该如何客观地评价辛亥革命呢？

【解析】

所谓辛亥革命是“一朵不结果实的花”，其实是对胡绳观点的误读。他在其主编的《中国共产党的七十年》中提出：“如果脱离中国近代革命史的全过程来观察问题，也许会把辛亥革命看作不过是一朵不结果实的花，但它并不是不结果实的。”他进而指出：“辛亥革命的胜利鼓舞中国人民继续奋斗。它的失败又给中国人民中的先进分子以深刻的启发，使人们逐渐觉悟到在中国的历史条件下建立资产阶级共和国是不可能的，必须另外探索新的道路来求得国家的独立富强和人民的自由幸福。”（胡绳主编：《中国共产党的七十年》，中共党史出版社 1991 年版，第 6 页）

因此，只要结合中国近代革命的历史过程来辩证看待、全面审视，注意事物的对立统一性，我们就会清晰地认识到辛亥革命“并不是不结果实的”，也不会认为辛亥革命“既成功又失败”的概括是自相矛盾的了。

1. 辛亥革命的重大历史意义

辛亥革命“开创了完全意义上的近代民族民主革命，极大推动了中华民族的思想解放，打开了中国进步潮流的闸门，为中华民族发展进步探索了道路”①。

第一，辛亥革命推翻了封建势力的政治代表、帝国主义在中国的代理人清王朝的统治，沉重打击了中外反动势力，使中国反动统治者在政治上乱了阵脚。

第二，辛亥革命结束了统治中国两千多年的封建君主专制制度，建立了中国历史上第一个资产阶级共和政府，使民主共和的观念开始深入人心，并在中国形成了“敢有帝制自为者，天下共击之”的民主主义观念。

第三，辛亥革命给人们带来一次思想上的解放，激发了人民的爱国热情和民族觉醒，打开了思想进步的大门。

第四，辛亥革命促使社会经济、思想习惯和社会风俗等发生了新的积极变化，特别是民族资本主义经济迅速发展，民主精神日益高涨，社会新风日益树立，推动了中国社会的极大进步。

第五，辛亥革命不仅在一定程度上打击了帝国主义的侵略势力，而且推动了亚洲各国民族解放运动的高涨。

2. 辛亥革命的历史局限性

毛泽东指出，辛亥革命“有它胜利的地方，也有它失败的地方。你们看，辛亥革命把皇帝赶跑，这不是胜利了吗？说它失败，是说辛亥革命只是把一个皇帝赶跑，中国仍旧在帝国主义和封建主义的压迫之下，反帝反封建的革命任务并没有完成”②。

第一，从根本上说，在帝国主义时代和半殖民地半封建的中国，资本主义的建国方案是行不通的，帝国主义决不容许中国建立一个独立、富强的资产阶级共和国，从而失去中国这个被剥削、奴役的对象。

第二，从主观上说，辛亥革命的领导者资产阶级革命派自身存在许多弱点和错误，主要包括：没有提出彻底的反帝反封建的革命纲领；不能充分发动和依靠人民群众；不能建立坚强的革命政党。

第三，从客观上说，中外反革命势力的联合力量远远大于革命的力量，即：帝国主义与以袁世凯为代表的大地主大买办势力以及旧官僚、立宪派勾结起来，从外部和内部绞杀了这场革命。

① 胡锦涛：《在纪念辛亥革命100周年大会上的讲话》。

② 《毛泽东选集》第2卷，人民出版社1991年版，第564页。

四、延伸阅读

（一）重要文献推荐

〔美〕费正清、费维恺编，刘敬坤等译：《剑桥中华民国史 1912—1949 年》（上下卷），中国社会科学出版社 1994 年版。

胡绳：《中国共产党的七十年》，中共党史出版社 1991 年版。

李泽厚：《中国近代思想史论》，生活・读书・新知三联书店 2008 年版。

沙健孙、龚书铎：《走什么路——关于中国近现代历史上的若干重大是非问题》，山东人民出版社 1996 年版。

章开沅、林增平：《辛亥革命史》，人民出版社 1980、1981 年版。

（二）延伸阅读材料

胡锦涛《在纪念辛亥革命 100 周年大会上的讲话》（节选）

100 年前，以孙中山先生为代表的革命党人发动的辛亥革命推翻了清王朝统治，结束了统治中国几千年的君主专制制度，传播了民主共和的理念，以巨大的震撼力和深刻的影响力推动了近代中国社会变革。它开创了完全意义上的近代民族民主革命，极大推动了中华民族的思想解放，打开了中国进步潮流的闸门，为中华民族发展进步探索了道路。

辛亥革命后，接受这场革命洗礼的中国先进分子和中国人民继续顽强探寻救国救民道路。1921 年，在马克思列宁主义同中国工人运动的结合中，中国共产党应运而生。从此，中国人民有了用先进理论指导的马克思主义政党的领导，中国革命出现焕然一新的面貌。

中国共产党人是孙中山先生开创的革命事业最坚定的支持者、最亲密的合作者、最忠实的继承者，不断实现和发展了孙中山先生和辛亥革命先驱的伟大抱负。中国共产党在成立之初，就提出反帝反封建的民主革命纲领，并同孙中山先生领导的中国国民党携手合作，建立最广泛的革命统一战线。辛亥革命后屡遭挫折的孙中山先生，把中国共产党人当成亲密朋友，毅然改组国民党，实行联俄、联共、扶助农工三大政策。国共两党第一次合作，形成席卷全国的革命新形势，给北洋军阀反动统治以沉重打击。孙中山先生逝世后，中国共产党人继承他的遗愿，同一切忠于他的事业的人们共同努力、继续奋斗。经过 20 多年艰苦卓绝的斗争，中国人民终于夺取了新民主主义革命的胜利，建立了人民当家做主的中华人民共和国，完成了近代以来中国人民和无数仁人志士梦寐以求的民族独立、人民解放的历史任务，开启了中华民族发展进步的历史新纪元。

新中国成立后，中国共产党继承和发展孙中山先生关于建设人民享有民主权利和幸福生活的现代化国家的理想，团结带领全国各族人民自力更生、艰苦奋斗，完成了从新民主主义到社会主义的转变，开展了大规模社会主义建设，推进了改革开放和社会主义现代化伟大事业。经过新中国成立以来特别是改革开放以来的持续奋斗，中国人民取得了举世瞩目的巨大成就，谱写了中国发展的辉煌篇章。当前，全国各族人民正满怀豪情为全面建设小康社会、加快推进社会主义现代化而团结奋斗。孙中山先生振兴中华的深切夙愿，辛亥革命先驱的美好憧憬，今天已经或正在成为现实，中华民族伟大复兴展现出前所未有的光明前景。

——胡锦涛：《在纪念辛亥革命100周年大会上的讲话》，《人民日报》2011年10月10日。

【提示】

正如毛泽东所指出的："研究中国共产党的历史，还应该把党成立以前的辛亥革命和五四运动的材料研究一下。不然，就不能明了历史的发展。"① 辛亥革命与中国共产党之间存在着相互联系、前后继承又不断发展前进的辩证关系：一是辛亥革命与中国共产党的成立存在着历史联系。辛亥革命开启的中国政治、经济、社会新局面为中国共产党的诞生准备了客观的社会条件。二是新三民主义的思想转变与中国共产党、共产国际和苏俄是分不开的，这也为国共合作打下了基础。三是中国共产党继承并进一步发展了辛亥革命事业。中国共产党不仅完成了辛亥革命未完成的民族独立和人民解放的伟大事业，而且继承并正在实现国家繁荣富强和人民共同富裕的民族复兴事业。可以说，孙中山领导的辛亥革命同中国共产党领导的中国特色社会主义事业，是既有联系又有区别的两个历史阶段，是历史发展的螺旋式上升的合乎规律的现象。②

孙中山与三民主义

孙中山（1866—1926），名文，字逸仙，别号中山，广东香山（现为中山）人，我国伟大的民族英雄、伟大的爱国主义者、中国民主革命的伟大先驱。

孙中山先生站在时代前列，"适乎世界之潮流，合乎人群之需要"，大声疾呼"亟拯斯民于水火，切扶大厦之将倾"，高扬反对封建专制统治的斗争旗帜，提出民族、民权、民生的三民主义政治纲领，率先发出"振兴中华"的呐喊，希望推动中华民族摆脱封建专制统治和外国列强侵略，推动中国跟上世界发展进步的步伐、跻身世界先进行列。孙中山先生以自己的模范行动实现了"吾志所向，一往无前，愈挫愈奋，再接再厉"的誓言。

在中国民主革命准备时期，孙中山以鲜明的中国民主派立场，同中国改良派作尖锐的斗争。他在这一场斗争中是中国革命民主派的旗帜。在辛亥革命时期，孙中山领导人民推翻帝制，建立了资产阶级共和国。在第一次国共合作时期，他把旧三民主义发展为新三民主义，确定联俄、联共、扶助农工三大政策。他为振兴中华而矢志不渝的崇高精神，激励着海内外中华儿女为实现中华民族伟大复兴而共同奋斗。

孙中山的代表性思想是三民主义。关于民族主义，孙中山认为，国家是"用武力造成的"，民族则是"天然力造成"，也即自然而然形成的。孙中山认为，一个民族可以由五种"自然力"形成，即："血统"（"祖先是什么血统，便永远遗传成一族的人民"）

① 胡绳：《中国共产党的七十年》，中共党史出版社1991年版，第6页。

② 李文海：《辛亥革命与中国共产党》，载《光明日报》2011年9月19日。

“生活”（“谋生的方法不同，所结成的民族也不同”）“语言”（“如果外来民族得了我们的语言，便容易被我们感化，久而久之，则遂化成一个民族”）“宗教”（“大凡人类奉拜相同的神和信仰相同的祖宗，也可结合成一个民族”）“风俗习惯”（“如果人类中有一种特别相同的风俗习惯，久而久之，也可自行结合成一个民族”）。孙中山强调：“民族主义并非是遇到不同种族的人便要排斥他，是不许那不同种族的人来夺我民族的政权。”“要将满洲政府所有压制人民之手段、专制不平之政治、暴虐残忍之刑罚、勒派加抽之苛捐与及满洲政府所纵容之虎狼官吏，一切扫除。”

关于民权主义，孙中山认为，“大凡有团体、有组织的众人，就叫做民。什么是权呢？权就是力量，就是威势；有行使命令的力量，就叫做权。把民和权合拢起来说，民权就是人民的政治力量。什么是政治力量呢？我们要明白这个道理，便要先明白什么是政治。政治这两个字的意思，浅而言之，政就是众人的事，治就是管理，管理众人的事就是政治。有管理众人之事的力量，便是政权。今以人民管理政事，便叫做民权。”孙中山主张把权（“政权”）能（“治权”）分开，这样“人民和政府的力量，才可以彼此平衡”。他说：“政治之中，包含两个力量，一个是政权，一个是治权。这两个力量，一个是管理政府的力量，一个是政府自身的力量。”孙中山认为，人民有“政权”，可以选举、罢免官员，制定法律；政府有“治权”，拥有高度的行政效率和专长，以服务于人民。

关于民生主义，孙中山一直尤为重视。宋庆龄在《为新中国而奋斗》一书中指出，“孙中山是从民间来的……他生于农民的家庭……就在早年还是贫农家里的贫儿的时候，他变成为一个革命的人。……他下定决心，认为中国农民的生活不该长此这样困苦下去。”孙中山认为：“民生主义即贫富均等，不能以富者压制贫者是也。”“民生主义，必不容缓……依余所见，不外土地与资本问题。”就资本而言，孙中山多次阐发了这方面的含义，提出“民生主义，就是用国家的大力量去开矿……此外还有开辟交通、振兴工业、发展商业、提倡农业，把中华民国变成一个黄金世界。”针对土地问题，孙中山提出了“平均地权”的政纲，其具体实施办法则是“定地价”和“土地国有”。“本党的民生主义，是有办法的，这个办法就是平均地权，平均地权的一部分的手续，就是定地价。”“其平均之法，（一）双价纳税；（二）土地国有。”

——李泽厚：《中国近代思想史论》，生活·读书·新知三联书店 2008 年版，第 322～369 页。

【提示】

孙中山的三民主义学说是一个比较完整而明确的资产阶级民主革命纲领，为当时的中国描绘了一个前所未有的资产阶级共和国方案，推动了中国民主革命的极大发展。然而，三民主义学说也存在自身的局限性，包括没有从正面旗帜鲜明地提出反对帝国主义的主张，没有把汉族军阀、官僚、地主作为革命对象，没有给予广大劳动群众在国家中应有的地位，也未能正面触及封建土地所有制，没有解决土地问题等。

《中华民国临时约法》

（民国元年三月十一日公布）

第一章　总纲

第一条　中华民国由中华人民组织之。

第二条　中华民国之主权属于国民全体。

第三条　中华民国领土为二十二行省、内外蒙古、西藏、青海。

第四条　中华民国以参议院、临时大总统、国务员、法院行使其统治权。

第二章　人民

第五条　中华民国人民一律平等，无种族、阶级、宗教之区别。

第六条　人民得享有左列各项之自由权。

一　人民之身体非依法律，不得逮捕、拘禁、审问、处罚。

二　人民之家宅非依法律不得侵入或搜索。

三　人民有保有财产及营业之自由。

四　人民有言论、著作、刊行及集会结社之自由。

五　人民有书信秘密之自由。

六　人民有居住迁徙之自由。

七　人民有信教之自由。

第七条　人民有请愿于议会之权。

第八条　人民有陈诉于行政官署之权。

第九条　人民有诉讼于法院受其审判之权。

第十条　人民对于官吏违法损害权利之行为，有陈诉于平政院之权。

第十一条　人民有应任官考试之权。

第十二条　人民有选举及被选举之权。

第十三条　人民依法律有纳税之义务。

第十四条　人民依法律有服兵之义务。

第十五条　本章所载民之权利，有认为增进公益、维持治安或非常紧急必要时，得依法律限制之。

……

本约法自公布之日施行。

【提示】

《中华民国临时约法》是中国历史上第一部具有资产阶级共和国宪法性质的法典。它以根本大法的形式废除了两千多年来的封建君主专制制度，规定了政权组织形式与权力的行使与制约，列举了人民的自由权利，等等。

然而，《中华民国临时约法》也有自身的缺点，如没有规定责任内阁应具有的不信任案的通过权和解散国会的权力，也没有规定具体的民权，即选举、罢免、创制、复决四项直接民权。但总体而言，“民国元年的《中华民国临时约法》，在那时是一个比较好的东西；当然，是不完全的、有缺点的，是资产阶级性的，但它带有革命性、民主性。”①

五、史学争鸣

（一）关于中国封建社会长期延续的争鸣

这是一个从20世纪30年代起讨论了几十年的重要话题，争论视角多样，成果丰富，令人深思。

观点一：农业生产方式论。任何物质生产都有其生产的要素，这就是生产得以进行的条件和前提。为满足这些条件和前提，自然地、并由自然到历史地形成了一定的劳动组织和社会结构，生产关系、社会形态由此得到体现。而农业生产自成为独立的生产部门开始，其中包含的生产要素便具有封建的趋向，我们称之为封建基因。由于封建基因的作用，农业生产方式自发地导致封建制，这是中外历史所共同证明的，并且只要这种基因不改变，封建制就绵绵不绝，只不过会随着生产力条件的变化而更换其形式而已。封建社会形态的巩固，决定于农业生产在社会中的支配地位。中国古代单一的充分发展的农业，带来了高度发达的封建社会形态，并有效地抑制了对立面的出现，达到了长期延续。而结束长期延续的状态，关键在于对农业的改造——消除其内在的封建基因，但在中国近代却无法完成这一历史性的任务。②

观点二：封建经济结构论。其一，土地买卖使分散性的个体小农生产经营方式在中国封建经济中起着主导作用。就小农经营方式所具有的特点看，小农经营是在很大程度上具有人身自由的劳动者与生产资料直接或间接地结合，并进行独立经营的一种经营方式。这种经营方式是与人类的自然组合——家庭结合在一起的，而它所面临的环境则是几千年来一直未曾息止的土地买卖的环境，所有这些不能不给小农经营方式打下深刻的烙印，使它具有高度的自给性、强烈的不稳定性和顽强的再生性。其二，自给性小农经营方式的排斥、封建王朝的控制使中国封建社会的城市与工商业经济处于附属地位。小农经营方式作为一种自给性生产，对商品经济有一种本能的排斥作用，表现在：小生产、低消费所造成的勤劳节俭心理，使小农尽量把自己的生产消费和生活消费限制在自己能够提供的限度内；封建小农即使是在迫不得已，必须通过交换来取得自己所需要的生产资料和消费资料时，往往也只能以自己微少的剩余产品所换得的货币去购买，而不愿去向他人举债。此种情形，决定了小农的交换活动很少；农业生产的季节性，使农民对手工业产品的需要量也往往随季节的不同而变化，时多时少，同时农民对手工业产品的需要一般又都是以耐用的生产资料为主，这就使产品交换量更少。其三，周期性和缓滞性是中国封建经济结构下经济运动方式的特有表现。中国封建社会经济及其矛盾运动

---

① 李文海：《辛亥革命与中国共产党》，《光明日报》2011年9月19日。

② 程洪：《封建时代：农业生产方式的历史——再论中国封建社会长期延续的原因》，《贵州社会科学》1984年第1期。

是围绕土地买卖的竞争活动而展开的。在每一王朝刚刚建立的时候，土地集中化私人占有与分散化个体经营的矛盾及其在阶级关系上的表现——地主阶级与农民阶级的矛盾，尚处于潜伏状态或未激化状态中，那时，土地占有的集中程度尚不十分严重，自耕农经济还在发展；同时由于新王朝政权刚刚建立，社会秩序也比较安定。当这样的和平生活维持一段时间后，社会生产力必然有较快发展。可是，当生产一经得到发展，小农经营方式所固有的自发性就会使土地购买逐渐频繁，兼并活动也开始兴起。这样一来，封建社会的基本矛盾得以发生的两个重要因素——土地集中现象和丧失土地农业人口，就逐渐产生。在以上各种因素的相互作用下，整个社会经济的发展会愈来愈走向一条死胡同，最后它必然会导致整个社会危机的大爆发，使一个王朝的统治由此走向崩溃。但是王朝统治的崩溃和新王朝的崛起并不意味着封建经济结构的解体，而只是使土地兼并活动暂时缓和下来，使广大丧失了土地的小农重新得到一块土地，于是在小农经济顽强的再生性的作用下，整个社会经济又恢复发展，开始了另一周期的运动。①

观点三：传统文化论——中国传统文化的抑制性功能。其一，传统文化的病态传承：儒、释、道三家鼎足而立，相辅相成，构成了唐宋以降中国文化的基本格局。宋以后七百年间，理学一直得到政治的庇护，被奉为正统。于是，文化便逐步变成了政治的附庸。宋朝以后，尤其是明清，科举考试以四书五经为主要内容，考生必须严格按八股的形式以四书五经的内容答卷。只能代圣人立言而不许有任何发挥，教育内容与社会发展需要相矛盾。这既是文化传承的病态表现，也正是文化政治化产生的必然后果。这种后果在很大程度上限制了中国文化的发展方向。其二，传统文化自我抑制功能的产生。由于传统文化的政治化，在长期的封建社会里，文化成为了为集权政治包装的工具。从这个角度上看，中国历史上的每个封建王朝，几乎都有自己的包装的“王朝文化”，因此，无论朝代如何更替，“王朝文化”却是相对独立的，无法积淀为持续的文化传统。新的王朝不是吸收前王朝文化的精髓，吸收的仅仅是对当朝政治“有用的成份”。其三，传统文化对异己文化的排斥和消解。被政治化了的文化往往是糟粕多于精髓。这种糟粕日积月累，便成了社会发展的障碍，历史车轮的绊脚石。历史越悠久，糟粕就越多；糟粕越多，历史的包袱就越沉重，就越难以甩掉。一个民族的“双脚”踏进了“新社会”（新王朝），头脑却是“旧的”。这个“旧”指的就是糟粕。满脑子是糟粕的民族是很难接受新事物的。……在近代中西文化的交流与冲突中，中国文化表现出了比较强劲的力量，对以民主、科学和制度建设为核心内容，在当时代表着世界发展潮流和方向的西方文化产生了很强的排斥作用，但中国文化也表现出了无可置疑的封闭性、落后性和对当时中国社会发展的阻碍性。②

观点四：意识形态论。意识形态是中国封建社会发展和停滞的主要原因。意识形态主要是指中国文化中一以贯之的四大基本理念：中和精神、农本精神、民本精神和德本精神。中国封建社会之所以长期延续，原因在于通过春秋战国时期制度创新和制度重

---

① 张旭东：《试论中国封建经济结构的特点——中国封建社会长期延续原因探讨》，《社会科学》1987年第4期。

② 程永奎：《中国传统文化的抑制性功能——兼论“中国封建社会长期延续”的问题》，《六盘水师范高等专科学校学报》2007年第5期。

建，克服了固有的制度弊端，实现了由领主封建制向地主封建制的转变，由贵族分封制向君主集权制的转变，建立了经济统制、政治专制、文化专制高度一体化的封建社会制度。所以将制度潜能发挥到了极致，创造了辉煌的封建文明；又成功遏制了新制度创生和发展，使资本主义生产关系和意识形态萌而不生，使封建社会长期停滞。[①]

观点五：超稳定系统论。超稳定系统并不是像“超稳定”这个词字面上的含义那么简单，而是指某些具有共同特征的系统。它们一方面表现出自身结构很难发生改变，另一方面表现出周期性振荡。也就是说，这种系统的稳定性是依靠它本身具有消除对原有状态偏离的周期性振荡的机制而得以实现的。……中国封建社会正是一个超稳定系统，是一个由经济、政治、意识形态三个结构组成的，相互牵制，相互调节，保持平衡的一个“超稳定系统”。这个系统所具有的结构特征和作用机制使得中国封建社会产生周期性的改朝换代（即振荡），并且由此而保持中国封建社会的结构基本不变。这就是中国封建社会长期延续的基本原因。[②]

观点六：农民战争破坏论。古代中国是世界上农民战争最频繁、最剧烈的国度，每次农民战争在打击腐朽势力的同时，也严重破坏了正常的生产生活秩序，战争胜利后的农民满足于得到的小块土地，又开始了简单的维持生计的小农业生产。每一次农民起义变成了改朝换代的工具，只是保护了小农经济，缓和了社会矛盾，社会性质并没有发生根本性转变。[③]

【提示】

中国封建社会发展程度之高、体系之完备，超越了任何其他民族和地区，是世界范围内封建社会发展的最高水平。然而，通过不断螺旋式上升延续了两千多年的封建社会在近代文明面前落后了。中国封建社会延续如此之长的时间，其中的原因复杂而多元，既包含经济的、政治的因素，也包括文化的、社会的因素。当前，只有全面深化改革，充分解放和发展社会生产力，才能为全面建成小康社会、进而建成富强民主文明和谐的社会主义现代化国家、实现中华民族伟大复兴的中国梦而打下坚实的基础。

（二）在辛亥革命性质问题上的分歧[④]

20 世纪中国内地以及台湾地区学者对于辛亥革命的性质的争鸣，主要有以下两种看法。

一是认为辛亥革命属于资产阶级革命性质。因为 20 世纪初，中国资产阶级虽然幼弱，但它的发展程度却足以从根本上决定了辛亥革命的性质。它不仅成为社会经济生活中不可忽视的新生力量，而且在拒俄运动，在收回权利、保路运动等群众运动中，显示出新兴资产者已形成一股阶级力量。“绅商”中有一部分向资产阶级转化，具有资产阶

① 郭忠义：《论传统文化理念对中国封建社会的制度锁定——中国封建社会长期延续的意识形态原因》，《求是学刊》2006 年第 6 期。

② 金观涛、刘青峰：《中国历史上封建社会的结构：一个超稳定系统》，《贵阳师院学报》（社会科学版）1980 年第 1 期。

③ 齐涛：《中国通史教程 · 古代卷》，山东大学出版社 2004 年版，第 426 页。

④ 王东等：《古今中外争鸣集粹》，中国社会科学出版社 1995 年版，第 690 页。

级属性；知识分子中具有资产阶级意识为资产阶级利益服务的，已成为资产阶级知识分子。从纲领来看，辛亥革命的领导人是要求发展资本主义的。虽然参加辛亥革命的人“来自各个阶级”，但革命的领导层，是由反映资产阶级意愿的新式知识分子构成的。资产阶级在政治上也日益活跃并同情革命。

二是台湾地区学者张玉法的看法，即辛亥革命是“全民革命”。他引用外国历史学家的观点证明辛亥革命不具有资产阶级性质。他认为，同盟会的革命目标“驱逐鞑虏，恢复中华，建立民国，平均地权”中，没有一项是有利于资产阶级的。资产阶级在辛亥革命当时的中国社会或经济中，不具有重要的地位。参加辛亥革命的人，来自各个阶级，革命即使得到了资本家的经费支持，也不是为了资产阶级的利益，资产阶级直接参加革命的人很少。辛亥革命是以绅士为主导的社会运动。西方学者以法国日吉尔夫人为代表，普遍持这一观点。

【提示】

辛亥革命推翻了清王朝两百多年的统治，结束了延续两千多年的封建君主专制制度，传播了民主共和观念，推动了中华民族思想解放，建立了中国历史上第一个资产阶级共和国。正如毛泽东所作的评价，辛亥革命“是在比较更完全的意义上开始的资产阶级民主革命”。

（三）对资产阶级革命派“反满”问题评价的争议[①]

观点一：认为应对“反满”做出一分为二的评价。“反满”的提出一方面鼓动了革命风暴；另一方面，这一口号掺杂了汉族人民的种族主义情绪，忽略了一个真正的敌人——外国侵略者，同时也放过了一个内部的大敌人——汉族封建势力。

观点二：认为应对“反满”作出基本肯定的评价。他认为“反满”口号与以前的“反清复明”有着本质的区别，资产阶级革命派利用了人们强烈的反满情绪，同时为“反满”注入了新的内容。20 世纪初的“排满”，实质上成为反帝、反封建、反君主专制主义三位一体的战斗口号。

【提示】

在 20 世纪初，真正革命者的“反满”具有两个特点：一是同反对封建专制主义相结合；二是同反对帝国主义争取国家独立相结合。但资产阶级的世界观和政治立场，决定了他们对帝国主义和中华民族之间的矛盾有所回避，所以斗争的锋芒主要是针对清政府的统治。[②]

---

① 王东等：《古今中外争鸣集粹》，中国社会科学出版社 1995 年版，第 690 页。

② 王东等：《古今中外争鸣集粹》，中国社会科学出版社 1995 年版，第 691 页。

六、实践指导

（一）历史遗迹介绍

1. 成都“辛亥秋保路死事纪念碑”

清末四川人民的爱国运动是辛亥革命的重要导火线。1911 年 5 月，清政府宣布“铁路干线国有政策”，强收川汉、粤汉铁路为“国有”，并与美、英、法、德四国银行团订立借款合同，公开出卖川汉、粤汉铁路修筑权。消息传到四川，川民极为愤慨。6 月 17 日，成都各团体两千余人在铁路公司开会，成立“四川保路同志会”，提出了“破约保路”的口号，发布《保路同志会宣言书》等文告，出版《四川保路同志会报告》，宣传保路，并派会员分路讲演，选举代表赴京请愿。全川各地闻风响应，四川女子保路同志会、重庆保路同志协会和各州、县、乡、镇、街各团体保路同志分会相继成立，会员最多时达数十万。

四川保路运动使得清王朝的统治率先在四川被冲破，产生了“引起中华革命先”[①]的历史作用，为武昌起义创造了条件，从而加速了全中国革命高潮的到来，成为中国资产阶级民主革命的先导和重要一环。正如孙中山先生所说：“若没有四川保路同志会的起义，武昌革命或者还要迟一年半载的。”[②]

2. 四川荣县辛亥革命首义纪念碑

2011 年 9 月，四川荣县辛亥革命首义纪念碑落成。纪念碑碑座高 1.911 米，象征 1911 年的辛亥革命，主碑高 9.25 米，象征荣县 1911 年 9 月 25 日宣布独立。

1911 年 9 月 25 日，吴玉章、王天杰、龙鸣剑等在县衙门召集全县各界大会，毅然“宣布独立，自理县政”，建立起全国第一个脱离清王朝的县级政权——荣县军政府。这比武昌首义早 15 天，开辛亥革命独立之先河，被世人誉为“首义实先天下”。可以说，在荣县首义的革命高潮中，以吴玉章、龙鸣剑、王天杰为代表的一大批革命志士为辛亥革命作出了卓越贡献。其中，吴玉章在革命前期积极进行革命的宣传和组织工作，为革命奠定了思想和组织基础；他亲自领导并宣布了荣县独立，策划了内江起义，沉重地打击了清王朝在四川的统治。作为辛亥革命的亲历者和参与者，吴玉章为辛亥革命的发展作出了杰出贡献。[③]

3. 南京中山陵

南京中山陵是中华民国国父、中国民主革命的先行者孙中山的陵墓，位于南京市东郊紫金山南麓，于 1926 年 1 月动工兴建。

南京中山陵于 1929 年 6 月 1 日举行奉安大典，1961 年成为全国重点文物保护单

---

① 朱德：《辛亥革命杂泳》（之六），《人民日报》，1961 年 10 月 10 日。

② 百度百科：《四川保路运动》。

③ 周本新：《试述荣县辛亥首义的历史意义》，辛亥革命网。

位。中山陵依山而筑，面积共8万余平方米，坐北朝南，岗峦前列，屏障后峙，气势磅礴，雄伟壮观。中山陵整组建筑总平面取“自由钟”图案，表达“使天下皆达道”之义，主要建筑排列在一条中轴线上。中山陵体现了中国传统建筑的风格。祭堂为仿宫殿式的建筑，建有3道拱门，门楣上刻有“民族，民权，民生”横额。祭堂内放置孙中山先生大理石坐像，壁上刻有孙中山先生手书《建国大纲》全文。南京中山陵是我国爱国主义的重要教育基地，它激励着后人要将革命先辈们忧国忧民、为国奉献的精神不断发扬光大。①

（二）视频资料

这些资料包括：辛亥百年纪录片《孙中山》；电影《辛亥革命》；胡锦涛《在纪念辛亥革命100周年大会上的讲话》实况录像；凤凰卫视《辛亥新思潮那些事儿》；等等。

七、知识运用

（一）单项选择题

1. 辛亥革命首先在武昌取得成功的客观条件是（　　）。
   A. 资产阶级在武汉地区力量强大
   B. 清政府在武汉地区兵力空虚
   C. 民主革命思想在武汉地区的广泛传播
   D. 革命党人的坚强领导和新军的英勇战斗
2. 辛亥革命是中国近代史上一次深刻的政治和思想解放。其中，“政治解放”是指（　　）。
   A. 结束了两千多年的封建君主专制制度
   B. 促进了中国民族资本主义的发展
   C. 使资产阶级民主政治观念深入人心
   D. 打击了帝国主义和封建主义的政治统治
3. 中国历史上第一部具有资产阶级共和国宪法性质的法典是（　　）。
   A.《中华民国宪法》　　B.《钦定宪法大纲》
   C.《中华民国约法》　　D.《中华民国临时约法》
4. 南京临时政府是一个（　　）性质的革命政权。
   A. 无产阶级共和国　　B. 资产阶级共和国
   C. 农民共和国　　D. 几个阶级联合执政
5. 成功推翻清王朝，结束中国长达两千多年的封建君主专制制度的是（　　）。
   A. 土地革命　　B. 辛亥革命
   C. 工业革命　　D. 旧民主主义革命

① 中山风景名胜区简介；百度百科：《中山陵》。

6. 标志着中国民族资产阶级领导的旧民主主义革命终结的是（　　）。
A. 二次革命的失败　　B. 护国运动的失败
C. 护法运动的失败　　D. 保路风潮的失败
7. 袁世凯窃取辛亥革命果实的标志是（　　）。
A. 清帝退位　　B. 孙中山辞职，临时政府迁往北京
C. 袁世凯就任大总统　　D. 袁世凯炮制《中华民国约法》
8. 辛亥革命的性质是（　　）。
A. 反帝反封建的资产阶级民主革命　　B. 群众性的反封建革命运动
C. 伟大的新民主主义革命　　D. 中国人民的反帝斗争
9. 资本主义道路在中国行不通的最根本原因是（　　）。
A. 帝国主义不允许　　B. 无产阶级不允许
C. 封建主义不允许　　D. 中国民族资产阶级的软弱性、妥协性
10. 中国共产党人继承了孙中山的未竟事业，其主要表现在（　　）。
A. 建立了人民民主专政的国家政权
B. 完成了反帝反封建的历史任务
C. 实现了平均地权，把土地分给了广大农民
D. 走上了现代化发展道路
11. 以“革命军中马前卒”名义热情讴歌革命，号召建立“中华共和国”的书籍是（　　）。
A.《仁学》　　B.《警世钟》
C.《猛回头》　　D.《革命军》
12. 下列选项中不属于 1901 年清政府实行“新政”的内容是(　　)。
A. 派遣留学生　　B. 裁撤军机处
C. 编练新军　　D. 奖励实业
13. 我国的科举制度正式废除于(　　)。
A. 1904 年　　B. 1905 年
C. 1906 年　　D. 1908 年
14. 资产阶级立宪派参与清末“预备立宪”的出发点是(　　)。
A. 企图缓和与清政府的矛盾　　B. 企图缓和与人民大众的矛盾
C. 企图成为人民的代表　　D. 渴望通过“预备立宪，参与政权”
15. 1905 年至 1907 年，资产阶级革命派与改良派论战的焦点是(　　)。
A. 要不要以革命手段推翻清政府　　B. 要不要推翻帝制，实行共和
C. 要不要废除科举，兴办学堂　　D. 要不要反对帝国主义列强的侵略
16. 中国资产阶级民主革命是由以孙中山为首的资产阶级革命派首先发动的，资产阶级革命派的骨干是(　　)。
A. 大资产阶级及其知识分子　　B. 民族资产阶级及其知识分子
C. 资产阶级及其知识分子　　D. 资产阶级和小资产阶级知识分子

17. 武昌首义后成立的南京临时政府的根本弱点是(　　)。
A. 没有建立一支新型的革命军队
B. 没有建立完善的资产阶级民主政治制度
C. 政府内部有不少立宪派和旧官僚
D. 没有采取措施以扫除封建势力和帝国主义在华势力

18. 南京临时政府颁布的法令中，没有对原同盟会革命纲领真正实施的是(　　)。
A. 驱除鞑虏　　B. 恢复中华
C. 创立民国　　D. 平均地权

19. 在中国历史上规定立法、司法、行政三权分立政治体制的第一个文件是(　　)。
A.《中华民国临时约法》　　B.《钦定宪法大纲》
C.《中华民国约法》　　D.《中华民国宪法》

20. 19 世纪末 20 世纪初决定中国历史方向的国内基本因素是(　　)。
A. 中国民族资本主义的发展　　B. 中国资产阶级登上政治舞台
C. 帝国主义对中国的瓜分　　D. 维新派的活动

(二) 材料分析题

材料一：

英国大炮破坏了中国皇帝的权威，迫使天朝帝国与地上的世界接触。与外界完全隔绝曾是保存旧中国的首要条件，而当这种隔绝状态在英国的努力之下被暴力所打破的时候，接踵而至的必然是解体的过程，正如小心保存在密闭棺木里的木乃伊——接触新鲜空气便必然要解体一样。

——马克思：《中国革命和欧洲革命》，《马克思恩格斯选集》第二卷，人民出版社 1972 年版，第 3 页。

材料二：

对中国这头“野兽”来说，西方就成了“美人”，经她一吻，千百年的沉睡终被打破，她那魔术般的力量把本来将永远被封闭的“发展”潜力释放出来。

——柯文：《在中国发现历史：中国中心观在美国的兴起》，林同奇译，中华书局 1989 年版，第 133 页。

材料三：

西方殖民主义“从根本上改变了东方历史的发展过程，成为东方民族赶上现代文明的唯一的现实良机”“是鸦片战争一声炮响，给中国送来了近代文明”。

——转引自刘丹忱：《治国为政需读史》，中央文献出版社 2011 年版，第 51 页。

请回答：

1. 结合材料一，分析资本-帝国主义的入侵给中国带来了什么？
2. 结合材料二和材料三，驳斥西方侵略中国“有理”“有功”谬论。

第五讲 比较中的选择：开天辟地大事变

一、知识要点

（一）基本线索

本讲主要介绍1915年新文化运动到1927年大革命失败这段历史。新文化运动掀起了近代中国思想解放的潮流。五四运动是中国新民主主义革命的开端。五四运动后，马克思主义开始在中国得到比较广泛的传播，在中国先进知识分子的推动下，马克思主义同中国工人运动相结合，中国共产党应运而生。中国共产党的成立是中国革命历史上开天辟地的大事变，从此中国革命的面貌焕然一新。1924年，在第一次国共合作的基础上，中国掀起了一场推翻北洋军阀统治的大革命，但由于国民党右派的背叛和中国共产党党内的右倾错误，致使革命失败。

（二）知识要点

1. 新文化运动和五四运动

（1）北洋军阀的统治

袁世凯窃取政权以后，组织了代表大地主大买办阶级的北洋军阀政府。1916年袁世凯称帝失败后，北洋军阀在各帝国主义的操纵下分裂为3个派系。日本积极扶植皖系军阀段祺瑞，段祺瑞就成为袁世凯的继承人，掌握了北京反动政府的政权。英、美两国则积极扶植直系军阀冯国璋的势力与段祺瑞抗衡。日本还扶植奉系军阀张作霖。此外，在南方还有与北洋军阀有联系的唐继尧的滇系军阀和陆荣廷的桂系军阀，以及其他各省的大小军阀。

从此，中国陷入了军阀割据的局面。这种局面之所以形成，其深刻的原因有二：一方面，中国主要是地方性的农业经济，没有形成统一的资本主义经济市场；另一方面，帝国主义国家在中国采取划分势力范围的分裂剥削政策。

（2）新文化运动与思想解放的潮流

1915年9月，陈独秀在上海创办《青年》（二卷一号起改名《新青年》）杂志，标志着新文化运动的开始。1917年1月，蔡元培就任北京大学校长，实行“思想自由”和“兼容并包”的治校方针，聘请一大批具有新思想的学者到北京大学任教。同年，陈独秀被聘为北京大学文科学长后，《新青年》编辑部从上海迁到北京。在北京大学任教的李大钊、胡适、刘半农、钱玄同、鲁迅、吴虞等先后参加了《新青年》的编辑或撰稿，逐渐形成了以《新青年》为核心的新文化阵营。他们开展文学革命和白话文运动，揭开了新文化运动的序幕。

新文化运动的基本内容：提倡民主和科学，反对封建专制、迷信和盲从；提倡个性解放，反对封建礼教；提倡新文学，反对旧文学，实行文学革命。

新文化运动的基本口号：民主和科学，即德先生（Democracy）和赛先生（Science）。

新文化运动的性质及其作用和意义：新文化运动就其性质来说是资产阶级民主主义的新文化反对封建主义的旧文化的斗争，属于资产阶级民主主义文化革命的范畴，虽然不能真正给中国指出新的出路，但是它沉重地打击了长期统治中国人民的封建主义思想，启发了人民的民主觉悟，激起了人们追求真理的愿望，掀起了近代中国思想解放的潮流，为马克思列宁主义在中国的传播扫清了道路。

五四运动以前新文化运动的局限：首先，新文化运动的倡导者批判孔学，是为了给中国发展资本主义扫清障碍；其次，他们把改造国民性置于优先的地位；第三，那时的许多领导人物还没有马克思主义的批判精神，他们使用的方法一般还是资产阶级的方法。

（3）俄国十月革命与马克思主义在中国的传播

俄国十月革命对中国思想界最大的影响是，它提供了一个将社会主义由理论转化为实践、由理想转化为可操作的“范式”，即马克思主义的辩证唯物主义和历史唯物主义，就是阶级斗争与无产阶级专政的理论，就是列宁发展了马克思主义的“一国革命首先胜利”的理论。

十月革命推动中国先进分子转向马克思主义主要表现在以下几个方面：其一，认识到经济、文化落后的国家也可以用社会主义思想指引自己走向解放之路；其二，新生的俄国号召反对帝国主义和以平等的态度对待中国，有力地推动了中国的先进分子向往社会主义；其三，十月革命给予中国的先进分子以新的革命方法的启示。

中国的先进分子转向马克思主义，具有特定国际环境的双向作用：第一，第一次世界大战与中国人民对资本主义方案的怀疑、抛弃；第二，更直接的作用是作为马克思主义实践成果的俄国十月革命的胜利。

中国的先进分子转向马克思主义，具有反帝反封建的双重诉求：从内部来看，封建的政治、经济和文化已成为当时中国社会发展的巨大障碍；从外部来看，帝国主义对中国的鲸吞蚕食，使救亡图存成为中国振兴、自强的先决条件。

（4）五四运动：中国新民主主义革命的开端

五四运动爆发的社会历史条件是：首先，新的社会力量的成长、壮大；其次，新文化运动掀起的思想解放的潮流；第三，俄国十月革命对中国的影响。

五四运动爆发的原因：基本原因是严重的民族危机，直接原因是巴黎和会上中国外交的失败。

五四运动标志着中国新民主主义革命的开端：第一，五四运动表现了反帝反封建的彻底性；第二，五四运动是一场真正的群众运动；第三，五四运动促进了马克思主义在中国的传播及其与工人运动的结合。

五四运动的伟大历史意义，在于它带着为辛亥革命还不曾有的姿态，即彻底地不妥协地反帝国主义和彻底地不妥协地反封建主义。它表明中国反帝反封建的资产阶级民主革命已经发展到一个新阶段，即由旧民主主义革命发展到新民主主义革命阶段，是中国新民主主义革命的开端。

2. 马克思主义进一步传播与中国共产党的诞生

（1）中国早期马克思主义思想运动

①马克思主义的广泛传播。五四运动前兴起的新文化运动，在五四运动中已经进一步发展成为以传播马克思主义为主流的思想运动。中国早期信仰马克思主义的人物，主要有三种类型：首先，是五四以前新文化运动的精神领袖，其代表是李大钊和陈独秀；其次，是五四运动的左翼骨干，其代表是毛泽东、杨匏安、蔡和森、周恩来等；第三，是一部分原中国同盟会会员、辛亥革命时期的政治活动家，其代表为董必武、吴玉章等。

五四运动后，在各地早期共产主义者的领导和推动下，中国社会掀起了一个波澜壮阔的传播马克思列宁主义的高潮。

②马克思主义与反马克思主义的三次论战。第一次论战是问题与主义的论战，即在中国要不要马克思主义和要不要革命的根本问题。通过问题与主义的论战，驳倒了胡适的谬论，扩大了马克思主义在中国的传播和影响。

第二次论战是中国社会的发展方向是走社会主义道路还是走资本主义道路的论战。这次论战，宣传了马克思主义关于社会主义革命的学说，宣传了工人阶级在革命中的作用，对于中国革命运动、对于中国共产党的建立起了促进作用。

第三次论战是中国要不要实行无产阶级专政，要不要建立无产阶级政党的论战。通过这次论战，帮助了一部分受无政府主义思想影响的青年学生和知识分子，初步划清了马克思主义与无政府主义的思想界限，转向了马克思主义。

五四运动后，通过马克思主义与反马克思主义的三次论战，使马克思主义得到了广泛传播，这就为在中国建立无产阶级政党奠定了思想基础。

（2）中国共产党的创建及其历史特点

①早期共产主义组织的建立。1920 年 8 月，在共产国际的帮助下，中国共产党上海发起组成立，这是我国的第一个共产党早期组织。1920 年 9 月，李大钊发起成立北京共产党小组。从 1920 年秋至 1921 年春，董必武、陈潭秋、包惠僧等在武汉，毛泽东、何叔衡等在长沙，王尽美、邓恩铭等在济南，谭平山、谭植棠等在广州，相继成立了共产党的早期组织。

中国共产党早期组织的成立，促进了马克思主义的传播及其与中国工人运动的结合。在此过程中，初步确立了共产主义信念的知识分子，其思想感情进一步转变到工人阶级方面来；同时，一部分工人由于受到马克思主义的教育而提高了阶级觉悟。这样，就形成了一批工人阶级的先进分子。在中国创建工人阶级的先锋队——中国共产党的条件基本具备了。

②中国共产党第一次全国代表大会。在中国工人运动与马克思主义初步结合的基础上，中国共产党第一次全国代表大会于 1921 年 7 月 23 日在上海召开。参加大会的有

12 名代表，他们来自 7 个地方，代表全国 50 多名党员。

大会确定党的名称为中国共产党。党的纲领是：以无产阶级革命军队推翻资产阶级，采用无产阶级专政以达到阶级斗争的目的——消灭阶级，废除资本私有制，以及联合第三国际。

大会选举产生了由陈独秀、张国焘、李达组成的党的领导机构——中央局，陈独秀任书记，李达负责宣传工作，张国焘负责组织工作。

③中国共产党成立的历史特点和历史意义。

历史特点：一方面，它成立于俄国十月革命取得胜利、第二国际社会民主主义和修正主义遭到破产之后；另一方面，它是在半殖民地半封建中国的工人阶级运动的基础上产生的。

历史意义：中国共产党的成立，是“开天辟地的大事变”。因为自从有了中国共产党，首先，灾难深重的中国人民有了可以信赖的组织者和领导者，中国革命有了坚强的领导核心；其次，中国革命有了科学的指导思想；其三，中国革命有了明确的奋斗目标和坚定的方向；其四，中国革命有了新的革命方法，并沟通了中国革命和世界无产阶级革命之间的联系。中国革命的面貌从此焕然一新。

3. 中国革命的新局面

（1）制定革命纲领，发动工农运动

①中国共产党第二次全国代表大会与民主革命纲领的制定。分清敌友，这是革命的首要问题。以往中国革命斗争之所以成效甚少，一个重要的原因，就在于不能团结真正朋友，以攻击真正敌人。对于这个在长时间里没有得到解决的问题，中国共产党成立不久，就得到基本解决。

1922 年 7 月 16 日至 23 日，中国共产党第二次全国代表大会在上海召开。大会的中心任务是制定党的纲领。大会宣言明确指出：党的最高纲领是组织无产阶级专政，渐次达到一个共产主义的社会。党在当前阶段的纲领应当是：打倒军阀；推翻国际帝国主义的压迫；统一中国为真正民主共和国。这是党的最低纲领，也是党在民主革命阶段的奋斗目标。

②全国工人运动的第一次高潮。党的第二次全国代表大会后，党进一步加强了对工人运动的领导，出现了全国第一次工人运动的高潮。这次工人运动的高潮，以香港海员罢工为起点。工人罢工运动的最高潮，是震惊中外的京汉铁路工人大罢工。1923 年 2 月 7 日，吴佩孚对京汉铁路工人大罢工进行血腥镇压，制造了震惊中外的“二七”惨案。惨案发生后，全国各地工人运动和工人组织受到很大破坏、摧残，至此，全国工人运动暂时转入低潮。“二七”惨案的发生，教育了党和工人阶级，必须与农民、城市小资产阶级和民族资产阶级建立革命统一战线，必须用武装的革命去反对武装的反革命，才能取得中国革命的胜利。

（2）实行国共合作，掀起大革命的高潮

①中国共产党第三次全国代表大会。1923 年 6 月 12 日至 20 日，中国共产党在广州召开了第三次全国代表大会。大会的中心任务是确定同国民党建立统一战线的策略。大会就共产党员以个人身份加入国民党、与国民党进行党内合作的方针和办法作出了正

式的决定。

国共合作的标志：1924 年 1 月，中国国民党第一次全国代表大会在孙中山主持下在广州成功召开，这标志着第一次国共合作的正式形成。

国共合作的政治基础：大会通过的宣言对三民主义作出了新的解释——在民族主义中突出了反帝的内容，强调对外实行中华民族的独立，同时主张国内各民族一律平等；在民权主义中强调了民主权利应“为一般平民所共有”，不应为“少数人所得而私”；在民生主义方面阐明为“平均地权”和“节制资本”两大原则，后来又提出了“耕者有其田”的主张，并提出要改善工农的生活状况。这个新三民主义的政纲同中国共产党在民主革命阶段上的纲领基本一致，因而成为国共合作的政治基础。

国共合作的阶级基础：工人阶级、农民阶级、城市小资产阶级和民族资产阶级。

②大革命的准备与进行。1925 年 5 月，以五卅运动为起点，掀起了全国范围的大革命高潮。在此基础上，举行了胜利的广东战争，征讨地方军阀陈炯明、邓本殷，统一并巩固了广东革命根据地。1925 年 7 月 1 日，国民政府在广州建立。

1926 年 5 月 20 日，国民革命军第四军叶挺独立团，作为西路北伐军的先遣队首先进入湖南，揭开了北伐战争的序幕。接着北伐军又占领汉阳、汉口，攻克武昌；到 1926 年底，军阀吴佩孚被完全打垮；接着，又歼灭了孙传芳的主力，占领了半个中国，把革命迅速从广东推进到长江流域和黄河流域的大部，沉重地打击了帝国主义和封建军阀在中国的反动统治。

1925 年至 1927 年中国反帝反封建的革命，比之以往任何一次革命，包括辛亥革命和五四运动，群众的动员程度更为广泛，斗争的规模更加宏伟，革命的社会内涵更加深刻，因此被称作大革命。

③大革命的失败及其原因。1927 年 4 月 12 日，蒋介石在上海发动反共政变，以“清党”为名，在东南各省大规模捕杀共产党员和革命群众。同年 7 月 15 日，时任武汉国民政府主席的汪精卫在武汉召开“分共”会议，并在其辖区内对共产党员和革命群众实行搜捕和屠杀。至此，国共合作全面破裂，大革命最终失败。大革命的失败，一方面是因为敌人的强大；另一方面，更重要的是因为党处在幼年时期，特别是在革命的紧要关头，陈独秀右倾投降主义在党的领导中占了统治地位。

④大革命失败的经验教训。第一，中国的民主革命，必须建立由无产阶级领导的，包括工人、农民、小资产阶级和民族资产阶级在内的革命统一战线，对资产阶级必须实行又联合又斗争的政策；第二，在中国民主革命中，无产阶级领导权的中心问题是农民问题；第三，中国革命的主要形式是武装斗争，是武装的革命反对武装的反革命；第四，党的建设是巩固无产阶级革命领导权和取得革命胜利的根本保证。

⑤大革命的历史意义。首先，大革命沉重打击了帝国主义在华势力，基本推翻了北洋军阀统治；其次，大革命教育和锻炼了各革命阶级，党领导的工农大众受到了革命的洗礼；第三，大革命提高了中国共产党在全国人民中的政治威望，发挥了党的政治优势和组织优势。

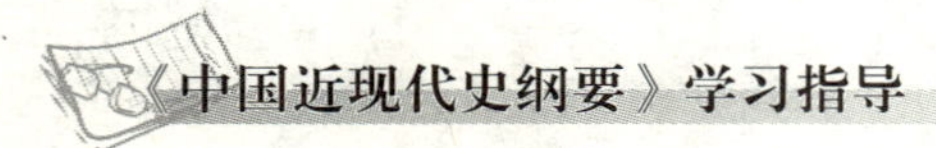

（三）内容框架

- 比较中的选择：开天辟地大事变
  - 新文化运动和五四运动
    - 北洋军阀的统治
    - 新文化运动与思想解放的潮流
    - 十月革命与马克思主义在中国的传播
    - 五四运动：中国新民主主义革命的开端
  - 马克思主义进一步传播与中国共产党的诞生
    - 中国早期马克思主义思想运动
    - 中国共产党的创建及其历史特点
  - 中国革命的新局面
    - 制定革命纲领，发动工农运动
    - 实行国共合作，掀起大革命的高潮

二、重点问题

（一）如何认识五四时期的民主与科学精神

随着民族危机的进一步加深，一些先进的中国知识分子认为，以往少数先觉者的救国斗争之所以成效甚少，是因为中国国民之“若观对岸之火，熟视而无所容心”。中国国民的性质与行为的堕落，乃是“亡国灭种之病根”。因此，“欲图根本之救亡”，必须改造中国的国民性。他们决心发动一场新的启蒙运动，以期廓清蒙昧、启发理智，使人们从封建思想的束缚中即蒙昧状态中解放出来。这个运动后来被称为新文化运动。

1915 年 9 月陈独秀在上海创办《青年》（二卷一号起改名《新青年》）杂志，标志着新文化运动的开始。《新青年》提出的基本口号是民主和科学，即所谓拥护“德先生”和“赛先生”。陈独秀宣告：“我们现在认定只有这两位先生，可以救治中国政治上、道德上、学术上、思想上的一切黑暗。”为此，“一切政府的压迫，社会的攻击笑骂，就是断头流血，都不推辞”。可以说，五四运动前夕兴起的以民主和科学为基本口号的新文化运动，为五四运动的发生作了思想上的准备

民主和科学的具体含义是什么？在陈独秀看来，民主，既是指资产阶级民主主义的制度，也是指资产阶级民主主义的思想。科学，则“有广狭二义：狭义是指自然科学，广义是指社会科学而言”。他强调要用自然科学一样的科学精神和科学方法来研究社会。他提倡民主和科学，是为了实现在中国“建设西洋式之新国家”即西方式的资产阶级国家这个目标。

当时的启蒙思想家提倡民主、反对专制，提倡科学、反对迷信盲从，是切中时弊的。正因为如此，民主与科学的口号在当时即获得了人们广泛的赞同，并产生了深远的影响。事实上，当封建主义还在政治和社会生活中占据支配地位的时候，提倡资产阶级民主主义，在客观上仍然具有振聋发聩的作用。但是，正如前面所述，由于对资本主义幻想的破灭，五四以后，中国的一些先进分子已经开始改变自己的思想方向，逐渐在马克思主义的旗帜下集合起来。

中国的先进分子在接受马克思主义之后，并没有抛弃五四运动时期的科学和民主精神。而是“继承了五四运动的民主和科学精神，并在马克思主义的基础上加以改造，从而赋予民主和科学以新的时代内容，使它们在更高的层次上进一步得到发扬”。陈独秀在开始向社会主义方向转变时，即意识到民主是有着具体的历史内容即阶级内容的。他指出：“十八世纪以来的‘德谟克拉西’，是那被征服的新兴财产工商阶级，因为自身的共同利害，对于征服阶级的帝王贵族要求权利的旗帜”。而“如今二十世纪的‘德谟克拉西’，乃是被征服的新兴无产劳动阶级，因为自身的共同利害，对于征服阶级的财产工商界要求权利的旗帜”。在表示信仰马克思主义之后，他更明确地指出，“共和政治为少数资本阶级所把持”，“要用他来造成多数幸福，简直是妄想”。多数人要享有真正的民主权利，必须铲除少数人享有的阶级特权，改变“大多数的无产劳动者困苦不自由”这种不合于“德谟克拉西”的状况。李大钊则进一步指出，社会主义与民主不是互相排斥的。不过，“今之德谟克拉西有两种，一为中产阶级的德谟克拉西，一为无产阶级的德谟克拉西”。而工人政治可以说是一种新的“德谟克拉西”。这样，他们就把资产阶级民主和无产阶级民主、少数人的民主和广大人民的民主区分了开来。显然，提倡无产阶级的和广大人民的民主，这不是对民主的否定，而是对资产阶级民主的局限性的突破。他们把民主提到了更高的层次，扩展到了更广的范围，从而把民主的旗帜真正有力地高扬了。

至于科学，他们认为，就社会科学而言，不再是指那些采取了某些自然科学方法的唯心主义理论体系，而主要是指马克思主义的科学世界观和社会革命论了。陈独秀指出：“马克思所说的经济学或社会学，都是以这种科学归纳法作根据，所以都可相信的，都有根据的”。“所以现代的人都称马克思的学说为科学的社会学”，“为科学的社会主义”。李大钊宣称：“有马氏的唯物史观，才把历史学提到与自然科学同等的地位。”唯物史观也使研究社会学的人“有所依据，俾得循此以考察复杂变动的社会现象，而易得比较真实的效果。这是唯物史观对于社会学上的绝大贡献，全与对于史学上的贡献一样伟大”。显然，提倡用马克思主义的观点来观察和研究社会，这不是对科学的否定，而是真正使科学方法的运用，不再局限于对自然界研究的领域，而且扩展到对人类社会、历史研究的领域中去了。这是科学精神的进一步高扬。

民主与科学内涵的这种历史演进，说明中国的先进分子在五四时期已经开始突破资产阶级民主主义、自由主义的局限，实现了一次思想上的与时俱进，发生了一种认识上的飞跃。这个情况也说明，那种把五四精神归结为自由主义的说法，既背离了五四运动的历史真实，更经不起五四以来中国人民的政治实践的检验。自由主义是 19 世纪初到 20 世纪初的资产阶级的一种政治思潮，主张个人活动和发展的完全自由，提倡个人权利，实现毫无拘束的企业主的自由竞争，拥护有财产限制的选举权和两院制议会。这种自由主义主张，在新文化运动早期曾颇为流行，但后来已被大多数先进分子所抛弃，只有少数运动的右翼即资产阶级知识分子仍坚持这种主张，并不能代表五四运动的主流。自由主义既没有把中国引向民族独立，也没有给中国带来政治的民主与科学的繁荣，这是一个不容争辩的事实。

正如毛泽东所说：“五四运动的发展，分成了两个潮流。一部分人继承了五四运动的科学和民主的精神，并在马克思主义的基础上加以改造，这就是共产党人和若干党外马克思主义者所做的工作。另一部分人则走到资产阶级的道路上去，是形式主义向右的发展。”这个论断是完全符合实际的。历史表明，真正踏实地继承了五四运动的优秀传统，并且适应时代的发展，高扬了民主和科学精神的，首先是中国的马克思主义者，是中国共产党所领导的广大革命的人民群众。

——摘编自《五四时期的民主和科学精神——纪念五四运动八十周年专论（2）》，《人民日报》，1999年4月27日第9版。

（二）如何看待五四时期的反对封建主义的文化运动

五四运动不仅是反对帝国主义的爱国的政治运动，也是反对封建主义的文化运动。它把批判的锋芒，首先和主要地指向了孔学。为什么要批判孔学？我们知道，孔学是封建社会的正统思想，长期以来，它严重地束缚了人们的思想，压制了民族的生机和创造力。不破除对孔学的教条式崇拜，人们的思想就不可能得到解放。

当时新文化运动的参加者是根据“道与世更”的原则，来反对对孔学的教条式崇拜的。他们指出，孔子所提倡的，是“封建时代之道德、礼教、生活、政治”，与“建设西洋式之新国家”的目标不相适应，所以，为了提倡民主和科学，为了给发展资本主义扫清思想障碍，必须破除孔学在思想文化领域的绝对权威地位。他们说：“儒教不革命，儒学不转轮，吾国遂无新思想、新学说，何以造新国民？悠悠万事，惟此为大已！”这些启蒙思想家确实表现出了“破除迷信”“解放思想”的大智大勇，他们不愧是敢于向两千年来神圣不可侵犯的封建礼教进行自觉挑战的第一批不妥协的战士。问题是，当时的启蒙思想家们是不是因为批判孔学就否定中国的全部传统文化了呢？回答当然是否定的。

首先，他们指出，孔学并不等于全部国学。“非孔学之小，实国学范围之大也。”其次，他们并没有否定孔学的历史作用。李大钊说，“孔子于其生存之时代，确足为其社会之中枢，确足为其时代之圣哲，其说亦确足代表其社会其时代之道德”。再次，他们也没有把孔学说得一无是处。陈独秀就说过“孔学优点，仆未尝不服膺”这样的话。他们批判孔学，是为了指明孔学在根本上已经不适于现代生活，是为了反对孔学对人们的思想禁锢，是为了动摇孔学的绝对权威的地位，从而使人们敢于冲破封建思想的牢笼，去进行独立思考，以求得“真实合理的信仰”。新文化运动的倡导者们在社会上掀起了一股思想解放的潮流。这股潮流冲决了禁锢思想的闸门。而这个闸门一旦被打开，各种新思潮的涌流就不仅不可避免，而且是无法遏制的了。正因为如此，在那时，这个运动是生动活泼的，前进的，革命的。

事实上，在当时中国的先进分子中，有一些人在宣传西方资产阶级民主主义的时候，就已经开始对它有所怀疑和保留了。这种“怀疑论”为他们后来接受马克思主义准备了合宜的思想土壤。马克思主义在中国的传播，有没有中断或取消五四以前新文化运动参加者们所从事的反对封建主义思想文化的启蒙工作呢？答案仍然是否定的。中国的马克思主义者一开始就是封建主义思想文化的坚决批判者。由于他们运用新的思想武器即唯物史观来解析封建主义思想文化，他们也就在很大程度上克服了以往启蒙学者的弱点，从而把反封建的启蒙工作有力地引向深入、推向前进了。这主要地表现在以下几个方面：

首先，比以往的启蒙学者用进化论思想来否定孔子学说在现代生活中的权威更进了一步，他们“由经济上解释中国近代思想变动的原因”，指出中国封建社会的正统思想———孔子学说“是适应中国二千余年来未曾变动的农业经济组织反映出来的产物”；这种学说已经“不能适应中国现代的生活，现代的社会”，再想维持它的绝对权威地位，既是不适当的，也是不可能的了。

其次，与以往的启蒙学者主要运用个人主义思想来批判纲常名教等等不同，他们以社会主义、集体主义作为进行这种批判的思想武器。他们指出，“真正合理的社会主义，没有不顾个人自由的”。但是，“个人是群合的原素，社会是众异的组织”，普遍的个性解放离不开整个社会的解放。

再次，与以往多数启蒙学者把争取个人的个性解放作为反封建思想斗争的主要出发点与立足点不同，他们进行这个斗争，主要是着眼于争取人民群众的社会解放。他们指出，“社会差不多是个人底模型，个人在社会里，方圆大小都随着模型变”。要改造国民性，必须改革铸成国民性中落后成分的落后的社会。而“要想改革社会，非从社会一般制度上着想不可”。这样，他们就把反封建思想的斗争，扩展为反对滋生这种思想的封建主义的社会经济制度和政治制度的斗争；把反封建斗争的方式，由少数人进行的思想批判，逐步地发展为人民群众的革命实践。

——摘编自沙健孙：《对五四时期两个重要问题的认识》，《百年潮》，2009 年第 6 期。

（三）如何评价五四前后马克思主义在中国传播中的改良派

李大钊主编的《新青年》第六卷第五号《马克思研究》精心挑选的七篇论文，作者分属于不同的政治圈子。有的学者在分析时说：不同价值取向的知识分子“几乎同时谈论马克思主义或对之感兴趣，当然不能看成是一种巧合，甚至也不能看成主编者李大钊的功劳，它反映了一种客观的趋势，这也是历史的必然。可以说，马克思主义在中国传播的历史，就是以这种特殊的形式拉开帷幕的”（《社会主义思想在中国的传播·资料选辑之一》上册）。从历史必然性的角度分析，五四前后参与传播马克思主义的知识分子，不管政治取向如何，其历史功绩应给予恰如其分的肯定和尊重。

但是，对这个需要肯定和尊重的历史功绩，从一开始就存在争议。1919 年 7 月 11 日，吴虞在日记中记载友人来信言：“陈独秀敢言敢行与耽玩禅悦之研究系（进步党一派，梁启超、汤化龙之系统也）大异其趣，其主宰之《每周评论》，议论之精辟，叙事之简洁为全国新闻之冠……研究系近来亦颇研究世界思潮，其在京所出之《晨报》、《国民公报》甚好。然近世所谓思潮，皆个人人格之表现，故就此点言之，渠辈之研究世界思潮，亦不过耽玩禅悦，玩弄古董之类而已。”（《吴虞日记》上册）如果说吴虞还是私下对改良派表示不屑的话，胡适就没有这么客气了。1919 年 7 月 20 日，胡适发表《问题与主义》的文章，直截了当地批评安福系首领王揖唐大谈社会主义的“假充时髦的行为”。他认为：“马克思的社会主义，和王揖唐的社会主义不同；你的社会主义，和我的社会主义不同，决不是这一个抽象名词所能包括……然而你和我和王揖唐都可以自称社会主义家，都可用这一个抽象名词来骗人。这不是‘主义’的大缺点和大危险吗?”

李大钊读了胡适《问题与主义》的文章后，以《再论问题与主义》做答。他说："一个社会问题的解决，必须靠着社会上多数人共同的运动。那么我们要想解决一个问题，应该设法使他成了社会上多数人共同的问题。要想使一个社会问题，成了社会上多数人共同的问题，应该使这社会上可以共同解决这个那个社会问题的多数人，先有一个共同趋向的理想、主义，作他们实验自己生活上满意不满意的尺度（即是一种工具）。那共同感觉生活上不满意的事实，才能一个一个的成了社会问题，才有解决的希望。不然，你尽管研究你的社会问题，社会上多数人，却一点不生关系。那个社会问题，是仍然永没有解决的希望；那个社会问题的研究，也仍然是不能影响于实际。”（《李大钊全集》第 3 卷）在李大钊看来，把马克思主义变成“社会上多数人”“共同趋向的理想、主义”，这是中国社会问题解决的关键，也是他在政治策略上的正确选择。“社会上多数人”，当然也包括改良派。肯定五四时期不同价值取向的知识分子在马克思主义传播中“历史合力”的作用，也是李大钊与胡适在“问题与主义”之争中所持的基本立场。所以，采取简单化的方式评价五四时期不同价值取向的知识分子传播马克思主义的实际效果是不可取的。

1919 年 6 月 11 日陈独秀被捕入狱，群益书社老板害怕风潮以各种借口讨价还价，《新青年》第六卷第五号迟滞发行，这的确给当时马克思主义在中国的传播带来很大困难。我们是否可以追问：群益书社老板害怕风潮，难道《晨报》就不怕吗？从 5 月到 11 月，《晨报》的《马克思研究》专栏连续刊载陈溥贤和其他人介绍马克思主义基本理论的文章，一直置身于风口浪尖上。在《新青年》第六卷第五号迟滞发行的三个月中，《晨报》的确起了本该是《新青年》应起而没能起的作用，在把马克思主义变成“社会上多数人”“共同趋向的理想、主义”的过程中，这个历史功绩不能否认。

当然，对这个历史功绩的评价要恰如其分，不能过分夸大。“哲学家们只是用不同的方式解释世界，而问题在于改变世界。”马克思在《关于费尔巴哈的提纲》中的名言，启发我们换个角度去思考问题。五四前后马克思主义在中国传播中改良派们的局限性在什么地方呢？他们在“改变世界”的原则问题上止步了，他们视野中的马克思主义，不过是“诸子百家”之一派，众多西方思潮之一种，并未当成“救国良方”（《纪念五四运动七十周年学术讨论会论文集》第一册），这是评价陈溥贤等改良派历史局限性的根本所在。政治与学术、理论与实践，改良派始终没有跨越这道门槛。

——摘编自王素莉：《“五四”前后马克思主义在中国传播的若干问题探讨——也评石川祯浩〈中国共产党成立史〉的有关论述》，《中共党史研究》，2010 年第 5 期。

三、案例解析

结合中国共产党成立以来中国革命和建设的发展实践，说明“主义”和“信仰”是具有“力量”的

最近一本名为《苦难辉煌》的党史专著，深受广大读者欢迎。在这本书中，作者一再连问：“为什么中国共产党从最初的几十人，仅仅经过20多年的发展，就打败了对手，取得了辉煌的胜利，建立了新中国？历史给国民党很多机会，却只给共产党很少机会，但是共产党抓住了这极少机会，实现了中国革命的胜利，这又是为什么？中国共产党从几十人的小党发展到今天7000多万人的大党，中国人民解放军南昌起义后剩下不到800人到今天的威武雄师，党和军队为何由小到大，由弱到强，披荆斩棘？中国共产党的力量来自哪里？中国人民解放军的力量来自哪里？”作者回答：我们拥有一批顶天立地的真人，我们不为钱、不为富，只为胸中的主义和信仰。

——摘编自2010年8月25日《光明日报》、2010年11月23日《人民日报》

【解析】

1. 案例中的“主义”和“信仰”是通过什么样的方式产生“力量”的?

这里的“主义”指的是马克思主义，它是科学的世界观和方法论，是认识世界和改造世界的思想武器；“信仰”指的是“共产主义”。毛泽东指出：“一九一七年的俄国革命唤醒了中国人，中国人学得了一样新的东西，这就是马克思列宁主义。中国产生了共产党，这是开天辟地的大事变。”自此，中国共产党人开始坚定地信仰马克思主义，并为实现共产主义的理想和信仰奋斗。然而，“马克思主义的整个世界观不是教条，而是方法”。中国共产党成立初期，并不真正懂得如何正确运用马克思主义，曾经把马克思主义教条化，把共产国际决议和苏联经验神圣化，几乎使中国革命陷入绝境。是错误和挫折教育了党，1935年1月的遵义会议开始确立以毛泽东为代表的马克思主义的正确路线在中共中央的领导地位，它是中国共产党自诞生以来第一次独立自主地运用马克思主义基本原理解决自己路线、方针和政策的第一次会议。自此，以毛泽东为主要代表的中国共产党人，在把马克思主义基本原理和中国革命的具体实际结合起来的革命实践和理论创新中，创立了毛泽东思想，第一次实现了马克思主义的中国化。

党的十一届三中全会以来，中国共产党不断解放思想、实事求是、与时俱进，坚持以马克思主义和毛泽东思想为指导，立足本国国情，开辟了中国特色社会主义道路，逐步形成了中国特色社会主义理论体系，实现了马克思主义和中国实际的“第二次结合”。因此，中国共产党90多年的革命和建设的发展实践充分证明，“主义”只有同中国的实际相结合，才能产生“力量”。正如毛泽东在《唯心历史观的破产》一文中所指出的那样：“马克思列宁主义来到中国之所以发生这样大的作用，是因为中国的社会条件有了这种需要，是因为同中国人民革命的实践发生了联系，是因为被中国人民所掌握了。任何思想，如果不和客观的实际的事物相联系，如果没有客观存在的需要，如果不为人民群众所掌握，即使是最好的东西，即使是马克思列宁主义，也是不起作用的。"

2. 在马克思主义的指导下，中国共产党领导中国人民取得了哪些重大成就？

中国共产党在领导中国革命、建设和改革的长期实践中，实现了马克思主义同中国实际相结合的两次历史性飞跃，产生了两大理论成果。第一次飞跃的理论成果是毛泽东思想。毛泽东思想是马克思主义和中国实际相结合的产物，是中国化的马克思主义。在毛泽东思想的指引下，中国共产党人领导全国各族人民，经过艰苦卓绝的斗争，取得了新民主主义革命的胜利，建立了新民主主义的新中国，确立了社会主义基本制度。"新民主主义革命的胜利，社会主义基本制度的建立，为当代中国一切发展进步奠定了根本政治前提和制度基础。"第二次飞跃的理论成果是中国特色社会主义理论体系。中国特色社会主义理论体系，就是包括邓小平理论、"三个代表"重要思想以及科学发展观等重大战略思想在内的科学理论体系。它是中国共产党人把马克思主义和中国实际相结合的又一伟大实践和理论创新，必将从根本上改变全中国人民的前途命运，迎来中华民族的伟大复兴。正如党的十八大报告指出："经过九十多年艰苦奋斗，我们党团结带领全国各族人民，把贫穷落后的旧中国变成日益走向繁荣富强的新中国，中华民族伟大复兴展现出光明前景。"

四、延伸阅读

（一）重要文献推荐

陈独秀：《敬告青年》，《青年杂志》第1卷第1号，1915年9月15日。

欧阳哲生：《新文化的源流与趋势》，湖南出版社1994年版。

彭明：《五四运动史》，人民出版社1988年版。

林代昶：《马克思主义在中国——从影响的传入到传播》，清华大学出版社1983年版。

李大钊：《我的马克思主义观》，《新青年》第6卷第5、6号，1919年5月、11月。

中国社会科学院现代史研究室：《"一大"前后——中国共产党第一次代表大会前后资料选编》，人民出版社1985年版。

（二）延伸阅读材料

陈独秀《敬告青年》（节选）

窃以少年老成，中国称人之语也；年长而勿衰（Keep young while growing old），英、美人相勖之辞也，此亦东西民族涉想不同、现象趋异之一端欤？青年如初春，如朝日，如百卉之萌动，如利刃之新发于硎，人生最可宝贵之时期也。青年之于社会，犹新鲜活泼细胞之在人身。新陈代谢，陈腐朽败者无时不在天然淘汰之途，与新鲜活泼者以空间之位置及时间之生命。人身遵新陈代谢之道则健康，陈腐朽败之细胞充塞人身则人身死；社会遵新陈代谢之道则隆盛，陈腐朽败之分子充塞社会则社会亡。

准斯以谈，吾国之社会，其隆盛耶？抑将亡耶？非予之所忍言者。彼陈腐朽败之分子，一听其天然之淘汰，雅不愿以如流之岁月，与之说短道长，希冀其脱胎换骨也。予所欲涕泣陈词者，惟属望于新鲜活泼之青年，有以自觉而奋斗耳！

青年其年龄或身体，而老年其脑神经者十之九焉。华其发，泽其容，直其腰，广其膈，非不俨然青年也；及叩其头脑中所涉想，所怀抱，无一不与彼陈腐朽败者为一丘之貉。其始也未尝不新鲜活泼，寖假而为陈腐朽败分子所同化者，有之；寖假而畏陈腐朽败分子势力之庞大，瞻顾依回，不敢明目张胆作顽狠之抗斗者，有之。充塞社会之空气，无往而非陈腐朽败焉，求些少之新鲜活泼者，以慰吾人窒息之绝望，亦杳不可得。

循斯现象，于人身则必死，于社会则必亡。欲救此病，非太息咨嗟之所能济，是在一二敏于自觉、勇于奋斗之青年，发挥人间固有之智能，决择人间种种之思想，——孰为新鲜活泼而适于今世之争存，孰为陈腐朽败而不容留置于脑里，——利刃断铁，快刀理麻，决不作牵就依违之想，自度度人，社会庶几其有清宁之日也。青年乎！其有以此自任者乎？若夫明其是非，以供决择，谨陈六义，幸平心察之。（一）自主的而非奴隶的；（二）进步的而非保守的；（三）进取的而非隐退的；（四）世界的而非锁国的；（五）实利的而非虚文的；（六）科学的而非想象的。

——节选自《青年杂志》第1卷第1号，1915年9月15日。

【提示】

本文是陈独秀为1915年12月创刊的《青年》杂志所写的创刊词，是新文化运动的宣言书。文中实际上提出了新文化运动的基本目标，表达了当时中国先进知识分子反对封建礼教，追求民主与科学的强烈愿望。陈独秀“涕泣陈辞”，寄希望于活泼之青年，呼唤青年“自觉其新鲜活泼之价值与责任”，号召青年“奋其智能，力排陈腐朽败者以去”。但怎样判断“孰为新鲜活泼而适于今巨之争存，孰为陈腐朽败而不容留置于脑里”呢？陈独秀提出了“六义”标准，并对六义分别进行了论述。贯穿于六项标准的一条红线是民主与科学。民主与科学是检验一切政治、法律、伦理、学术以及社会风俗、人们日常生活一言一行的唯一准绳，凡违反科学与民主的，哪怕是“祖宗之所遗留，圣贤之所垂教，政府之所提倡，社会之所崇尚，皆一文不值也”。

这篇文章充分表达了新文化运动时期的启蒙主义知识分子改造国民性的思想主张，体现出他们瞩望于青年但又必须改造青年国民性的深刻意识。该文在五四运动和中国现代思想文化史上均有重要的影响。

李大钊《我的马克思主义观》（节选）

马氏社会主义的理论，可大别为三部：一为关于过去的理论，就是他的历史论，也称社会组织进化论；二为关于现在的理论，就是他的经济论，也称资本主义的经济论；三为关于将来的理论，就是他的政策论，也称社会主义运动论，就是社会民主主义。离了他的特有的史观，去考他的社会主义，简直的是不可能。因为他根据他的史观，确定社会组织是由如何的根本原因变化而来的；然后根据这个确定的原因，以观察现在的经济状态，就把资本主义的经济组织，为分析的、解剖的研究，预言现在资本主义的组织不久必移入社会主义的组织，是必然的运命；然后更根据这个预见，断定实现社会主义的手段、方法仍在最后的阶级斗争。他这三部理论，都有不可分的关系，而阶级竞争说恰如一条金线，把这三大原理从根本上联络起来。所以他的唯物史观说："既往的历史都是阶级竞争的历史。"他的《资本论》也是首尾一贯的根据那"在今日社会组织下的资本阶级与工人阶级，被放在不得不仇视、不得不冲突的关系上"的思想立论。关于实际运动的手段他也是主张除了诉于最后的阶级竞争，没有第二个再好的方法。为研究上便利起见，就他的学说各方面分别观察，大盖如此。其实他的学说是完全自成一个有机的有系统的组织，都有不容分离不容割裂的关系。

——节选自《新青年》第6卷第5、6号，1919年5月、11月。

【提示】

李大钊的《我的马克思主义观》一文，明确地把马克思主义称为"世界改造原动的学说"，并对马克思主义的唯物史观、剩余价值学说和阶级斗争理论作了比较系统的介绍。他认为，马克思主义唯物史观的发现，是对历史社会认识的革命。过去历史观都是唯心主义的，马克思主义的唯物史观对历史哲学的发展有着"伟大的功绩"。马克思主义的经济理论在马克思主义学说中占有重要地位，是"马克思主义的基础"，而予以很大重视。而阶级斗争说在马克思主义的三个组成部分中，"恰如一条金线，把这三部理论从根本上联络起来"。与以往一些人对马克思主义学说所作的片段的、不确切的表述不同，他的这篇文章对马克思主义的形态介绍得相当完善，而且作出了基本正确的阐释。这表明，李大钊已经成为中国的第一个马克思主义者。

《中国共产党第二次全国代表大会宣言》（节选）
中国共产党的任务及共目前的奋斗

（一）

无产阶级去帮助民主主义革命，不是无产阶级降服资产阶级的意义，这是不使封建制度延长生命和养成无产阶级真实力量的必要步骤。

我们无产阶级有我们自己阶级的利益，民主主义革命成功了，无产阶级不过得着一些自由与权利，还是不能完全解放。而且民主主义成功，幼稚的资产阶级便会迅速发展，与无产阶级处于对抗地位。因此无产阶级便须对付资产阶级，实行"与贫苦农民联合的无产阶级专政"的第二步奋斗。如果无产阶级的组织力和战斗力强固，这第二步奋斗是能跟着民主主义革命胜利以后即刻成功的。

（二）

中国共产党是中国无产阶级政党。他的目的是要组织无产阶级，用阶级斗争的手段，建立劳农专政的政治，铲除私有财产制度，渐次达到一个共产主义的社会。

中国共产党为工人和贫农的目前利益计，引导工人们帮助民主主义的革命运动，使工人和贫农与小资产阶级建立民主主义的联合战线。中国共产党为工人和贫农的利益在这个联合战线里奋斗的目标是：

1. 消除内乱，打倒军阀，建设国内和平；

2. 推翻国际帝国主义的压迫，达到中华民族完全独立；

3. 统一中国本部（东三省在内）为真正民主共和国。

我们一定要为解放我们自己，共同来奋斗！工人和贫农必定要环绕中国共产党旗帜之下再和小资产阶级联合着来奋斗呀！

但是工人们要在这个民主主义联合战线里，不至为小资产阶级的附属物，同时又能为自己阶级的利益奋斗，那么，工人们要组织在共产党和工会里面是非常重要的；所以工人们时常要记得他们是一个独立的阶级，训练自己的组织力和战斗力，预备与贫农联合组织苏维埃，达到完全解放的目的。

中国共产党是国际共产党的一个支部——现在他向中国工人和贫农高声喊叫道：快聚集在共产党旗帜之下奋斗呀！同时，向中国全体被压迫的民众高声喊叫道：一齐来和集在中国共产党旗帜之下的工人和贫农共同奋斗呀！并又高声喊叫道：一齐来和全世界的革命伙伴们并肩前进呀！只有“全世界无产阶级和被压迫民族的联合”是解放全世界的途径呀！前进呀！共同前进！

——节选自《中国共产党第二次全国代表大会宣言》，1922 年 7 月。

【提示】

中国共产党第二次全国代表大会于 1922 年 7 月 16 日至 23 日在上海举行。中国共产党成立后，通过斗争的实践，对中国社会和革命性质的认识不断深化。“二大”在“一大”纲领基础上，着重确定现阶段的革命任务，发表了《中国共产党第二次全国代表大会宣言》，实际上制定了中国共产党在民主革命阶段的主要纲领，即：消除内乱，打倒军阀，建设国内和平；推翻国际帝国主义的压迫，达到中华民族完全独立；统一中国为真正的民主共和国。

五、史学争鸣

五四时期新旧思想论战的三个主要问题

在西方势力的冲击和内部矛盾的激化下，近代中国的社会政治思潮，有似波涛翻滚，层出不穷。这些翻滚而来的思潮，大都演变为政派及其政纲，或者由学派而侪于政派，与政治全然脱离干系的很少见。因为近代中国处于一个为国家民族解除忧患、为改造社会政治寻找方案的紧迫时代，已不是采菊东篱、从容论道的世纪，一代代人从经生儒士、考据辞章中脱颖而出，迎着时代思潮迈进。由思潮导向政派，潮就变而为流，有的汇成滚滚巨流，有的是傍出支流，正所谓“茫茫九派流中国”。

以新文化运动为序幕的五四时期而论，新文化运动正是辛亥革命失败后的新憧憬，是新旧承转的关键。随着新文化运动的发展，各种社会政治思潮涌进，各种牌号的社会主义思潮竞起，经过先进分子的艰苦探索，终于找到了马克思主义的科学社会主义，成立中国共产党，展示了百舸争流、一峰突起的绚丽境界。中国共产党从 1921 年成立后，很快以先声夺人的气魄发动工人运动，成为社会政治指导航向的灯塔。而已经涣散了的国民党，在吸收新的血液和进行改组后也恢复了活力，自此由共产党和国民党形成的两大政治势力取代了清末以来的同盟会和立宪派的两大势力，并在“打倒列强”“除军阀”的要求下，两党合作发动了国民革命的北伐战争，至1927年大革命失败而告一段落。历史虽然仍在转折，但革命的总趋势和革命的领导力量，从五四的思想动员到北伐战争的实践，历史已经为中国革命的领航作出了抉择，这个抉择不是表现于一时的政治军事实力，而是表现于思想和方略的领导及其对人民的巨大号召力。这里仅就五四时期新旧思潮论战的几个主要问题略述梗概。

（一）关于孔教问题的论战

新旧思潮论战的中心问题，是新文化运动以来就一直斗争并延续下来的孔教与文学的问题，其重点是孔教问题，即现代中国社会还要不要以孔子思想作指导的问题。论战中对孔教的批判，比新文化运动初期的批判更深入了一步。如果说新文化运动初期对孔教的批判，重点是批判孔子本人的及其学说的话，那么，论战中对孔教的批判，就是重点揭露与批判“旧派”在共和新时代仍要保存孔教的反动企图与种种谬论了。论战主要围绕“新旧思想融合论”展开。

《东方杂志》记者（伧父）说：共和政体与固有文明绝非不能相容。如“民视民听，民贵君轻”的思想，自古以来就是通用的“以民主主义为基础”的“政治原理”。现在政体虽改，而“政治原理”不变。所以“以君道臣节名教纲常为基础之固有文明与现时之国体融合而会通之，乃为统整文明之所有事。”（《答新青年杂志记者之质问》，《东方杂志》卷15）他们妄图把孔教与共和联系在一起，借用共和之躯壳，保护孔教之灵魂。陈独秀敏锐地看到了这点。他指出：以人民为主体的民主主义绝非古已有之；以君主为主体的所谓“民视民听，民贵君轻”，也根本不是什么“民主主义的基础”。如果把古代的“仁民爱民”思想，当作现代民主主义的基础，这“民主主义”就是“换汤不换药”了。同时，即以今日名存实亡的共和国体而论，“亦与君道臣节名教纲常，绝无融合会通之余地。”因为国体既为共和，即无君臣，又何谓君道臣节、君为臣纲？两者“如何融合，如何会通”？（《独秀文存》卷1）这便有力地揭穿了“新旧思想融合论”的实质。

对孔教和新文化运动的态度问题，根本说来是个对待新旧事物的态度问题。“新派”战士们以进化论为武器，向顽固守旧派提出了严重警告：死抱住旧事物不放，必然要被时代的潮流席卷而去。他们拼命想“保存国粹”“维持礼教”，然而“国粹”“礼教”“根本早已失却地盘，而归于天演淘汰之公例。”这种“欲保存已成死灰之旧物，因而欲与日进无疆之时势为顽强之抵抗”的顽固态度，即为客观发展规律所不允许，又锢蔽其思想发展，既危害于全体国民，又桎梏自己。“旧派诸人，适自蹈于此弊而不觉也。”（遗生：《时势潮流中之新文学》，《每周评论》）

正因为如此，“新派”应对旧思想的顽固反抗做好精神准备。“新旧之冲突，常为过渡时代所必经之阶段。”事物的发展，“常为曲线之状态”。（平平：《北京大学暗潮之感想》，《每周评论》）历史证明，一种新思想产生并发展，必须有一种含有保守性的旧思想起而与之抗争，起保持其往日的势力与尊严。所以，“遭阻力三字，几为革新者所必经之阶段。”（平平：《北京大学暗潮之感想》，《每周评论》）然而，新思想终必能战胜旧思想而挺然自树。革新者应树立必胜的信心。一些文章鼓励“新派”战士们说，吾国今日之时代，新思想初萌，旧思想尚盛。“吾愿提倡革新诸君，自觉其责任之重，知旧势力之大，力与奋斗，百折不挠，具独立之志趣，有牺牲之精神，真理所在，生死以之，吾知最后之胜利，必属于革新之诸君矣！”（平平：《北京大学暗潮之感想》，《每周评论》）这一嘱言，既是对“新派”的希望，也反映了“新派”战士的精神面貌与斗争决心。

（二）关于东西方文化的论战

“新旧思潮之论战”和东西方文化论战紧密地联系在一起。实际上所谓“新思潮之论战”就是如何对待东西方文化的问题。所以“新派”又称“欧化派”，“旧派”又称“固化派”。而五四时期以来的东西方文化论战，又是从这次“新旧思潮之论战”开始的。

顽固守旧派们为了维护封建旧文化，则拼命反对西方新文化。他们一方面大肆吹捧封建旧文化是“文明之中心”、“文化之结晶体”；一方面又破口大骂西方文化的输入，“直与猩红热、梅毒等之无异”。对比，“新派”一一予以批驳。

其一，驳西方文化“迷乱现代之人心”说。“旧派”先生们说：中国自周秦以来，本有圣经贤传、名教纲常之“统一的国是”。而今西洋学说输入，使我国传统思想“陷于混乱矛盾中，乃至国是丧失，乃至精神界破产。”（伧父：《迷乱之现代人心》，《每周评论》）他们把西方文化视为破坏“统一国是”的祸根孽种。陈独秀指出，这种观点是长期以来形成的儒家独尊思想在作怪。儒家独尊者一旦发现有立异者，“即目为异端邪说，即目为非圣无法，即目为破坏学术思想之统一，即目为混乱矛盾庞杂纠纷，即目为国是之丧失，即目为精神界之破产，即目为人心迷乱。”（《独秀文存》卷1）实际上儒教不应该也不能永远作为中国唯一的“国是”。陈独秀问道：强以儒教统一，“吾国固有之文明是否免于混乱矛盾”？特别到了近代，中国即无西方文化输入，“精神界已否破产”？孔教作为我国固有文明与“国基”“是否有存在的价值”？倘若力排西方文明，以保存中国固有之文明与“国基”，“能否使吾族适应于二十世纪之生存而不消灭？”（《独秀文存》卷1）倘若在共和政体之下，不采用西方新文明，仍要力保所谓君道臣节、名教纲常，并以此作为“国基”治理中国，这不是怪事吗？对此“谓之迷乱，谓之谋叛共和民国，不亦宜乎”（《独秀文存》卷1）实际说来，不是西方文化“迷乱”了中国现代之人心，倒是中国固有之封建文化“迷乱”了现代共和整体。可见，究竟“孰为魔鬼？孰为陷吾人于迷乱？孰为谋叛国宪之罪犯”（《独秀文存》卷1）不是很清楚的吗？

其二，驳西方文化重“功利主义”说。《东方杂志》记者认为，西方文化“全然”为“功利主义”的，即注重物质，弃置精神生活，而“功利主义”必有害于学术发展。中国固有文化则相反，重精神轻物质，所以中国文化比西方文化“著为优良”。陈独秀对此批驳道：以是否重精神或物质来区分与评判东西文化优劣，是没有道理的。西洋文明于物质生活之外，是否就没有精神文明？中国固有文化之精神生活又是什么？是否即是君道臣节及名教纲常诸大义？或者是种种不洁的恶臭生活？《东方杂志》对“功利主义”完全误解了。他们把“功利主义”看作是“贪鄙主义”：政治上的权利竞争，伦理上的崇拜强权，学术上的营求高官厚禄等，都视为“功利主义”。其实，“功利主义”与“图利贪功”完全不是一回事。陈独秀发问道：如果“功之反为罪，利之反为害，《东方》记者倘反对功利主义，岂赞成罪害主义者乎”？（《独秀文存》卷1）《东方杂志》记者讽刺“新派”战士重视物质生活之可笑：“只赤条条地剩一穿衣吃饭之目的而已”。对这种只要精神不要物质的谬论，陈独秀予以尖锐批驳。他说道：“古今中外之礼法制度，其成立之根本原因，试剥肤以来，有一不直接或间接为穿衣吃饭而设者乎？个人生活必要之维持，必不可以贪鄙责之也。《东方》记者倘薄视穿衣吃饭，以为功利主义之流弊，而何以又言……‘个人生活迫促，而无从容研学之余暇，是也。’原来《东方》记者亦重视穿衣吃饭如此，岂非与‘君子谋道不谋食，忧道不忧贫’之功利主义相冲突乎？”（《独秀文存》卷1）“旧派”先生们以这种谈物质生活为耻，以重精神生活为荣的所谓“非功利主义”思想，只有让“生计迫促”来教训他们了。

《东方杂志》一面反对西方文化，一面由不得不承认西方文化有许多“独到见解”，因而也假惺惺地表示要“欢迎”西方文化，但应“使其融合于固有文明之中”（《答新青年杂志记者之质问》，《东方杂志》卷15），企图以此调和折衷手法最后扼杀西方文化。陈独秀揭露道：“似此一迎一拒，即油滑官僚应付请托者之言，亦未必有此巧妙也。不更使吾思想界混乱矛盾不能统一，使吾精神界破产，使吾国是丧失耶？”（《独秀文存》卷1）陈独秀认为，东西方文化是两种根本不同文化，“终不能合”，并“势难并行不悖”；况且东西方民族在“根本思想”上就是“水火之不相容”（《独秀文存》卷1）的。因而，孔教与欧化之间“绝无调和两存之余地。吾人只得任取其一”（《独秀文存》卷3）。

李大钊于1918年7月写了《东西文明根本之异点》一文，进一步论述了东西方文化之优劣。他指出：“东西文明有根本不同之点，即东洋文明主静，西洋文明主动是也。”两相比较，西洋文明比东方文明优越得多。西洋文明是“与自然奋斗与同类奋斗”的文明；东方文明是“与自然和解与同类和解”的文明。前者是人为的、斗争的、积极的、独立的、突进的、人间征服自然的；后者是自然的、安息的、消极的、依赖的、苟安的、自然支配人间的。两种文化的经济基础也不同。西方文化“其生计以工商为主”；东方文化“其生计以农业为主”。与此相联系，前者“家族简单故行个人主义”；后者“家族繁衍故行家族主义”。李大钊还指出，东方“静”的文明不去，则难以学习与采取西方“动”的物质器械；封建主义不去，则难以实行西方的民主政治。“盖以半死带活之人驾飞行艇，使发昏带醉之徒御摩托车，人故死于艇车之下，艇车亦毁于其人之手。以英雄政治、贤人政治之理想施行民主政治，以肃静无哗、唯诺一致之心理希望代议政治，以万世一系、一成不变之观念运用自由宪法，其国之政治固以杌陧不宁，此种政制之妙用亦必毁于若而国中。”（《言志》季刊第3册）中国的唯一出路是积极吸收西方文化；而要吸收西方文化，必须彻底废除中国固有封建文化。这就是李大钊的结论。

陈独秀与李大钊对东西文化的认识，各有其优点。陈独秀的观点明确、锐利、激烈，对民主与科学作了充分的肯定与热烈的歌颂。李大钊的观点则较为深刻。两人都是急进民主主义者。但李大钊在分析西方文化时，把东方文化与家族主义、农业经济联系在一起；把西方文化与个人主义、工商经济联系在一起。在李大钊眼中，家族主义与封建主义相通，个人主义和资本主义相通。这些认识都比陈独秀深入了一层。

（三）关于文化专制主义的论战

“旧派”反对新思潮的一个重要手段，就是实行文化专制主义，即借用政治力量来干涉学术自由。而新思想要想生存并获得发展，就必须冲破这些套在它们身上的枷锁，争得言论、学术的自由权利。

《东方杂志》曾提出用“强有力主义”对付异己思想言论的主张。他们说，要学习中国历史上之秦始皇与今日之德意志的强力手段，用“强有力主义”，置一切是非于不理，“快刀斩乱麻”，“以强力压倒一切主义主张”，以求“暂定一时之局”（伦父：《迷乱之现代人心》，《东方杂志》第5卷）。新派对这种文化专制主义的叫嚣，给予了有力抵制。陈独秀指出，对学术思想必须贯彻“百家平等，不尚一尊”（《独秀文存》卷3）的政策。只有实行“百家竞起、异说争鸣”的方针，才能使学术思想大发展。如果企图用“强有力主义”“压倒一切主义主张”，只能是自我束缚，禁遏学术，阻碍文化。一般说来，“无论何种学派，均不能定为一尊。”何况是儒术孔道，则根本与近世文明不相容，如果不打破孔子一尊的现象，则我国从政治法律到社会道德，均无出黑暗而入光明之可能。历史证明，中国自秦汉以来，独尊儒术，罢黜百家的结果，使“吾族聪明，因之锢蔽，流毒至今，未之能解。”“不独神州学术，不放光辉，即孔子亦以独尊之故，而日形衰落也。”（《独秀文存》卷3）同时，新派还指出：定孔子之道为一尊，也是违背科学的。由于定为一尊，孔子就批评不得，谁胆敢批判或反对孔子学说，即以“离经叛道，非圣诬法”斥之。孔子思想为什么就批评不得呢？“新派”大胆地指出：“古代圣哲的议论，未必句句都是，就算句句都是，也还因时代变迁，未必一成不变。”（毋忘：《最近新旧思潮冲突之杂感》，《每周评论》）“若谓数千年之道统，必不容稍有所更改，则今日何时，岂容闭门独尊，固步自封乎？”（鲁逊：《学界新思想之潮流》，《每周评论》）不论多大的学术权威都要允许批评，这是对孔子偶像崇拜的大胆挑战。

至为可贵的是，“新派”在五四运动时期就明确提出了要正确处理“学术与政治”的关系问题。学术与政治应区别开来，不应以政治干涉学术。学术问题，应平心静气地进行讨论。精神以愈用而愈出，思想以愈辨而愈新，真理以愈辩而愈明。所以，相互对立的思想，不妨同时并存；无论何方，其主张言论，皆当听其尽量发抒，不得“以大帽子压人”，或“以骂人的方法作先锋”；更不得以政治权力横加干涉。他们指出：“新旧思潮之激战”中新旧两派的言论，“皆是思想问题，皆是言论问题，纵双方相互攻击，亦为思想进步所必由之途径，按诸法律，实无政府干涉之余地也。”（隐尘：《新旧思想冲突评议》，《每周评论》）政府干涉学术，是违背共和自由精神的。思想、言论、出版三者是“精神之生命”；此三大自由为“精神生命之保护物”。“学问独立、思想自由，为吾人类社会最有权威之两大信条。”有敢蹂躏思想言论自由者，将被视为“学术界之大敌人，思想界之蟊贼”。实际上，思想是不可摧残的。摧残的结果，往往反促进思想的更大发展。“经一度的摧残，便是一度的助长。”“防民之口，甚于防川；文字之狱，古今同概。”中国历史上的专制帝王，往往因个人爱憎，滥用权力，压迫思想，然而结果适得其反。政治不得干涉学术，同样，学术也不能以政治为转移。“矧学术界可随政治为转移，而政治距无变迁？今日借为利器以路人者，异日人亦将借以路我。”（翰芗：

《学术与政治》，《每周评论》）总之，只有辩难、切磋、讨论，以待识者之公论，才是学术竞争之正轨。

陈独秀与李大钊对顽固守旧派以政治干涉学术、以武力压制新思想的企图与主张，也作了深刻批判。陈独秀指出：国会“没有干涉国民信仰言论自由的道理”。李大钊也揭露道，守旧派既想以“武力压制”政策来扼杀新思想，但总不敢正大光明地进行，而总是“鬼鬼祟祟”的，拿强暴的势力压倒你们所反对的人。李大钊“正告那些顽旧鬼祟抱着腐败思想的人”说：你们应该抱着你们所信的道理，“光明磊落的出来同这新派思想家辩驳、讨论”。但是，他们不敢这样做，只有求助于“道理以外的势力”来铲除新思想。李大钊还警告那些顽固守旧分子说，靠你们的暴力“摧残青年，压制思想”，是绝对办不到的。须知，中国今日有觉悟的青年，“断不怕你们的摧残”。当年俄罗斯暴虐政府，也不知杀戮了多少青年志士，但是，这些青年牺牲的血，都是培植革命自由之花的肥料。直到今日这滔滔滚滚的新潮，一决不可复遏。（《李大钊选集》上册）李大钊于1919年6月写了《危险思想与言论自由》一文，继续批判统治阶级的禁止思想自由的反动政策。他针对反动统治者大叫新思想危险的谬论，尖锐地指出，其实最危险的是对思想的禁止。因为禁止思想的结果，必然“泯没真理”、“使人愚暗”、“教人虚伪”。他再次申明思想是禁止不了的原理，即使“监狱、刑罚、苦痛、贫困乃至杀死……都不能钳制思想，束缚思想，禁止思想。”因为这些强力的东西“在思想中全没有一点价值，没有一点权威。”“你怎样禁止他、制抑他、灭绝他、摧残他，他便怎样生存、发展、传播、滋荣。”（《李大钊选集》上册）

胡适也曾被人称为“过激派”，并与李大钊等一起参加了“新旧思潮之论战”，但他随后就从反对封建文化的阵地上退却下来，并公然反对起所谓“过激主义”了。李大钊公开揭露了他这种“一方要与旧式的顽迷思想奋战，一方要防遏俄国布尔什维主义的潮流”的两面态度。1919年11月1日，胡适写了《新思潮的意义》一文，摆出一副对“新旧思潮之激战”进行总结的权威架势，妄图把新思潮纳入他的“研究问题”的改良主义框子里去。他认为新思潮运动的成绩“差不多全是研究问题的结果”，希望新思潮的领袖人物以后能“把全副精力贯注到研究问题上去”。（《胡适文存》卷4）这便彻底暴露了他走上与“新思潮之论战”相对立的立场。

各种类型的知识分子对“新旧思潮之论战”的不同态度，导致了他们在五四运动后走向不同的政治道路。“新派”也发生了分化，有的逐渐成了新的“旧派”。而不少人则勇往直前，走向了新的革命道路。

——摘编自陈旭麓主编：《五四以来政派及其思想》，上海人民出版社1987年版。

六、实践指导

（一）历史遗迹介绍

1. 中共“一大”会址纪念馆

中共“一大”会址在今上海市兴业路76、78号（原望志路106、108号）。这是一幢建于1920年的具有上海地方风格的石库门楼房，是当时出席大会的上海代表李汉俊哥哥的寓所。1921年7月23日，中国共产党第一次全国代表大会就在楼下一间18平方米的客厅内召开。会议室的布置均恢复了原貌，家具物品是按原样仿制的。大会通过了党纲和决议，选举了由陈独秀、李达、张国焘三人组成的中央局，宣告了中国共产党的成立。

2. 嘉兴南湖红船

中共“一大”会议在上海进行至中途，遭法租界巡捕的袭扰而被迫停会。后来，“一大”会议转移到嘉兴南湖的一条游船上继续举行。代表们以游湖为名，让船主把船停泊在离烟雨楼东南方向200米左右的僻静水域。上午11点左右，“一大”南湖会议正式开始。会议首先审议并通过了中国共产党第一个纲领和中国共产党第一个决议。经过无记名投票，选举陈独秀、张国焘、李达三人组成党的全国领导机构——中央局，陈独秀任中央局书记，张国焘分管组织，李达分管宣传。下午6点多钟，会议完成了全部议程，胜利闭幕，庄严宣告中国共产党成立！大会在闭会时全体代表轻声地呼出了时代的最强音：“共产党万岁！第三国际万岁！共产主义万岁！”会议结束后，代表们先后悄悄离船，当夜分散离开了嘉兴。中国革命历史从此写出全新的篇章。

（二）演讲比赛

建议以“开天辟地的大事变——中国共产党的诞生改写中国的历史与命运”为题材组织一次全校性的演讲比赛，以加深大学生对中国共产党初创时期的艰难历程与正确选择、对中国共产党肩负历史使命的真正领会。

（三）社会实践考察

建议组织学生参观考察上海中国共产党一大会址纪念馆、韶山毛泽东同志纪念馆、韶山毛泽东故居、四川省仪陇朱德故居纪念馆等，要求参加考察的每个学生返校后写一份考察心得。

七、知识运用

（一）单项选择题

1. 大革命失败给中国共产党最深刻的教训是（　　）。
   A. 坚持无产阶级对革命的领导权
   B. 坚持武装斗争
   C. 不能相信资产阶级
   D. 坚持走农村包围城市的道路
2. 新文化运动中提倡的民主，其含义是（　　）。
   A. 国家主权和民主权利　　B. 人民的民主权利和自由
   C. 东西方文化有机结合　　D. 资本主义的政治

3. 蔡元培“兼容并包、思想自由”办学方针的实质是（　　）。
A. 听任各种思想自由发展　　B. 让具有各种思想的学者当教授
C. 活跃学术研究气氛　　D. 倡导并传播资产阶级文化
4. 新文化运动把斗争矛头指向了儒家传统思想，是因为（　　）。
A. 儒家思想阻碍了中国资本主义的发展
B. 儒家思想比资产阶级思想落后
C. 儒家思想不利于马克思主义的传播
D. 儒家思想是维护封建制度的理论基础
5. 五四运动爆发的导火线是（　　）。
A. 帝国主义对中国侵略的加剧　　B. 北洋军阀的反动统治
C. 俄国十月革命的影响　　D. 巴黎和会上中国外交的失败
6. 五四运动的爆发、旧民主主义革命向新民主主义革命的转变、中国共产党的成立的最基本条件是（　　）。
A. 马克思主义在中国的传播　　B. 中国无产阶级队伍的成长壮大
C. 中华民族民族危机进一步加深　　D. 资产阶级新文化运动的推动
7. “巴黎和会打破了中国人民对帝国主义列强的幻想”主要是指（　　）。
A. 拒绝中国派代表参加巴黎和会
B. 迫使中国代表接受日本提出的“二十一条”
C. 做出将德国在山东的一切权益转让给日本的决定
D. 竭力袒护曹汝霖、陆宗舆、张宗祥三个卖国贼
8. 马克思主义与反马克思主义在中国斗争的第一个回合是（　　）。
A. 共和与专制之争　　B. 立宪与共和之争
C. 问题与主义之争　　D. 文学革命与文学改良之争
9. 李大钊在《庶民的胜利》中写道：“我们应该准备怎么能适应这种潮流，不可抵抗这个潮流”。这里的“潮流”是指（　　）。
A. 新文化运动　　B. 资产阶级民主革命
C. 马克思主义的传播　　D. 社会主义革命
10. “十月革命一声炮响，给中国送来了马克思列宁主义”，五四运动后，马克思列宁主义得到广泛传播。在中国最早讴歌十月革命，比较系统地介绍马克思主义的是（　　）。
A. 陈独秀　　B. 李大钊
C. 毛泽东　　D. 瞿秋白
11. 中国共产党第三次全国代表大会的中心任务是（　　）。
A. 讨论党对军队的领导权问题
B. 确定同国民党建立统一战线的策略
C. 提出开展工农运动的方针
D. 提出保持党在统一战线中的独立自主方针

12. 下列事件中最为典型地体现了中国各革命阶级进行联合斗争并取得重大胜利成果的是（　　）。

A. 五卅运动　　B. 国民革命运动

C. 五四运动　　D. 新文化运动

13. 第一次国内革命战争时期取得的最大成就是（　　）。

A. 收回了汉口、九江英租界　　B. 广东革命根据地得以巩固

C. 基本上推翻了北洋军阀的反动统治　　D. 中国共产党制定了彻底的革命纲领

14. 下列关于新三民主义的性质表述最准确的是（　　）。

A. 资产阶级民主革命纲领

B. 无产阶级民主革命纲领

C. 中国人民反帝斗争的革命纲领

D. 各革命阶级联合的反帝反封建的革命纲领

15. 第一次国共合作的政治基础是（　　）。

A. 新三民主义　　B. 无产阶级领导

C. 资产阶级领导　　D. 工农联盟

16. 五四以后的新文化运动已经进一步发展到一个新阶段，（　　）开始逐步地在思想文化领域中发挥指导作用。

A. 资产阶级思想　　B. 无产阶级思想

C. 共产主义思想　　D. 马克思主义

17. 新民主主义革命时期，中国共产党制定反帝反封建的民主革命纲领的是（　　）。

A. 中共一大　　B. 中共二大

C. 中共三大　　D. 中共四大

18. 第一次国共合作正式形成的标志是（　　）。

A. 国民党一大　　B. 共产党一大

C. 国民党二大　　D. 共产党二大

（二）材料分析题

阅读材料，回答问题。

材料一：

中国共产党人的初心和使命，就是为中国人民谋幸福，为中华民族谋复兴。这个初心和使命是激励中国共产党人不断前进的根本动力。一代又一代中国共产党人不忘初心、牢记使命、弘扬建党时期的“红船精神”，即开天辟地、敢为人先的首创精神，坚定理想、百折不挠的奋斗精神，立党为公、忠诚为民的奉献精神，取得一个又一个胜利。

——摘自《中国近现代史纲要》，北京：中国高等教育出版社，2018年，第120页。

材料二：

不忘初心，方得始终。中国共产党人的初心和使命，就是为中国人民谋幸福，为中华民族谋复兴。这个初心和使命是激励中国共产党人不断前进的根本动力。全党同志一定要永远与人民同呼吸、共命运、心连心，永远把人民对美好生活的向往作为奋斗目标，以永不懈怠的精神状态和一往无前的奋斗姿态，继续朝着实现中华民族伟大复兴的宏伟目标奋勇前进。

——摘自习近平：《决胜全面建成小康社会　夺取新时代中国特色社会主义伟大胜利——在中国共产党第十九次全国代表大会上的报告》，北京：人民出版社，2017 年，第 1 页。

材料三：

习近平总书记在庆祝中国共产党成立 95 周年大会上的讲话中指出，我们党已经走过了 95 年的历程，但我们要永远保持建党时中国共产党人的奋斗精神，永远保持对人民的赤子之心。一切向前走，都不能忘记走过的路；走得再远、走到再光辉的未来，也不能忘记走过的过去，不能忘记为什么出发。面向未来，面对挑战，全党同志一定要不忘初心、继续前进。

坚持不忘初心、继续前进，就要坚持马克思主义的指导地位，坚持把马克思主义基本原理同当代中国实际和时代特点紧密结合起来，推进理论创新、实践创新，不断把马克思主义中国化推向前进。

坚持不忘初心、继续前进，就要牢记我们党从成立起就把为共产主义、社会主义而奋斗确定为自己的纲领，坚定共产主义远大理想和中国特色社会主义共同理想，不断把为崇高理想奋斗的伟大实践推向前进。

坚持不忘初心、继续前进，就要坚持中国特色社会主义道路自信、理论自信、制度自信、文化自信，坚持党的基本路线不动摇，不断把中国特色社会主义伟大事业推向前进。

坚持不忘初心、继续前进，就要统筹推进“五位一体”总体布局，协调推进“四个全面”战略布局，全力推进全面建成小康社会进程，不断把实现“两个一百年”奋斗目标推向前进。

坚持不忘初心、继续前进，就要坚定不移高举改革开放旗帜，勇于全面深化改革，进一步解放思想、解放和发展社会生产力、解放和增强社会活力，不断把改革开放推向前进。

坚持不忘初心、继续前进，就要坚信党的根基在人民、党的力量在人民，坚持一切为了人民、一切依靠人民，充分发挥广大人民群众积极性、主动性、创造性，不断把为人民造福事业推向前进。

坚持不忘初心、继续前进，就要始终不渝走和平发展道路，始终不渝奉行互利共赢的开放战略，加强同各国的友好往来，同各国人民一道，不断把人类和平与发展的崇高事业推向前进。

坚持不忘初心、继续前进，就要保持党的先进性和纯洁性，着力提高执政能力和领导水平，着力增强抵御风险和拒腐防变能力，不断把党的建设新的伟大工程推向前进。

——摘自《习近平谈治国理政》（第二卷），北京：外文出版社，2017年，第32—43页。

请回答：

你怎样理解中国共产党人的初心和使命？中国共产党为什么必须“不忘初心，牢记使命”？

第六讲　伟大的开篇：中国革命新道路的开辟

一、知识要点

（一）基本线索

在巴黎公社和十月革命后，城市中心论成为国际共产主义运动中的主导性认识，认为通过中心城市的武装起义夺取政权是无产阶级革命取得成功的唯一正确道路。曾在一个时期内，中国共产党也达成共识，认为革命工作应当以城市为中心。然而，所有以占领中心城市为目标的起义都失败了。这些起义失败后保留下来的部队逐步转移到了农村地区。由此，中国共产党人开始了“找着新的道路”的艰难探索。以毛泽东为代表的中国共产党人在同“左”倾错误的坚决斗争中，逐步形成了“农村包围城市、武装夺取政权”的中国革命新道路。

（二）知识要点

1. 国民党的统治

1927 年大革命失败后，国民党已经不再是工人、农民、城市小资产阶级和民族资产阶级的革命联盟，变成了一个由代表地主阶级、买办性大资产阶级利益的反动集团所控制的政党。因此，国民党政府的统治依然是地主阶级和买办性大资产阶级的统治，同北洋军阀的统治没有本质的区别。国民党对内，残酷镇压人民和消灭异己力量，建立了庞大的军队和全国性特务系统，推行保甲制度，控制舆论等；对外，中国半殖民地化的程度进一步加深。从 1927 年南京政府成立到 1937 年卢沟桥事变之前的 10 年间，帝国主义的经济势力在中国得到进一步扩展，并牢牢掌握了中国的经济命脉。

2. 土地革命战争的兴起与发展

农民问题是中国革命的中心问题，而农民问题的核心是土地问题。毛泽东指出：“谁赢得农民，谁就赢得中国，解决了土地问题也就赢得了农民。”①

（1）土地革命战争时期的方针政策

1928 年 12 月，毛泽东在井冈山主持制定了中国共产党历史上第一个土地法即《井

① Edger Snow：Journey to the Beginning，New York：Random House，Inc.，1972．p．137．

冈山土地法》，首次肯定了广大农民以革命的手段获得土地的权利，包括：没收一切土地归苏维埃政府所有、禁止土地买卖等。

然而，“没收一切土地、禁止土地买卖”等规定并不适合中国农村的实际。1929年4月，制定《兴国土地法》，改“没收一切土地”为“没收一切公共土地及地主阶级的土地”。1931年2月，毛泽东在总结土地革命的经验时，明确规定农民已经分得的田归农民个人私有，可以自主租借买卖，别人不得侵犯；生产的产品，除向政府缴纳土地税外，均归农民个人私有，任凭自由买卖。这些规定妥善解决了农民对土地的私有权问题，保护了中农的利益不受侵犯等。

（2）土地革命中的阶级路线

在土地革命中，中国共产党坚定地依靠贫农、雇农，联合中农，限制富农，保护中小工商业者，消灭地主阶级，变封建半封建的土地所有制为农民的土地所有制。

（3）土地分配的具体办法

土地分配的具体方法为：以乡为单位，按人口平分土地，在原耕地的基础上，实行抽多补少、抽肥补瘦。

至此，中国共产党在中国历史上第一个制定了可以付诸实施的比较完整的土地革命纲领、路线。

3. “农村包围城市、武装夺取政权”道路的艰难探索

在国民党的白色恐怖统治下，“敢不敢坚持革命、怎样坚持革命”成为中国共产党人和革命群众必须回答的两个根本性问题。

（1）“八七”会议

1927年8月7日，中共中央在汉口秘密召开紧急会议（即“八七”会议），彻底清算了大革命后期的陈独秀右倾机会主义错误，确定了土地革命和武装反抗国民党反动派的总方针。毛泽东在会上着重阐述了党必须依靠农民和掌握枪杆子的思想，强调党“以后要非常注意军事，须知政权是由枪杆子中取得的”。“八七”会议后开始了从大革命失败到土地革命战争兴起的转折。

（2）第一个农村根据地

以南昌起义、秋收起义、广州起义等为代表的占领中心城市的起义全部失败了，这是城市中心论的失败。以毛泽东为代表的中国共产党人开始探索上山打游击、开展农村革命的新道路。井冈山革命根据地的建立开辟了以农村包围城市、武装夺取政权的中国革命新道路。

（3）毛泽东的贡献

农村包围城市、武装夺取政权这条革命新道路的开辟，依靠了党和人民的集体奋斗，凝聚了党和人民的集体智慧，而毛泽东则是其中的杰出代表。

毛泽东不仅在实践中首先把革命的进攻方向指向了农村，而且从理论上阐明了武装斗争的极端重要性和农村应当成为党的中心工作的思想。1928年10月至1930年5月，毛泽东先后写了《中国的红色政权为什么能够存在?》《井冈山的斗争》《星星之火，可以燎原》《反对本本主义》四篇文章，系统而具体地回答了中国红色政权存在和发展的条件，提出了党的思想路线和土地路线，明确提出“工农武装割据”的思想等。

农村包围城市、武装夺取政权理论的提出，标志着中国化的马克思主义即毛泽东思想的初步形成。

4. 土地革命战争的严重挫折

从1927年7月大革命失败到1935年1月遵义会议召开之前，“左”倾错误先后3次在党中央的领导机关取得了统治地位。

第一次是1927年11月至1928年4月的“左”倾盲动错误，认为革命形势在不断高涨，盲目要求“创造总暴动的局面”。

第二次是1930年6月至9月以李立三为代表的“左”倾冒险主义，盲目要求举行全国暴动和集中红军力量攻打武汉等中心城市。

第三次是1931年1月至1935年1月以王明为代表的“左”倾教条主义，这也是“左”倾错误危害最严重的一次。其主要错误包括：在革命性质和统一战线问题上，混淆民主革命与社会主义革命的界限，将反帝反封建与反资产阶级并列，将民族资产阶级视为中国革命最危险的敌人，一味排斥和打击中间势力；在革命道路问题上，继续坚持以城市为中心，将准备城市工人的总同盟罢工和武装起义作为共产党最主要的任务，指令根据地的红军采取“积极进攻的策略”，配合攻打中心城市；在土地革命问题上，提出坚决打击富农和“地主不分田，富农分坏田”的主张；在军事斗争问题上，实行进攻中的冒险主义、防御中的保守主义、退却中的逃跑主义；在党内斗争和组织问题上，推行宗派主义和“残酷斗争、无情打击”的方针。

这几次“左”倾错误，尤其是以王明为代表的“左”倾教条主义错误，使中国革命受到严重挫折。

5. 遵义会议——中国革命的历史性转折

王明等人的“左”倾教条主义错误使红军在第五次反“围剿”作战中遭到失败，不得不开始实行战略转移——长征。在长征途中，中共中央政治局于1935年1月15日至17日在遵义召开了扩大会议。

遵义会议结束了王明等人的“左”倾教条主义在中共中央的统治，确立了以毛泽东为代表的马克思主义的正确路线在中共中央的领导地位，从而在极其危急的情况下挽救了中国共产党，挽救了中国工农红军，挽救了中国革命，成为中国共产党历史上一个生死攸关的转折点。

6. 长征精神

中国工农红军的长征是一部伟大的革命英雄主义的史诗。它向全中国和全世界宣告，中国共产党及其领导的人民军队，是一支不可战胜的力量。红军长征，铸就了伟大的长征精神。

长征精神，就是把全世界人民、中国人民的根本利益看得高于一切，坚定革命的理想和信念，坚信正义事业必然胜利的精神；就是为了救国救民，不怕任何艰难险阻，不惜付出一切牺牲的精神；就是坚持独立自主、实事求是，一切从实际出发的精神；就是顾全大局、严守纪律、紧密团结的精神；就是紧紧依靠人民群众，同人民群众生死相依、患难与共、艰苦奋斗的精神。长征精神，是中国共产党人和人民军队革命风范的生动反映，是中华民族自强不息的民族品格的集中展示，是以爱国主义为核心的民族精神的最高体现。长征精神为中国革命不断从胜利走向胜利提供了强大的精神动力。

（三）内容框架

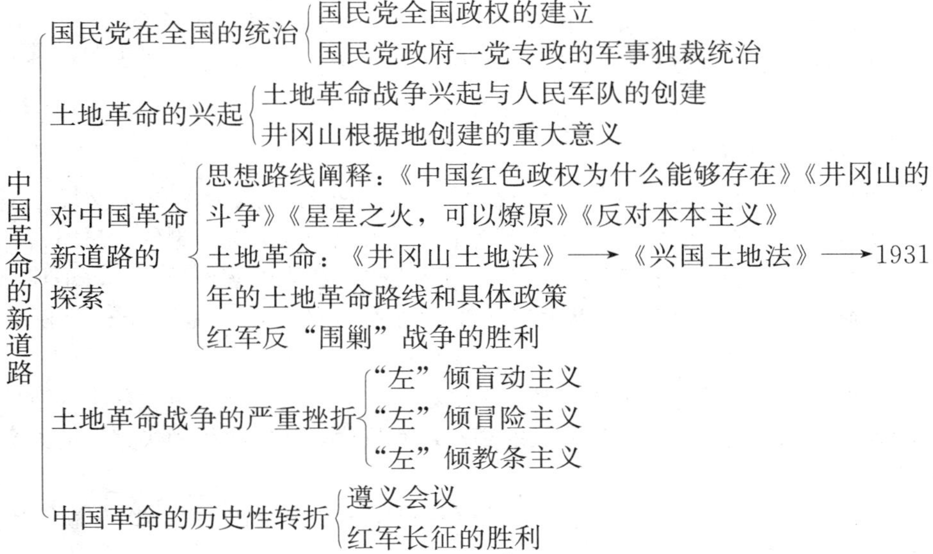

二、重点问题

（一）国民党政权的性质

1. 对外投靠帝国主义，为帝国主义对华扩张敞开大门

由于国民党政府是在帝国主义的支持下建立起来的，因此，中国没有能够摆脱帝国主义的压迫，反而使外国垄断资本不断深入中国，从而牢牢地控制了中国的经济命脉。

抗战前夕，在重工业方面，外国资本控制了煤产量的55.2%，新法采煤量的77.4%，冶铁工业的95%，石油工业的99%，发电量的77.1%。在中国现代工业和运输业中，外国资本占到了71.6%。外国银行资产也要比华商银行多1/3。外国资本不仅垄断了中国的重工业、交通运输业，而且控制了中国的财政、金融以及若干主要的轻工业。[①]

对南京惨案的处理。1927年北伐战争时，英美帝国主义武装干涉中国革命，炮轰南京，残杀中国军民。该事件本应追究英美帝国主义的责任。但在1928年3月20日国民政府外交部与美国代表达成的解决南京惨案换文中，竟把事件发生的原因归咎于共产党的煽动，承认美国军队炮轰南京是为了保护美侨生命，答应向各国道歉、赔偿，甚至

① 沙健孙、李捷、龚书铎：《〈中国近现代史纲要〉教师参考书》，高等教育出版社2007年版，第183页。

顺着美国代表的旨意，下令通缉在南京领导反抗帝国主义侵略的中共党员林伯渠，以此向美国表示忠诚。

2. 地主土地所有制在中国社会经济活动和土地关系中仍然居统治地位

中国广大的乡村基层政权被地主阶级和旧式富农所把持，地主阶级逐渐变成了帝国主义的附庸，成为帝国主义统治中国的主要支柱。国民党政权继续维护封建土地所有制，不承认中国有土地问题，拒绝在农村开展土地改革，从而使中国广大农民处在死亡线上。

3. 利用超经济的力量

利用超经济的力量，即依靠国家政权力量一方面掠夺工农劳动群众及其他小生产者，一方面压迫民族资产阶级、兼并民族资本，对人民巧取豪夺，聚敛大量财富，逐步形成了以蒋介石、宋子文、孔祥熙、陈立夫、陈果夫为代表的官僚资本，逐渐控制了全国的经济命脉。官僚资本是中国半殖民地半封建社会的产物，是蒋介石政权统治的基础。

由上可见，国民党政权与人民的利益是根本对立的，其内外政策，既不代表广大劳动人民的利益，也不代表民族资产阶级的利益，而是代表地主阶级和买办性的大资产阶级的利益。

毛泽东在《中国的红色政权为什么能够存在?》一文中指出："国民党新军阀的统治，依然是城市买办阶级和乡村豪绅阶级的反动统治。"

（二）武装斗争是中国革命长期的主要的形式

武装斗争在中国革命中有着极端的重要性。马克思列宁主义认为，革命的中心任务和最高形式是武装夺取政权，是战争解决问题。1926 年，斯大林在论述中国革命的前途时指出：在中国，是武装的革命反对武装的反革命。这是中国革命的特点之一，也是中国革命的优点之一。毛泽东非常赞同这一观点，认为"在中国，主要的斗争形式是战争，而主要的组织形式是军队"。

1. 半殖民地半封建的中国社会的特殊国情决定了中国革命只能以长期的武装斗争为主要形式

半殖民地半封建社会的中国，内部没有民主制度而受封建制度的压迫，外部没有民族独立而受帝国主义压迫。因此，中国革命无议会可以利用，无组织工人罢工的合法权利。这种特殊的国情，决定了中国共产党不可能像资本主义国家的无产阶级政党那样，建立合法的组织，通过长期的合法的斗争，如利用议会讲坛、经济政治罢工等教育人民和积蓄力量，取得革命成功。因此，在中国，要革命，必须拿起武器。毛泽东指出："每个共产党员都应该懂得这个真理：'枪杆子里面出政权'。"

2. 中国的特殊国情不仅决定了中国革命要以武装斗争为主要形式，还决定了中国革命要进行长期的武装斗争

第一，半殖民地半封建的中国，封建势力和帝国主义势力异常的强大和凶狠，革命的力量还暂时显得弱小。敌我力量的巨大悬殊规定了中国革命的艰巨性。第二，半殖民地半封建的中国经济政治发展的不平衡，导致了革命发展的不平衡，革命的发展由不平衡到相对平衡，再到夺取全国胜利，需要经历一个很长的曲折发展的过程。这种革命的艰巨性和曲折性，决定了中国共产党领导的武装斗争不可能在一个短时间里就可以取得胜利，而必须经过长期的不懈的努力才能成功。

3. 中国共产党领导的武装斗争，实质上就是无产阶级领导的农民战争

这主要是由中国革命的性质和中国革命的道路所决定的。第一，中国是一个经济政治发展极不平衡的半殖民地半封建社会，这就决定了农民是封建势力的主要压榨对象和帝国主义掠夺的主要对象，农民问题是中国革命的基本问题。无产阶级只有和广大农民结成巩固的工农联盟，才能解决中国革命的一切重大问题。因此，农民是中国革命的主力军，是中国军队的主要来源，广大农民所在的农村则成为了中国革命走向胜利的主要战略阵地。第二，中国的反动派相当牢固的控制着若干近代工商业城市，而停滞着的农村却是它无法牢固控制的地区。反革命力量对农村的控制相对薄弱，加之中国地域的辽阔以及帝国主义之间、军阀之间的矛盾斗争，也为中国共产党领导的农民战争提供了可能。中国共产党要积蓄和锻炼革命力量，那就必须派遣自己的先锋队深入农村，把农民发动起来、组织起来、武装起来，开展土地革命，把落后的农村建成先进的根据地，借此促进革命高潮的到来，在长期的斗争中取得中国革命的胜利。[①]

（三）农村包围城市，最后夺取全国胜利的基本依据和基本途径

内容详见“案例解析”中的案例一。

（四）王明“左”倾教条主义错误给中国革命带来的危害

在三次“左”倾错误中，以王明“左”倾教条主义错误在中共中央统治的时间最长（1931—1935），给中国革命带来的危害最大。

1. 使共产党丧失了“九一八”事变后国内出现的有利形势

1931 年 9 月 18 日，日本帝国主义对中国的东北发动了蓄谋已久的武装侵略。对此，蒋介石采取了“绝对不抵抗”政策，几十万东北军在蒋介石的命令下撤到了山海关以内。日本仅用了 3 个月时间就占领了东北全境。日本帝国主义的侵略罪行和蒋介石政府的卖国政策，激起了全国人民抗日反蒋的怒潮，引起了国内阶级关系的新变化。蒋介石在全国人民抗日反蒋浪潮的冲击和国民党统治集团内部矛盾激化的情况下，日益孤立，他不得不于 1931 年 12 月 21 日再次宣布“下台”。这样，全国出现了对革命有利的形势。但是，中共临时中央却忽视了中日矛盾的上升和国内阶级关系的新变化，忽视了“九一八”事变是日本帝国主义妄图灭亡中国的步骤，跟在苏联后面，片面强调“是帝国主义反苏战争的序幕”，强调其他帝国主义和日本帝国主义进攻苏联的一致性，提出“武装保卫苏联”“反对一切帝国主义”的口号，使中国共产党脱离了群众的抗日救亡运动。

---

① 教育部社会科学研究与思想政治工作司：《毛泽东思想概论》，高等教育出版社 2003 年版，第 55～56 页。

2. 全面出击导致共产党在白区的力量几乎全部丧失

王明把“九一八”事变后全国出现的抗日反蒋怒潮看作是国民党政权总崩溃的到来，认为“国民党的破产已经是铁一般的事实”，认为当时“中国政治形势的中心的中心是反革命与革命的决死斗争”，提出了要红军去夺取中心城市以实现一省数省首先胜利，和在白区普遍地实行武装工农，各企业总罢工等许多冒险的主张。他们拒绝必要的退却和利用合法斗争，继续搞冒险主义，要求红军去攻打南昌等中心城市并对武汉采取包围的形式，要求各大城市的共产党组织举行罢工、罢课、游行示威以至武装暴动。致使共产党的组织和党的工作都遭到严重破坏，共产党在白区的力量几乎全部丧失。到1933年初，中共临时中央在上海已经无法存在，而不得不迁入中央根据地。

3. 第五次反“围剿”的失败，红军被迫长征

蒋介石在第四次“围剿”失败之后，便集中力量准备第五次“围剿”革命根据地。1933年10月，他调集了100万大军、200架飞机，并采取步步为营、碉堡推进的作战方针，从四面向革命根据地内地压缩，特别对中央革命根据地采取重点用兵，以50万兵力分4路进攻。

面对国民党来势汹汹的第五次“围剿”，王明“左”倾错误路线的执行者一开始就实行了进攻中的冒险主义，去攻打敌人的巩固阵地黎川县的硝石和资溪桥，不胜。11月，国民党19路军发动福建事变，成立福建人民政府，蒋介石被迫调动兵力南下。这正是红军在运动中消灭敌人主力的良好机会。可是“左”倾错误的执行者却断言中间派别是所谓最危险的敌人，不予配合出击，因而错失良机。敌人摧毁了福建人民政府后，就得以从容调转头来，重新压向根据地。1934春，红军在广昌战役中受挫，遭受很大损失，“左”倾错误者惊慌失措，又从进攻中的冒险主义转为防御中的保守主义，主张分兵把守，节节抵御，因而完全处于被动，东堵西截，穷于应付，以致根据地被封锁压缩得越来越小。他们又不敢以红军主力向敌人后方进攻，以调动敌人，打破敌人的堡垒封锁政策。“左”倾错误的军事路线，使红军苦战一年仍没有打破敌人的“围剿”，红军损失惨重。

在第五次反“围剿”期间，毛泽东曾多次提出粉碎敌人“围剿”的正确方针，但都被“左”倾教条主义者拒绝了。福建事变时，毛泽东提出在红军不能从内线打破敌人“围剿”的情况下，红军主力应该突进到以浙江为中心的苏浙皖赣地区去，纵横驰骋于杭州、苏州、南京、芜湖、南昌、福州之间，将战略防御转变为战略进攻，威胁敌人的根本重地，向广大无堡垒地带寻求作战，迫使敌人回援江浙，粉碎其向江西根据地的进攻，并援助福建人民政府。但是“左”倾错误者拒不接受，于是“围剿”不能打破，福建人民政府也被摧垮了。仗打了一年，毛泽东又提出，红军虽已不利于出浙江，但还可以调主力向湖南中部前进，调动江西敌人至湖南而消灭之。“左”倾错误者又拒不接受。这样，打破第五次“围剿”的希望就最后断绝，只剩下突围长征一条路了。①

---

① 胡华：《中国革命史讲义》，中国人民大学出版社1979年版，第375～377页。

（五）中国共产党内连续出现三次“左”倾错误的原因

内容详见“案例解析”中的案例二。

（六）长征胜利的伟大意义

红军长征的胜利在中国革命的历史和中国共产党的历史上，有着极其伟大的意义。毛泽东在《论反对日本帝国主义的策略》一文中，对红军长征的胜利作了正确的估价，他指出，这次红军的战略大转移在一个方面（保持原有阵地的方面）说来是失败了，在另一个方面（完成长征计划的方面）说来是胜利了。长征是历史记录上的第一次。长征是宣言书，它向全世界宣告，红军是英雄，宣告蒋介石和帝国主义的围追堵截的破产。长征是宣传队，它向沿途人民宣传，只有红军的道路才是解放他们的道路。长征又是播种机，它在沿途散布了许多革命的种子。总之，长征是以红军的胜利敌人的失败而结束的。

三、案例解析

“农村包围城市、武装夺取政权”的新道路

中国共产党领导的武装斗争的主攻方向究竟应当指向城市、还是指向农村，究竟应该走“以城市为中心”的道路、还是走“农村包围城市”的新道路？在一个时期中，党内存在着激烈的争论。

从国际共产主义的历史来看，无论中外，都找不到农村包围城市的经验和先例。1930 年 5 月 24 日，中共中央机关刊物《红旗》载文指出，“以为不要城市工人而用农村包围城市可以取得胜利，这无论在理论上与事实上都是不通的。假使没有城市做领导，则任何乡村都是不能‘联合起来’的。而且，没有城市工人激烈斗争，则一切‘包围城市’的计划完全是空谈。”

然而，毛泽东等共产党人在革命斗争实践中，逐渐探索出一条适合中国实际的“农村包围城市”的新道路。1930 年 1 月 5 日，毛泽东在《星星之火，可以燎原》一文中指出：“红军、游击队和红色区域的建立和发展，是半殖民地中国在无产阶级领导之下的农民斗争的最高形式，和半殖民地农民斗争发展的必然结果；并且无疑义的它是促进全国革命高潮的最重要因素。”（《毛泽东选集》一卷本，人民出版社 1964 年版，第 95 页）

【解析】

事实证明，以农村为工作重点，到农村去发动农民，进行土地革命，开展武装斗争，建设根据地，这是 1927 年以后中国革命发展的客观规律所要求的。当时，所有以占领中心城市为目标的起义都很快失败了，如以南昌起义、秋收起义、广州起义为代表的上百次起义和暴动都在反动势力的镇压下以失败告终。然而，井冈山革命根据地的建立则为中国革命带来了新的希望，正如胡锦涛在中央政治局进行第四十二次集体学习中讲到："南昌起义和井冈山革命根据地的建立，是我们党把马克思主义基本原理同中国革命具体实践相结合、创立中国化的马克思主义的伟大开篇……"

1. 中国为什么必须走"农村包围城市、武装夺取政权"的新道路?

第一，毛泽东指出，中国的城市乡村问题，与资本主义国家有性质上的区别。在资本主义国家，城市在实质上、形式上都统治着乡村，城市之头一断，乡村四肢就不能生存。但是在中国，城市虽带有领导性质，但不能完全统治乡村，因为城市太小，乡村太大，广大的人力、物力在乡村不在城市。广大的农村可以脱离城市而相对独立地存在。因此，把广大乡村建设成为先进的革命阵地，就可以给反革命的统治以致命的打击。

第二，中国是一个半殖民地半封建的大国，地方性的农业经济占着主导的地位，中国没有形成统一的资本主义经济。这种经济基础造成了政治上的大小封建军阀割据的局面。同时，中国不是某个帝国主义国家直接统治的殖民地，而是许多帝国主义国家间接统治的半殖民地。不同帝国主义国家支持的各派军阀相互间进行着持续不断的纷争。因此，中国统治集团的不统一和矛盾冲突，为中国革命首先在农村发展并取得胜利提供了可以利用的巨大缝隙和机遇。

第三，这时的中国已经有了新的政党及其领导下的革命军队和革命人民，这是战胜敌人的基本力量。由于城市总是集中的，乡村总是分散的，强大的敌人又总是长期占据着中国的中心城市，因而革命政党和革命人民必须在乡村坚持长期的革命战争，把落后的乡村改造成为先进的、巩固的根据地，借以在长期的斗争中逐步争取革命在全国的胜利。①

2. 中国走"农村包围城市、武装夺取政权"新道路的可能性

第一，中国是一个政治、经济发展不平衡的半殖民地半封建的大国，这使得反动统治的薄弱环节——广大的农村地区有了红色政权存在的缝隙，也有了广阔的革命发展空间和战略回旋余地；同时，地方的农业经济（不是统一的资本主义经济）为红色政权的存在和发展提供了必要的物质条件。

第二，国民革命的积极影响为中国红色政权的存在提供了良好的群众基础。毛泽东指出："中国红色政权首先发生和能够长期地存在的地方，不是那种并未经过民主革命影响的地方，例如，四川、贵州、云南及北方各省，而是在1926和1927两年资产阶级民主革命过程中工农兵士群众曾经大大地起来过的地方，例如湖南、广东、湖北、江西等省。"②

第三，中国红色政权能够存在"决定于全国革命形势是否向前发展这一个条件。全国革命形势是向前发展的，则小块红色区域的长期存在，不但没有疑义，而且必然地要作为取得全国政权的许多力量中间的一个力量"。③

第四，相当力量的正式红军的存在是红色政权存在的必要条件。毛泽东指出："'工

---

① 教育部社会科学研究与思想政治工作司：《毛泽东思想概论》，高等教育出版社2003年版，第58～59页。

② 《中国的红色政权为什么能够存在?》，《毛泽东选集》第1卷，人民出版社1991年版。

③ 《中国的红色政权为什么能够存在?》，《毛泽东选集》第1卷，人民出版社1991年版。

农武装割据的思想'，是共产党和割据地方的工农群众必须充分具备的一个重要的思想。"①

第五，共产党组织的有力量和它政策的正确性，这是红色政权能够存在和发展的关键性主观条件。

3. "工农武装割据"是实现"农村包围城市"的基本途径

所谓"工农武装割据"，是指在中国共产党的领导下，以土地革命为中心内容，以武装斗争为主要形式，以农村革命根据地为战略阵地的三者密切结合的思想。

土地革命、武装斗争和农村革命根据地三者是相辅相成、紧密联系、不可分割的有机整体。只有进行土地革命，实施正确的土地政策，消灭封建土地所有制，才能广泛动员和组织占人口绝大多数的农民群众参加武装斗争，农村革命根据地才能得到切实巩固和扩大。只有建立强大的革命武装和进行武装斗争，才能打败敌人的进攻，有效地开展土地革命，确保农村革命根据地的存在和发展。农村革命根据地是"工农武装割据"的战略阵地，是革命的起点和立足点；只有建设巩固的农村革命根据地，土地革命才有坚实的基础，武装斗争才有可靠的依托，才能与占据着中心城市的敌人进行长期的有效的斗争。②

"农村包围城市，武装夺取政权"新道路的开辟，是马列主义理论与中国革命具体实践相结合的典范，是以毛泽东为代表的中国共产党人敢于创新、善于创新的产物。

20 世纪 30 年代前后，中国共产党内"左"倾错误的出现与纠正

20 世纪 20 年代后期至 30 年代前期、中期，中国共产党内的"左"倾错误先后 3 次在党中央的领导机关取得了统治地位，第一次是 1927 年 11 月至 1928 年 4 月的"左"倾盲动错误；第二次是 1930 年 6 月至 9 月以李立三为代表的"左"倾冒险主义；第三次是 1931 年 1 月至 1935 年 1 月以王明为代表的"左"倾教条主义，这也是"左"倾错误危害最严重的一次。这些"左"倾错误使中国革命的复兴和发展遇到了严重挫折，特别是红军第五次反"围剿"的失败，迫使中共中央和中央红军开始了艰苦卓绝的万里长征。

【解析】

1. 这一时期中国共产党内连续出现"左"倾错误的原因

大革命失败后，在纠正陈独秀右倾机会主义错误的同时，中国共产党党内"左"倾思想开始滋长。这些"左"倾错误思想主要源于对中国国情复杂性和中国革命长期性的认识不够，"城市中心论"的影响也长期存在。具体来看，这主要包括以下几个方面：

---

① 《中国的红色政权为什么能够存在?》，《毛泽东选集》第 1 卷，人民出版社 1991 年版。

② 杨先农：《马克思主义中国化研究纲要》，四川人民出版社 2008 年版，第 204 页。

第一，党内一直存在浓厚的“左”倾情绪。大革命的失败深刻教育了中国共产党人，虽然在1927年8月7日召开的紧急会议（即八七会议）上，彻底清算了陈独秀的右倾机会主义，确定了土地革命和武装反抗国民党反动统治的总方针，然而在总结大革命失败的原因时，党内认为“主要是因为党的最高领导人陈独秀在与国民党的合作中过于迁就国民党，在国民党露出压制共产党的苗头时，未能采取有效的应对措施，而是妥协退让，因而在国共分裂后，党内普遍认为应该对国民党实施强硬对抗，结果从妥协的一端摆到不讲策略的对抗的另一端”。①

第二，当时党内盛行把马克思主义教条化、把共产国际决议和苏联经验神圣化，特别是“城市中心论”始终挥之不去。当然，这也有其原因：无论是马克思、恩格斯经典著作的论述，还是从近代资产阶级民主革命和无产阶级革命实践来看，革命的重点都是在城市，包括中国的辛亥革命也是以占领重点城市为目标的革命斗争。这些都导致党内盲目追随共产国际的瞎指挥和照搬照抄苏联的经验。

第三，不善于把马克思主义与中国具体实际相结合。这也是最为主要的原因，包括：全党的马克思主义理论水平不高，理论素养不深，没能深入了解中国的历史现状和社会状况、中国革命的特点、中国革命的规律等。

2. 中国共产党对“左”倾错误的纠正

对于党内“左”倾错误，毛泽东等进行了坚决的抵制和斗争。早在大革命失败后，毛泽东就成为“成功地把党的工作重心由城市转入农村，在农村保存、恢复和发展革命力量的主要代表”②。由于第五次反“围剿”的失败，中共中央和中央红军被迫长征。严酷的事实教育了广大党员和红军指战员，一些人开始转变态度支持毛泽东的正确主张。1935年1月15日至17日在遵义召开的中央政治局扩大会议开始确立以毛泽东为代表的马克思主义的正确路线，一条“农村包围城市、武装夺取政权”的新道路将中国革命事业引向胜利。

四、延伸阅读

（一）重要文献推荐

胡绳：《中国共产党的七十年》，中共党史出版社1991年版。

《中国的土地改革》编辑部等：《中国土地改革史料选编》，国防大学出版社1988年版。

侯保重：《遵义会议——决定中国历史命运的三天》，上海人民出版社1995年版。

王桧林等编：《中国现代史》（上册，1919—1949），高等教育出版社2015年版。

〔美〕索尔·兹伯里：《长征：前所未闻的故事》，解放军出版社2005年版。

---

① 赵鸣歧、路小可、杨建英：《〈中国近现代史纲要〉解读与思考》，中国三峡出版社2009年版，第114页。

② 《关于建国以来党的若干历史问题的决议》，《三中全会以来重要文献选编》（下），人民出版社1982年版，第793页。

（二）延伸阅读材料

毛泽东《反对本本主义》

一　没有调查，没有发言权

你对于某个问题没有调查，就停止你对于某个问题的发言权。这不太野蛮了吗？一点也不野蛮，你对那个问题的现实情况和历史情况既然没有调查，不知底里，对于那个问题的发言便一定是瞎说一顿。瞎说一顿之不能解决问题是大家明了的，那末，停止你的发言权有什么不公道呢？许多的同志都成天地闭着眼睛在那里瞎说，这是共产党员的耻辱，岂有共产党员而可以闭着眼睛瞎说一顿的吗？

要不得！要不得！注重调查！反对瞎说！

二　调查就是解决问题

你对于那个问题不能解决吗？那末，你就去调查那个问题的现状和它的历史吧！你完完全全调查明白了，你对那个问题就有解决的办法了。一切结论产生于调查情况的末尾，而不是在它的先头。只有蠢人，才是他一个人，或者邀集一堆人，不作调查，而只是冥思苦索地“想办法”“打主意”。须知这是一定不能想出什么好办法，打出什么好主意的。换一句话说，他一定要产生错办法和错主意。

许多巡视员，许多游击队的领导者，许多新接任的工作干部，喜欢一到就宣布政见，看到一点表面、一个枝节，就指手画脚地说这也不对，那也错误。这种纯主观地“瞎说一顿”，实在是最可恶没有的。他一定要弄坏事情，一定要失掉群众，一定不能解决问题。

许多做领导工作的人，遇到困难问题，只是叹气，不能解决。他恼火，请求调动工作，理由是“才力小，干不下”。这是懦夫讲的话。迈开你的两脚，到你的工作范围的各部分各地方去走走。学个孔夫子的“每事问”，任凭什么才力小也能解决问题，因为你未出门时脑子是空的，归来时脑子已经不是空的了，已经载来了解决问题的各种必要材料，问题就是这样子解决了。一定要出门吗？也不一定，可以召集那些明了情况的人来开个调查会，把你所谓困难问题的“来源”找到手，“现状”弄明白，你的这个困难问题也就容易解决了。

调查就像“十月怀胎”，解决问题就像“一朝分娩”。调查就是解决问题。

三　反对本本主义

以为上了书的就是对的，文化落后的中国农民至今还存着这种心理。不谓共产党内讨论问题，也还有人开口闭口“拿本本来”。我们说上级领导机关的指示是正确的，决不单是因为它出于“上级领导机关”，而是因为它的内容是适合于斗争中客观和主观情势的，是斗争所需要的。不根据实际情况进行讨论和审察，一味盲目执行，这种单纯建立在“上级”观念上的形式主义的态度是很不对的。为什么党的策略路线总是不能深入群众，就是这种形式主义在那里作怪。盲目地表面上完全无异议地执行上级的指示，这不是真正在执行上级的指示，这是反对上级指示或者对上级指示怠工的最妙方法。

本本主义的社会科学研究法也同样是最危险的，甚至可能走上反革命的道路，中国有许多专门从书本上讨生活的从事社会科学研究的共产党员，不是一批一批地成了反革命吗？就是明显的证据。我们说马克思主义是对的，决不是因为马克思这个人是什么"先哲"，而是因为他的理论，在我们的实践中，在我们的斗争中，证明了是对的。我们的斗争需要马克思主义。我们欢迎这个理论，丝毫不存什么"先哲"一类的形式的甚至神秘的念头在里面。读过马克思主义"本本"的许多人，成了革命叛徒，那些不识字的工人常常能够很好地掌握马克思主义，马克思主义的"本本"是要学习的，但是必须同我国的实际情况相结合。我们需要"本本"，但是一定要纠正脱离实际情况的本本主义。

怎样纠正这种本本主义？只有向实际情况作调查。

——选自《毛泽东选集》第1卷，人民出版社1991年版。

【提示】

毛泽东对当时党内盛行的把马克思主义教条化、把共产国际决议和苏联经验神圣化的错误倾向进行了坚决的斗争。毛泽东坚持辩证唯物主义思想路线即坚持理论与实践相结合的原则，提出了"没有调查，没有发言权"和"中国革命斗争的胜利要靠中国同志了解中国情况"等重要思想，表现了毛泽东开辟新道路、创造新理论的革命首创精神。

五、史学争鸣

（一）关于"工农武装割据"概念如何表述的争鸣①

20世纪80年代以来，中国理论界围绕"工农武装割据"概念如何表述而进行的争鸣，主要有5种观点：

观点一：毛泽东把共产党领导的武装斗争、土地革命和根据地建设三者紧密结合起来，从而产生了"工农武装割据"的总概念，即在中国共产党领导下，以根据地土地革命为其基本内容，以武装斗争为主要形式，以农村革命根据地为战略阵地的三者密切结合。开展土地革命、满足农民的基本要求，是进行武装斗争、建立根据地的基本任务的主要内容；武装斗争是进行土地革命，巩固和发展革命根据地最强有力的工具；建立革命根据地则是开展土地革命，进行武装斗争的基地和依托。三者相辅相成，缺一不可。②

观点二：毛泽东在开创井冈山根据地的革命实践中，初步形成了武装斗争、政权建设和土地革命三位一体的"工农武装割据"的思想。③

观点三："工农武装割据"并不是一个简单的概念，而有丰富的内涵，它是中国农

---

① 参见王东等：《古今中外争鸣集粹》，中国社会科学出版社1995年版，第502页。

② 杨先材、王顺生等：《中国革命史》，中国人民大学出版社1981年版。

③ 袁继成：《关于中国革命新道路理论的形成和发展》，《武汉大学学报》1984年第1期。

民革命战争战略的总概念，揭示了中国农民革命战争全局的指导思想，应该是战争—根据地—战争。如果说“工农武装割据”的内容是武装斗争、土地革命、建设根据地三者相结合；或者说“工农武装割据”是论证在农村如何保存聚集革命力量的问题都是正确的，然而这只是就某个角度来进行考察的。我们还必须进一步从总体上把握“工农武装割据”的精神，看到“工农武装割据”的伟大指导作用。它不仅适用于革命的低潮时期，同样适用于革命的高潮时期。①

观点四：把“工农武装割据”的道路概括为土地革命、武装斗争和根据地建设三方面的总概念，既不符合毛泽东的原意，也是不科学的，因为它抛去了政权建设这一重要内涵。②

观点五：毛泽东“工农武装割据”思想是从论证中国的红色政权发生发展的原因、条件开始的。除此之外，还应包括三项内容：(1) 承认中国政治经济发展不平衡和革命发展不平衡，主体在敌强我弱革命低潮的具体条件下，继续坚持武装斗争和土地革命的正确方针，先在农村边界山区建立革命阵地，准备坚持长期的革命斗争。承认不平衡和敌强我弱，这是毛泽东提出“工农武装割据”思想的基本前提。(2) 它坚持“枪杆子里面出政权”的思想，重视建立和发展正式红军，使之成为革命的主要工具。(3) 它把武装斗争、土地革命和建立农村革命根据地结合起来，创造出半殖民地半封建中国无产阶级领导农民斗争的新形式，并且把它作为促进全国革命高潮、争取全国革命胜利的最重要因素。③

【提示】

“工农武装割据”是实现“农村包围城市”的基本途径，其思想的实际含义已经大大超越其论证正式红军在建立红色政权中的作用的范畴。它的中心思想和基本内容已经反映出毛泽东关于中国式武装夺取政权革命道路问题的新概念，表现出了中国共产党正确的革命策略思想。④

（二）关于30年代“全盘西化”与“本位文化”的论争

20世纪30年代关于如何认识西方文化、如何看待西方文化在中国传播问题的论争，是五四运动后很重要的一场文化问题讨论。一派的观点是“全盘西化”，并断然反对一切主张对“西方文化”应采“有取有舍”的意见，其领军人物以陈序经等为代表，另一派的观点是“中国本位文化”论，其以王新命等十位教授及其所发表的《中国本位的文化建设宣言》为代表。

“全盘西化”认为，文化本身是一个不能分开的系统，不能随意取舍，要采纳就得全部采纳。陈序经明确主张：“文化本身上是分开不得，所以他所表现出的各方面，都有连带及密切的关系，设使因了内部或外来的势力冲动或变更任何一方面则他方面也受

① 郑英年：《“工农武装割据”是中国农民革命战争战略的总概念》，《江淮论坛》1986年第4期。

② 史榕、史闽：《1987年中国现代史研究新进展》(续)，《党史资料与研究》1987年第6期。

③ 吴荣宣：《“工农武装暴动”思想与“工农武装割据”思想之比较》，《中共党史研究》1988年第2期。

④ 吴荣宣：《“工农武装暴动”思想与“工农武装割据”思想之比较》，《中共党史研究》1988年第2期。

其影响，他并不像一间屋子，屋顶坏了，可以购买新瓦来补好”，“因为他自己本身上是一种系统，而他的趋势，是全部的，而非部分的。”“两种文化接触以后，从其发展与趋势来看，中国固有文化是历史上的文化，不符合现代的环境和趋势，又为采纳西洋文化的障碍，应该完全扫除”。“从东西文化的内容来看，我们所有的东西，人家通通有，可是人家所有的很多东西，我们却没有。”“从文化的各方面的比较来看，我们所觉为最好的东西，远不如人家的好，可是我们所觉为坏的东西，远坏过人家所觉为最坏的千万倍。”文化是有惰性的，“全盘西化则惰性自然会消失”。[①] 陈序经认为，“在消极方面，扫除固有而不适时境的文化；在积极方面，努力于彻底西化之途。”他相信，“百分之百的全盘西化，不但是可能的，而且是一个较为完善较少风险的文化的出路。”[②]

“本位文化”论认为，“在文化的领域中，我们看不见现在的中国了。”“中国在文化的领域中是消失了；中国政治的形态、社会的组织和思想的内容与形式，已经失去它的特征。由这没有特征的政治、社会和思想所化育的人民，也渐渐的不能算得中国人。”“要从事中国本位的文化建设，必须用批评的态度、科学的方法，检阅过去的中国，把握现在的中国，建设将来的中国。”“不守旧，是淘汰旧文化，去其渣滓，存其精英，努力开拓新的道路。不盲从，是取长舍短，择善而从，在从善如流之中，仍不昧其自我的认识。根据中国本位，采取批评态度，应用科学方法来检讨过去，把握现在，创造未来，是要清算从前的错误，供给目前的需要，确定将来的方针，用文化的手段产生有光有热的中国，使中国在文化的领域中能恢复过去的光荣，重新站着重要的位置，成为促进世界大同的一支最劲最强的生力军。”[③]

【提示】

从性质上看，“全盘西化”论是一种民族文化虚无主义的主张，应者不多；“文化本位”论具有很强的文化排外主义论调，其提出的解决方案也是口号式的。东西文化比较不能只简单地罗列现象。鉴于当时国民党的文化专制和新闻封锁政策，马克思主义者没能直接参与此次论战，但其在思想文化上的影响是深远的，它促进了人们对思想文化的民族性及如何对待中西文化问题的思考，这些思考不仅给予马克思主义者以启发和借鉴，促进了马克思主义在中国的传播，也为马克思主义与中国实际、与中国传统文化的结合提供了可资借鉴的理论依据，为新民主主义文化观的形成提供了重要的思想资源。

（三）关于农民运动在革命斗争中的地位问题

马克思和恩格斯在分析特定阶级革命性时指出：“他们是什么样的，这同他们的生产是一致的——既和他们生产什么一致，又和他们怎样生产一致。”作为无产阶级的重要组成部分，农民在革命斗争中将发挥何种作用、居于何种地位，在中国新民主主义革命斗争的早期阶段曾有过极大的分歧。

---

① 陈崧：《30年代关于文化问题的论争》，《历史研究》1991年第2期。

② 朱耀垠：《“全盘西化论”和“中国本位文化”论的偏至》，《高校理论战线》2004年第11期。

③ 王新命、何炳松、武堉干、孙寒冰、黄文山、陶希圣、章益、陈高傭、樊仲云、萨孟武：《中国本位的文化建设宣言》，1935年1月10日。

一是以陈独秀、张国焘为代表的消极否定派。中国共产党成立之初主要把精力放在工人运动方面，农民问题的重要性尚未引起全党的重视。在组织上，农民运动主要由部分共产党人领导，在区域分布上，主要集中在南方，农民运动的发展很不均衡。造成这种情况，与党的时任主要领导人的观念和做法是紧密相关的。例如，在农民问题上，陈独秀认为，“农民运动在各地均发生左倾的毛病，或提出口号过高，或行动过左，往往敌人尚未打着而自己已受很大的损失”。1926年7月，中共中央执行委员会召开扩大会议，此时陈独秀任中共中央执行委员会总书记兼中央组织部主任，张国焘任中央工农部主任，会议通过的《农民运动议决案》多处限制农民运动的发展，规定农会组织“尚不能带有阶级色彩”，农民武装“不要超出自卫的范围（如干涉行政、收缴民团枪械等），是防御的自卫而不是进攻的自卫”，“不可有常备的组织”等①。张国焘则不但不敢支持农民的革命斗争，反而跟着地主、资产阶级和国民党右派，反对农民运动。他恶毒攻击湖南农民运动“左倾”，叫嚷这样下去“要出乱子”，必须“纠正偏差”。②

二是以毛泽东为代表的积极赞成派。毛泽东根据中国的实际情况，把农民的地位提高到革命主力军的位置，认为“谁赢得了农民，谁就赢得了中国”。1939年10月，毛泽东在《〈共产党人〉发刊词》中明确指出：“中国共产党的武装斗争，就是无产阶级领导之下的农民战争。”毛泽东指出，“经济落后之半殖民地，外而帝国主义内而统治阶级，对于其地压迫榨取的对象主要是农民，之所以实现其压迫与榨取，则全靠那封建地主阶级给他们以死力的拥护，否则无法行其压榨。所以经济落后之半殖民地的农村封建阶级，乃其国内统治阶级国外帝国主义之唯一坚实的基础，不动摇这个基础，便万万不能动摇这个基础的上层建筑物。”③“若无农民从乡村中奋起打倒宗法封建的地主阶级之特权，则军阀与帝国主义势力总不会根本倒塌。”④ 正是从这个意义上说，“农民问题乃国民革命的中心问题，农民不起来参加并拥护国民革命，国民革命不会成功”，“中国的革命实质上是农民革命”。⑤

【提示】

革命工作应当以城市为中心，这是一个时期内全党的共同认识。然而，所有以占领中心城市为目标的起义都失败了。失败后保留下来的部队，大都经过摸索，逐步转移到了远离国民党统治中心的农村地区，在那里发动农民、开展游击战争、进行土地革命和创建工农政权，并逐渐走出了符合中国实际的农村包围城市、武装夺取政权的革命新道路。而毛泽东是“成功地把党的工作重点由城市转入农村，在农村保存、恢复和发展革命力量的主要代表”。

---

① 参见《中国共产党第三次中央扩大执行委员会议决案》。

② 于吉楠：《张国焘其人》，四川人民出版社1980年版，第31页。

③ 《毛泽东文集》第1卷，人民出版社1993年版，第37页。

④ 《毛泽东文集》第1卷，人民出版社1993年版，第39页。

⑤ 《毛泽东文集》第1卷，人民出版社1993年版，第37页。

六、实践指导

（一）历史遗迹介绍

1. 井冈山革命根据地

1927年10月，毛泽东率领经“三湾改编”后的秋收起义部队到达井冈山，先后在宁冈、永新、茶陵、遂川等县恢复和建立了党组织，发展武装力量，开展游击战争，领导农民打土豪分田地，建立红色政权，实行工农武装割据，创立了党领导下的第一个农村革命根据地——井冈山革命根据地。

2. 遵义会议会址

1934年10月，中共中央机关和中央红军主力（又称红一方面军）撤离中央苏区，向西突围转移，开始长征。长征初期，中共中央领导人博古等人犯了退却中的逃跑主义错误，造成红军和中央机关人员由8万多人锐减到3万多人。严酷的事实教育了广大共产党员和红军指战员，一些人开始转变态度，转而支持毛泽东的正确主张。1935年1月，中国共产党在这里召开了举世闻名的遵义会议，集中解决了当时具有决定意义的军事问题和组织问题，使中国革命转危为安，走上了“农村包围城市、武装夺取政权”的正确道路。

3. 中国工农红军强渡大渡河纪念馆

1935年5月，中国工农红军一方面军长征至四川省石棉县安顺场。在面临敌人围追堵截的险恶局势下，于25日以17勇士为先导的中国工农红军成功抢渡大渡河，创造了中国革命战争史上的奇迹。从此，安顺场便以“翼王悲剧地，红军胜利场”载入史册，名扬中外。史学家说：“没有强渡大渡河的胜利，就没有中国工农红军长征的胜利，就没有今天的新中国。”（央视网）

（二）视频资料

这些资料包括：电影《大渡河》；北京电视台《档案》“长征系列之四”——遵义会议；电视剧《长征》等。

七、知识运用

（一）单项选择题

1. 中国革命的主要斗争形式是（　　）。

A. 武装斗争　　B. 非武装斗争

C. 群众运动　　D. 民主改革运动

2. 毛泽东提出革命的中心任务和最高形式是（　　）。
A. 武装夺取政权　　B. 消灭反动的武装力量
C. 组织人民军队　　D. 造就农村革命阵地
3. 中国的武装斗争实质上是无产阶级领导下的（　　）。
A. 农民战争　　B. 反对军阀战争
C. 反对帝国主义战争　　D. 反对地主阶级战争
4. 有了大革命失败的惨痛教训，于是有了南昌起义、秋收起义、广州起义，开辟创建了（　　）。
A. 红军新时期　　B. 民兵新时期
C. 根据地新时期　　D. 农村为中心的新时期
5. 毛泽东认为，中国革命的基本问题和中心问题是（　　）。
A. 工人问题　　B. 农民问题
C. 小资产阶级问题　　D. 武装斗争问题
6. 1927 年 8 月，中国共产党确定土地革命和武装反抗国民党反动统治的总方针的会议是（　　）。
A. “八七”会议　　B. 洛川会议
C. 遵义会议　　D. 古田会议
7. 陈独秀的右倾投降主义和王明“左”倾冒险主义都给中国革命带来了严重危害，这两次错误路线产生的根源在于（　　）。
A. 共产国际错误指导
B. 党的主要领导人的个人专断与家长作风
C. 中共处于幼年时期，理论思想尚不成熟
D. 国民党分化破坏活动
8. 在红军长征途中，中国共产党召开的、成为党的历史上生死攸关转折点的会议是（　　）。
A. 遵义会议　　B. 古田会议
C. 洛川会议　　D. 瓦窑堡会议
9. 土地革命时期，确立了思想建党、政治建军原则的会议是（　　）。
A. 八七会议
B. 古田会议
C. 宁都会议
D. 遵义会议
10. 大革命失败后，中国革命能够坚持和发展的根本原因是（　　）。
A. 肃清右倾投降主义路线
B. 纠正了“左”倾军事冒险计划
C. 中国共产党依靠和领导农民进行土地革命
D. 建立革命根据地
11. 1931 年 1 月至 1935 年 1 月，中国共产党内出现的主要错误倾向是（　　）。

A. “左”倾盲动主义　　B. “左”倾冒险主义

C. “左”倾教条主义　　D. “右”倾保守主义

12. 1927 年毛泽东在中共“八七”会议上提出的著名论断是（　　）。

A. “须知政权是由枪杆子中取得的”

B. “没有调查就没有发言权”

C. “民兵是胜利之本”

D. “一切反动派都是纸老虎”

13. 从 1930 年到 1931 年，红一方面军在三次反“围剿”斗争胜利的基础上开辟了（　　）。

A. 鄂豫皖革命根据地　　B. 左右江革命根据地

C. 湘鄂西革命根据地　　D. 中央革命根据地

14. 中国革命的中心问题是(　　)。

A. 土地问题　　B. 农民问题

C. 农村问题　　D. 政权问题

15. 土地革命中，对待富农的态度是(　　)。

A. 依靠　　B. 联合

C. 限制　　D. 保护

16. 中国共产党历史上第一个土地法是(　　)。

A.《井冈山土地法》　　B.《兴国土地法》

C.《中华苏维埃共和国土地法》　　D.《中国土地法大纲》

17. 不属于“工农武装割据”思想内容的是(　　)。

A. 土地革命　　B. 武装斗争

C. 军队建设　　D. 农村革命根据地

18. 革命新道路可能性中的根本原因是(　　)。

A. 党的正确领导　　B. 相当力量的正式红军的存在

C. 中国政治经济的不平衡发展　　D. 不断向前发展的革命形势

19. 实现了中国革命战略中心由城市转向农村的标志性事件，是(　　)。

A. 井冈山革命根据地的建立　　B. 七届二中全会

C. 长征取得胜利　　D. 国共第二次合作

20. 不属于中国革命胜利“三大法宝”的是(　　)。

A. 实事求是　　B. 武装斗争

C. 党的建设　　D. 统一战线

（二）材料分析题

材料一：

中国产生了共产党，这是开天辟地的大事变。这一开天辟地的大事变，深刻改变了近代以后中华民族发展的方向和进程，深刻改变了中国人民和中华民族的前途和命运，深刻改变了世界发展的趋势和格局。

历史告诉我们，没有先进理论的指导，没有用先进理论武装起来的先进政党的领导，没有先进政党顺应历史潮流、勇担历史重任、敢于作出巨大牺牲，中国人民就无法打败压在自己头上的各种反动派，中华民族就无法改变被压迫、被奴役的命运，我们的国家就无法团结统一、在社会主义道路上走向繁荣富强。

历史还告诉我们，历史和人民选择中国共产党领导中华民族伟大复兴的事业是正确的，必须长期坚持、永不动摇；中国共产党领导中国人民开辟的中国特色社会主义道路是正确的，必须长期坚持、永不动摇；中国共产党和中国人民扎根中国大地、吸纳人类文明优秀成果、独立自主实现国家发展的战略是正确的，必须长期坚持、永不动摇。

——习近平总书记 2016 年 7 月 1 日在庆祝中国共产党成立 95 周年大会上的讲话

材料二：

近代以后，争取民族独立、人民解放和实现国家富强、人民幸福就成为中国人民的历史任务。在旧式的农民战争走到尽头，不触动封建根基的自强运动和改良主义屡屡碰壁，资产阶级革命派领导的革命和西方资本主义的其他种种方案纷纷破产的情况下，十月革命一声炮响，为中国送来了马克思列宁主义，给苦苦探寻救亡图存出路的中国人民指明了前进方向、提供了全新选择。

实践还证明，马克思主义为中国革命、建设、改革提供了强本思想武器，使中国这个古老的东方大国创造了人类历史上前所未有的发展奇迹。历史和人民选择马克思主义是完全正确的，中国共产党把马克思主义写在自己的旗帜上是完全正确的，坚持马克思主义基本原理同中国具体实际相结合、不断推进马克思主义中国化时代化是完全正确的！

——习近平总书记 2018 年 5 月 4 日在纪念马克思诞辰 200 周年大会上的讲话

请回答：

参考上述材料，分析中国共产党何以能够成为中国革命、建设和改革的领导核心？

第七讲　全民族抗战：伟大的中华民族的抗日战争

一、知识要点

（一）基本线索

20世纪30年代日本发动了旨在灭亡中国的侵略战争。面对凶恶的日本侵略者，在中国共产党的积极倡导下，国共两党结束了十年内战，建立起第二次国共合作，组织领导了全民族抗战。中国的抗战走过了战略防御、战略相持、战略反攻三个阶段，中华民族最终取得了近代以来反对外来侵略的第一次彻底的胜利，充分体现了民族意识的大觉醒。在这场残酷的斗争中，中国共产党以及他所领导的人民军队充分发展壮大起来，为争取新民主主义革命的最后胜利奠定了坚实的基础。毛泽东思想也在这一时期发展成熟。

（二）知识要点

1. 日本灭亡中国的计划及其实施

日本明治维新之后开始发展资本主义，灭亡中国成为日本对外扩张的既定方针。1929年臭名昭著的田中奏折，让日本成了一场大规模战争的策源地，日本帝国主义势力主张："如欲征服支那，必先征服满蒙；如欲征服世界，必先征服支那。"日本军国主义者企图征服中国、征服亚洲以称霸世界，中国岌岌可危!

1931年"九一八"事变后，日本开始了对中国的局部侵略。由于蒋介石实行不抵抗政策，日本迅速占领东三省。日本随后制造了"一·二八"淞沪事变，驻兵上海。1935年华北事变，日本的侵略伸向中国的腹地，中日之战不可避免。1937年卢沟桥事变，国民党奋起抵抗，抗战爆发；8月13日，日军大举进攻上海，中日之战全面爆发。

2. 日本侵华的罪行

日本是一个岛国，人力、物力有限，如何才能征服幅员辽阔、人口众多的中国呢?第一，日本选择了疯狂的军事进攻和极为残暴野蛮的杀戮，如惨绝人寰的南京大屠杀、对敌后根据地的"三光政策"、细菌战、毒气弹、对国民党陪都重庆的狂轰滥炸等；第二，疯狂掠夺中国的资源与财富，如独占东北的重工业和铁路交通，肆意掠夺矿产资源，大肆掠夺占领区的土地和农产品等；第三，强制推行奴化教育，企图泯灭中国民众的民族意识和反抗精神。

3. 抗日救亡运动的兴起

中国共产党首先举起了武装抗日的旗帜，国民党的部分爱国将领、地方实力派、民主党派以及学生等都以不同的方式投入救亡运动之中。1935 年 12 月 9 日，北平学生举行了声势浩大的游行，喊出“反对华北自治”“打倒日本帝国主义”“停止内战，一致对外”等口号。“一二·九”学生运动掀起了抗日救亡新高潮。

4. 中国共产党抗日民族统一战线政策的制定

1935 年 8 月 1 日，中国共产党发表了《为抗日救亡告全体同胞书》，提出停止内战，共同抗日；12 月，瓦窑堡会议制定了在抗日的条件下与资产阶级重建统一战线的新政策。此后，中国共产党从各种渠道与国民党接触，并积极争取国民党东北军、西北军，实现停战议和，一致抗日。

5. 西安事变的和平解决，抗日民族统一战线的初步形成

1936 年 12 月 12 日，具有抗日倾向的爱国将领张学良、杨虎城发动西安事变，扣留蒋介石。中国共产党从抗日大局出发，派出周恩来等到西安，促成了西安事变的和平解决，迫使蒋介石停止“剿共”，联共抗日。西安事变的和平解决成为时局转换的枢纽，标志着十年内战的结束。1937 年 2 月 10 日，国民党五届三中全会基本确定了停止内战、实行国共合作的原则，标志着第二次国共合作的初步形成，

6. 国民党正面战场的抗战

国民党在十四年抗战中始终担负正面战场的抗战，对于全国抗战的胜利发挥了重要的作用。

在战略防御阶段，国民党组织了 5 次大的会战，在华北、华东、华中与日军浴血奋战，成为抗战的主要战场。然而，除了台儿庄大捷外，各大战场上的抵抗都以失败告终，敌强我弱以及国民党片面抗战路线是导致战场上出现大溃退的主要原因。在 1 年零 3 个月里，中国半壁江山沦丧。

1938 年 10 月相持阶段到来后，蒋介石开始消极抗日、积极反共，在战场上虽也组织了 1939 年的“冬季攻势”和 1942 年的第 3 次长沙会战以及入缅甸作战，但主要采取保守的收缩战略，致使国民党在抗战反攻前夕的豫湘桂战役中，又出现了战场上的大溃退。

7. 中国共产党的全面抗战路线和持久战的战略方针

1937 年，中国共产党洛川会议制定了抗日救国十大纲领，强调要打败日本帝国主义就必须实行全面抗战的路线，坚持无产阶级在统一战线中的领导权，组织发动人民进行抗战，在敌后独立自主地发展山地游击战。1938 年，毛泽东发表《论持久战》，科学分析了战争的特点：敌强我弱、敌小我大、敌退步我进步、敌寡助我多助；科学预测了战争的进程：抗战将经过战略防御、战略相持、战略反攻三个阶段；指出中国的抗战是持久的，最后胜利是属于中国的。

8. 中国共产党敌后战场的开辟和游击战的战略地位

全面抗战开始后，八路军分赴抗战前线。1937 年 9 月，八路军 115 师取得了平型

关大捷，这是中国战场开战以来的第一次胜利。随后，八路军以游击战积极配合国民党正面战场的作战。1937 年太原失守后，八路军在敌后创建了晋察冀、晋西北、晋冀豫、山东和大青山等根据地，形成了敌后战场。相持阶段到来后，敌后战场成为抗战的主要战场，为全民族抗战的胜利作出了巨大贡献。而游击战成为八路军、新四军的主要作战形式，从而使游击战在抗战中具有了战略高度。

9. 中国共产党在抗日民族统一战线内坚持的原则和实行的策略总方针

鉴于第一次国共合作的教训，第二次国共合作中国共产党强调独立自主原则，既统一又独立，既联合又斗争。面对相持阶段到来后国民党的积极反共消极抗战，共产党提出了“坚持抗战到底，反对中途妥协；巩固国内团结，反对内部分裂；力求全国进步，反对向后倒退”的口号，粉碎了国民党的 3 次反共高潮，巩固了抗日民族统一战线，并形成了抗日民族统一战线的策略总方针，即：发展进步势力，争取中间势力，孤立顽固势力。上述政策的实施保证了全民族抗战的胜利进行，中国共产党成为抗战的中流砥柱。

10. 抗日根据地的建设

毛泽东的《新民主主义论》为抗日根据地的建设指明了方向。抗日根据地的建设主要包括：第一，抗战时期的根据地政权建设。这是中国共产党领导的抗日民族统一战线性质的政权，包含几个革命阶级的联合专政，即实行“三三制”（共产党员、非党的左派进步分子和不左不右的中间派各占 1/3），这是我党领导的多党合作的雏形。第二，根据地停止实行没收地主土地的政策，实行减租减息的政策，发展农业生产。第三，在根据地进行文化建设，吸引着进步的知识分子奔赴延安；创办学校，以提升革命队伍的素质，如著名的中国人民抗日军政大学、鲁迅艺术学院等。

11. 马克思主义中国化

1938 年，在中国共产党六届六中全会上，毛泽东明确提出了“马克思主义中国化”的命题，并先后发表了《〈共产党人〉发刊词》《中国革命和中国共产党》《新民主主义论》等理论著作，完整阐述了新民主主义革命的性质、内容、基本纲领，标志着马克思主义同中国革命具体实践相结合的毛泽东思想达到成熟。1945 年，中国共产党召开“七大”，以毛泽东为代表的中国共产党人把马克思列宁主义基本原理同中国革命具体实践相结合所创造的理论成果，正式命名为毛泽东思想，并作为党的一切工作的指针。

12. 延安整风运动

主观主义、教条主义长期以来给党的事业造成了极大危害。1941 年，中国共产党以整风的形式，在全党开展了一场马克思主义教育运动，以毛泽东的《改造我们的学习》《整顿党的作风》《反对党八股》作为理论指导，反对主观主义、宗派主义、党八股。整风的方针是“惩前毖后，治病救人”。这是一场伟大的思想解放运动，加强了党的战斗力，也形成了党的高度团结统一，确立了实事求是的思想路线，为以后党的建设提供了宝贵的经验。

13. 抗战胜利的伟大意义

1945 年 8 月 14 日，日本宣布无条件投降；9 月 2 日，日本签署了投降协定书，中国人民的十四年抗战取得最后胜利，这也标志着第二次世界大战的结束。

抗战胜利具有伟大的意义：

第一，这是近代以来第一次反对外来侵略的彻底胜利，是中华民族走向独立迈出的重要一步。

第二，促进了民族觉醒和民族团结，使中华民族的爱国主义精神得到发展和传承。

第三，抗战胜利也使得中国共产党真正成了领导中国走向独立解放的坚强核心，为取得新民主主义革命的最后胜利奠定了坚实的基础。

第四，这是弱国战胜强国的成功典范，鼓舞着弱小的民族敢于争取民族独立与解放，显著提升了中国的国际地位和国际影响。

（三）内容框架

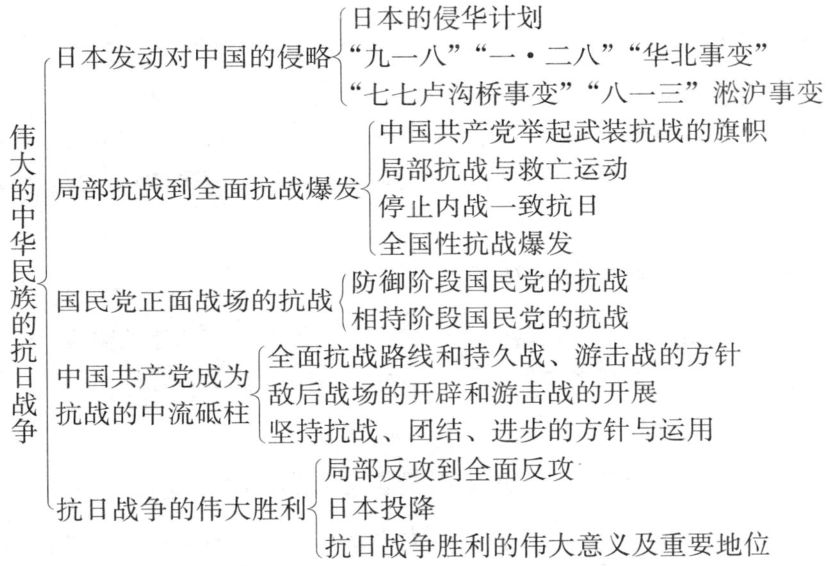

二、重点问题

（一）抗日民族统一战线建立及意义

面对日本帝国主义的侵略，全国抗日救亡的呼声高涨，中国共产党瓦窑堡会议确定了抗日民族统一战线策略方针，积极倡导统一战线的建立。西安事变的和平解决，标志着十年内战的结束并向抗日民族统一战线的建立迈出了关键的一步；1937 年国民党五届三中全会事实上接受了中国共产党提出的五项要求、四项保证，确定了与共产党再次合作的原则，标志着抗日民族统一战线基本形成；1937 年 9 月 22 日，国民党中央通讯社发表了《中国共产党为公布国共合作宣言》，9 月 23 日蒋介石发表公开讲话，实际上承认中国共产党的合法地位，抗日民族统一战线正式形成。

以国共合作为基础的抗日民族统一战线的形成，保证了全民族抗战的开始，也保证了艰苦卓绝的抗日战争向着有利于中华民族伟大胜利的方向发展，历史证明这个统一战线把中国带向了光明的前途。

（二）中国共产党的抗战策略

以全面抗战路线为指导，持久战是战争的立足点，游击战是主要斗争形式。

1937 年洛川会议，中国共产党通过了《抗日救国十大纲领》，提出了相信群众、放手发动群众、开展人民战争的全面抗战路线 。

毛泽东在 1938 年写下了《论持久战》，客观分析了这场战争的性质特点，并科学地预见了中国抗战的规律和前途，为争取抗战胜利指明了方向。

毛泽东在《抗日游击战争的战略问题》《论持久战》等文章中，明确了八路军、新四军以独立自主的山地游击战作为敌后战场的主要斗争形式。

（三）延安整风的意义

延安整风是一场伟大的思想解放运动，在全党确立起了一切从实际出发、理论联系实际、实事求是的马克思主义思想路线；确立了“惩前毖后、治病救人”的方针和批评与自我批评的方法，是无产阶级政党建设的伟大创举，为我们党后来的建设提供了成功的经验。

（四）中国共产党是抗战的中流砥柱

中国共产党率先举起抗日民族解放战争的旗帜；制定了全民族抗战的路线；创建敌后根据地并逐步成为抗战的重要战场；制定了统一战线的方针政策，有效地巩固了统一战线，确保了抗战胜利进行。

（五）中国人民抗日战争胜利的意义和基本经验是什么？

中国人民的抗日战争是中国近代以来反对外来侵略的第一次彻底的胜利，是全民族抗战的成功，是中华民族爱国主义的极大体现，具有伟大的历史意义。

第一，彻底打败了日本帝国主义的侵略，捍卫了国家的主权，收复了台湾。

第二，促进了中华民族的觉醒，是中国走向独立、富强的重要阶段。

第三，促进了民族大团结，弘扬了中华民族的伟大精神。

第四，对夺取反法西斯战争的胜利、维护世界和平的伟大事业产生了巨大影响，是弱国战胜强国的成功范例。

抗战胜利也积累了丰富的经验。

第一，全国人民的大团结是战胜一切艰难困苦、实现奋斗目标的力量源泉。

第二，以爱国主义为核心的伟大民族精神是重要的思想保证。

第三，提高综合国力是中华民族自立于世界民族之林的基本保证。

第四，中国人民热爱和平、反对侵略战争，但绝不惧怕战争。

第五，坚持中国共产党的领导，中华民族的事业才有正确的方向。

三、案例解析

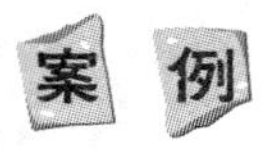

（一）国共两党在抗战中的地位和作用

在波澜壮阔的全民族抗战中，全体中华儿女万众一心、众志成城，各党派、各民族、各阶级、各阶层、各团体同仇敌忾，共赴国难。长城内外，大江南北，到处燃起抗日的烽火。中国国民党和中国共产党领导的抗日军队，分别担负着正面战场和敌后战场的作战任务，形成了共同抗击日本侵略者的战略态势。以国民党军队为主体的正面战场，组织了一系列大仗，特别是全国抗战初期的淞沪、忻口、徐州、武汉等战役，给日军以沉重打击。中国共产党领导的敌后战场，广泛发动群众，开展游击战争，八路军、新四军、华南游击队、东北抗日联军和其他人民抗日武装力量奋勇作战。平型关大捷打破了“日军不可战胜”的神话，百团大战振奋了全国军民争取抗战胜利的信心。

中国共产党以自己的坚定意志和模范行动，在全民族抗战中发挥了中流砥柱的作用。……中国共产党坚持抗战、反对妥协，坚持团结、反对分裂，坚持进步、反对倒退，成为引导全民族抗战走向胜利的一面旗帜。……中国共产党坚持全面抗战路线，制定正确的战略策略，实施动员人民、依靠人民的路线政策，提出持久战的战略总方针和一整套人民战争的战略战术，开辟广大的敌后战场，成为坚持抗战的中坚力量。中国共产党人以自己最富于牺牲精神的爱国主义精神、不怕流血牺牲的模范行动，支撑起全民族救亡图存的希望，成为夺取抗战胜利的民族先锋。

——节选自胡锦涛：《在中国人民抗日战争暨世界反法西斯战争胜利六十周年纪念大会上的讲话》，《人民日报》2005 年 9 月 4 日。

【解析】

胡锦涛总书记的报告站在全民族的角度，以是否有利于坚持抗战、是否有利于夺取抗战的胜利为标准，就国民党和共产党两个战场对抗日战争的作用做了客观的评价，国民党和共产党领导的军队分别担任了正面战场和敌后战场的任务。可以说中国抗战的胜利是国共两党共同领导取得的，国共两党从不同的角度领导、组织了全国的抗战，对民族独立、复兴做出了重要的贡献。

1. 中国共产党是全民族抗战的重要力量

中国共产党以其政治、军事等政策方针，促成了全民族抗战，也保证了联合抗战，不仅代表了空前壮大的人民力量、形成抗战的坚强后盾，还成为全民族抗战的中流砥柱。

（1）全面抗战路线和持久战策略是抗战胜利的理论基础

中国共产党的全面抗战路线和持久战的策略是取得全民族抗战胜利的理论基础。抗战爆发后，中国共产党洛川会议制定了全面抗战路线，实行动员人民、依靠人民的政策，这是保证抗战胜利的基本条件。1939 年，毛泽东发表《论持久战》，提出了持久战的战略思想，使中国的抗战有了明确的方向。

（2）中国共产党成为凝聚全民族力量的组织者、鼓舞者

中国共产党积极倡导、促成、维护抗日民族统一战线，成为凝聚全民族力量的杰出组织者和鼓舞者。从“八一宣言”到瓦窑堡会议到西安事变的和平解决，实现了从反蒋到联蒋再到逼蒋抗战的转变，结束了十年内战，促成了抗日民族统一战线的建立，这是抗战胜利的根本保证。

武汉沦陷后，面对国民党亲美派消极抗日、积极反共的政策，中国共产党进一步提出“坚持抗战，反对投降；坚持团结，反对分裂；坚持进步，反对倒退”的口号，并在粉碎国民党反共高潮的实践中形成了统一战线的策略总方针，即“发展进步势力，争取中间势力，孤立顽固势力”，强调对国民党采取又联合又斗争、以斗争求团结的方针和“有理、有利、有节”的斗争原则，实现了拉蒋抗战争取抗战最后胜利的总目标。

（3）共产党领导的军队成为坚持抗战的中坚力量

中国共产党开辟了广阔的敌后战场，坚持独立自主的山地游击战，成为坚持抗战的中坚力量。抗战爆发后，八路军立即奔赴抗战前线，配合国民党正面战场的作战。从平型关到雁门关、娘子关以及夜袭阳明堡，到处都有八路军的身影。当太原失守、正面战场在华北的抵抗宣告结束时，八路军开始开辟敌后根据地，为迎接相持阶段的到来做好了准备。

相持阶段到来后，敌后战场变为抗日的主要战场，中国共产党领导的八路军、新四军在华北、华中、华南以伤亡 40 余万人的代价，取得对敌作战 12.5 万次，消灭日伪军 171.4 万人的辉煌战绩，牵制了大量侵华日军，迫使日军两线作战。敌后战场成为中国抗战不可缺少的重要组成部分。

此外，中国共产党还积极领导了各种形式的群众性抗战和国统区抗日民主运动，成为两个战场之外的有力补充。

2. 国民党担负着正面战场的作战任务，发挥了重要作用

中国的抗战还有另一支重要力量，那就是掌握着全国政权和几百万军队的中国国民党。国民党领导、组织了全国的抗战，并在抗战十四年中一直担负着正面战场的作战任务，在中国抗战史上占有重要地位，发挥了重要作用。

（1）抗战第一阶段国民党是抗战的主要力量

在抗战的第一个阶段，国民党是抗战的主要力量。国民党全力投入抵抗，组织了淞沪、忻口、徐州、武汉等一系列会战，掩护了机关厂矿的内迁，也牵制了日军主力，有利于共产党敌后根据地的建立，对于持久抗战产生了积极影响。这个阶段国民党的积极抗战，特别是国民党官兵表现出的牺牲精神也极大地鼓舞着全民族的抗战。

（2）相持阶段以后，国民党仍坚持抗战，直至抗战胜利

相持阶段以后，国民党虽然采取了消极抗战、积极反共的政策，但国民政府和民族利益总体上是一致的，依然坚持了抗战，直到抗战的最后胜利，从战略上配合了已成为主要战场的敌后战场的作战，保证了抗战的最后胜利。除了在国土上继续抵抗日军，国民党军还两次入缅甸作战，有力地配合了太平洋战场的对日作战。

抗战十四年国民党组织了 22 次重大战役，歼灭 100 多万日军，付出了 321 万人伤亡的代价，包括佟麟阁、赵登禹、张自忠等一批高级将领殉国。

总之，中国的抗战，是在第二次国共合作的基础上取得的成功，国共两党共赴国难，体现了中华民族伟大的爱国主义精神，这是国人应该永远铭记的。

（二）中国的抗战是世界反法西斯战争的重要组成部分

二战时期的两大巨头罗斯福、丘吉尔都曾在回忆录中肯定了中国抗战的作用。1942年春罗斯福说："假如没有中国，假如中国被打垮了，你想一想有多少师团的日本兵可以因此调到其他地方作战？他们可以马上打下澳洲，打下印度……他们可以毫不费力地把这些地方打下来，并且可以一直冲向中东"。"日本可以和德国配合起来，举行一个大规模的反攻，在近东会师，把俄国完全隔离起来，吞并埃及，斩断通向地中海的一切交通线。"

——伊里奥·罗斯福：《罗斯福见闻秘录》，上海新群出版社 1949 年版，第 49 页

英国首相丘吉尔 1942 年 4 月 18 日也说："中国一崩溃，至少会使日军 15 个师，也许有 20 个师腾出手来，其后，大举进犯印度，就确实可能了。"

——丘吉尔：《第二次世界大战回忆录》第 4 卷上册 1 分册，商务印书馆 1975 年版，第 26 页

【解析】

中国是抗击两个主要法西斯国家之一的日本的主要战场，中国人民以巨大的努力和牺牲，挫败了日本"北进"和"南进"的世界战略，对世界反法西斯战争的胜利作出了巨大的贡献，成为世界反法西斯战争的重要组成部分。

1. 中国参战时间最长

如果从"九一八事变"算起，中国的抗战经过了十四年之久，从"七七卢沟桥事变"算起也有八年。而第二次世界大战中的苏联是四年、美国不到三年半、英法宣而不战算起也不到六年。

2. 中国的抗战抗击的是主要的法西斯国家日本

"七七事变"后，中国战场始终抗击和牵制了 2/3 以上的约 100 万日本陆军和 2/5 的日本海军、空军。致使苏德战争爆发之后，日本不能与德国合力夹击苏联，保证了苏联卫国战争全力对德，没有了后顾之忧；同时，还迫使日本推迟发动太平洋战争的时间，为英美备战太平洋战争赢得了一年多的宝贵时间；1942 年中国远征军入缅甸与盟军配合作战，牵制了东南亚的日军主力，粉碎了日德会师中东的计划，保证了盟军的能源供给。总之，整个第二次世界大战期间中国战场极大地牵制和消耗了日军主力，伤亡和被俘日军达 150 余万人，同时也拖垮了日本的经济，对日本法西斯的覆灭作出了巨大贡献。

3. 中国牺牲巨大

第二次世界大战总的伤亡人数达 1.9 亿人，其中据不完全完全统计，中国军民伤亡 3500 万人以上，仅次于伤亡 6000 万人的苏联，而其他各国的伤亡人数为：美国 190 万人、英国 160 万人、法国 30 万人……此外，中国官方财产损失和战争消耗达 1000 亿美元，间接经济损失达 5000 亿美元。贫穷落后的中国以不屈的牺牲精神，支撑着反法西斯的东方战线。

四、延伸阅读

（一）重要文献推荐

中共中央文献研究室，中央档案馆编：《中共中央关于目前形势与党的任务的决定》，《建国以来重要文献选编（1921—1949）》第十四册，中央文献出版社 2011 年版。

毛泽东：《论联合政府》，《毛泽东选集》第 3 卷，人民出版社 1991 年版。

沙健孙：《中国共产党与抗日战争》，中央文献出版社 2005 年版。

刘益涛：《中流砥柱——抗战中的毛泽东》，中央文献出版社 2005 年版。

池田诚：《抗日战争与中国民众：中国的民族主义与民主主义》，求实出版社 1989 年版。

王真：《抗日战争与中国的国际地位》，社会科学文献出版社 2003 年版。

章开沅：《天理难容：美国传教士眼中的南京大屠杀（1937—1938）》，南京大学出版社 1999 年版。

（二）延伸阅读材料

毛泽东《论持久战》（节选）

中日战争不是任何别的战争，乃是半殖民地半封建的中国和帝国主义的日本之间在二十世纪三十年代进行的一个决死的战争。全部问题的根据就在这里。……

（一〇）日本方面：第一，它是一个强的帝国主义国家，它的军力、经济力和政治组织力在东方是一等的，在世界也是五六个著名帝国主义国家中的一个。这是日本侵略战争的基本条件，战争的不可避免和中国的不能速胜，就建立在这个日本国家的帝国主义制度及其强的军力、经济力和政治组织力上面。然而第二，由于日本社会经济的帝国主义性，就产生了日本战争的帝国主义性，它的战争是退步的和野蛮的。时至二十世纪三十年代的日本帝国主义，由于内外矛盾，不但使得它不得不举行空前大规模的冒险战争，而且使得它临到最后崩溃的前夜。从社会行程说来，日本已不是兴旺的国家，战争不能达到日本统治阶级所期求的兴旺，而将达到它所期求的反面——日本帝国主义的死亡。这就是所谓日本战争的退步性。跟着这个退步性，加上日本又是一个带军事封建性的帝国主义这一特点，就产生了它的战争的特殊的野蛮性。这样就要最大地激起它国内的阶级对立、日本民族和中国民族的对立、日本和世界大多数国家的对立。日本战争的退步性和野蛮性是日本战争必然失败的主要根据。还不止此，第三，日本战争虽是在其强的军力、经济力和政治组织力的基础之上进行的，但同时又是在其先天不足的基础之上进行的。日本的军力、经济力和政治组织力虽强，但这些力量之量的方面不足。日本国度比较地小，其人力、军力、财力、物力均感缺乏，经不起长期的战争。日本统治者想从战争中解决这个困难问题，但同样，将达到其所期求的反面，这就是说，它为解决这个困难问题而发动战争，结果将因战争而增加困难，战争将连它原有的东西也消耗掉。最后，第四，日本虽能得到国际法西斯国家的援助，但同时，却又不能不遇到一个超过其国际援助力量的国际反对力量。这后一种力量将逐渐地增长，终究不但将把前者的援助力量抵消，并将施其压力于日本自身。这是失道寡助的规律，是从日本战争的本性产生出来的。总起来说，日本的长处是其战争力量之强，而其短处则在其战争本质的退步性、野蛮性，在其人力、物力之不足，在其国际形势之寡助。这些就是日本方面的特点。

（一一）中国方面：第一，我们是一个半殖民地半封建的国家。从鸦片战争，太平天国，戊戌维新，辛亥革命，直至北伐战争，一切为解除半殖民地半封建地位的革命的或改良的运动，都遭到了严重的挫折，因此依然保留下这个半殖民地半封建的地位。我们依然是一个弱国，我们在军力、经济力和政治组织力各方面都显得不如敌人。战争之不可避免和中国之不能速胜，又在这个方面有其基础。然而第二，中国近百年的解放运动积累到了今日，已经不同于任何历史时期。各种内外反对力量虽给了解放运动以严重挫折，同时却锻炼了中国人民。今日中国的军事、经济、政治、文化虽不如日本之强，但在中国自己比较起来，却有了比任何一个历史时期更为进步的因素。中国共产党及其领导下的军队，就是这种进步因素的代表。中国今天的解放战争，就是在这种进步的基础上得到了持久战和最后胜利的可能性。中国是如日方升的国家，这同日本帝国主义的没落状态恰是相反的对照。中国的战争是进步的，从这种进步性，就产生了中国战争的正义性。因为这个战争是正义的，就能唤起全国的团结，激起敌国人民的同情，争取世界多数国家的援助。第三，中国又是一个很大的国家，地大、物博、人多、兵多，能够支持长期的战争，这同日本又是一个相反的对比。最后，第四，由于中国战争的进步性、正义性而产生出来的国际广大援助，同日本的失道寡助又恰恰相反。总起来说，中国的短处是战争力量之弱，而其长处则在其战争本质的进步性和正义性，在其是一个大国家，在其国际形势之多助。这些都是中国的特点。

……

（三五）中日战争既然是持久战，最后胜利又将是属于中国的，那末，就可以合理地设想，这种持久战，将具体地表现于三个阶段之中。第一个阶段，是敌之战略进攻、我之战略防御的时期。第二个阶段，是敌之战略保守、我之准备反攻的时期。第三个阶段，是我之战略反攻、敌之战略退却的时期。三个阶段的具体情况不能预断，但依目前条件来看，战争趋势中的某些大端是可以指出的。客观现实的行程将是异常丰富和曲折变化的，谁也不能造出一本中日战争的“流年”来；然而给战争趋势描画一个轮廓，却为战略指导所必需。所以，尽管描画的东西不能尽合将来的事实，而将为事实所校正，但是为着坚定地有目的地进行持久战的战略指导起见，描画轮廓的事仍然是需要的。

——选自《毛泽东选集》第2卷，人民出版社1991年版，第447～449页、462～466页。

【提示】

抗战初期，面对日军的疯狂进攻，国民党正面战场连连失利，如何鼓舞士气，给人民以希望，以争取抗战胜利的最后胜利？毛泽东及时地发表了《论持久战》，科学地分析了战争的性质、规律、进程，得出了抗日战争是持久战，最后胜利属于中国的结论，对时局产生了深远的影响，也体现了毛泽东卓越的智慧。

章开沅《天理难容——美国传教士眼中的南京大屠杀（1937—1938）》（节选）

一万多手无寸铁的民众被残酷地杀害。大多数我所信赖的朋友认为远远不止这个数字。被杀害的是一些放下武器或被俘投降的士兵；还有包括许多妇女儿童在内的普通民众，也被肆无忌惮地枪杀和刺死，就连他们是士兵这一借口也不需要了。能干的德国同事（指国际委员会拉贝等——译者）估计强奸案例有2万起。我想不会少于8，000起，也许还要更多。仅在金陵大学房产范围内——包括我们一些教职员宿舍和现在由美国人居住的房子——我得知详细情况的就有100多例，可以确信的大约有300例。人们很难相信这种痛苦与恐怖。小至11岁的女孩和老到53的妇女横遭奸污。……

城里差不多每一栋房屋，包括美、英、德使馆或大使官邸，还有比重甚大的所有外侨财产，都遭日本士兵反复抢劫。各种车辆、食物、衣服、被褥、钱币、钟表、一些地毯和绘画、各种贵重物品，都是他们猎取的主要目标。……

……

12月19日，星期天

过去一个星期的恐怖是我从未经历过的。我做梦也没有想到过日本兵是如此的野蛮。这是屠杀、强奸的一周。我想人类历史上已有很长时间没有发生过如此残暴的事了，只有当年土耳其人对亚美尼亚人的大屠杀堪与比拟。日本兵不仅屠杀他们能找到的所有俘虏，而且大量杀害了不同年龄的平民百姓。就像在野外猎杀兔子一样，许多百姓在街上被日本兵随意杀掉。从城南到下关，整个城市到处都是尸体。……

——章开沅：《天理难容——美国传教士眼中的南京大屠杀（1937—1938）》，南京大学出版社1999年版，第18、191页。

【提示】

这是章开沅先生翻译出版的一本关于南京大屠杀的历史资料，收录了亲眼见证日本暴行的外国传教士的日记和书信。在依然存在战争隐患的今天，如何维护和平、远离血腥的战争，仍然是我们每个人值得深思的问题。

（三）历史人物介绍

1. 钢铁战士杨靖宇

杨靖宇（1905—1940）原名马尚德，字骥生，出生于河南确山，中国共产党优秀党员，无产阶级革命家、军事家，著名抗日民族英雄，鄂豫皖苏区及其红军的创始人之一。东北抗日联军的主要创建者和领导人之一。1932年，他受命党中央委托到东北组织抗日联军，历任抗日联军总指挥、政委等职，率领我东北军民与日寇血战于白山黑水之间。他身经百战，屡立战功，在冰天雪地、弹尽粮绝的紧急情况下，最后孤身一人与大量敌人激战几昼夜后壮烈牺牲，时年35岁。

2. “太行浩气传千古”——左权

左权（1905—1942），字叔仁，出生于湖南醴陵，中国工农红军和八路军高级将领。

1942年5月，侵华日军发动五一大扫荡，左权于战斗中阵亡，时任八路军副参谋长。左权牺牲后，周恩来称他"足以为党之模范"，朱德赞誉他是"中国军事界不可多得的人才"。为纪念左权，晋冀鲁豫边区政府决定将辽县改名为左权县。

3. 与阵地共存亡的抗日将领佟麟阁

佟麟阁（1892—1937），字捷三，出生于河北省高阳县。"七七"事变时，他指挥29军浴血抗战，喋血南苑，壮烈殉国，是全面抗战爆发后捐躯疆场的第一位高级将领。国民党追赠其为陆军二级上将。佟麟阁早年参加护国讨袁战争，曾任冯玉祥部陆军第11师第21混成旅旅长。1926年9月五原誓师后，他随部参加北伐。1928年起，他任国民革命军第2集团军第35军军长、暂编第11师师长、第29军副军长。1933年，他率部参加长城抗战，取得喜峰口大捷；同年5月，参加察哈尔抗日同盟军，任第一军军长兼代理察哈尔省主席，跟随冯玉祥驰骋察省，打击日军，收复失地，为察省光复作出了贡献。

4. 以身报国的抗战名将张自忠

张自忠（1891—1940），字荩忱，出生于山东临清唐国村。1911年，张自忠在天津法政学堂求学时，就秘密加入同盟会。1914年，他投笔从戎赴东北。1917年，入冯玉祥部，历任营长、团长、旅长、师长、军长、集团军总司令等职。张自忠戎马三十余载，竭尽微忱。自抗战时起，命运起落无常，曾被污为汉奸，备受责难；又抱定"只求一死"之决心，一战于淝水，再战于临沂，三战于徐州，四战于随枣宜，终换得马革裹尸还，以集团军总司令之位殉国。他以一生之践行，换得了名中的一"忠"字。

五、史学争鸣

（一）关于张学良陪蒋介石回南京问题的争鸣[①]

1. 关于张学良陪蒋介石回南京的原因

张学良陪蒋介石回南京的原因问题，主要有3种观点。

观点一：张学良送蒋介石回南京有深厚的思想基础。该观点认为，张学良发动西安事变和送蒋回宁，是出于一片爱国救亡的赤诚之心，是一次正义行动，是为了反对蒋介石的"攘外必先安内"的政策。[②] 即使张学良陪蒋回宁犯有不够慎重的错误，但也有积极的一面，体现了其爱国主义思想和自我牺牲精神。之所以有这种精神，不是偶然的心血来潮，而是长期反日爱国主义思想发展的结果，是与他身处逆境，集国难家仇于一身分不开的。同时还直接受到一大批共产党人和进步青年的影响。[③]

观点二：张学良陪蒋介石回南京是骑虎难下。张学良和杨虎城发动事变前，未能拟

① 参见王东等：《古今中外争鸣集粹》，中国社会科学出版社1995年版，第733页。

② 参见林云生：《张学良送蒋回宁初探》，《人文杂志》1990年第5期。

③ 赵守仁：《评张学良将军的思想演变》，《辽宁师范大学学报》1986年第1期。

就处理事变的明确方针，事变后又看到国内外反应歧异和讨伐派气焰嚣张，感到紧张和为难，因此只好摆队送天霸，负荆请罪。[①]

观点三：张学良陪蒋介石回南京是由于苏联政府和共产国际不支持张学良而造成的。张学良发动西安事变时，十分关注苏联政府和共产国际的态度，然而，完全出乎张杨的预料，苏联政府和共产国际不仅对西安事变进行贬斥，而且将因蒋介石不抵抗政策而丢失东北的罪孽也加于张学良的身上。如此令张学良失望的境遇和打击，虽未改变他对中国传统的爱国主义——爱国必须忠君的信仰，但却动摇了他与中国共产党配合行动的决心，终于做出了亲自送蒋回宁的决定。[②]

2. 关于张学良陪蒋介石回宁的评价

关于张学良陪蒋介石回宁的评价问题，主要有两种观点。

观点一：张学良送蒋回宁，既有助于“西安事变”的和平解决，也表现了他为抗日救国，不计个人安危的大无畏精神，是为国无私的壮举。[③] 从当时的社会舆论看，张学良此举有效地消除了那时国内大多数人对西安捉蒋的种种误解和疑虑，在政治上是必要的。从张学良的主观愿望和当时的客观效果看，亲自送蒋回宁这一光明磊落的仗义行动，在很大程度上有力地缓解了西安与南京的尖锐矛盾，避免了一场新的内战的爆发，在做法上是明智的。[④]

观点二：张学良陪蒋回宁不利于抗日民族统一战线，这一行动造成了事变善后过程中的不良后果，导致西安方面的被动局面，“三位一体”（东北军、西北军和红军）瓦解，使西北大好的抗日局面受到挫折。[⑤] 要是张不陪蒋回南京，而是留在西安善后，就能统一东北军的思想，就能协调三方面（东北军、西北军和红军）的认识。“三位一体”团结了，由政治十分成熟、与蒋斗争有丰富经验的中国共产党作为这个联盟的政治核心，那么，西安方面无论在政治上还是军事上都是强大的，可以形成一个“西北半独立局面”，这是蒋不敢小视的。这股力量完全能顶住蒋可能采取的任何重大的报复行动。[⑥]

【提示】

总体上看，张学良送蒋介石回南京，不仅充分体现了张学良不计个人安危的爱国主义精神，也对西安事变的和平解决起到了重要的积极作用，避免了可能的内战，有利于中国人民团结起来抗击日本的侵略。

（二）关于抗日战争时期中苏关系的争鸣[⑦]

观点一：苏联援助对中国抗战胜利起了重要作用。抗日战争爆发后，中苏两国签订了互不侵犯条约，接着苏联在国际联盟会议上坚决支持中国的利益。苏联不仅是中国人

---

① 李新：《西安事变初探》，《历史研究》1979年第11期。

② 何步兰：《共产国际及苏联与西安事变》，《人文杂志》1986年第6期。

③ 常城：《略论张学良将军》，《东北师大学报》1986年第6期。

④ 鱼汲胜：《千古功臣的千古奇冤——张学良送蒋介石回宁问题新探》，《党史文汇》1987年第1期。

⑤ 杨泽民：《西安事变的一个曲折——也评张学良陪蒋回宁》，《党史资料与研究》1987年第1期。

⑥ 谷丽娟：《西安事变令人遗憾的结尾——也评张学良陪蒋回宁》，《党史资料与研究》1987年第1期。

⑦ 参见王东等：《古今中外争鸣集粹》，中国社会科学出版社1995年版，第749页。

民进行抗日战争的鼓舞者，而且在军事上、物质上、技术上给予大量的援助。①

观点二：抗战中的中苏关系是在变化之中的。根据第二次世界大战国际斗争格局的变化和中国抗日战争的发展，大致可分为三个阶段。一是苏联大力支持中国抗战，包括在道义上支持中国，提供巨大的物质援助，以及苏联政府和人民直接参加反对日本帝国主义的斗争，派出了大量的军事顾问到国民党军队。二是中苏关系若即若离，发生裂痕。在苏德战争爆发前夕，中苏关系开始疏远。1941 年 4 月 13 日签订的《苏日中立条约》，苏联一方面以出卖中国来阻止日本把矛头指向自己，另一方面又继沙俄之后，把蒙古进一步分裂出去，置于自己的控制之下，严重地损害了中国的主权。三是中苏共同对日作战，迫使日本帝国主义在 8 月 15 日宣布无条件投降。②

观点三：抗战时期的中苏关系应以积极和消极两面进行分析。积极一面：支持中国的抗日战争，通过给蒋介石提供军事装备、军事顾问和飞行员的方式援助中国抗日。消极一面：要求中国共产党在统一战线中只讲联合，不讲斗争，导致了王明投降主义错误；与美英签订雅尔塔协定，严重损害了中国主权。③

【提示】

从国际关系史发展规律来看，一个国家的外交政策往往与其国家利益紧密相连。苏联对中国抗战采取的政策和行为也不例外，其首先是基于苏联国家利益的考虑和实际需要；对他国而言，其结果可能是积极的，也可能是消极的。因此，对抗日战争时期中苏关系的评价，应基于历史事实予以全面、客观地看待，有其好的一面，也有消极与错误的一面。

（三）关于中国放弃对日战争赔偿要求的争鸣④

中日甲午战争结束后，清政府以战败国的身份付给战胜国日本 2.3 亿两白银作为战争赔偿，这相当于当时清朝国库 3 年的财政收入。靠这笔钱日本大力发展了重工业、军火工业和教育事业。然而，第二次世界大战结束后，饱受侵略战争蹂躏的中国却没有得到日本应有和及时的战争赔偿。此后，由于时事变换，最终中国放弃了对日本的战争赔偿要求。回顾这段历史，不能不引起世人的深刻思考和感叹！

观点一：美国违背诺言，从中作梗。

日本发动的侵略战争给中国人民带来了深重的灾难，按照有关国际法和国际惯例，日本理应对中国人民进行赔偿。1945 年由中、美、英三国发布的《波茨坦公告》中，第一次明确了日本赔偿的原则，日本可以保留维持其经济运转所必需的工业设备和实物，其余的可以用来赔偿。

战后初期，美国对于日本赔偿的态度还相当积极，后来稍有动摇，但还是于 1947 年 4 月 4 日采取单独行动，发动了“先期拆迁”。可是随着美、苏对立日益尖锐，再加

① 魏宏远：《抗日战争中苏联对中国的援助》，《历史教学》1954 年 12 月号。

② 徐平中：《抗日战争时期的中苏关系述评》，《湘潭大学学报》1987 年第 2 期。

③ 廖盖隆：《关于共产国际、苏联和中国革命》，《党史通讯》1983 年第 11～12 期。

④ 摘编自王先勇：《中国放弃日本战争赔偿要求始末》，《党史文汇》2002 年第 7 期，第 12～14 页。

上中国人民解放战争顺利进展，美国的外交政策就有了根本性的转变。在远东方面，美国亟盼建立一个反苏反共的基地，而环顾全球；只有在它控制下的日本最符合这个条件。于是扶持日本、抵赖赔偿，就成为美国的基本方针。

本来，按照1946年3月美国政府所制定的"临时赔偿方案"，"先期拆迁"计划将提日本工业设备实物的30%作为直接受日本侵略国家的赔偿物资，其中中国可得15%。但是，随着时局的变化，美国为自己狭隘的战略所考虑，对这个30%的赔偿范围一减再减。最后中国只得到了微不足道的一部分。这期间国民党政府派出的中国首席代表吴半农多次严正交涉。但美国一意孤行，不予理会。

观点二：国民党为己私利，出卖民族大义。

在抗日战争结束之初，作为当时国民党政府首脑的蒋介石，也曾有过对日索赔的打算。此时，台湾当局为得到美国的支持和帮助，在日本赔偿问题上一改原来的积极立场，转而专看美国的脸色行事，对美国对日和约七原则和备忘录采取"无可奈何"的态度——关于赔偿问题，台湾当局表示可酌情核减或全部放弃。

国民党对日索赔态度的转变，其中重要的原因之一还在于蒋介石坚持反共，而对日本反共政府采取的所谓宽大、不进行报复的政策，以实现它以中国合法政府的身份参加对日和约的签字。因为日本曾在此前威胁说，要与中华人民共和国谈判，签订双边条约。其实，这是外交家出身的日本老官僚吉田茂玩的一个阴谋，目的是迫使台湾当局在谈判中作出让步，放弃战争赔偿，与日本媾和。

1952年2月17日，台湾与日本和约谈判正式开始。谈判几经周折，台湾当局多次妥协让步，综观整个签约过程，台湾当局为求得一个所谓"中国合法政府"代表的形象，处处委曲求全，步步退让，为一党一派之私利出卖民族大义，在战争赔偿等实质问题上彻底放弃，令每个正直的华夏子孙羞愧。

观点三：中国政府从大局出发，放弃战争赔偿。

1972年7月，田中角荣出任内阁总理大臣。田中角荣就职后立即宣布把日中邦交正常化作为自己的首要任务。随着邦交正常化时机的成熟，战争赔偿问题又一次摆在中日两国政府的面前。

在田中角荣访华之前，他曾表示，如果对方提出赔偿，只要数额适当，他打算赔！

1972年7月以后，中国为实现与日本邦交正常化进行积极的准备，周恩来总理就放弃战争赔偿问题作了下述指示：第一，中日邦交恢复以前，台湾的蒋介石已经先于我们放弃了赔偿要求，共产党的肚量不能比蒋介石还小。第二，日本为了与我国恢复邦交，必须与台湾断交。中央关于日本与台湾的关系，在赔偿问题上采取宽容态度，有利于使日本靠近我们。第三，如果要求日本对华赔偿，其负担最终将落在广大日本人民头上，这样，为了支付对中国的赔偿，他们将长期被迫过着艰难的生活。这不符合中央提出的与日本人民友好下去的愿望。周总理的态度体现了中国共产党的博大襟怀，也代表了一个泱泱大国的宽容大度和长远眼光。[①]

必须指出的是，中国政府虽然放弃了对日本的战争赔偿要求，即放弃了1200亿美

---

① 步平：《中国历史问题与中日关系》，团结出版社2015年版，第58页。

元国家间的赔偿要求，但是，就日本军国主义战争罪行的赔偿要求——1800 亿美元的国民赔偿要求，中国政府在任何场合都没有宣布予以放弃。这种对受害赔偿要求的保留，给我们留下了一个符合国际法的向日本提出受害赔偿的机会。

【提示】

中国政府放弃对日战争赔偿要求，既有美国在东亚居于主导地位以及当时国际冷战格局等因素的影响，也有基于中日关系新发展的现实利益需要。不管时事如何变换，我们都必须始终铭记日本在华犯下的滔天罪行以及给中国人民带来的深重灾难，都必须牢记自己肩负的历史责任和民族荣誉，奋发图强，求实创新，为实现中华民族伟大复兴而努力奋斗！

六、实践指导

（一）组织参观

组织参观建川博物馆抗战馆，有条件的同学可以自己参观南京博物馆。让同学们走进那段历史，激发爱国热情和强国兴邦的责任感。

建川博物馆，位于四川省成都市大邑县，聚落占地 500 亩，聚落内建设有抗战、民俗、红色年代艺术品三大系列 20 余个分馆，是目前国内民间资金投入最多、建设规模和展览面积最大、收藏内容最丰富的民间博物馆。抗战博物馆系列中，建设有中流砥柱馆、正面战场馆、飞虎奇兵馆、众志成城馆、汉奸丑态馆、侵华日军罪证馆、不屈战俘馆、川军抗战馆等分馆，以及中国老兵手印广场和中国壮士群雕广场。（参见建川博物馆网站）

（二）演讲比赛

多难兴邦——参观建川博物馆有感（要求从灾难降临、不屈的民族、众志成城、民族复兴、爱国主义等方面来探讨大学生的责任与梦想）。

具体步骤：

第一，提出要求，布置演讲题目。

第二，安排参观建川博物馆，要求同学们做好笔记、收集资料。

第三，课堂上分组讨论，各组选出一名同学准备在全班演讲。

第四，由选出的学生上台演讲，同学们点评，推出一、二、三名。

第五，教师总结。

七、知识运用

（一）单项选择题

1. “九一八”事变、特别是“华北事变”以后，中国社会的主要矛盾是（　　）。

   A. 中华民族与帝国主义的矛盾

B. 中华民族与日本帝国主义的矛盾

C. 日本帝国主义与国民党政府的矛盾

D. 降日派与抗日力量的矛盾

2. 中国共产党把抗日游击战争放在战略地位加以考察的根据是（　　）。

A. 中国是一个处于进步时代的大而弱的国家

B. 中国的抗战是一场持久战

C. 国民党正面战场的溃退

D. 游击战是八路军新四军的拿手好戏

3. 第二次国共合作的形式是（　　）。

A. 党内合作　　B. 党外合作

C. 单纯的军事合作　　D. 平起平坐

4. 毛泽东在《新民主主义论》中指出，新民主主义革命所要建立的国家体制是（　　）。

A. 无产阶级专政的共和国

B. 几个革命阶级联合，以资产阶级为主的共和国

C. 工农民主专政的共和国

D. 以工人阶级为领导、工农联盟为基础，几个革命阶级联合专政的共和国

5. 新民主主义的国家政体是（　　）。

A. 人民代表大会制　　B. 议会制

C. 无产阶级专政　　D. 政治协商制

6. 抗日战争时期，中国共产党在农村的土地政策是（　　）。

A. 没收大地主的土地分配给农民　　B. 没收汉奸土地归抗日政府

C. 实行土地平分　　D. 减租减息

7. 毛泽东第一次全面论述新民主主义革命的三大法宝的著作是（　　）。

A.《中国革命和中国共产党》　　B.《〈共产党人〉发刊词》

C.《新民主主义论》　　D.《论联合政府》

8. 抗日民族统一战线中中国共产党必须坚持的原则是（　　）。

A. 一切经过统一战线　　B. 一切服从统一战线

C. 独立自主　　D. 顾全大局

9. 中国共产党确定毛泽东思想为指导思想的会议是（　　）。

A. 瓦窑堡会议　　B. 洛川会议

C. 六届六中全会　　D. 党的“七大”

10. 抗战时期“三三制”的构成是（　　）。

A. 无产阶级、资产阶级、开明士绅各占三分之一

B. 共产党员、国民党员、其他党派各占三分之一

C. 共产党员、中间派、知识分子各占三分之一

D. 共产党员、非党的左派进步分子和不左不右的中间派各占三分之一

11. 相持阶段到来国民政府政策重心发生转变的最直接原因是（　　）。
A. 国民党军队战场上的失利　　B. 共产党军事力量的增强
C. 日本对国民党政策的调整　　D. 第二次世界大战全面爆发

12. 抗战战略防御阶段，国民党正面战场组织了四次大会战，台儿庄大捷出现于(　　)。
A. 淞沪会战　　B. 忻口会战
C. 徐州会战　　D. 武汉会战

13. 1940 年，八路军对华北日军发动大规模进攻的战役是(　　)。
A. 平型关战役　　B. 雁门关战役
C. 阳明堡战役　　D. 百团大战

14. 1938 年 10 月广州、武汉失守后，中国抗日战争进入的阶段是(　　)。
A. 战略防御阶段　　B. 战略相持阶段
C. 战略反攻阶段　　D. 战略决战阶段

15. 1933 年 11 月，国民党爱国将领蔡廷锴和蒋光鼐发动的抗日反蒋事件是(　　)。
A. 宁都起义　　B. 辛哥建事变
C. 西安事变　　D. 二二八起义

16. “七七”事变时，奋起抵抗的国民党驻军是(　　)。
A. 第十九路军　　B. 第二十六路军
C. 第二十九路军　　D. 第五军

17. 全国抗战爆发后，共产党领导的敌后战场取得的第一个大的胜利是(　　)。
A. 平型关战役　　B. 台儿庄战役
C. 百团大战　　D. 淞沪会战

18. 中共中央决定以减租减息作为抗日战争时期解决农民土地问题基本政策的会议是(　　)。
A. 瓦窑堡会议　　B. 洛川会议
C. 六届六中全会　　D. 六届七中全会

19. 抗日战争时期，国民党第二次反共高潮达到顶点的标志是(　　)。
A. 晋西事变　　B. 陇东事变
C. 平江惨案　　D. 皖南事变

20. 抗日战争时期，根据地政权的民主建设主要体现为(　　)。
A. 建立中华苏维埃共和国　　B. 实行“三三制”原则
C. 开展整风运动　　D. 推行精兵简政政策

（二）材料分析题

材料一：

7 月 15 日，中共向国民党提交《中国共产党为公布国共合作宣言》，并希望国民党方面新闻机关早日发表。郑重宣布：“（一）孙中山先生的三民主义为中国今日之必需，本党愿为其彻底的实现而奋斗；（二）取消一切推翻国民党政权的暴动政策，及赤化运动，停止以暴力没收地主土地的政策；（三）取消现在的苏维埃政府，实行民权政治，以期全国政权之统一；（四）取消红军名义及番号，改编为国民革命军，受国民政府军事委员会之统辖，并待命出动，担任抗日前线之职责。”

——来源于：徐良梅、杨美华、谢敏主编：《中国近现代史纲要》教学指导用书，中国地质大学出版社 2012 年版，第 85—86 页。

材料二：

从 1937 年 2 月至 8 月，国共两党先后在西安、杭州、庐山和南京四地进行了六次谈判。1937 年 9 月 22 日，《中共中央为公布国共合作宣言》在国民党中央通讯社公布。23 日，蒋介石就公布《中共中央为公布国共合作宣言》发表谈话，承认《中共中央为公布国共合作宣言》是“摒弃成见，确认国家独立与民族利益之重要”；“中国民族既已致觉醒，绝对团结，自必坚守不偏不倚之国策，集中整个民族之力量，自己自助，以抵抗暴敌，挽救危亡”。谈话也承认了中国共产党在全国的合法地位。国共两党的第二次合作，遂在抗日救亡的基础上得以实现。

——来源于：徐良梅、杨美华、谢敏主编：《中国近现代史纲要》教学指导用书，中国地质大学出版社 2012 年版，第 85—86 页。

材料三

1937—1941 年，叶剑英先后任中共中央长江局委员、南方局常委，在国民党统治区宣传我党抗日主张，广泛联络国民党上层人士，并多次参与同国民党谈判。1939 年 2 月，叶剑英参与创办的国民党南岳游击干部训练班，任副教育长，讲授抗日游击战战略战术，宣传持久战思想，产生了深远影响。

——来源于：徐良梅、杨美华、谢敏主编：《中国近现代史纲要》教学指导用书，中国地质大学出版社 2012 年版，第 85—86 页。

请回答：

（1）根据材料一并结合所学知识，谈谈中共提出《中共中央为公布国共合作宣言》的历史背景。

（2）根据材料一、材料二并结合所学知识，归纳国共第二次合作形成的原因和条件。

（3）根据材料三并结合所学知识，谈谈对中共抗日游击战的认识。

第八讲　民主共和的构想：为建立新中国而奋斗

一、知识要点

（一）基本线索

抗战结束后，中国社会存在两种国家命运之较量。国民党政府仍坚持独裁统治，而置民众意愿于不顾，一步步挑起、发动全面内战，并压制民主运动；加之国民党内部政治腐败，国统区经济衰退、通货膨胀、物价飞涨，其统治陷入严重危机。而战后中国共产党从人民根本意愿出发，希望在和平、民主、团结的基础上重建中国，并为此目标做出不懈努力。在内战中，中国共产党提出“人民民主专政”主张；在解放区进行土地改革，并制定出一系列新形势下的经济工作方针和政策。中国共产党的政治纲领、路线和政策符合最广大人民的利益与要求。最终，中国人民在两个中国、两种命运的大决战中，做出了选择。与此同时，民主党派开始与共产党的合作。

（二）知识要点

1. 抗日战争胜利后的国际格局

①在主要的帝国主义国家中，德、日、意三个法西斯国家战败，英、法也被严重削弱，美国则成为资本主义世界的霸主。②第二次世界大战后社会主义苏联较快地恢复和巩固，成为足以与美国抗衡的世界一流强国；社会主义制度在多国建立。③民族解放运动蓬勃兴起，殖民主义体系急剧瓦解；在资本主义国家，共产党的影响显著增长，工人运动有了新的发展。④欧洲中心格局打破，形成了美苏两极的政治格局。在此基础上，逐步形成分别以美、苏为首的帝国主义和社会主义两个阵营的对立。

2. 三种政治力量，三种建国方案

1921 年中国共产党诞生至 1949 年中华人民共和国成立以前的时期，中国存在着三种主要的政治力量：一是地主阶级和买办性的大资产阶级（1927 年后形成为官僚资产阶级），其政治代表先是北洋政府，以后主要是国民党政治集团。二是民族资产阶级，其政治代表是民主党派的某些领导人物和若干无党派民主人士。三是工人阶级、农民阶级和城市小资产阶级，其政治代表是中国共产党。

（1）地主阶级和买办性的大资产阶级的建国方案

主张实行地主阶级、买办性的大资产阶级的军事独裁统治，使中国继续走半殖民地半封建社会的道路。

（2）民族资产阶级的建国方案

主张建立一个名副其实的资产阶级共和国，以便使资本主义得到自由的和充分的发展，使中国成为一个独立的资本主义社会。

（3）工人阶级和其他进步势力的建国方案

工人、农民和城市小资产阶级的政治代表中国共产党主张，中国人民应当在工人阶级及其政党的领导下，首先进行一场彻底的反帝反封建的新民主主义革命，以便建立一个工人阶级领导的人民共和国，即人民民主专政的国家，并且经过这个人民共和国，逐步到达社会主义和共产主义。

3. 抗战胜利后中国共产党争取和平民主的斗争

中国共产党提出在“和平、民主、团结”的基础上重建中国之方针，并为实现这一目标做出了巨大努力。1945 年 8 月 25 日，毛泽东接受蒋介石邀请参加重庆谈判，并与国民党最终签订《国民政府与中共代表会谈纪要》（即《双十协定》）。1946 年 1 月，全国各界在重庆召开政治协商会议。在此次会议上，共产党为避免全面内战而作出了妥协；会议就和平建国纲领、政治组织、国民大会、军事问题、宪法草案等达成协议。这些协议反对国民党独裁统治，有利于实现民主政治，有利于和平建国，有利于人民。会议后，共产党表示认可，并力促政协决议的实行。

4. 解放区军民的自卫战争

对于国民党发动内战，中国共产党正确估计了国内外形势，坚决认为必须且能够战胜蒋介石，因为人民解放战争具备爱国、正义、革命的性质，必然会获得全国人民的拥护。这是战胜蒋介石的政治基础。为了打退国民党对解放区的军事进攻，中共中央指出，在政治上，必须和人民群众亲密合作，必须争取一切可以争取的人，在党的领导下建立最广泛的人民民主统一战线；在军事上，必须采取集中优势兵力，各个歼灭敌人的作战原则。

5. 全国解放战争的胜利发展

1947 年 6 月底，刘邓大军千里跃进大别山，揭开了人民解放战争战略进攻的序幕。1947 年 10 月 10 日，中国人民解放军总部发表宣言，提出“打倒蒋介石，解放全中国”的口号；同年 12 月，中共中央在陕北米脂县杨家沟召开会议，制定了夺取全国胜利的行动纲领。

6. 土地改革与农民的广泛发动

1946 年 5 月 4 日，中共中央颁布实行《中共中央关于土地问题的指示》，将抗日战争时期的减租减息政策改变为没收地主的土地分配给农民的政策。1947 年 7 月至 9 月，中国共产党召开了全国土地会议，制定和通过了《中国土地法大纲》。该大纲规定“废除封建性及半封建性的土地制度，实行耕者有其田的土地制度”“废除一切地主的土地所有权”等。《中国土地法大纲》是一部彻底的、比较完备的土地法大纲，推动了各解放区土地改革运动的发展，指引着亿万农民群众将自己的力量汇入民主革命的洪流。

7. 第二条战线的形成

国民党违背全国人民的意愿，执行反人民的内战政策，并征收苛捐，无限制发行纸币，导致通货膨胀严重，且国民党政府官员贪污腐败严重。抗战胜利后，国民党迅速失去民心，在国民党统治区，以学生运动为先导的人民民主运动迅速发展起来。

8. 八个民主党派

中国的民主党派少数成立于大革命时期和十年内战时期，多数成立于抗日战争和全国解放战争时期。主要是中国国民党革命委员会（简称“民革”）、中国民主同盟（简称“民盟”）、中国民主建国会（简称“民建”）、中国民主促进会（简称“民进”）、中国农工民主党（亦称“第三党”）、中国致公党、九三学社、台湾民主自治同盟（简称“台盟”）。

9. 中国共产党与民主党派的合作及中国共产党领导的多党合作、政治协商格局的形成

民主党派社会基础相当广泛，其政治影响力不可忽视。如何争取民主党派的合作，成为中共统一战线工作的重要内容。各民主党派反对内战、反对国民党一党专政、要求在国内建立民主政治的思想，与中国共产党的主张基本一致，这成为双方建立合作关系的基础。在解放战争中，国民党政府坚持一党独裁，对民主党派活动进行限制打压，并对民主人士进行迫害，使民主党派逐步转移到新民主主义革命立场上，从而开始了与中国共产党的接触与合作。

1949 年 1 月，民主党派与无党派民主人士发表《对时局的意见》，表示愿意接受中国共产党领导，拥护建立人民民主的新中国。同年 9 月 21 日，中国人民政治协商会议第一届全体会议在北京召开，并通过《中国人民政治协商会议共同纲领》。该纲领规定了中华人民共和国的国家性质、国体、政体、国家结构形式等重大内容。它在当时是全国人民的大宪章，起着临时宪法的作用。中国人民政治协商会议的召开标志着中国的新型政党制度——中国共产党领导的多党合作和政治协商制度的确立。

10. 战略决战（三大战役）

1948 年秋，人民解放战争进入夺取全国胜利的决定性的阶段。在毛泽东和中共中央军委的领导和指挥下，在人民群众的热烈支援下，中国人民解放军先后发动了辽沈、淮海、平津三大战役。三大战役前后历时 4 个月 19 天，共歼灭国民党军队的有生力量 154 万余人。三大战役无论是战争的规模还是取得的成果，在中国战争史上是空前的，在世界战争史上也是罕见的。这是人民战争的胜利，是毛泽东军事思想的胜利。

11. 北平谈判

1949 年 4 月 1 日起，国共双方代表以中共所提八项条件为基础在北平进行和平谈判。由于国民党政府电令其和谈代表拒绝在中共提出的《国内和平协定（最后修正案）》上签字，和谈破裂。

12. 渡江战役与南京解放

1949 年 4 月 21 日，毛泽东、朱德发布《向全国进军的命令》，中国人民解放军发起渡江战役。人民解放军第二、第三野战军强渡长江天险，摧毁国民党长江防线。4 月

23 日，人民解放军占领南京，延续了 22 年的国民党的统治宣告覆灭。

13. 解放战争的进程

战略防御阶段（1946 年 6 月至 1947 年 6 月，其中 1946 年 6 月至 1947 年 2 月打破国民党军对解放区的全面进攻，1947 年 2 月至 7 月，打破国民党军对陕北和山东解放区的重点进攻）；战略进攻阶段（1947 年 6 月至 1948 年 9 月。1947 年 6 月，刘伯承、邓小平率领晋冀鲁豫野战军千里挺进大别山，揭开战略进攻的序幕）；战略决战阶段（1948 年 9 月至 1949 年 1 月底，三大战役等决战）；渡江战役和向全国进军阶段（1949 年 4 月至 1950 年海南岛解放）。

14. 中国七届二中全会与《论人民民主专政》的主要内容及其历史意义

1949 年 3 月召开的中共七届二中全会，规定了党在全国胜利后在政治、经济、外交方面应当采取的基本政策，指出了中国由农业国转变为工业国、新民主主义社会转变为社会主义社会的发展方向。1949 年 6 月 30 日，毛泽东发表《论人民民主专政》，详细阐述了新中国的国家政权的阶级性，即人民民主专政的含义。文章明确指出，人民在现阶段是指工人阶级、农民阶级、城市小资产阶级和民族资产阶级，人民民主专政需要工人阶级的领导；人民民主专政的基础是工人阶级、农民阶级和城市小资产阶级的联盟，而主要是工人和农民的联盟；同时还需要团结民族资产阶级。中共七届二中全会的决议与《论人民民主专政》构成了《中国人民政治协商会议共同纲领》的基础。

（三）内容框架

- 为建立新中国而奋斗
  - 从争取和平民主到进行自卫战争
    - 中国共产党争取和平民主的斗争
    - 国民党发动内战和解放区军民的自卫战争
  - 国民党政府处在全民的包围中
    - 全国解放战争的胜利发展
    - 土地改革与农民的广泛发动
    - 第二条战线的形成
    - 中国共产党与民主党派的合作，资产阶级共和国方案在中国行不通
  - 新民主主义革命的基本胜利
    - 南京国民党政权的覆灭
    - 人民政协与《中国人民政治协商会议共同纲领》
    - 中华人民共和国成立的伟大意义

二、重点问题

（一）为什么各民主党派所主张的“中间路线”（或“第三条道路”）在近代中国走不通？

中国民主党派的社会基础主要是民族资产阶级、城市小资产阶级及其知识分子，以及其他爱国民主分子。民主党派及其成员，希望在国共两党之间走出一条“中间路线”

（或“第三条道路”），即在政治上实现英美式的民主政治，在经济上发展民族资本主义，思想上应是自由主义，而实行的方法，则是走和平的改良的道路。

实际上，“中间路线”的鼓吹者所提倡的是资产阶级共和国的方案，他们所主张的是旧民主主义的道路。从历史经验和当时的现实看，这条路线在中国是走不通的。首先，从民族资产阶级自身来看，其经济特点决定了民族资产阶级没有勇气和能力去领导人民进行反帝反封建的革命斗争，从而为建立资产阶级共和国扫清障碍。代表民族资产阶级要求的中间派，由于提不出彻底的土地革命的纲领，无法动员农民这个最广大的群众；由于不敢进行革命的武装斗争，根本不掌握军队。因此，他们在政治上没有很大的分量。其次，从当时中国所处的时代条件看，帝国主义列强不可能使中国成为一个独立、富强的资本主义国家。帝国主义列强来到中国，不是为了使中国成为一个独立、富强的资本主义国家，而是为了掠夺中国，发展它们自己的资本主义。如果中国成为独立、富强的资本主义国家，它就要在平等的基础上与西方发达国家建立和发展关系。这是它们不能容忍的。它们既不愿意失去在中国的殖民主义利益，更不愿意看到中国在国际市场上成为它们的竞争对手。正因为如此，“帝国主义侵略中国，反对中国独立，反对中国发展资本主义的历史，就是中国的近代史”①。第三，从中国的革命形势来看，国民党当局不允许任何阻止其一党专政的力量存在。国民党当局代表了地主阶级与买办性的大资产阶级的利益，他们主张继续实行地主阶级、买办性的大资产阶级的军事独裁统治，使中国继续走半殖民地半封建社会的道路，因而国民党当局不会对中间势力关于建立民主共和国的要求作出原则性的让步。国民党当局不断地用暴力对各民主党派和无党派民主人士施行迫害，取缔他们的组织，监视、逮捕以至杀害他们个人。严酷的事实教育了民主人士，使他们逐步放弃了走“中间路线”的幻想，而站到了拥护共产党主张的新民主主义革命的立场上来。

（二）中国共产党领导的新民主主义革命胜利的原因和基本经验是什么？

1. 新民主主义革命胜利的原因

从客观上讲，中国革命的发生不是偶然的，它有着深刻的社会根源和雄厚的群众基础。工人阶级、农民阶级、城市小资产阶级成为革命的主要力量，各民主党派、各少数民族、爱国知识分子和华侨等，都在这场革命中发挥了积极的作用。没有广大人民和各界人士的广泛参加和大力支持，中国革命的胜利是不可能的。另外，中国革命之所以能够赢得胜利，是同国际无产阶级和人民群众的支持分不开的。

从主观上讲，中国革命之所以能够赢得胜利是由于得到了中国工人阶级的先锋队——中国共产党的领导，“没有共产党，就没有新中国”。中国共产党作为工人阶级的政党，不仅代表着中国工人阶级的利益，而且代表着整个中华民族和全中国人民的利益。中国共产党是用马克思主义的科学理论武装起来的，它以中国化的马克思主义即马克思列宁主义基本原理与中国实践相结合的毛泽东思想作为一切工作的指针。因此，中

① 《新民主主义论》，《毛泽东选集》（第2卷），人民出版社1991年版，第679页。

国共产党能够制定出适合中国国情的、符合中国人民利益的纲领、路线、方针和政策，为中国人民的斗争指明正确的方向。另外，中国共产党人在革命过程中始终英勇地站在斗争的最前线。

2. 新民主主义革命胜利的基本经验

毛泽东指出："统一战线、武装斗争、党的建设，是中国共产党在中国革命中战胜敌人的三个法宝，三个主要的法宝。"①

（1）建立广泛的统一战线

由于中国人民受到帝国主义、封建主义和官僚资本主义的严重压迫，在中国建立革命统一战线的群众基础十分广泛。建立广泛的统一战线，是坚持和发展革命的政治基础。巩固和扩大统一战线的关键，是要坚持工人阶级及其政党的领导权。

（2）坚持革命的武装斗争

由于中国没有资产阶级民主，反动统治阶级凭借武装力量对人民实行独裁恐怖统治，革命只能以长期的武装斗争作为主要形式。中国的武装斗争实质上是工人阶级领导的农民战争。

（3）加强共产党自身的建设

在工人阶级人数很少而战斗力很强，农民和其他小资产阶级占人口大多数的中国，建设一个工人阶级先锋队的党，是极其艰巨的任务。毛泽东建党学说成功地解决了这个难解。中国共产党首先着重党的思想建设，要求党员用工人阶级思想克服资产阶级、小资产阶级思想，解决思想上入党的问题；培养和发扬理论与实际相结合、密切联系群众和自我批评的作风；在党内斗争中实行"惩前毖后，治病救人"的方针；并创造了在全党通过批评与自我批评进行马克思主义思想教育的整风形式等。

三、案例解析

国民党政权为什么会垮台，而中国共产党为什么会取得胜利？

蒋介石遭到人民反对，政治上破了产，所以我们应当提出打倒蒋介石的口号。一方面，我们已用事实证明给老百姓看，我们有力量打倒蒋介石；另一方面，老百姓也不要蒋介石，就连上层分子（除了少数反动集团外）、中产阶级也不想给蒋介石抬轿子了，也要推翻他了。

——周恩来：《全国大反攻，打倒蒋介石》，《周恩来选集》上卷，人民出版社 1980 年版，第 276 页。

蒋介石军事力量的优势，只是暂时的现象，只是临时起作用的因素；美国帝国主义的援助，也只是临时起作用的因素；蒋介石战争的反人民性质，人心的向背，则是经常

① 《〈共产党人〉发刊词》，《毛泽东选集》（第 2 卷），人民出版社 1991 年版，第 606 页。

起作用的因素；而在这方面，人民解放军则占着优势。人民解放军的战争所具有的爱国的革命的正义的性质，必然要获得人民的拥护。

——《目前形势和我们的任务》，《毛泽东选集》第4卷，人民出版社1991年版，第1246页。

【解析】

内战初期，国民党蒋介石集团无论在军事上还是在经济力量上都较共产党强大得多。面对国共双方力量对比悬殊的状况，毛泽东则指出，中共能够打败蒋介石，因为蒋介石发动的战争具有“反人民”的性质，而人民解放军的战争具有“爱国的革命的正义的”性质，必然会获得全国人民的拥护。

（一）国民党违背民心是其政权迅速走向崩溃的根本原因

1. 专制独裁

抗战结束后，国民党政权违背民众意愿仍坚持国民党一党独裁统治，并为加强其独裁统治一步步挑起内战。在国共两党签订《会谈纪要》后，蒋介石发布“剿匪”密令，调集军队向解放区进攻。为反对蒋介石集团单方面破坏和平、发动内战，国内要求和平民主的人民群众迅速掀起争和平、反内战运动。对于民众民主运动，国民党政权进行镇压并制造了震惊全国的“一二·一”惨案。1946年1月10日至31日，全国各界共同举行政治协商会议，会议通过的决议对国民党一党独大地位作了许多实际的约束。对此，国民党强烈反对，先后制造“沧白堂事件”“校场口血案”；随后，国民党于3月1日召开国民党六届二中全会、3月24日召开国民参政会四届二次会议，对政协决议进行了否定。1946年6月，内战全面爆发，人民群众对和平的企盼破灭。

2. 国民党自身的腐败

国民党在执掌政权后日益蜕变，日趋腐败，具体表现为：中央政府和地方军阀们不能统一；国民党内部派系斗争严重；行政工作无效率；军队官兵素质差，士气消沉；政府官员以权谋私、贪污腐化。抗战胜利后，国民党各级官员贪污腐败更盛。战后“劫收”把国民党政权的贪污腐败表现得淋漓尽致，导致人民对国民党政府失望至极。

3. 漠视广大人民的切身利益

为筹措内战经费，国民政府无限制地发行纸币，同时向人民征收各种捐税，导致通货膨胀、物价飞涨，农业生产急剧衰退，民族工商业纷纷破产、厂矿企业大批倒闭等。

国民党发动内战，消耗极大，国统区经济迅速恶化，百业凋敝。在此背景下，国民党统治区学生、工人、市民不断爆发反饥饿、反迫害的抗议运动，如1945年“一二·一”运动、1946年“一二·三〇”运动、1947年“五二〇”运动等。这些以学生运动为先导的人民民主运动迅速发展，成为配合人民解放战争的第二条战线。蒋介石政府曾向美国寻求更多的经济和军事援助，同时制定各种控制经济恶化的措施，但收效甚微，反而招致民众更多的指责和反抗。经济的严重危机、民心的丧失，加速了国民政府军事、政治的溃败。国民党政权的覆亡是历史发展的必然结果。

（二）中国共产党及其军队取得解放战争最后胜利的主要原因

中国共产党及其军队之所以能够迅速发展壮大并取得解放战争的最后胜利，根本原因在于其“获得全国人民的拥护”。

1. 中国共产党的社会改革主张符合了当时中国民众的普遍要求

早在抗战后期，废除一党专政、改组国民政府成为中国民众的普遍要求。据此，中国共产党在政治体制上提出“联合政府”主张。中共“联合政府”主张符合了抗战结束后兴起的和平运动的基本精神。而后毛泽东接受蒋介石邀请参加重庆谈判，并最终与国民党签订《双十协定》；在1946年1月召开的政治协商会议上，中共为避免全面内战而作出妥协。中共这些表现赢得了国际、国内舆论的普遍赞赏。解放战争时期，根据当时统一战线的基本精神，中共提出新的政权模式，即“人民民主专政”。中共提出的“人民民主专政”的主张得到广大中间势力的拥护与支持，为中共与中间党派的合作奠定了基础。

2. 土地改革

为获得解放区广大农民的支持，中国共产党开始进行彻底的土地改革。抗战结束后，广大农民已不满足于抗战时的减租减息政策，而是迫切要求得到土地。为满足广大农民对土地的迫切要求，进一步发动农民进行自卫战争，中国共产党进行了轰轰烈烈的土地改革运动。1946年5月4日颁布实行《中共中央关于土地问题的指示》，将抗日战争时期的减租减息政策改变为没收地主的土地分配给农民的政策。1947年7月至9月，解放战争由战略防御转入战略进攻。为进一步提高农民对解放战争的支持和生产的积极性，中共于1947年10月10日颁布《中国土地法大纲》，掀起了解放区土地改革运动的高潮。经过土地改革运动，广大农民分得土地并在政治上获得翻身以后，其政治觉悟和组织程度空前提高，农村生产力得到解放，工农联盟进一步巩固和加强，人民解放战争获得了源源不断的人力、物力的支援。

此外，在解放区，除土地改革外，中共中央还制定出一系列新形势下的经济工作方针和政策，使社会生产、经济秩序得以恢复并发展，并建立起新型的经济体制；同时在新解放区，共产党各级干部以其模范行为和廉洁自律赢得了群众的拥护，使他们看到了新生人民政权的希望。

中国共产党的政治纲领、路线和政策符合最广大人民的利益，农民分到了土地，工人当家做了主人，知识分子和民主党派看到了民族和国家的光明前途，从而中国共产党赢得了广大民众的拥护。中国共产党执政地位的确立和中华人民共和国的创建是历史与人民的选择。

3. 三个主要的法宝：统一战线、武装斗争、党的建设

中国共产党在领导人民革命的过程中建立广泛的统一战线、坚持革命的武装斗争及加强共产党自身的建设，也是其最终取得解放战争胜利的主要原因。由于中国人民受到帝国主义、封建主义和官僚资本主义的严重压迫，在中国建立革命统一战线的群众基础是十分广泛的。由于中国没有资产阶级的民主，反动统治阶级凭借武装力量对人民实行独裁恐怖统治，革命只能以长期的武装斗争作为主要形式。另外，在工人阶级人数很少而战斗力很强，农民和其他小资产阶级占人口大多数的中国，建设一个工人阶级先锋队的党，是极其艰巨的任务。毛泽东建党学说成功地解决了这个难题。统一战线、武装斗争、党的建设三者紧密联系，是中国共产党在中国革命中战胜敌人的三大法宝，“统一战线和武装斗争，是战胜敌人的两个基本武器。统一战线，是实行武装斗争的统一战线。而党的组织，则是掌握统一战线和武装斗争这两个武器以实行对敌冲锋陷阵的英勇战士。”

四、延伸阅读

（一）重要文献推荐

毛泽东：《抗日战争胜利后的时局和我们的方针》（1945 年 8 月 13 日），《毛泽东选集》第 4 卷，人民出版社 1991 年版。

《政府与中央代表会谈纪要》，延安《解放日报》，1945 年 10 月 12 日。

重庆市政协文史资料研究委员会、中共重庆市委党校编：《政治协商会议决议案》（1946 年 1 月 31 日通过），《政治协商会议纪实》（上卷），重庆出版社 1989 年版。

毛泽东：《集中优势兵力，各个歼灭敌人》（1946 年 9 月 16 日），《毛泽东选集》第 4 卷，人民出版社 1991 年版。

中央档案馆编：《中国土地法大纲》（1947 年 9 月 13 日），《中共中央文件选集》（第 13 册），中共中央党校出版社 1987 年版。

毛泽东：《目前形势和我们的任务》（1947 年 12 月 25 日），《毛泽东选集》第 4 卷，人民出版社 1991 年版。

中国民主同盟中央文史资料委员会编：《中国民主同盟一届三中全会宣言》（1948 年 1 月 19 日），《中国民主同盟历史文献》，文史资料出版社 1983 年版。

毛泽东：《将革命进行到底》（1948 年 12 月 30 日），《毛泽东选集》第 4 卷，人民出版社 1991 年版。

毛泽东：《在中国共产党第七届中央委员会第二次全体会议上的报告》（1949 年 3 月 5 日），《毛泽东选集》第 4 卷，人民出版社 1991 年版。

毛泽东：《论人民民主专政》（1949 年 6 月 30 日），《毛泽东选集》第 4 卷，人民出版社 1991 年版。

中央档案馆编：《中国人民政治协商会议共同纲领》（1949 年 9 月 29 日通过），《中共中央文件选集》（第 14 册），中共中央党校出版社 1987 年版。

刘统：《中国的 1948 年——两种命运的决战》，三联书店 2006 年版。

金冲及：《中国的 1947 年》，三联书店 2006 年版。

李新、陈铁健：《中国新民主革命通史》（第 10、11、12 卷），上海人民出版社 2001 年版。

〔美〕胡素珊：《中国的内战：1945—1949 年的政治斗争》，中国青年出版社 1997 年版。

〔美〕费正清：《剑桥中华民国史》（下卷），中国社会科学出版社 1998 年版。

（二）延伸阅读材料

毛泽东《在中国共产党第七届中央委员会第二次全体会议上的报告》（节选）

从一九二七年到现在，我们的工作重点是在乡村，在乡村聚集力量，用乡村包围城市，然后取得城市。采取这样一种工作方式的时期现在已经完结。从现在起，开始了由城市到乡村并由城市领导乡村的时期。党的工作重心由乡村移到了城市。在南方各地，人民解放军将是先占城市，后占乡村。城乡必须兼顾，必须使城市工作和乡村工作，使工人和农民，使工业和农业，紧密地联系起来。决不可以丢掉乡村，仅顾城市，如果这样想，那是完全错误的。但是党和军队的工作重心必须放在城市，必须用极大的努力去学会管理城市和建设城市。必须学会在城市中向帝国主义者、国民党、资产阶级作政治斗争、经济斗争和文化斗争，并向帝国主义者作外交斗争。……

在城市斗争中，我们依靠谁呢？有些糊涂的同志认为不是依靠工人阶级，而是依靠贫民群众。有些更糊涂的同志认为是依靠资产阶级。在发展工业的方向上，有些糊涂的同志认为主要地不是帮助国营企业的发展，而是帮助私营企业的发展；或者反过来，认为只要注意国营企业就够了，私营企业是无足轻重的了。我们必须批判这些糊涂思想。我们必须全心全意地依靠工人阶级，团结其他劳动群众，争取知识分子，争取尽可能多的能够同我们合作的民族资产阶级分子及其代表人物站在我们方面，或者使他们保持中立，以便向帝国主义者、国民党、官僚资产阶级作坚决的斗争，一步一步地去战胜这些敌人。同时即开始着手我们的建设事业，一步一步地学会管理城市，恢复和发展城市中的生产事业。关于恢复和发展生产的问题，必须确定：第一是国营工业的生产，第二是私营工业的生产，第三是手工业生产。从我们接管城市的第一天起，我们的眼睛就要向着这个城市的生产事业的恢复和发展。务须避免盲目地乱抓乱碰，把中心任务忘记了，以至于占领一个城市好几个月，生产建设的工作还没有上轨道，甚至许多工业陷于停顿状态，引起工人失业，工人生活降低，不满意共产党。这种状态是完全不能容许的。为了这一点，我们的同志必须用极大的努力去学习生产的技术和管理生产的方法，必须去学习同生产有密切联系的商业工作、银行工作和其他工作。只有将城市的生产恢复起来和发展起来了，将消费的城市变成生产的城市了，人民政权才能巩固起来。城市中其他的工作，例如党的组织工作，政权机关的工作，工会的工作，其他各种民众团体的工作，文化教育方面的工作，肃反工作，通讯社报纸广播电台的工作，都是围绕着生产建设这一个中心工作并为这个中心工作服务的。……

我们已经进行了广泛的经济建设工作，党的经济政策已经在实际工作中实施，并且收到了显著的成效。但是，在为什么应当采取这样的经济政策而不应当采取别样的经济政策这个问题上，在理论和原则性的问题上，党内是存在着许多糊涂思想的。这个问题应当怎样来回答呢？我们认为应当这样地来回答。中国的工业和农业在国民经济中的比重，就全国范围来说，在抗日战争以前，大约是现代性的工业占百分之十左右，农业和手工业占百分之九十左右。这是帝国主义制度和封建制度压迫中国的结果，这是旧中国半殖民地和半封建社会性质在经济上的表现，这也是在中国革命的时期内和在革命胜利以后一个相当长的时期内一切问题的基本出发点。从这一点出发，产生了我党一系列的战略上、策略上和政策上的问题。对于这些问题的进一步的明确的认识和解决，是我党当前的重要任务。……

无产阶级领导的以工农联盟为基础的人民民主专政，要求我们党去认真地团结全体工人阶级，全体农民阶级和广大的革命知识分子，这些是这个专政的领导力量和基础力量。没有这种团结，这个专政就不能巩固。同时也要求我们党去团结尽可能多的能够同我们合作的城市小资产阶级和民族资产阶级的代表人物，它们的知识分子和政治派别，以便在革命时期使反革命势力陷于孤立，彻底地打倒国内的反革命势力和帝国主义势力；在革命胜利以后，迅速地恢复和发展生产，对付国外的帝国主义，使中国稳步地由农业国转变为工业国，把中国建设成一个伟大的社会主义国家。因为这样，我党同党外民主人士长期合作的政策，必须在全党思想上和工作上确定下来。我们必须把党外大多数民主人士看成和自己的干部一样，同他们诚恳地坦白地商量和解决那些必须商量和解决的问题，给他们工作做，使他们在工作岗位上有职有权，使他们在工作上做出成绩来。……每一个大城市和每一个中等城市，每一个战略性区域和每一个省，都应当培养一批能够同我们合作的有威信的党外民主人士。……

我们很快就要在全国胜利了。这个胜利将冲破帝国主义的东方战线，具有伟大的国际意义。夺取这个胜利，已经是不要很久的时间和不要花费很大的力气了；巩固这个胜利，则是需要很久的时间和要花费很大的力气的事情。资产阶级怀疑我们的建设能力。帝国主义者估计我们终久会要向他们讨乞才能活下去。因为胜利，党内的骄傲情绪，以功臣自居的情绪，停顿起来不求进步的情绪，贪图享乐不愿再过艰苦生活的情绪，可能生长。因为胜利，人民感谢我们，资产阶级也会出来捧场。敌人的武力是不能征服我们的，这点已经得到证明了。资产阶级的捧场则可能征服我们队伍中的意志薄弱者。可能有这样一些共产党人，他们是不曾被拿枪的敌人征服过的，他们在这些敌人面前不愧英雄的称号；但是经不起人们用糖衣裹着的炮弹的攻击，他们在糖弹面前要打败仗。我们必须预防这种情况。夺取全国胜利，这只是万里长征走完了第一步。如果这一步也值得骄傲，那是比较渺小的，更值得骄傲的还在后头。在过了几十年之后来看中国人民民主革命的胜利，就会使人们感觉那好像只是一出长剧的一个短小的序幕。剧是必须从序幕开始的，但序幕还不是高潮。中国的革命是伟大的，但革命以后的路程更长，工作更伟大，更艰苦。这一点现在就必须向党内讲明白，务必使同志们继续地保持谦虚、谨慎、不骄、不躁的作风，务必使同志们继续地保持艰苦奋斗的作风。我们有批评和自我批评这个马克思列宁主义的武器。我们能够去掉不良作风，保持优良作风。我们能够学会我们原来不懂的东西。我们不但善于破坏一个旧世界，我们还将善于建设一个新世界。中国人民不但可以不要向帝国主义者讨乞也能活下去，而且还将活得比帝国主义国家要好些。

——《毛泽东选集》第 4 卷，人民出版社 1991 年版，第 1424～1439 页

毛泽东《论人民民主专政》(节选)

……中国人民在几十年中积累起来的一切经验，都叫我们实行人民民主专政，或曰人民民主独裁，总之是一样，都是剥夺反动派的发言权，只让人民有发言权。

人民是什么？在中国，在现阶段，是工人阶级，农民阶级，城市小资产阶级和民族资产阶级。这些阶级在工人阶级共产党的领导之下，团结起来，组成自己的国家，选举自己的政府，向着帝国主义的走狗们即地主阶级和官僚资产阶级以及代表这些阶级的国民党反动派及其帮凶们实行专政，实行独裁，压迫这些人，只许他们规规矩矩，不许他们乱说乱动。如要乱说乱动，立即取缔，予以制裁。对于人民内部，则实行民主制度，人民有言论集会结社等项的自由权。选举权，只给人民，不给反动派。这两方面，对人民内部的民主方面和对反动派的专政方面，互相结合起来，就是人民民主专政。

……

人民民主专政的基础是工人阶级、农民阶级和城市小资产阶级的联盟，而主要是工人和农民的联盟，因为这两个阶级占了中国人口的百分之八十到九十。推翻帝国主义和国民党反动派，主要是这两个阶级的力量。由新民主主义到社会主义，主要依靠这两个阶级的联盟。

人民民主专政需要工人阶级的领导。因为只有工人阶级最有远见，大公无私，最富于革命的彻底性。整个革命历史证明，没有工人阶级的领导，革命就要失败，有了工人阶级的领导，革命就胜利了。在帝国主义时代，任何国家的任何别的阶级，都不能领导任何真正的革命达到胜利。中国的小资产阶级和民族资产阶级曾经多次领导过革命，都失败了，就是明证。

民族资产阶级在现阶段上，有其很大的重要性。我们还有帝国主义站在旁边，这个敌人是很凶恶。中国的现代工业在整个国民经济上的比重还很小。现在没有可靠的数目字，根据某些资料来估计，在抗日战争以前，现代工业产值不过只占全国国民经济总产值的百分之十左右。为了对付帝国主义的压迫，为了使落后的经济地位提高一步，中国必须利用一切于国计民生有利而不是有害的城乡资本主义因素，团结民族资产阶级，共同奋斗。我们现在的方针是节制资本主义，而不是消灭资本主义。但是民族资产阶级不能充当革命的领导者，也不应当在国家政权中占主要的地位。民族资产阶级之所以不能充当革命的领导者和所以不应当在国家政权中占主要地位，是因为民族资产阶级的社会经济地位规定了他们的软弱性，他们缺乏远见，缺乏足够的勇气，并且有不少人害怕民众。

……

总结我们的经验，集中到一点，就是工人阶级（经过共产党）领导的以工农联盟为基础的人民民主专政。这个专政必须和国际革命力量团结一致。这就是我们的公式，这就是我们的主要经验，这就是我们的主要纲领。

——《毛泽东选集》第4卷，人民出版社1991年版，第1468～1482页。

《中国人民政治协商会议共同纲领》（节选）

第一章　总纲

第一条　中华人民共和国为新民主主义即人民民主主义的国家，实行工人阶级领导的、以工农联盟为基础的、团结各民主阶级和国内各民族的人民民主专政，反对帝国主义、封建主义和官僚资本主义，为中国的独立、民主、和平、统一和富强而奋斗。

第二条　中华人民共和国中央人民政府必须负责将人民解放战争进行到底，解放中国全部领土，完成统一中国的事业。

第三条　中华人民共和国必须取消帝国主义国家在中国的一切特权，没收官僚资本归人民的国家所有，有步骤地将封建半封建的土地所有制改变为农民的土地所有制，保护国家的公共财产和合作社的财产，保护工人、农民、小资产阶级和民族资产阶级的经济利益及其私有财产，发展新民主主义的人民经济，稳步地变农业国为工业国。

第四条　中华人民共和国人民依法有选举权和被选举权。

第五条　中华人民共和国人民有思想、言论、出版、集会、结社、通讯、人身、居住、迁徙、宗教信仰及示威游行的自由权。

第六条　中华人民共和国废除束缚妇女的封建制度。妇女在政治的、经济的、文化教育的、社会的生活各方面，均有与男子平等的权利。实行男女婚姻自由。

第七条　中华人民共和国必须镇压一切反革命活动，严厉惩罚一切勾结帝国主义、背叛祖国、反对人民民主事业的国民党反革命战争罪犯和其他怙恶不悛的反革命首要分子。对于一般的反动分子、封建地主、官僚资本家，在解除其武装、消灭其特殊势力后，仍须依法在必要时期内剥夺他们的政治权利，但同时给以生活出路，并强迫他们在劳动中改造自己，成为新人。假如他们继续进行反革命活动，必须予以严厉的制裁。

第八条　中华人民共和国国民均有保卫祖国、遵守法律、遵守劳动纪律、爱护公共财产、应征公役兵役和缴纳赋税的义务。

第九条　中华人民共和国境内各民族，均有平等的权利和义务。

第十条　中华人民共和国的武装力量，即人民解放军、人民公安部队和人民警察，是属于人民的武力。其任务为保卫中国的独立和领土主权的完整，保卫中国人民的革命成果和一切合法权益。中华人民共和国中央人民政府应努力巩固和加强人民武装力量，使其能够有效地执行自己的任务。

第十一条　中华人民共和国联合世界上一切爱好和平、自由的国家和人民，首先是联合苏联、各人民民主国家和各被压迫民族，站在国际和平民主阵营方面，共同反对帝国主义侵略，以保障世界的持久和平。

——中央档案馆：《中共中央文件选集》（第 14 册），中共中央党校出版社 1987 年版，第 731～743 页。

【提示】

随着新民主主义革命即将取得全国性胜利，建立新中国的任务开始被提到现实议事日程上来。1949 年 3 月 5 日，中国共产党在河北省平山县西柏坡村召开了第七届中央委员会第二次全体会议。毛泽东在这次会议上所做的报告，指出了在全国胜利的局面下，党的工作重心必须由农村移到城市，城市工作必须以生产建设为中心；规定了党在全国胜利以后，在政治、经济、外交方面应当采取的基本政策，指出了中国由农业国转变为工业国，由新民主主义社会转变为社会主义社会的发展方向。另外，毛泽东估计了中国人民民主革命胜利以后的国内外阶级斗争的新形势，及时地警告资产阶级的“糖衣炮弹”将成为无产阶级的主要危险。1949 年 6 月 30 日，毛泽东为纪念中国共产党成立二十八周年撰写了《论人民民主专政》。该篇文章论述了在革命胜利后即将建立的新国家的国家性质、各阶级在国家中的地位及其相互关系，国家对内、对外政策等。毛泽东在中国共产党第七届中央委员会第二次全体会议上所做的报告及所撰写的《论人民民主专政》大致绘制了新中国的蓝图，并构成了《中国人民政治协商会议共同纲领》的基础。1949 年 9 月 29 日，中国人民政治协商会议第一届全体会议通过了起临时宪法作用的《中国人民政治协商会议共同纲领》。该纲领除序言外，分为总纲、政权机关、军事制度、经济政策、文化教育政策、民族政策、外交政策共 7 章 60 条。这个纲领为新中国绘制了完整的蓝图，成为新中国成立初期团结全国人民共同前进的政治基础和战斗纲领，对于巩固人民政权、加强革命法制、维护人民民主权利，以及恢复和发展国民经济等起着指导作用。

笪移今《七个月来的中国经济情势》（节选）

1948 年已经过去的七个月，是中国经济急剧恶化，人民生活愈益艰苦的时期，这从物价变化的情形反映得最清楚。

八年多的长期抗战，物价不过涨了二千四百倍。胜利迄今还不满三年，上海物价较之（民国）三十四年却已涨了一万四千倍。重庆时代的物价涨风，比之目前已是微不足道了；尤其今年以来，更是惊人。七月第三周的物价总指数为战前的四百七十八万倍，较之去年十二月最后一周上涨三十倍。其中以纺织品上升三十五倍为最速，依次为燃料上升三十四倍，食物上升三十一倍，金属上升缓。纺织、燃料、食物这些主要必需品的剧烈上涨，是人民生活负担加重，造成人心恐慌的由来。在政治经济的基本形势未改变以前，今后物价仍要加速度的超前增涨，而民生必需品——食物、纺织、燃料等涨势，恐怕还是一马当先，这自然是对广大的农工及薪水阶层的威胁最大。

通货膨胀、物质缺乏、战争破坏、投机囤积、心理关系，都不失为物价上涨的原因。然而，其中主要的亦最为人所诟病的还是通货膨胀。而造成“通货膨胀的原因，实为政府开支太大。……”据政府的收支报告，抗战结束以来每年税收总额，仅占各该年实际支出的百分之二十，不敷之数，要靠增发纸币来应付。今年上半年收入不足一百万亿，支出约有四百万亿，一般估计截至六月底，发行为数三百万亿左右。据中华时报消息，六月以后，每日发行为五万亿，那么到七月底为止，发行数至少为四百五十万亿，等于战前的三十二万倍。下半年预算，据传支出为一千万亿，收入为五百万亿，按照上半年增加比例，收入以增加一倍计，共为一千万亿，支出以增加三倍计，共为四千万亿，收支不敷三千万亿，仍要依靠发行弥补。……

通货膨胀是由于财政收支不平衡，财政赤字是由于税源枯竭，税源堵塞是由于生产衰落。我们向以农业国家以许，先看农业生产情形：眼前无数的农田，已化为战场。大量的农业劳动，一批一批的被征入伍，天天在做杀害人力消耗物力的蠢事。而征实征购，捐税摊派以及地主高利贷者对农民的苛刻剥削，把整个农村生产力弄得败坏到极点。……河北省参议会会长说：物价如此之高，一亩地要出一石捐税，最低的也要五六斗，赋税超过了收成，怎叫人民活得下去！……

工业方面，也因为炮火连天，原料缺乏，销路阻塞，捐税繁重，资金短少，动力不足等关系，碰到难以克服的困难。以天之骄子的纺织业来说，生产量仅及战前的百分之八十。未能充分发展的最大原因，是原料缺乏。现在全国有四百五十万纱锭，每年需要棉花一千一百万担。据政府报告，去年棉花产量为一千一百余万担，然而政府统治区所能收到的棉花，只有百分之三十，其余百分之七十全控制在另一个区域。因此纺织业受原棉不足的影响，减产之声时有所闻，中小纺织业宣告停工的更多。……橡胶工业停工的已达三成，其余七成多在减产中勉强维持，火柴工业生产量，仅及现有设备的百分之五十五，肥皂工业三分之二、制药工业有三分之一均已停工，钢铁工业有百分之七十的厂家陷于半停工的泥沼。……而在另一方面，由于内战范围的扩大和破坏的凶惨，以及通货膨胀剥尽了人民的购买力，工商业又发生实销清淡的悲景，发生坐食的危机，最近更来了价廉物美的日货威胁，兼以政府种种管制，把城市经济也逼得走向无路，甚至一向与贫民生活息息相关的上海九百余家典当业，也面临崩溃的边缘。

——《观察》第 4 卷第 23、24 合期，1948 年 8 月 7 日出版，第 10～11 页。

【提示】

近代经济学家笪移今的这篇文章发表于《观察》杂志。1946 年国民党发动全面内战时，具有相当强的经济实力。但在内战中，国民党的军费开支庞大。随着战争的不断延伸和规模的扩大，大量的金钱、物资被消耗殆尽，国家财政入不敷出。为弥补战争开支不足，国民政府无限制发行新钞票，而致物价飞涨、通货膨胀。恶性通货膨胀在工业、商业、农业等方面引起连锁反应，使国统区经济危机重重。

五、史学争鸣

国民党大陆统治失败的原因

国民党政权在大陆失败的原因一直是中国近现代史研究的重点问题之一，长期以来，中外学界对此保持着浓厚兴趣，研究成果亦颇丰。学者们从政治、经济、军事、外交等不同角度谈及国民党政权迅速败亡的原因，形成不同的见解和观点，概而言之，主要有如下看法。

1. 政治原因

探讨国民党政权失败的政治原因，传统的观点有“政治反动说”，即认为国民党政权代表封建地主阶级、官僚资产阶级、帝国主义的利益，背叛了孙中山的三民主义，实行独裁专制统治，并发动反共内战等。如张涛在其研究中指出国民党独裁和内战引发革命，最终导致其在大陆统治的终结：国民党虽然在 1945 年试图建立宪政政体，但仍严重限制大众政治参与，并没有开放政权以建立一个民主化的政治竞争体制，并企图通过战争伸张其主义，使其丧失统治的合法性，从而促使革命发生。[①] 除了“政治反动说”外，学者们还从多角度分析了南京政权失败的政治原因。如《论国民党政权在大陆失败的政治原因》一文从三个方面分析了国民党政权在大陆失败的政治原因。这三个原因分别是：国民党政权政策方针的反动；国民党政权组织中的分裂；国民党官僚的严重腐败。[②]

吴翔、姚星在论文中指出，国民党政治腐败是其统治垮台的重要原因，许多学者也有持有此观点。如陆卫明认为政治腐败是国民党政权垮台的根本原因，而政治腐败主要表现为贪污腐败、组织涣散、派系争斗。[③] 马广宗认为腐败是国民党政权灭亡的加速器。[④] 众多研究从政治腐败角度探究了国民党政权失败的原因，并且还深入分析了国民党政权政治腐败的根源。因立论角度不同，他们的看法亦各不相同。如陈明明认为国民党政权腐败的政治根源有三：一是清党和向旧军阀势力妥协，使国民党的性质发生根本变化，丧失革命精神和活力；二是删除三民主义中的革命成份，失去抵御腐败的思想武器；三是国民党政权的政治体制在设计和程序上的弊端，使其缺乏应有的制衡机制。[⑤] 美国学者易劳逸在其研究中指出，长期的封建统治，使中国旧官场形成权威—依附政治行为模式：一是权威者要求依附分子绝对服从，二是造成人人都埋头编织个人关系网，三是不讲原则，有令不行，为帮派私利和人情关系牺牲原则。此种政治模式充斥着国民党官场，造成政府工作效率低下、官员贪污腐败、派系斗争严重，最终导致国民党政权日趋腐败。[⑥]

在分析国民党政权失败的政治原因时，一些学者借用现代化的解释框架，使研究深化。如许纪霖、陈达凯、周念忠、祝灵君、吴贤辉、马尚斌、王硕等学者借用现代化理论将国民党政权失败的政治原因归于“全能主义政治推行失败说”。上述学者指出，清末中国向现代化转型时，传统官僚帝制向现代中央集权科层制转变必须经过集权（传统）—分权—集权（现代）的过程。民国以来，中国权力分散、政治分序，诱发了全能主义政治的产生。但国民党的全能主义政治在权力凝聚与分散两个层面皆犯了错误。政府偏重从地方收缴权力而不注重决策的分层化，导致在中央能够控制的权力网络，决策过分集中于行政中枢，特别是集中于蒋介石个人，因而权力运作中人治传统更起作用，制度化水平低下。国民党在本应分权的社会层面却强化了对社会的控制，并对地方势力施行削弱和消灭政策，结果是被剥夺殆尽的民间社会丧失了推进现代化的基本动力，地方势力与中央政府愈演愈烈的明争暗斗贯穿南京政权之始终，削弱了国民党政权的统

---

① 张涛：《国民党政权溃败的政治学分析》，《中州学刊》2001 年第 4 期。

② 吴翔、姚星：《论国民党政权在大陆失败的政治原因》，《大众科学·科学研究与实践》2008 年第 13 期。

③ 陆卫明：《国民党统治垮台与中国革命胜利探因》，《宝鸡师院学报》1991 年第 2 期。

④ 马广宗：《腐败加速了国民党政权的灭亡》，《党建研究》1994 年第 9 期。

⑤ 陈明明：《论南京国民政府腐败的政治根源》，《南京师大学报》1997 年第 3 期。

⑥ 易劳逸：《1927 年—1937 年国民党统治下的中国——流产的革命》，陈谦平、陈红民译，中国青年出版社 1992 年版。

治。最终全能主义政治走向全面衰败，出现改朝换代的革命。[①] 刘景岚运用现代化理论和政治学原理，结合相关史料认为南京国民党政权违逆近代以来的政治现代化趋势，没能广泛吸收社会各阶层的参政要求以实现政权的政治整合，致使政权统治的合法性资源流失，且没能实现政权的政治职能分化，即制度化程度极低。这种逆现代化潮流而动的政权机制是导致南京国民党政权失败的“原因背后的原因”。[②]

2. 经济原因

许多学者从经济角度分析了国民党政权失败的原因。李黎明认为财政经济的总崩溃是南京政权败亡的重要因素，即抗战胜利后，由于美国的经济侵略、四大家族的残酷掠夺、内战的巨大消耗，国统区的经济陷入严重危机，而后的币制改革失败又加速了经济崩溃。财政经济的总崩溃，既推动了国统区民众的斗争，也加剧了国民党内部各派矛盾的激化和军事与政治的危机，最终导致国民党政权败亡。[③] 潘广辉、张凤梅提出国民党在经济方面所采取的一系列政策与其政权的覆亡有着紧密联系。首先，国民党政权的阶级属性决定其不能也不可能制定、实施正确的土地政策，使其失去农民的支持，是其政权覆亡的一个重要原因。第二，抗战后大接收从各个方面摧毁了国民党政权的统治基础。因为战后大接收不仅使国民党丧失民心，从根本上毁掉了其政权存在的民众基础，而且使社会生产遭到近似毁灭性的破坏，另外导致国民党军事力量中“杂牌”部队与“嫡系”部队之间矛盾愈加尖锐，及国民党政权吏治更加腐败、军纪荡然无存。第三，1948 年国统区金圆券币制改革的失败，加速了国民党政权的崩溃。第四，“官倒”（国民党官员投机倒把）盛行引起国统区经济的瓦解，成为导致国民党政权崩溃的重要诱因。[④]

在探究国民党政权失败的经济因素时，一些学者提出了“私有制说”，即认为南京政权失败原因在于所依靠的生产资料私有制及其意识形态，这决定了他们为满足私利必然损害和牺牲人民利益，必然失去人心，走向败亡。[⑤] 另外，学者们还提出“失去农村（民）说”。从中国国情出发，中国是农业大国，农民占人口绝大多数，农民问题的核心是土地问题。而国民党政权的阶级局限性决定了其不可能解决农民的土地问题。而且南京政府穷于应付各方面挑战，对农民不断征粮、征赋、征丁，加剧了与农民的紧张关系，最终导致南京国民党政权失去农民（农村）而失败。[⑥] 聂春燕在文章中谈道：国民党败亡的根本原因是其未抓住农民之“心”。中国革命的特殊性决定了中国民主革命必

---

① 许纪霖、陈达凯：《中国现代化史》第一卷，上海三联书店 1995 年版；吴贤辉：《一个被现代化变革浪潮所淹没的政府——再论南京国民政府的衰亡》《政治民主化的流产与南京政权的覆亡》，《华侨大学学报》1998 年第 1 期、1997 年第 2 期；马尚斌、王硕：《权力聚散与中国现代化史的演变》，《辽宁大学学报》1997 年第 5 期；周念忠、祝灵君：《从政治发展看南京国民政府的覆灭》，《探索》1999 年第 1 期；文松：《十余年来南京国民党政权失败原因研究综述》，《历史教学》2001 年第 9 期。

② 刘景岚：《政治现代化的逆动——南京国民党政权失败“原因背后的原因”》，《北方论丛》2010 年第 4 期。

③ 李黎明：《国民党统治区财政经济的总崩溃与国民党在大陆的败亡》，《齐鲁学刊》1997 年第 5 期；参见文松：《十余年来南京国民党政权失败原因研究综述》，《历史教学》2001 年第 9 期。

④ 潘广辉、张凤梅：《国民党政权在大陆失败的经济政策因素》，《理论学刊》2003 年第 1 期。

⑤ 高会宗、张茂才：《略论近现代史上新旧军阀的失败与私有制的关系》，《晋阳学刊》1991 年第 6 期。

⑥ 孔凡岭：《中国国情与农民土地问题——谈国民党在大陆统治的失败原因》，《齐鲁学刊》1991 年第 4 期。

经过一场农民革命。要赢得这场革命的胜利，必须赢得占全国人口绝大多数农民的支持。但国民党解决农民问题的失败使其失去农民之“心”而最终失去江山。[①]

3. 军事原因

一些学者认为国民党政权的崩溃是国民党军事失败和共产党军事胜利的结果。此种观点的要点包括：从国民党方面讲，蒋介石在战略上屡次出现失误，他对战争进程的直接干涉使前线指挥系统发挥不了正常的效能，从而使国共双方的军事力量对比在1948年发生了巨大转变；国民党军队缺乏有学识的军官；普通士兵的贫困，军队自上而下的萎靡不振；国民党内部派系斗争不断；政工人员制度不健全和取消部队政治教育，等等。上述均是国民党军事失败的原因。而反观共产党方面，毛泽东战略战术的高明，实行集中优势兵力打歼灭战的战略方针；解放军将领运筹帷幄，决胜千里之外，士兵拼搏杀敌，攻无不克；优秀的组织训练和宣传教育，优秀的谍报活动；全党上下团结一心，目标一致，均是迅速打败了国民党军队的重要原因。[②] 高华亦有相似观点，其在研究中指出国民党失去大陆政权的主要原因是军事失败。蒋介石的战略方针有重大缺陷，他不仅低估了中共的实力，且在战略战术思想、指挥用人等方面均不及毛泽东。国民党内部涣散，共产党上下一心。另外，共产党对国民党军事上成功的情报渗透，又使国民党丧失了战场上的主动权。1948年，东北战场的失败导致经济崩溃，军事失败导致经济极度恶化，人心崩溃。解放军渡江后，毛泽东战略指挥得当，蒋介石疲于奔命，国民党军“兵败如山倒”，主力全部被消灭。[③]

4. 外部原因

许多海外学者在其研究中将国民党政权在大陆失败的原因主要归结为外来势力的影响。首先是美国的影响。如安东尼·库贝克把国民党政权崩溃的最主要原因归于美国政府1941—1949年间对中国共产党的“绥靖政策”。陈孝成认为这期间国民党同美国政府的合作“成功部分所获之善果，不足以抵消不成功部分的恶果”。其次是苏联的影响。如胡适将中国共产党的胜利和国民党的失败归结为“斯大林征服世界的大战略”。持这种观点的学者同时认为：大革命时期苏联顾问对共产党的扶持和日本投降后苏军在东北对共产党军队的暗中支持，改变了国共力量的对比，给国民党带来了巨大危害。一些苏联学者也把苏联对中国共产党的支持视为导致共产党胜利和国民党失败的最重要原因。如尤里耶夫就宣称：在中国解放战争时期，苏联所采取的防止美国大规模干涉中国的坚定立场和苏联从道义上及政治上对中国人民革命斗争的支持，是使得中国人民革命能在军事上和政治上取得彻底胜利的主要因素。在探究美、苏等外来因素对国民党政权垮台的作用时，美国学者理查德·桑顿同时肯定了美国和苏联对国共角逐的决定性影响。其研究认为，马歇尔在战后初期为实现东北停战而向蒋介石施加压力，使国民党无法对共产党继续进攻。1946年美国停止对国民党的军事援助使原来有利于国民党的军事形势

---

① 聂春燕：《浅析国民党大陆统治失败的原因》，《安徽文学》2008年第5期。

② 参见郭永学、吴祖鲲：《海内外学者关于大陆国民党政权崩溃原因的研究综述》，《吉林大学学报》（社会科学版）1992年第5期。

③ 高华：《论国民党大陆失败之主要原因》，《历史教学》2011年第6期。

急转直下。在1947年5月解除武器禁运后，也并没有恢复对国民党的大规模军事援助，这就使得国民党无法摆脱溃败的命运。而美国不支持国民党打内战，主要是受美苏关系的制约。与此同时，苏联却对共产党进行了大量军事援助，这是共产党转败为胜的关键。除美国、苏联等外来因素对国民党政权崩溃有着不可忽视影响外，一些学者还认为日本侵华战争也是造成国民党后来失败的重要原因。持这种观点的学者认为：日本侵略华北，使全中国抗日情绪高涨，酿成西安事变，国民党被迫放弃剿共政策，失去了将长征到陕北后力量弱小的红军一举消灭的机会。全面抗战开始后，国民党统治中心迁至西南，共产党则在敌后建立了大片根据地，利用抗日的机会大大扩充了实力，构成了对国民党政权的致命威胁。①

但国内学者一般认为国民党政权崩溃或多或少受到美国、苏联等外来因素的影响，但起决定性作用仍然是国内因素。赵志研在其硕士论文中谈道：二战后苏联对华政策不仅未扶持中共，而且出于自身利益的考虑，谋求与美国和国民党的妥协。但从1948年下半年开始，由于国民党在美苏冷战中决绝地倒向美国，拒绝与苏联合作，加上人民解放军在军事上取得了决定性胜利，才使得苏联完全丢掉了对国民党的幻想而支持中共。美国在抗战后为了执行“扶蒋反共”的对华政策，积极主动地对国民政府提供经济军事援助。而在整个内战期间，虽然美、蒋之间存在着特殊的利益关系，但双方的利益分歧也日益显现。美国出于不战而控制中国的目的，要求蒋介石在中国实现“政治统一”，与中共组成“联合政府”，这与蒋介石坚持独裁的意图格格不入。在蒋介石决意坚持独裁统治下，国民党政权民心完全丧失，以至美国非但不能满足蒋介石的需求，反而逐渐冷落蒋介石，甚至弃蒋。可以说，国民党的“乞援”外交即使实施，也只能取得有限成果，而不能帮助蒋介石赢得中国；而共产党能够胜利，并非是因为获得了苏联多少金钱和物质上的援助，而是因为得到民众广泛支持。②

5. 历史合力原因

一些学者认为在探讨诠释国民党政权失败的原因时，不能只归结于一个主要原因或几个原因简单相加。如张益民认为“人们之所以通常在军事、政治、经济、宗派及外部因素上找原因，是因为把眼光局限在40年代的中后期。……如果说一个原因或几个原因相加就导致了国民党政权的崩溃，那么导致这一原因的原因又是什么?”因而提出“综合因素说”，即认为国民党政权之所以失败是多种因素共同作用的结果。张益民和忻平等在研究中分析了国民党政权失败多种原因具体表现：①南京政权缺乏统治基础。1927年后国民党失去了工农的支持；作为该政权社会基础的土豪劣绅又不能同其真正合作；民族资产阶级在绑架、勒索政策和官僚资本的吞并下逐渐与南京政权分手；军队也因清党而失控，素质低下、纪律败坏，不堪依靠；从而失去建立一个国家的起码条件。②尽管国民党建立起一个现代形式的政权，但派系纷争、贪污腐败、行政效率低下与该政权相始终，统治机器一直不能正常运转。③地方割据势力始终作为一支强大的异

① 参见郭永学、吴祖鲲：《海内外学者关于大陆国民党政权崩溃原因的研究综述》，《吉林大学学报》（社会科学版）1992年第5期。

② 赵志研：《论国民党在大陆失败的原因——从蒋介石的分析谈起》，东北师范大学2005年硕士学位论文。

己力量存在，使南京政权的统治受到严重削弱；解放战争时期，占军队多数的地方军队的瓦解，是直接促其军事崩溃的一个重要原因。④抗日战争使国民党政权遭到全方位重创，加之共产党的有力竞争，该政权崩溃的步伐大大加快。⑤南京政权处在中国由传统到现代、由乱到治的转型时期。社会动荡不定、战乱频繁；人口迁徙极为频繁，人口过剩的巨大包袱伴随政权始终；政府未能在不同的利益集团间公平地分配社会资源和财富，产生大量的社会问题，导致整个社会陷于恶性循环的混乱中。对外，南京政权还要时时应付来自列强的严峻挑战。在国内外诸方面、多种压力下，加速了国民党政权的崩溃。吴贤辉也持综合因素说，他认为南京政权的覆灭是由许多必然性因素和偶然性因素共同作用的结果。政权的阶级属性、社会基础、政治行为模式、政党及军队状况是其崩溃的必然性因素。抗日战争、政治民主化骗局的败露与内战的挑起是其失败的两个偶然性因素。①

六、实践指导

（一）历史遗迹介绍

1. 重庆红岩革命纪念馆

红岩革命纪念馆位于重庆市嘉陵江畔，占地总面积 74384 平方米，建筑总面积 7351 平方米，包括红岩村 13 号、曾家岩 50 号、桂园、《新华日报》旧址等，以主馆设在红岩村而得名。它们都是抗日战争时期中共中央南方局的活动基地，是中国共产党在国民党统治区巩固和发展抗日民族统一战线、领导人民群众进行革命斗争的中心。

1938 年 12 月，中共代表团来到重庆；1939 年 1 月，组成了以周恩来为书记的中共中央南方局，并正式设立八路军驻重庆办事处。当时的南方局和八路军驻重庆办事处都设在红岩村 13 号。周恩来、叶剑英、王若飞、邓颖超等人曾在这里长期坚持工作。1945 年 8 月，毛泽东从延安到重庆与国民党进行谈判的 43 天内，就住在红岩村 13 号。毛泽东在这里利用电台成功指挥了著名的上党战役，从容地向各地解放区发布指示，并潇洒地重书了著名的《沁园春·雪》。当年的红岩村成了举世瞩目的政治活动中心。曾家岩对外称周公馆（即周恩来的住所），实际上是南方局的统战、外事、军事、文化等机构，是南方局进行统一战线工作的主要阵地。周恩来在这里多次主持召开南方局工作会议，传达中共中央指示，处理“皖南事变”的善后工作，接待各界知名人士、外国记者。1945 年 8 月，毛泽东同志在重庆与国民党谈判期间，曾在底楼会议室接见过中外人士。桂园，是毛泽东同志在“重庆谈判”期间在市内办公、会客的地方。它是一座砖楼小院，位于曾家岩 50 号右侧 200 米处，原是国民党谈判代表之一张治中先生的公馆。张先生为了毛泽东同志的安全和方便而特意提供出桂园。在这里，毛泽东、周恩来同国民党代表进行谈判，并签订《国共双方代表会谈纪要》（即《双十协定》）。

---

① 参见文松：《十余年来南京国民党政权失败原因研究综述》，《历史教学》2001 年第 9 期。

红岩革命纪念馆于1958年建成开放，馆内大量的革命文物、文献资料、历史图片等，系统展示了1938年10月至1947年3月期间中国共产党代表团、中共中央南方局在重庆的历史活动、《新华日报》及中国南部广大区域内共产党各级组织的活动。（https：//baike. baidu. com/item/红岩革命纪念馆）

2. 重庆歌乐山烈士陵园

重庆歌乐山烈士陵园位于沙坪坝区歌乐山麓，系国民党政府时期“国民党军事调查统计局”（简称“军统局”）总部、电台、监狱所在地。二战后期，此地建有“中美特种技术合作所”。“中美特种技术合作所”东西长约7公里，纵横约10公里。在这个“特区”周围完全用碉堡、岗亭和铁丝封锁着，无证不能通行。它名义上是中美联合对日间谍战、中美交换情报而建立的机构。实际上，它完全是一个训练法西斯刽子手的机构，对中国共产党员和抗日民主人士进行搜捕和迫害。国民党统治时期，这里是关押和杀害革命志士的人间地狱。“皖南事变”后，新四军军长叶挺将军曾被囚禁于此；著名共产党人罗世文、车耀先、江竹筠，爱国将领杨虎城、黄显声等均在这里惨遭杀害。1949年11月27日，国民党政权撤离大陆前夕，对囚禁在这里的300多位革命人士实行集体大屠杀，制造了震惊中外的“一一·二七”大血案。

新中国成立后，在“中美特种技术合作所”内，办起了工厂、农场和学校，白公馆、渣滓洞两个监狱开辟为展览馆，陈列了当年的实物、图片等。1955年，重庆市人民政府修建了烈士墓园和烈士纪念碑，占地698平方米。1956年，四川省人民政府将这里定为省文物保护单位；1963年，重庆中美合作所美蒋罪行展览馆成立，恢复了白公馆、渣滓洞的原貌，1985年更名为重庆歌乐山革命烈士陵园。1988年，这里被国务院列为全国重点文物保护单位；1993年增挂重庆歌乐山革命纪念馆馆牌。（https：//baike. baidu. com/item/重庆歌乐山烈士陵园）

（二）视频资料：《建国大业》

电影《建国大业》是献给中华人民共和国成立60周年和中国人民政治协商会议第一届全体会议召开60周年的献礼作品。影片以20世纪40年代抗战胜利直至新中国建立前夕这一波澜壮阔的时代为背景，以宏大的历史视野，再现共和国多党合作和政治协商制度从诞生到确立这一重大历史事件，反映了中国共产党和中国各民主党派在反对蒋介石国民党独裁统治的斗争中，和衷共济、团结奋斗，为建立多党合作和政治协商制度所经历的曲折艰辛直至取得最后胜利的光辉历程。

七、知识运用

（一）单项选择题

1. 1945年8月25日中国共产党在对时局的宣言中明确提出（　　）的口号。

A. 避免内战、和平建国　　B. 建立民主联合政府

C. 和平、民主、团结　　D. 打倒蒋介石、解放全中国

2. 抗日战争胜利后，为避免内战、争取和平，中国共产党同国民党政府进行和平谈判，史称(　　)。

A. 重庆谈判　　B. 西安谈判
C. 整军谈判　　D. 北平和谈

3. 1945年10月10日，国共两党签订《政府与中共代表会谈纪要》，确定(　　)。

A. 建立民主联合政府　　B. 和平建国的基本方针
C. 实行宪政、结束训政　　D. 保护人民的民主、自由权利

4. 国共重庆谈判的焦点是（　　）。

A. 建国方针问题　　B. 建国目标问题
C. 国大代表问题　　D. 军队和政权问题

5. 1946年6月底，国民党军队以进攻(　　)为起点，挑起了全国性的内战。

A. 中原解放区　　B. 东北解放区
C. 华北解放区　　D. 华中解放区

6. 1946年6月至1947年6月人民军队处于（　　）阶段。

A. 战略防御　　B. 战略相持
C. 战略进攻　　D. 战略决战

7. 1947年6月，人民解放军实施战略进攻时，就敌我力量对比而言(　　)。

A. 人民解放军在数量和装备上已经接近国民党军队
B. 人民解放军在数量上已经超过国民党军队
C. 国民党军队在数量和装备上明显处于劣势
D. 国民党军队在数量和装备上仍然占有明显优势

8. 解放战争时期配合人民解放战争的第二条战线是指(　　)。

A. 解放区广大农村掀起土地制度改革运动
B. 国民党爱国将领起义
C. 国民党统治区广大爱国学生群众为先锋的人民民主运动
D. 国民党统治区的地下斗争

9. 解放战争时期制定的《中国土地法大纲》规定(　　)。

A. 废除封建性及半封建性剥削的土地制度
B. 调整减租减息政策
C. 按贫雇农人口分配土地
D. 没收地主、富农的土地

10. 中国共产党在新民主主义革命时期制定土地改革政策的根本出发点是根据(　　)。

A. 反对国民党斗争的需要　　B. 不同地区农民的状况
C. 不同时期的斗争策略　　D. 国内主要矛盾的变化

11. 中国共产党决定将减租减息政策改变为实现“耕者有其田”政策的文件是(　　)。

A.《新解放区土地改革要点》

B.《在不同地区实行土地法的不同策略》
C.《关于清算、减租及土地问题的指示》
D.《中国土地法大纲》

12. 蒋介石成为美国“扶不起的天子”，就蒋介石集团内部而言，其最主要的原因是（　　）。
A. 不应该关闭与共产党和谈的大门
B. 政治腐败导致政治独裁，经济恶化、军事溃败
C. 不应该接受美国的援助打内战
D. 中国近代历史运动发展的必然结果

13. 中共七届二中全会需要解决的重要问题是(　　)。
A. 如何夺取全国革命胜利的问题
B. 如何完成民主革命遗留的任务的问题
C. 民主革命向社会主义革命转变的问题
D. 党的工作重心转移的问题

14. 国民党当局宣布民盟为“非法团体”，明令对该组织及其成员的一切活动“严加取缔”是在（　　）。
A. 1945 年 10 月　　B. 1946 年 10 月
C. 1947 年 10 月　　D. 1948 年 10 月

15. 1949 年 1 月 22 日，民主党派和无党派人士联合发表(　　)，表示愿意接受中国共产党的领导，拥护建立人民民主的新中国。
A.《中国民主同盟总部解散公告》　　B.《对时局的意见》
C.《三中全会紧急声明》　　D.《中国人民政治协商会议共同纲领》

16. 1949 年 4 月 23 日，人民解放军占领南京，宣告(　　)。
A. 人民解放战争由战略反攻转入战略决战
B. 三大战役胜利结束
C. 国民党反动统治的覆灭
D. 新民主主义革命的结束

17. 解放战争时期，国民党统治区人民民主运动高涨的根本原因是（　　）。
A. 国民党当局对民主党派的迫害
B. 上海学生举行了声势浩大的“三反”斗争
C. 国民党蒋介石集团的经济崩溃和政治危机
D. 民主党派的联合斗争和人民起义遍及各地

18. 揭开人民解放军全国性战略进攻序幕的是（　　）。
A. 孟良崮战役开始　　B. 刘邓大军挺进大别山
C. 三大战役开始　　D. 渡江战役开始

19. 淮海战役中任总前委书记的是（　　）。
A. 刘伯承　　B. 陈毅
C. 邓小平　　D. 粟裕

20. 毛泽东提出“两个务必”思想的会议是（　　）。

A. 遵义会议　　B. 瓦窑堡会议

C. 中共七大　　D. 中共七届二中全会

21.《中国人民政治协商会议共同纲领》最基本、最核心的内容是关于新中国的（　　）。

A. 国体和政体的规定　　B. 基本的民族政策

C. 经济工作方针　　D. 外交工作原则

22. 在新民主主义革命时期，中共中央机关几经转移的先后顺序是（　　）。

A. 上海、延安、瑞金、西柏坡、北平

B. 上海、瑞金、延安、西柏坡、北平

C. 上海、西柏坡、延安、瑞金、北平

D. 上海、瑞金、西柏坡、延安、北平

（二）材料分析题

材料一：

“或者是一个独立、自由、民主、统一、富强的中国，就是说，光明的中国，中国人民得到解放的新中国；或者是另一个中国，半殖民地半封建的、分裂的、贫弱的中国，就是说，一个老中国。一个新中国还是一个老中国，两个前途，仍然存在于中国人民的面前……”

——《两个中国之命运》，《毛泽东选集》（第3卷），人民出版社1991年版。

材料二：

“全国要一致集合于青天白日旗帜之下”“没有中国国民党，那就是没有了中国，……中国的命运，完全寄托于国民党。”

——蒋介石：《中国之命运》，正中书局1943年3月出版。

材料三：

“从整个形势看来，抗日战争的阶段过去了，新的情况和任务是国内斗争。蒋介石说要‘建国’，今后就是建什么国的斗争。是建立一个无产阶级领导的人民大众的新民主主义国家呢，还是建立一个大地主大资产阶级专政的半殖民地半封建的国家？这将是一场很复杂的斗争。”

——《抗日战争胜利后的时局和我们的方针》，《毛泽东选集》（第4卷），人民出版社1991年版。

材料四：

“蒋介石军事力量的优势，只是暂时的现象，只是临时起作用的因素；美国帝国主义的援助，也只是临时起作用的因素；蒋介石战争的反人民性质，人心的向背，则是经常起作用的因素；而在这方面，人民解放军则占着优势。人民解放军的战争所具有的爱国的革命的正义的性质，必然要获得人民的拥护。”

——《目前形势和我们的任务》;《毛泽东选集》第4卷，人民出版社1991年版。

材料五：

“民众的支前网尤其是他们取得成功的不可缺少的要素。马车、独轮车和扁担成了共产党供应线上的主要工具，它突出地应验了一句古老的格言，原始的东西，只要用得上，就比用不上的现代化东西好。共产党人在最近便的人力物力资源上，精巧地制成了他们的战争机器。其结果是，他们的民众人力网络为维持他们的军事行动提供了必不可少的后勤和情报支持，最终使政府军原先所享有的人数、训练和物质上的优势化为乌有”。

——［美］费正清等主编：《剑桥中华民国史（1912—1949)》(下卷)，中国社会科学出版社1994年版，第889页

请回答：

（1）根据材料一、材料二、材料三分析抗战胜利后中国的政治形势。

（2）根据材料四、材料五分析中国共产党取得解放战争胜利的主要原因。

第九讲　有中国特色的社会主义改造：社会主义基本制度的确立

一、知识要点

（一）基本线索

社会主义改造是中国共产党创造的具有中国特色的社会主义革命道路。其特点是中国的社会主义革命采取人民政权自上而下的领导、人民群众自下而上的配合与支持，以和平的形式完成，而非暴力形式完成。它通过对农业、手工业、资本主义工商业的社会主义改造，使中国实现了由新民主主义社会到初级阶段的社会主义社会的过渡，实现了从私有制社会到以生产资料公有制为基础的社会转变。社会主义改造的顺利完成，标志着社会主义基本制度在我国得到全面的建立，从而完成了中国几千年来最伟大、最深刻的社会变革，为当代中国一切发展进步奠定了根本政治前提和制度基础。

（二）知识要点

1. 新民主主义社会的特征

新民主主义社会的特征包括新民主主义的政治、经济和文化三个方面：

第一，新民主主义的政治是工人阶级领导的各个革命阶级联合专政的人民民主专政。

第二，新民主主义的经济是三大经济纲领的实施与五种经济成分并存。

三大经济纲领是：没收封建地主阶级的土地归农民所有，没收官僚资本归新民主主义国家所有，保护民族工商业。

五种经济成分是：社会主义性质的国营经济、半社会主义性质的合作社经济、国家资本主义经济、农民和手工业者的个体经济、私人资本主义经济。

第三，新民主主义的文化是无产阶级领导的、民族的、科学的、大众的文化。

2. 新民主主义社会的性质

新民主主义社会属于社会主义体系，这个社会既具有资本主义因素，也具有社会主义因素。它是介于中国半殖民地半封建社会和社会主义社会初级阶段之间的具有过渡性质的社会形式。

3. 新民主主义社会的主要矛盾

1949年—1952年底：主要矛盾是中国人民同帝国主义、封建主义和国民党残余势力之间的矛盾。

土地改革完成以后：国内的主要矛盾是无产阶级和资产阶级之间的矛盾；国外是中国同帝国主义国家之间的矛盾。

4. 新民主主义社会的中心任务

发展生产力，完成资产阶级国家在资本主义阶段完成的工业化、商品化、社会化，为过渡到社会主义社会创造必要的物质文化条件。

5. 新民主主义社会的前途

在新民主主义社会里，既有资本主义因素，又有社会主义因素的发展，而且社会主义因素还不是普通的因素，是起决定作用的因素，因为新民主主义的政治、经济、文化都是由无产阶级领导。这些起决定作用的社会主义因素的生长和发展，为中国的新民主主义社会转变为社会主义社会创造了重要的前提。新民主主义社会的前途是社会主义社会。

6. 新民主主义社会向社会主义社会转变的历史条件

第一，无产阶级政党的领导和国家政权的巩固，为向社会主义过渡提供了根本的政治保证。

新中国建立后，人民解放军继续向全国进军、消灭残余武装、摧毁旧地方政权、选举地方政府、建立军事管制委员会、清匪反霸、抗美援朝、开展镇压反革命运动……通过这一系列的举措，无产阶级政党的领导和国家政权得到巩固，为向社会主义过渡提供了根本的政治保证。

第二，国民经济的恢复及社会主义国营经济在国民经济中领导地位的确立与巩固为向社会主义过渡提供了经济条件。

新中国成立之初，中国共产党通过“银币之战”“米棉之战”、统一全国财政经济、调整工商业等措施，打击了不法资本家的嚣张气焰，调整了公私关系，将私营工商业纳入国家计划的轨道上。与此同时，中国共产党还发动组织了“三反、五反”运动，进一步稳定了新中国的政治、经济局面。“三反运动”是针对国家机关工作人员进行的反贪污、反浪费、反官僚主义的政治运动。“五反运动”是针对私营工商业进行的反行贿、反偷税漏税、反偷工减料、反盗骗国家财产、反盗窃国家经济情报的运动。

在农村，1950年冬天开始进行大规模的新解放区的土地改革，到1953年春，除新疆、西藏均全部完成。

通过以上举措，国民经济迅速恢复，社会主义国营经济在国民经济中的领导地位得以确立与巩固，为向社会主义过渡提供了经济条件。

第三，马克思列宁主义、毛泽东思想指导地位的确立为向社会主义过渡提供了思想保证。

新中国成立初期，中国共产党进行了新中国成立后的第一次党内整风运动，发动了对旧有文化事业和知识分子思想进行改造的运动，使得马克思列宁主义、毛泽东思想的指导地位得以确立，为向社会主义过渡提供了思想保证。

第四，第二次世界大战后世界社会主义运动的蓬勃兴起，苏联社会主义建设成就及其对中国的援助为向社会主义过渡提供了有利的国际环境。

7. 过渡时期总路线

1953年，中共中央提出了从中华人民共和国成立到社会主义改造基本完成，这是一个过渡时期。党在这个过渡时期的总路线和总任务，是在一个相当长的时期内，逐步实现国家的社会主义工业化，逐步完成对农业、手工业和资本主义工商业的社会主义改造。

总路线的主体是工业化，这是社会主义改造的基础。两翼是三大改造，这是工业化不可缺少的条件和手段。两方面互相促进，互相制约，密不可分。其实质就是解决所有制的问题。

8. 农业的社会主义改造

农业的社会主义改造，是指通过合作化的途径将个体农民的生产资料私有制转变为社会主义的集体所有制。其改造的方针是积极发展、稳步前进、逐步过渡；改造的原则是自愿、互利；改造的方法是典型示范、逐步推广；改造的步骤和形式是互助组→初级社→高级社。

9. 手工业的社会主义改造

手工业的社会主义改造是指通过合作化的途径将个体手工业的生产资料私有制转变为社会主义的集体所有制。其改造的方针是积极引导、稳步前进；改造的原则是政治教育、典型示范、国家帮助；改造的方法是逐步完成；改造的步骤和形式是手工业供销合作小组→手工业供销合作社→手工业生产合作社。

10. 资本主义工商业的社会主义改造

资本主义工商业的社会主义改造，是指通过国家资本主义的途径将资本主义的私人所有制转变为社会主义的全民所有制。

（1）改造的原则和方针、方法

①利用、限制。这是指把对企业的改造与对人的改造结合起来，对民族资本实行“利用、限制、改造”的政策，对民族资本家采取“团结、教育、改造”的方针。

②“和平赎买”。这主要针对民族资产阶级两面性所定。

（2）改造的形式

资本主义工商业的社会主义改造是逐步过渡的，由此创造了委托加工、计划订货、统购统销、委托经销代销，个别企业公私合营、全行业公私合营等一系列由低级到高级的国家资本主义的过渡形式。

（3）改造的步骤

第一步，把资本主义转变为国家资本主义。这包括两个阶段，即国家资本主义的初级阶段（1949年—1953年），就是委托加工、计划订货、统购统销、委托经销代销；国家资本主义的高级阶段（1954年—1955年），就是个别企业公私合营（“四马分肥”）。

第二步，把国家资本主义转变为社会主义全民所有制（1955年—1956年），全行业公私合营（定息）。

11. 国家资本主义经济

国家资本主义经济是指资本主义经济在人民政府的管理下，用各种形式和国营社会主义经济联系着的，并受工人监督的资本主义经济。它具有初级形式和高级形式。初级形式的国家资本主义企业仍然由资本家经营，它和社会主义的国营经济在企业外部建立联系。高级形式的国家资本主义就是公私合营，资本主义企业和社会主义经济的联系已经不局限于流通领域，而是深入到企业内部，深入到生产领域，社会主义经济在企业中具有决定意义的作用。

12. “四马分肥”

它是指国家资本主义高级阶段的初期，个别公私合营的企业所采取的分配方法，即在合营企业中，公方代表居于领导地位，企业利润分为国家所得税、企业公积金、工人福利费、股金红利四部分，形象地称之为“四马分肥”。由于企业收益的大部分归国家和工人，这种企业已经具有不同程度的社会主义性质。

13. 社会主义改造的经验

（1）和平赎买

中国共产党严格区分官僚资本和民族资本，具体分析民族资产阶级的两面性，对民族资本实行和平赎买，执行“利用、限制、改造”的政策，创造了国家资本主义的多种形式，使我国和平地实现了生产关系的深刻变革，丰富和发展了马克思主义关于国家资本主义的学说。

（2）循序渐进，逐步过渡

无论对农业、手工业还是资本主义工商业的改造，都采取由低级向高级的逐步过渡形式，避免了在生产关系大变革的情况下通常难以避免的社会动荡和生产力的破坏，促进了工农业和整个国民经济的发展。

（3）把对经济制度的改造和对人的改造结合起来

根据民族资产阶级的两面性，党对民族资产阶级执行团结、教育、改造的政策，使他们中的大多数人成了自食其力的社会主义劳动者。

（4）社会主义改造同社会主义建设并举

社会主义改造同社会主义建设是相辅相成、互相促进的。只有通过社会主义改造，解放了生产力，才能实现社会主义工业化；也只有实现社会主义工业化，进一步发展生产力，才能保证社会主义改造的胜利完成。这体现了发展生产力和变革生产关系的有机统一，反映了落后国家社会主义发展规律的新思路。

14. 社会主义改造是中国历史上最伟大、最深刻的社会变革

第一，社会主义改造的完成，使中国实现了生产关系方面由私有制到公有制的伟大变革，在一个几亿人口的大国中比较顺利的完成这样复杂、深刻的社会变革，不但没有造成社会的巨大动荡和生产力的破坏，反而促进了工农业和国民经济的发展，这是一次最伟大的历史性胜利。

第二，社会主义改造的胜利，使中国社会经济结构发生了根本变化，社会主义全民所有制和集体所有制经济在国民经济中占到绝对优势，为中国全面进行社会主义建设奠定了基础，开辟了道路。

第三，社会主义改造的胜利，是中国共产党在实践中把马克思主义的基本原理同中国革命的具体实践相结合的又一典范，创造性地开辟了一条适合中国特点的革命道路，丰富和发展了马克思主义的科学社会主义理论。

第四，社会主义改造的胜利，使我国社会成功地实现了由新民主主义社会向社会主义社会的转变，开始了在社会主义道路上实现中华民族伟大复兴的历史征程，并为今后的一切进步和发展奠定了基础。

15. 中国特色社会主义的政治前提和制度基础

人民民主专政、人民代表大会制度、中国共产党领导的多党合作政治协商制度、民族区域自治制度、公有制为主体多种所有制共同发展等基本政治制度、经济制度构成了中国特色社会主义的政治前提和制度基础。

（三）内容框架

- 有中国特色的社会主义改造：社会主义基本制度的确立
  - 对新民主主义社会的认识
    - 新民主主义社会的性质
    - 新民主主义社会的基本特征
    - 新民主主义社会的主要矛盾
  - 新民主主义向社会主义过渡——新民主主义向社会主义转变的历史条件
  - 党在过渡时期的总路线
    - 总路线的提出
    - 总路线的内容
    - 总路线提出的历史必然性
  - 社会主义改造的具体道路
    - 对农业的社会主义改造
    - 对手工业的社会主义改造
    - 对资本主义工商业的社会主义改造
  - 社会主义改造的经验、教训、意义
    - 社会主义改造的经验、教训
    - 社会主义改造的意义

二、重点问题

（一）新民主主义社会特征的双重性

新民主主义社会的特征包括新民主主义的政治、经济和文化三个方面。

1. 新民主主义的政治是工人阶级领导的各个革命阶级联合专政的人民民主专政

政治上的特征表明，其国体是人民民主专政；政体是民主集中制的人民代表大会制。新民主主义社会人民民主政权机构的建立必须遵循两大原则：一是新的政治秩序要建立在更广泛的社会基础之上；二是人民民主专政要牢牢地“置于工人阶级和共产党的领导之下”。这就是说，政治上既有社会主义因素也有资本主义因素。社会主义因素是：无产阶级的领导和人民民主专政的国家政权；资本主义因素是：资产阶级参与政权。

2. 新民主主义的经济是三大经济纲领的实施与五种经济成分并存

三大经济纲领是：没收封建地主阶级的土地归农民所有，没收官僚资本归新民主主义国家所有，保护民族工商业。

没收封建地主阶级的土地归农民所有，由此形成个体农业经济，这是新民主主义社会的非公有制经济之一。没收官僚资本归新民主主义国家所有，由此形成国营经济，这是新民主主义社会公有制经济的基础。官僚资本是依靠政权的力量形成的垄断资本。在旧中国，官僚资本占工业资本的2/3，工业运输资本的80%；新中国建立后，依靠政权的力量将其没收归国家所有。没收的办法有：保留原有机构，先派军代表，依靠工人阶级实行监督生产，然后逐步进行改革等。没收官僚资本成为新中国成立初期我国国营经济的主要来源。保护民族工商业，由此形成私人资本主义经济，这是新民主主义社会的非公有制经济形式之一。

五种经济成分是：国营经济、合作社经济、国家资本主义经济、个体经济、私人资本主义经济。其中，国营经济具有社会主义性质，合作社经济具有半社会主义性质，国家资本主义经济带有若干社会主义性质，个体经济属于非社会主义性质（占国民经济总量的80%以上），私人资本主义经济属于非社会主义性质。这里，国营经济处于领导地位，非社会主义经济处于主体地位。经济上的社会主义因素是社会主义性质的国营经济、半社会主义性质的合作社经济以及国家资本主义经济中的若干社会主义成分。经济上的资本主义因素是私人资本主义经济、国家资本主义经济中的若干资本主义成分。

3. 新民主主义的文化是无产阶级领导的、民族的、科学的、大众的文化

文化上的社会主义因素是马克思主义对新民主主义文化的指导。

文化上的资本主义因素是资产阶级思想及各种非无产阶级思想。

总之，新民主主义社会，是一个无产阶级和资产阶级、社会主义道路和资本主义道路谁胜谁负的问题尚未解决的社会；同时，这个社会又是社会主义因素不断生长的社会。

（二）新民主主义社会存在的原因

1. 新民主主义革命的必然结果

无产阶级领导的人民大众的革命，胜利后当然不能建立资产阶级统治的国家，也不能建立无产阶级专政的国家，只能建立能够反映工人、农民、小资产阶级、民族资产阶级利益的政治经济制度，即新民主主义国家。

2. 由中国生产力十分落后的国情所决定

中国的落后决定中国不具备革命胜利后直接进入社会主义社会的条件，必须在新民主主义制度下发挥各阶级建设新国家的积极性，特别是资产阶级的积极性，允许有利于国计民生的资本主义有一个较大的发展，以创造向社会主义转变必需的物质条件。

（三）新民主主义社会向社会主义社会过渡的必然性

第一，中国革命的前途是社会主义，这是中国共产党在领导民主革命的时候已经指明了的。

第二，五四运动以来的中国民主革命，已是新民主主义革命。在五四运动中工人阶级登上政治舞台，成为中国革命新的领导者，从此，中国革命就有了新的指导思想、新的革命前途，与世界革命的关系也发生新的变化。革命成功之后当然不可能建立一个资本主义社会。中国革命的第一步是建立一个新民主主义的社会，第二步建立一个社会主义社会。新民主主义革命是社会主义革命的必要准备，社会主义革命是新民主主义革命的必然趋势。

第三，在新民主主义社会里，既有资本主义因素，又有社会主义因素的发展，而且社会主义因素还不是普通的因素，是起决定作用的因素，因为新民主主义的政治、经济、文化都是由无产阶级领导。这些起决定作用的社会主义因素的生长和发展，为中国的民主主义革命转变为社会主义革命创造了重要的前提。

（四）过渡时期总路线提出的历史必然性

第一，国家的社会主义工业化，是国家独立、富强的当然要求和必要条件。

第二，随着土地制度改革和其他社会改革在全国的完成，国内的主要矛盾已经转为工人阶级和资产阶级之间、社会主义道路和资本主义道路之间的矛盾。

从历史和现状看，民族资本主义经济力量弱小，其无法、无力承担实现中国现代化的历史使命，只有社会主义国营经济才能成为实现国家工业化的主要基础。

第三，土地改革后，个体农民、特别是贫、下中农，确实有走互助合作道路的要求。

（五）过渡时期总路线的特点

总路线的特点是经济建设和社会主义改造并举。社会主义改造同社会主义建设相辅相成、互相促进。只有通过社会主义改造，解放了生产力，才能实现社会主义工业化；也只有实现社会主义工业化，进一步发展生产力，才能保证社会主义改造的胜利完成。这体现了发展生产力和变革生产关系的有机统一，反映了落后国家社会主义发展规律的新思路。

（六）中国选择社会主义道路的历史必然性

近代以来，中国人民围绕国家的出路进行了艰难的探索。从太平天国运动到洋务运动，从戊戌维新到辛亥革命，中国人以西方为师，希望发展资本主义寻求国家的富强、实现现代化。但历史的结局是资本主义道路在中国走不通。而从现状看，民族资本主义经济力量弱小，社会主义性质的国营经济力量相对来说比较强大，这是中国选择社会主义的一个基本因素。对于中国这样一个经济、文化落后的国家，只有社会主义的工业化道路，才是最为有利的选择。这是因为，社会主义制度具有集中力量办大事、促进社会生产力迅速发展的优越性。实行社会主义改造是实现国家工业化的必要条件。

中国之所以要着力进行和可能进行社会主义改造继而向社会主义过渡主要原因有：

第一，社会主义性质的国营经济力量相对来说比较强大，它是实现国家工业化的主要基础。

第二，资本主义经济力量弱小，发展困难，不可能成为中国工业起飞的基础。

第三，对个体农业进行社会主义改造，是保证工业发展、实现国家工业化的一个必要条件。

第四，当时的国际环境也促使中国选择社会主义。

通过社会主义改造，中国共产党创造性地完成了由新民主主义到社会主义的过渡，社会主义的基本经济制度在中国全面地建立起来。这一历史过程得到了全国人民包括民族资产阶级的拥护和支持。

（七）中国的社会主义改造的局限性及其与今天的社会主义改革的联系和区别

1. 社会主义改造的局限性

第一，所有制结构过于单一。在社会主义公有制已居于绝对统治地位的条件下，没有有限度地保留一部分有益于国计民生的个体经济和私营经济。

第二，随着私人资本主义经济和个体经济改造完成，高度集中的计划经济体制也随之扩大到整个社会经济生活。在一定程度上排斥了商品经济和市场经济的正常运行。

第三，要求过急，发展过快，工作过粗，改造形式过于简单划一。

2. 与今天社会主义改革的关系

第一，社会主义改造是社会主义改革的前提。社会主义改造，是对旧生产关系的根本改变，解决的是基本经济制度问题。而社会主义改革，则是社会主义的自我完善，解决的是社会主义的具体运行机制问题。它是在社会主义基本制度的基础上，部分改变不适应生产力发展的旧的体制。因此，没有社会主义改造就没有社会主义制度，社会主义改革就无从谈起。

第二，社会主义改革是对社会主义改造失误和不足的改正和弥补。对于社会主义改造的遗留问题，在对社会主义的认识不断深化的基础上，通过社会主义改革逐步加以解决。

第三，社会主义改革和社会主义改造的目的是一致的。通过社会主义改造，根本改变旧的生产关系，促进生产力的发展。建立起社会主义制度以后，还要不断地进行社会主义改革，以解决生产关系与生产力、上层建筑与经济基础的新矛盾，巩固发展社会主义改造的成果，使社会主义制度始终充满生机和活力。无论社会主义改造还是社会主义改革都统一于中国社会主义事业的实践，它们有着内在的历史的逻辑关系。

三、案例解析

案例

如何认识中国特色的社会主义改造道路？

（一）中国农村社会主义改造的实际情况举例

路井乡第一初级农业合作社成立大会胜利召开。乡政府在六世祠门口的大场里搭起了戏台……六世祠便成了召开社员大会的会议室。社员家家户户都打扫得干干净净，人人穿着新衣裳，挂着红布条，作为社员的标识。早饭后，全体社员都聚在一起先照了全体像。各乡，各村，各互助组，各机关单位，送来30多面锦旗，并派代表来参加大会。

晚上，大会请来线腔戏班和高家村的“自乐班”表演了精彩节目，完小学生演的“五谷丰登”很受欢迎。社员的生产积极性很高。干部们白天带头劳动，晚上又加班熬夜地讨论社里的工作。我更是忙上加忙，除白天参加本组的生产劳动外，晚上开会后，又根据会场决定安排具体工作，起草各种规章制度，计算各样表册数字。

——侯永禄：《农民日记——一个农民的生存实录》，中国青年出版社2006年版，266页。

“它在第一阶段是使农民组成互助组，第二步是组织农业生产合作社初级社。这时农民把土地和农具都合拢起来，并按比例取得报酬……但是局面并不稳定。由于地主的土地分配给了以前的佃农和无地的农民，私有制并没有取消，而是加强了。土地仍可以在私人间买卖，因而富裕农民反倒得势了。第三阶段的合作化，是把农业生产合作社从低级向高级推进。这是真正的集体化了，所有农民劳动都只赚工资，原来投入的财产、设备或土地一概不算收入。”“当1955—1956年农业集体化实行得比预料的快得很多时，它至少在名义上使农村人口形成一种新的形式，土地和所有生产工具都实行公有，产品都由国家统一分配……但是后来的事实表明，很多农业生产合作社成立得太快了，并没有能够像他们吹嘘的那样实际工作起来。”

——费正清：《伟大的中国革命（1800—1985）》，世界知识出版社2000年版，第334～335、355页。

（二）中国工商业社会主义改造实际情况举例

1950年，企业的经营状况逐渐好转，章华毛纺厂、水泥厂都有一些发展，国内的购买力也逐渐提高，部分原料问题已经可以在国内解决。……这时的刘鸿生单纯发展私营企业的目标也有所扩展，他认识到国营企业在统筹资源、提高运能方面的优势。1953年，刘家的经营普遍好转，国家掌握了大量的原料，可以及时供应工厂，物价非常稳定。国家的大规模建设开始了，水泥业、煤矿业都出现了空前的繁荣。……1953年9月16日，新中国的外贸部门向章华毛纺厂订购呢绒12万公尺，在3个月内交货，这超出了章华的生产能力。后来在章华厂工人的共同努力下，年底，12万公尺的呢绒顺利交货。……在中国共产党的领导下，企业发展、壮大的速度超过了刘鸿生的想象。他深知这正是因为国家力量组合的结果，单靠一个企业的能力是无法达到的。而中国共产党实现了企业的快速发展，这正是他多年的理想。……在一次接受媒体采访时，刘鸿生表明了他拥护中国共产党的原因，他说："我是一个企业家，我的企业，无论水泥、毛纺、码头、火柴、煤矿、银行业目前都在发展着，规模较过去大得多。共产党能推动企业，能使中国变工业化的国家，这是我过去五十年的梦想，我为什么不拥护它？……"当然，刘鸿生拥护中国共产党还有一个非常重要的原因，是新中国的成立让每一个中国人都扬眉吐气了，让他这个民族资本家也非常骄傲和自豪。他说："我拥护共产党还有一个最主要的原因：我是一个中国人，中国资本家。……在过去几十年中，从杨树浦到南码头，沿着黄浦江一带是各国的码头，一长串的外国兵舰插着各式各样的国旗。人们走过这里，会不知道这儿究竟是哪国的土地？我自己是搞码头企业的，往往站在码头上摇摇头。如今呢，这一带地方每个码头都是五星红旗迎风飘扬，你想想看，一个看过上海五十年变迁的中国人，他心中会不高兴吗？"

——李占才：《十字路口：走还是留——民族资本家在1949》，山西人民出版社2009年版。

【解析】

以上所举两个案例，有助于我们认识社会主义改造的必然性及其改造过程中出现的问题，继而理解社会主义改革的必然性及其与社会主义改造的关系问题。

半殖民地半封建的中国，由于帝国主义、封建主义、官僚资本主义的压迫，中国社会处于极端贫困的境地。1949年，中国共产党领导全国人民推翻了三座大山，完成了新民主主义革命，中国社会从此进入了新民主主义社会。在新民主主义社会，政治上确立了工人阶级领导的各个革命阶级联合专政的人民民主专政；经济上确立了国营经济的领导地位，实施三大经济纲领，由此存在五种经济成分。

新中国成立初期，在中国共产党领导下，全国各地农村都进行了土地改革，消灭了地主阶级土地所有制，变革了旧的生产关系，解放了农村生产力。但是，随后另一方面的问题又出现了：由于实行在土地私有基础上的个体经营，这种发展又受到限制。总体上看，个体农业经济生产规模狭小，生产工具简陋、落后，生产水平低下，无力抗御自然灾害。个体农业经济也不利于采用农业新技术，严重阻碍着农村生产力的进一步发展。随着工业化的发展，对农产品的需求日益增大，小农个体经济的落后性又直接影响着工业乃至整个国民经济的发展速度。生产力的发展再次遇到来自生产关系方面的阻力，这就导致了后来互助组、初级社的形成。从案例中我们可以看出，农业的社会主义改造的发生是得到农民欢迎、拥护的，有利于促进农业生产力的发展，符合生产关系适应生产力发展的历史唯物主义原理。

与此同时，中国共产党对非公有制经济采取了保护、扶植和鼓励发展的政策。在这一政策实行下，非公有制经济不仅走出困境，而且有了极大的发展。1952年较之1949年，私营工业产值增长了54.2％，工厂厂家增长了21.6％。国家通过对私营工商业委托加工、计划订货、统购统销、委托经销代销等形式，既帮助了资本家发展生产、恢复经济，又基本掌握了资本主义工商业的原料供应和产品销售。到1952年，我国私营工业总产值中由国家加工、订货、包销、收购的产值已占总产值的56.4％。如此下来，就使资本主义工商业逐步纳入到了国家计划轨道，国家对资本主义工商业的改造事实上也自然展开。

到1952年年底，国民经济得到全面恢复和初步发展。当年工农业总产值超过了1936年的20%，工农业主要产品的年产量均超过历史最高水平。同1949年相比，全国职工工资平均提高70%，农民收入增长30%以上。

随着社会主义改造的完成，使中国实现了生产关系由私有制到公有制的伟大变革，它对生产力的发展直接起到了促进作用；使中国社会、经济结构发生了根本变化，社会主义全民所有制和集体所有制经济在国民经济中占到绝对优势，为中国全面进行社会主义建设奠定了基础、开辟了道路，并为今后的一切进步和发展奠定了基础。

然而，随着社会主义改造的推进，社会主义改造的目的被定位在建立单一公有制，“使资本主义绝种，使小生产绝种”。虽然社会主义改造即是社会主义革命，目的就是结束旧的生产关系，变革所有制形态，建立社会主义制度；但是，这并不是社会主义改造的最终目的。社会主义改造的根本目的是通过生产关系的变革推动生产力的发展。作为一个落后的农业国，我国人口多、底子薄，生产力水平非常低下，非公有制经济应该是社会主义市场经济的重要组成部分，只有以公有制为主体，多种经济成分共同发展，才是适合我国生产力发展的经济结构，才能推动生产力的发展。但是，我国进入社会主义改造后期，在社会主义公有制已居于绝对统治地位的条件下，没有有限度地保留一部分有益于国计民生的个体经济和私营经济，确立了单一的所有制结构。随着私人资本主义经济和个体经济改造完成，高度集中的计划经济体制也随之扩大到整个社会、经济生活。这在一定程度上排斥了商品经济和市场经济的正常运行，对社会、经济发展带来了长期的负面影响；同时，工作中要求过急，发展过快，工作过粗，改造形式过于简单划一。正因为此，社会主义改革就必不可避免，它是对社会主义改造不足的修正。但是，应该明确，改革是在坚持社会主义改造的主要成果，即改革是在社会主义制度的前提下进行的。无论社会主义改造还是社会主义改革都统一于中国社会主义事业的实践，它们有着内在的、历史的逻辑关系。

四、延伸阅读

（一）重要文献推荐

毛泽东：《新民主主义论》，《毛泽东选集》第2卷，人民出版社1991年版。

毛泽东：《中国革命和中国共产党论》，《毛泽东选集》第2卷，人民出版社1991年版。

陈云：《陈云文稿选编》（1949—1956年），人民出版社1982年版。

中共中央文献研究室：《建国以来重要文献汇编》（1949—1956年部分），中央文献出版社1994年版。

胡乔木：《胡乔木谈中共党史》，人民出版社1999年版。

薄一波：《若干重大决策与事件的回顾》（上卷），中共中央党校出版社1991年版。

石仲泉：《毛泽东的艰辛开拓》，中共党史出版社 1996 年版。
逄先知、金冲及：《毛泽东传（1949—1976）》（上），中央文献出版社 2003 年版。
柳青：《创业史》，中国青年出版社 1960 年版。
周而复：《上海的早晨》，作家出版社 1958 年版。
李占才：《十字路口：走还是留——民族资本家在 1949》，山西人民出版社 2009 年版。

（二）延伸阅读材料

毛泽东《新民主主义论》

（节选）

这种新民主主义共和国，一方面和旧形式的、欧美式的、资产阶级专政的、资本主义的共和国相区别，那是旧民主主义的共和国，那种共和国已经过时了；另一方面，也和苏联式的、无产阶级专政的、社会主义的共和国相区别，那种社会主义的共和国已经在苏联兴盛起来，并且还要在各资本主义国家建立起来，无疑将成为一切工业先进国家的国家构成和政权构成的统治形式；但是那种共和国，在一定的历史时期中，还不适用于殖民地半殖民地国家的革命。因此，一切殖民地半殖民地国家的革命，在一定历史时期中所采取的国家形式，只能是第三种形式，这就是所谓新民主主义共和国。这是一定历史时期的形式，因而是过渡的形式，但是不可移易的必要的形式。

因此，全世界多种多样的国家体制中，按其政权的阶级性质来划分，基本地不外乎这三种：（甲）资产阶级专政的共和国；（乙）无产阶级专政的共和国；（丙）几个革命阶级联合专政的共和国。

第一种，是旧民主主义的国家。在今天，在第二次帝国主义战争爆发之后，许多资本主义国家已经没有民主气息，已经转变或即将转变为资产阶级的血腥的军事专政了。某些地主和资产阶级联合专政的国家，可以附在这一类。

第二种，除苏联外，正在各资本主义国家中酝酿着，将来要成为一定时期中的世界统治形式。

第三种，殖民地半殖民地国家的革命所采取的过渡的国家形式。各个殖民地半殖民地国家的革命必然会有某些不同特点，但这是大同中的小异。只要是殖民地或半殖民地的革命，其国家构成和政权构成，基本上必然相同，即几个反对帝国主义的阶级联合起来共同专政的新民主主义的国家。……

这里所谈的是“国体”问题。……

至于还有所谓“政体”问题，那是指的政权构成的形式问题，指的一定的社会阶级取何种形式去组织那反对敌人保护自己的政权机关。没有适当形式的政权机关，就不能代表国家。中国现在可以采取全国人民代表大会、省人民代表大会、县人民代表大会、区人民代表大会直到乡人民代表大会的系统，并由各级代表大会选举政府。但必须实行无男女、信仰、财产、教育等差别的真正普遍平等的选举制，才能适合于各革命阶级在国家中的地位，适合于表现民意和指挥革命斗争，适合于新民主主义的精神。这种制度即是民主集中制。只有民主集中制的政府，才能充分地发挥一切革命人民的意志，也才能最有力量地去反对革命的敌人。“非少数人所得而私”的精神，必须表现在政府和军队的组成中，如果没有真正的民主制度，就不能达到这个目的，就叫做政体和国体不相适应。

国体——各革命阶级联合专政。政体——民主集中制。这就是新民主主义的政治，这就是新民主主义的共和国，这就是抗日统一战线的共和国，这就是三大政策的新三民主义的共和国，这就是名副其实的中华民国。……

……

在中国建立这样的共和国，它在政治上必须是新民主主义的，在经济上也必须是新民主主义的。

大银行、大工业、大商业，归这个共和国的国家所有。“凡本国人及外国人之企业，或有独占的性质，或规模过大为私人之力所不能办者，如银行、铁道、航路之属，由国家经营管理之，使私有资本制度不能操纵国民之生计，此则节制资本之要旨也。”这也是国共合作的国民党的第一次全国代表大会宣言中的庄严的声明，这就是新民主主义共和国的经济构成的正确的方针。在无产阶级领导下的新民主主义共和国的国营经济是社会主义的性质，是整个国民经济的领导力量，但这个共和国并不没收其他资本主义的私有财产，并不禁止“不能操纵国民生计”的资本主义生产的发展，这是因为中国经济还十分落后的缘故。

这个共和国将采取某种必要的方法，没收地主的土地，分配给无地和少地的农民，实行中山先生“耕者有其田”的口号，扫除农村中的封建关系，把土地变为农民的私产。农村的富农经济，也是容许其存在的。这就是“平均地权”的方针。这个方针的正确的口号，就是“耕者有其田”。在这个阶段上，一般地还不是建立社会主义的农业，但在“耕者有其田”的基础上所发展起来的各种合作经济，也具有社会主义的因素。

中国的经济，一定要走“节制资本”和“平均地权”的路，决不能是“少数人所得而私”，决不能让少数资本家少数地主“操纵国民生计”，决不能建立欧美式的资本主义社会，也决不能还是旧的半封建社会。谁要是敢于违反这个方向，他就一定达不到目的，他就自己要碰破头的。

这就是革命的中国、抗日的中国应该建立和必然要建立的内部经济关系。

这样的经济，就是新民主主义的经济。

而新民主主义的政治，就是这种新民主主义经济的集中的表现。

……

上面，我们说明了中国政治在新时期中的历史特点，说明了新民主主义共和国问题。下面，我们就可以进到文化问题了。

一定的文化是一定社会的政治和经济在观念形态上的反映。在中国，有帝国主义文化，这是反映帝国主义在政治上经济上统治或半统治中国的东西。……又有半封建文化，这是反映半封建政治和半封建经济的东西，凡属主张尊孔读经、提倡旧礼教旧思想、反对新文化新思想的人们，都是这类文化的代表。……这类反动文化是替帝国主义和封建阶级服务的，是应该被打倒的东西。……

至于新文化，则是在观念形态上反映新政治和新经济的东西，是替新政治新经济服务的。

如我们在第三节中已经提过的话，中国自从发生了资本主义经济以来，中国社会就逐渐改变了性质，它不是完全的封建社会了，变成了半封建社会，虽然封建经济还是占优势。这种资本主义经济，对于封建经济说来，它是新经济。同这种资本主义新经济同时发生和发展着的新政治力量，就是资产阶级、小资产阶级和无产阶级的政治力量。而在观念形态上作为这种新的经济力量和新的政治力量之反映并为它们服务的东西，就是新文化。没有资本主义经济，没有资产阶级、小资产阶级和无产阶级，没有这些阶级的政治力量，所谓新的观念形态，所谓新文化，是无从发生的。

……

这种新民主主义的文化是民族的。它是反对帝国主义压迫，主张中华民族的尊严和独立的。它是我们这个民族的，带有我们民族的特性。它同一切别的民族的社会主义文化和新民主主义文化相联合，建立互相吸收和互相发展的关系，共同形成世界的新文化……

这种新民主主义的文化是科学的。它是反对一切封建思想和迷信思想，主张实事求是，主张客观真理，主张理论和实践一致的。……

这种新民主主义的文化是大众的，因而即是民主的。它应为全民族中百分之九十以上的工农劳苦民众服务，并逐渐成为他们的文化。……

民族的科学的大众的文化，就是人民大众反帝反封建的文化，就是新民主主义的文化，就是中华民族的新文化。

新民主主义的政治、新民主主义的经济和新民主主义的文化相结合，这就是新民主主义共和国，这就是名副其实的中华民国，这就是我们要造成的新中国。

——《毛泽东选集》第 2 卷，第 675～679 页，694～695 页，706～709 页，人民出版社 1991 年版。

【导读】

《新民主主义论》是毛泽东在 1940 年发表的一篇极其重要的文章。当时的中国正处于抗日战争的最艰苦的阶段，国家何去何从是中国人民最为关心的问题。毛泽东运用马克思列宁主义关于殖民地半殖民地革命的理论，根据中国历史的特点和中国革命的经验，科学地分析了中国的社会性质和中国革命发展的基本规律，提出了新民主主义的完整理论，明确地回答了当时中国革命中提出的一系列基本问题。在这篇文章中，毛泽东明确指出了中国革命的领导权必须属于中国工人阶级，中国革命必须分为新民主主义革命和社会主义革命两个阶段，而在工人阶级领导下的新民主主义革命的前途必然是社会主义。而在新民主主义革命时期，党必须采取既区别于资本主义，又区别于社会主义的新民主主义的政治纲领、经济纲领和文化纲领。这里的节选部分就是毛泽东对新民主主义社会政治、经济、文化纲领的详细分析，有助于全国人民认清国家的前途与出路，坚定夺取胜利的信心。

刘少奇《在中国共产党第八次全国代表大会上的政治报告》

（节选）

在这里，究竟采取革命的路线，还是采取机会主义的路线，这是关系到六亿人民在时机成熟的时候是否应当取得政权的大问题。我们党采取了革命的路线，因而有了今天的中华人民共和国。

在中华人民共和国成立以后，由于工人阶级在同几亿农民建立了坚固同盟的条件下取得了全国范围的统治权力，工人阶级的政党中国共产党成为领导全国政权的政党，人民民主专政实质上已经成为无产阶级专政的一种形式。这就使我国的资产阶级民主性质的革命有可能经过和平的道路，直接地转变为无产阶级社会主义性质的革命。因此，中华人民共和国的成立，标志着我国资产阶级民主革命阶段的基本结束和无产阶级社会主义革命阶段的开始，标志着我国由资本主义到社会主义的过渡时期的开始。

我国过渡时期的基本特点是什么呢？

第一，我们的国家是一个工业落后的国家。为了建设社会主义社会，必须发展社会主义的工业，首先是重工业，使我们的国家由落后的农业国变为先进的工业国，而这是需要相当长的时间的。

第二，在我们的国家里，工人阶级的同盟者不但有农民和城市小资产阶级，而且有民族资产阶级。因此，为了改造旧经济，不但对于农业和手工业需要采取和平改造的方法，而且对于资本主义工商业，也需要采取和平改造的方法，而这就需要逐步进行，需要时间。

党中央委员会根据我国的具体情况，规定了我们党在过渡时期的总路线，这就是：在一个相当长的时间内，逐步实现社会主义的工业化，逐步完成对农业、手工业和资本主义工商业的社会主义改造。党的这个总路线是在一九五二年国民经济恢复阶段终结的时候提出的，在一九五四年已经为全国人民代表大会所接受，作为国家在过渡时期的总任务，记载在中华人民共和国宪法里面。

党在过渡时期的总路线是照耀我们各项工作的灯塔。各项工作离开它，就要犯右倾或者“左”倾的错误。在过去几年中，从右面离开党的总路线的倾向，主要地是仅仅满足于资产阶级民主革命的既得成就，要求把革命停顿下来，不承认我们的革命有向社会主义过渡的必要，不愿意对城市和农村的资本主义采取适当的限制政策，不相信党能够领导农民走向社会主义，不相信党能够领导全国人民建成社会主义。从“左”面离开党的总路线的倾向，主要地是要求在“一个早上”就实现社会主义，要求在我国用没收的方法消灭民族资产阶级，或者用排挤的方法使资本主义工商业破产，不承认过渡到社会主义应当采取逐步前进的步骤，不相信我们可以经过和平的道路达到社会主义革命的目的。我们党坚决地拒绝和批判了这两种错误的倾向。很明显，如果我们党接受这些意见的任何一种，我们就将不能建设社会主义，或者不能如同今天这样顺利地建设社会主义。

——中共中央文献研究室：《建国以来重要文献选编》（第九册），中央文献出版社 1994 年版，第 41～43 页。

【导读】

本段材料中，刘少奇指明了新中国成立初期我国的基本国情，这就是生产力极度落后、国民经济基础尚未建立的状况，并指出在这种国情下要实现工业化，我党必须依靠所有可以依靠的力量。为此，党中央提出了和平改造的方针，并明确了长期奋斗的决心。我们党在过渡时期的总路线由此出台。

五、史学争鸣

（一）关于新民主主义社会的性质

围绕新中国成立初期我国的社会性质，在 50 年代中叶和 70 年代末 80 年代初，理论界曾展开了两次讨论。传统观点认为，新中国成立头 7 年还不是社会主义社会，是新民主主义社会；第二种观点认为从新中国成立第一天起我国就是社会主义社会；第三种观点认为，当时我国既不是新民主主义社会也不是社会主义社会，是属于社会主义体系的、兼有以上两种属性的过渡性质的社会。①

随着我国改革开放的推进，90 年代前后又出现新的争论，不少人认为“社会主义初级阶段是回到过渡时期，是搞新民主主义。”就是说，我国现在仍然处于新民主主义社会阶段。②

问题争论的焦点就在于对新民主主义社会性质认识的分歧。而对新民主主义社会性质的探讨，实质是探讨社会主义初级阶段问题，是如何认识社会主义的问题。

那么，究竟应该怎样认识这个问题?

我们讲，新民主主义社会不是一个独立存在的社会形态。就其性质来说，新民主主义社会属于社会主义体系，这个社会既具有资本主义因素，也具有社会主义因素。它是介于中国半殖民地半封建社会和社会主义社会初级阶段之间具有过渡性质的社会阶段。

首先，新民主主义社会不是一个独立存在的社会形态。它是一个过渡时期。

历史唯物主义告诉我们，生产力决定生产关系，经济基础决定上层建筑。以生产力为基础并以生产力为标志的包括生产力和生产关系、经济基础和上层建筑在内的社会有机体构成社会形态。人类社会由此形成了三大社会形态：自然经济、商品经济、产品经济。

而同时，结合一定状况的生产力，以生产关系为标志的经济基础和上层建筑的统一又可以形成五种社会形态：原始社会、奴隶社会、封建社会、资本主义社会、共产主义社会，并由低级向高级依次推进。

由此可以看到，只要存在不同程度的社会形态，就存在过渡。可以说，“过渡时期”或者“过渡形态”是人类社会最基本的存在。只要有发展，有新旧交替，就有过渡时期、过渡形态。只是这个过渡时期或长或短。从宏观的角度看，这个过渡时期、过渡形态不是包括在前一个社会形态内就是包括在后一个社会形态内，或者分成两段分别包含在前后交接的两种社会形态内，而不可能形成一个特殊的、相对独立的社会形态。正如我国的春秋战国时期抑或西罗马帝国灭亡后的西欧，历史学家从未划分出游离于奴隶社会和封建社会之外的单独社会形态来。这也符合马克思主义关于人类社会形态依次演进

① 汪连兴：《新民主主义社会是社会主义初级阶段的早期形态》，《史学理论研究》1994 年第 4 期，第 63 页。

② 雷云、蓝蔚青、任玉秋：《关于若干社会主义理论问题的对话》，《科学社会主义》2001 年第 3 期，第 32 页。

的理论。新民主主义社会也不例外。

那么，新民主主义社会从属于哪个社会形态呢?

新民主主义社会前，中国处于半殖民地半封建社会，内无民主外无自由，深受帝国主义、封建主义、官僚资本主义压迫。资本主义经济已经产生，但没有充分发展起来，中国社会仍然是以自给自足的小农经济为主，地主土地所有制占主要地位。由于中国社会的特殊性，资产阶级不能独立领导完成民主主义革命。继而，中国的民主主义革命转变为无产阶级领导的人民大众的联合资产阶级的革命，革命胜利后当然不能建立资产阶级阶级统治的国家，更不可能回到封建制度中去，也不能建立无产阶级阶级专政的国家，只能建立能够反映工人、农民、小资产阶级、民族资产阶级利益的政治经济制度，即新民主主义国家。

另一方面，中国生产力十分落后的国情，又决定中国不具备革命胜利后直接进入社会主义社会的条件。必须在新民主主义制度下发挥各阶级的建设新国家的积极性，特别是资产阶级的积极性，允许有利于国计民生的资本主义有一个较大的发展，以创造向社会主义转变必需的物质条件。这是因为，人类社会的发展是从自然经济、商品经济到产品经济依次发展，这个发展过程是一个自然的历史过程，其发展阶段不能够随意跳跃。建立在这个生产力基础之上的社会形态的发展也是一个自然历史过程，它不可以选择，不以人的意志为转移。新民主主义社会前，自然经济已经开始解体，商品经济还没有充分发展，新建立的新民主主义社会应该属于以发展商品经济为特征的社会形态。但是，从社会制度看，新民主主义社会属于哪个社会形态?

按照马克思主义人类社会五种形态理论，我们知道，人类社会五种形态的划分不仅以生产力为依据，更重要的是以生产关系为标志的经济基础和上层建筑的辩证统一。一个社会形态的性质，归根结底取决于构成该社会形态的经济基础。换言之，生产资料所有制是划分不同社会制度不同社会形态的根本标志。当然，生产关系一定要和生产力相适宜。但是由于生产关系的适应性有很大的幅度，在同样的生产力条件下，可以容纳不同的社会制度。也就是说，社会制度的产生主要以生产关系为依据，可以选择和跨越。民主革命后的中国就选择跨越了资本主义社会，进入新民主主义社会，继而向社会主义过渡。新民主主义社会就其性质来说，已经属于社会主义体系，既具有资本主义因素，也具有社会主义因素。它是介于中国半殖民地半封建社会和社会主义社会初级阶段之间具有过渡性质的社会阶段。

从经济结构看，新民主主义社会存在五种经济成分：国营经济、合作社经济、国家资本主义经济、个体经济、私人资本主义经济。其中，国营经济具有社会主义性质，合作社经济具有半社会主义性质，国家资本主义经济带有若干社会主义性质，个体经济属于非社会主义性质（占国民经济总量的80%以上），私人资本主义经济属于非社会主义性质。这里，国营经济处于领导地位，非社会主义经济处于主体地位。社会主义性质的国营经济、半社会主义性质的合作社经济以及国家资本主义经济中的若干社会主义成分具有社会主义因素。只有私人资本主义经济、国家资本主义经济中的若干资本主义成分具有资本主义因素。所以，新中国成立初期的新民主主义社会，其经济结构的总体特征是国营经济领导下的多种经济成分并存和公有制成分不断壮大。据统计，从新中国成立到1952年短短三年中，社会主义工业的产值增长了305.1%，在工业总产值中所占比重增长了近一倍，从而不仅在质上而且在量上跃居了主导地位，在社会经济中起决定作用。

从政治结构看，新民主主义的政治是工人阶级领导的各个革命阶级联合专政的人民民主专政。人民民主政权机构建立的基本原则是新的政治秩序要建立在更广泛的社会基础之上和人民民主专政要牢牢地“置于工人阶级和共产党的领导之下”。

由此我们可以看出，新民主主义社会具有社会主义初级阶段的本质特征：经济上，实行生产资料公有制主导，多种经济成分共同发展，实行按劳分配为主体其他分配形式为补充的分配制度；政治上，坚持工人阶级（通过共产党）领导的工农联盟为基础的人民民主专政，承认人民代表大会制度，坚持中国共产党领导的多党合作和政治协商制度；思想上，坚持马克思主义、毛泽东思想为指导。

当然，由于新民主主义社会在经济上有大量的私人经济存在，生产资料公有制成分还没有在整个国民经济中取得数量上的绝对优势，政治上阶级尚未消灭，还有资产阶级参与政权，主要矛盾1949年—1952年底是中国人民同帝国主义、封建主义和国民党残余势力之间的矛盾。土地改革完成以后国内是无产阶级和资产阶级之间的矛盾；国外是中国同帝国主义国家之间的矛盾。所以，新民主主义社会与社会主义初级阶段还是有很大的区别。至少我们可以说，社会主义初级阶段是新民主主义社会的螺旋上升，而非完全同一。

因此我们说，新民主主义社会完全具备社会主义社会的基本特征，它的性质是属于社会主义体系，是社会主义初级阶段的早期形态。

（二）过渡时期总路线提出的时机是否成熟?

随着我国改革开放的推进，私营经济不断发展壮大，由此引起理论界的关注。因为如何看待私营经济的存在和发展这一问题，势必和建国初期过渡时期总路线的提出以及随之而来的社会主义改造相联系。针对这个问题理论界展开了多次讨论，主要围绕过渡时期总路线提出的时机是否成熟？社会主义改造的时机是否成熟？社会主义改造和社会主义改革、新民主主义社会和社会主义初级阶段的关系等内容展开。①

其实，这里面的中心问题是，究竟应该怎样看待社会主义初级阶段存在私营经济的问题，实质还是如何正确认识社会主义的问题。那么，我们怎么理解这个问题呢?

首先，历史唯物主义告诉我们，生产力决定生产关系，经济基础决定上层建筑。以生产力为基础并以生产力为标志的包括生产力和生产关系、经济基础和上层建筑在内的社会有机体构成社会形态。人类社会由此形成了三大社会形态：自然经济、商品经济、产品经济，并由低级向高级依次推进。这个发展过程是一个自然的历史过程，其发展阶段不能够随意跳跃，它不可以选择，不以人的意志为转移。中国在社会制度的选择上跨越了资本主义阶段。这是因为生产关系的适应性有很大的幅度，在同样的生产力条件

① 参阅谢春涛：《纪念社会主义改造40周年学术讨论会观点综述》，《中共党史研究》1996年第5期，第90～94页。

下，可以容纳不同的社会制度。也就是说，社会制度的产生主要以生产关系为依据，可以选择和跨越。但是，以生产力发展为标准的三大社会形态却没有办法跨越，中国必须经历商品经济的社会形态。要发展商品经济，就必须要有市场，必须要允许多种经济成分存在，多种经营存在，这才符合真正的马克思主义。新中国成立初期由于中国共产党还没有社会主义建设的经验，对马克思主义理论也认识不深，把当时唯一的一个社会主义国家当成模板，在实践中走了弯路。我们今天的改革，在很大程度上是对过去失误的纠正。特别是允许和鼓励非公有制经济成分的发展，就是直接解决了社会主义改造的遗留问题，符合现在的生产力水平和社会发展阶段，有利于发挥社会主义的积极作用。

其次，新中国成立初期提前结束新民主主义社会提出向社会主义过渡有历史的原因，过渡时期总路线的提出有其历史的必然性。

第一，新民主主义社会的发展为向社会主义过渡提供了现实的可能和实践条件。

无产阶级政党的领导和国家政权的巩固，为向社会主义过渡提供了根本的政治保证。国民经济的恢复及社会主义国营经济在国民经济中领导地位的确立与巩固为向社会主义过渡提供了经济条件。马克思列宁主义、毛泽东思想指导地位的确立为向社会主义过渡提供了思想保证。尤其是到1952年，我国不仅有了相对强大和较快发展的社会主义国营经济，这为整个国民经济的改造提供了一定的物质基础；而且已经有了40％的农民在土改后加入了互助合作社，有一半左右的资本主义工业被纳入不同形式的国家资本主义，这实际上成为对个体农业、私营工商业进行社会主义改造的开端和最初步骤，而这些变化又曾以生产力的提高显示出它的优越性所在。过渡时期总路线的提出，就是对这些变革的承认和肯定。

第二，中国选择了赶超战略和优先发展重工业的社会主义工业化道路。

国家的社会主义工业化，是国家独立和富强的当然要求和必要条件。近代以来，无数仁人志士为着这一目标顽强奋斗，中国共产党也为之做出不懈努力。从当时可供借鉴的工业化道路看，有资本主义的工业化道路和社会主义工业化道路两种模式。中国最后选择了社会主义工业化道路。选择走社会主义的工业化道路，就促使中国共产党提前向社会主义过渡。

理论上，中国不具备走资本主义道路的条件。资本主义的发展必要条件有两点：一是大量货币资本集中在少数人手里（原始积累、加强剥削）；二是大量有人身自由，但丧失了任何生产资料的无产者的存在。历史事实：近代半殖民地半封建的基本国情导致中国资本主义经济发展举步维艰，力量弱小。近代以来的历史表明，资本主义工业化的道路在中国走不通。独立后中国如果走资本主义道路，无法摆脱对外国资本的依赖，长久以来将成为西方资本主义大国的附庸。

现状看，民族资本主义经济力量弱小，社会主义性质的国营经济力量相对来说比较强大，这是中国选择社会主义工业化道路的一个基本因素。

但是，随着国家工业化的推进，国内矛盾不断显现，主要是国营经济和非公有制经济之间的矛盾越来越突出。实现社会主义工业化的主要依靠力量是社会主义国营经济。国营经济的发展不可能不在资金、原料、产品销售方面同非公有制经济产生矛盾。更主要的是，资本主义生产的无政府性和盲目经营，与国民经济有计划按比例发展的要求相矛盾。资本主义剥削与扩大社会主义积累之间的矛盾更加明显。资本主义工商业企业内部职工与资本家的矛盾日益突出。资本主义的发展意味着大批农民破产成为资本家的雇佣工人，又与共产党的纲领不容。资本主义工商业在五反后已经处于进退两难境地。另外，从历史和现状看，民族资本主义经济力量的弱小，使其无法、无力承担实现中国的现代化的历史使命，不可能成为中国工业起飞的基础，只有社会主义国营经济才能成为实现国家工业化的主要基础。这些矛盾的发展，说明资本主义生产关系已经日益成为社会生产力进一步发展的障碍。只有从根本上改造资本主义生产关系，把资本主义工商业逐步引上社会主义道路，才能适应社会主义工业化全面展开的要求。

土地改革后，个体农民、特别是贫、下中农，确实有走互助合作道路的要求。个体经济是分散落后的，有很大的局限性。广大农民从实践中体会到，要脱离贫困，只有联合起来走社会主义大道。个体农业经济生产规模狭小，生产工具简陋、落后，生产水平低下，无力抗御自然灾害。个体农业经济不利于采用农业新技术，严重阻碍着农村生产力的进一步发展。随着工业化的发展，对农产品的需求日益增大，小农个体经济的落后性也直接影响着工业乃至整个国民经济的发展速度。新的贫富分化开始出现，少数人上升为新富农，多数贫困农民重新沦为被盘剥的对象，这是毛泽东等共产党人不能容忍的现象。

随着土地制度改革和其他社会改革在全国的完成，国内的主要矛盾已经转为工人阶级和资产阶级之间、社会主义道路和资本主义道路之间的矛盾。

第三，国际环境和苏联过渡时期理论与实践对中国的影响。

中华人民共和国成立后的国际形势是一方面西方国家对我国的封锁、包围，另一方面是社会主义运动的兴起，苏联社会主义建设取得伟大成就及其对中国建设的支援，这成为是中国向社会主义过渡的国际条件。

所以，从以上情况看，过渡时期总路线的提出，对于国家工业化的积极推进，社会生产力的快速发展，国家政权的稳定，抵御国际敌对势力的进攻还是起到了积极作用。符合当时中国的实际情况。

另一方面，我们也要看到，过渡时期总路线在执行过程中的问题。一是，在过渡目标上追求单一的公有制，把生产资料社会主义所有制当成是我国唯一的经济基础。二是，在工业化和社会主义改造的关系上，虽然明确了工业化是主体，但在实践中强调的重点还是所有制的改造。在对社会形态的界定上没有联系生产力标准对社会形态的形成起到的重要作用，并由此来确定生产资料公有化的程度。三是，对工业化和社会主义改造的时间规定过短，要求过急。四是，在经济管理体制上追求高度集中的计划经济体制，忽视市场经济的重要作用。

同时，我们在总结总路线的不足时还应该注意，总路线本身和总路线在执行过程中的失误还有所区别。总路线对工业化和社会主义改造的时间本来规定是“在一个相当长的时期内”，而且进程是“逐步实现”，但在执行总路线的实践中却是大大缩短了这一过程，与总路线初衷相违背。

六、实践指导

（一）实践主题

实践的主题为："家乡的变迁。"从自己家乡的旧貌新颜，体会中国选择社会主义道路的正确性，也正视社会主义发展的曲折性，认识社会主义改革的伟大成就。

（二）现实资料提供：成都城乡一体化战略与新农村建设成就

通过对成都城乡一体化战略及其实施情况的了解，认识改革开放新时期的中国农村建设成就，体会社会主义制度的自我完善能力与活力。

成都城乡一体化战略的提出与新农村建设一直以来走在全国前列。根据2006年中央提出的"新农村建设"的方案与目标，以及农业部农村经济研究中心主任柯炳生对"新农村建设"作出的具体界定——新房舍、新设施、新环境、新农民、新风尚，成都的具体实践已经涵盖了相应的内容。早在2003年10月，成都已经作出"统筹城乡经济社会发展、推进城乡一体化"战略部署，完全符合社会经济发展方向。

2007年6月7日，国家批准成都市设立全国统筹城乡综合配套改革试验区。2009年底，成都市委对城乡一体化实践全面提升和深化；经过不断实践，形成了一套完整的城乡一体化改革经验。2011年12月，成都通过"五个统筹"推进城乡一体化发展，初步形成城乡一体化发展新格局。经过深入实践，农民人均纯收入持续增长，2012年、2013年分别较上年增长14.2%、12.9%；城乡居民收入差距从2011年的2.42∶1缩小为2013年的2.32∶1；城镇化率加速增长，从2011年的67%提升到2013年的69.37%。2014年10月，国务院正式批复同意设立四川天府新区，明确提出要把四川天府新区打造成为"统筹城乡一体化发展示范区"。成都的农村产权制度改革获得第七届中国地方政府创新奖，农村小型公共基础设施村民自建改革在2014年全国经济体制改革工作会议上被作为典型经验加以推广。

（参见《成都商报》2014年11月28日，《"五个统筹"初步构建起成都城乡一体化发展新格局》）

从成都市城乡一体化建设实践看，其核心是"三个集中"，即工业向集中发展区集中、农民向城镇集中、土地向规模经营集中，促进城乡资源空间整合与产业发展。通过政策引导、产业规划调整，优化产业布局，依靠工业集中集约发展，带动城镇和二、三产业发展，创造农村富裕劳动力转移平台。农民向城镇集中，农村劳动力向二、三产业集中，又为农村腾出土地实施规模经营、发展现代农业创造了条件。

随着成都"新农村建设"的不断深入，"五个统筹"也不断推进，各种新农村模式纷纷呈现。无论哪种模式，都切实增加了农民收入、推进了城乡融合、促进了社会的发展与进步。

（三）参观走访

建议参观走访新津县袁山村新型社区建设，邛崃市羊安镇新城建设及汤营村农业公司发展模式，温江东岳社区农村产权制度改革，邛崃市油榨乡马岩村公共服务和社会管理改革，都江堰市柳街镇鹤鸣村产权制度改革。

七、知识运用

（一）单项选择题

1. 1949 年中华人民共和国成立后，标志着中国从半殖民地半封建社会进入(　　)。
   A. 社会主义社会　　B. 资本主义社会
   C. 新民主主义社会　　D. 新民主主义到社会主义的过渡社会
2. 新民主主义社会属于(　　)。
   A. 社会主义体系　　B. 资本主义体系
   C. 单独的社会形态　　D. 社会主义资本主义混合形态
3. 新民主主义社会 1953—1956 年国内的主要矛盾是(　　)。
   A. 人民大众与封建主义的矛盾
   B. 中华民族与帝国主义的矛盾
   C. 无产阶级与资产阶级的矛盾
   D. 人民对于经济、文化迅速发展的需求同当前经济、文化不能满足人民需求的状况之间的矛盾
4. 新民主主义社会的政治是(　　)。
   A. 无产阶级政治　　B. 人民民主专政
   C. 工人阶级和资产阶级联合专政　　D. 资产阶级专政
5. 新民主主义社会人民民主政权机构建立的一个重要原则是人民民主专政必须置于(　　)。
   A. 工人阶级领导之下
   B. 工人阶级和共产党的领导之下
   C. 资产阶级和工人阶级共同领导之下
   D. 共产党和资产阶级政党共同领导之下
6. 在新民主主义社会的国民经济中处于领导地位的是(　　)。
   A. 私人资本主义经济　　B. 国营经济
   C. 国家资本主义经济　　D. 合作社经济
7. 新中国建立社会主义国营经济的主要途径和手段是(　　)。
   A. 没收地主土地　　B. 没收官僚资本
   C. 赎买民族资产阶级的财产　　D. 没收帝国主义在华企业

8. 在中国革命进程中，具有民主主义革命和社会主义革命双重性质的事件是(　　)。
   A. 没收封建地主阶级的土地归农民所有
   B. 没收官僚资本归新民主主义国家所有
   C. 接受帝国主义在华企业归新民主主义国家所有
   D. 赎买民族工商业归新民主主义国家所有
9. 新中国成立初期，针对党政干部中存在的腐化问题，中国共产党开展了(　　)。
   A. 三查运动　　B. 三反运动
   C. 五反运动　　D. 四清运动
10. 社会主义改造是指对(　　)。
   A. 生产方式　　B. 分配方式
   C. 生产资料所有制　　D. 人与人的权力关系
11. 过渡时期总路线的主体是(　　)。
   A. 实现国家社会主义工业化
   B. 对农业的社会主义改造
   C. 对手工业的社会主义改造
   D. 对资本主义工商业的社会主义改造
12. 过渡时期总路线最显著的特点是(　　)。
   A. 社会主义建设与社会主义改造同时并举
   B. 对资本家实行和平赎买
   C. 以实现社会主义工业化为主要目标
   D. 符合当时国情，反映了新民主主义社会向社会主义社会转变的历史必然
13. 中国的民族资本主要是(　　)。
   A. 民族工业资本　　B. 商业资本
   C. 金融资本　　D. 商业资本和金融资本
14. 1953年12月，中共中央提出引导农民走向社会主义的过渡性经济组织形式里，具有半社会主义性质的是(　　)。
   A. 互助组　　B. 初级社
   C. 高级社　　D. 人民公社
15. 高级农业合作社具有(　　)。
   A. 社会主义萌芽性质　　B. 半社会主义性质
   C. 完全社会主义性质　　D. 新民主主义性质
16. 我国农业合作化走的是(　　)。
   A. 和平赎买的道路　　B. 先机械化后合作化的道路
   C. 先合作化后机械化的道路　　D. 合作化、机械化同时并举的道路
17. 农业合作化要坚持的原则是(　　)。
   A. 自愿、互利　　B. 积极发展、稳步前进
   C. 稳步前进、逐渐过渡　　D. 典型示范、逐步推广

18. 在资本主义工商业社会主义改造中，中国共产党对资本主义工商业采取的政策是（　　）。
A. 加工订货　　B. 统购包销
C. 公私合营　　D. 和平赎买

19. 在资本主义工商业社会主义改造中，中国共产党对资本主义工商业改造途径是（　　）。
A. 统购包销　　B. 加工订货
C. 国家资本主义　　D. 定股定息

20. 我国对私人资本主义工商业进行社会主义改造的高级形式是（　　）。
A. 委托加工　　B. 计划订货
C. 统购包销、经销代销　　D. 公私合营

21. 初级形式的国家资本主义企业经营权由（　　）。
A. 资本家掌握　　B. 国家掌握
C. 资本家和国家共同掌握　　D. 国家掌握为主

22. 中国民族资产阶级在社会主义革命时期仍然具有两面性，其表现为：（　　）
A. 革命性和动摇性　　B. 主动性和被动性
C. 剥削性和接受改造性　　D. 进步性和落后性

23. 个别企业公私合营阶段，对企业利润的分配实行（　　）。
A. 定股定息　　B. “四马分肥”
C. 归国家所有　　D. 归企业所有

24. 1956 年社会主义改造基本完成，中国进入社会主义初级阶段。其最主要的标志是（　　）。
A. 资产阶级已经消灭　　B. 地主阶级完全消灭
C. 社会主义基本政治制度的建立　　D. 社会主义基本经济制度的建立

25. 我国进入社会主义初级阶段的起点是（　　）。
A. 中华人民共和国成立　　B. 国民经济恢复的任务完成
C. 过渡时期总路线的提出　　D. 社会主义改造基本完成

（二）材料分析题

1949 年中华人民共和国的成立，标志着新民主主义革命阶段的基本结束，进入新民主主义社会。这时的新民主主义社会，已经是一个“属于社会主义体系的和逐步过渡到社会主义社会去的过渡性质的社会”了。新民主主义社会具有过渡性质，不是一个独立的社会形态。

毛泽东在 1953 年 6 月 15 日召开的中共中央政治局会议上说：“过渡时期充满着矛盾和斗争，是变动很剧烈很深刻的时期。我们现在的革命斗争，甚至比过去的武装斗争还深刻，要在十年到十五年使资本主义绝种。确立新民主主义社会秩序的想法，是不符合实际斗争情况的，是妨碍社会主义事业的发展的。”

——逄先知、金冲及主编：《毛泽东传（1949—1976）》上，中央文献出版社 2003

年版，第 255 页

1953 年 12 月 11 日中共中央给各中央局、分局并转省、市委的电报中指出："现在为巩固新民主主义制度而斗争，将来为转变到社会主义制度而斗争的提法，是不妥当的。"应该改为"中国共产党的最终目的，是要在中国实现共产主义社会。从中华人民共和国成立以后，我们的国家即开始进入一个新的历史时期，即为逐步过渡到社会主义社会而斗争的时期。"

——中共中央文献研究室《建国以来重要文献选编》第 2 册，中央文献出版社 1992 年版，第 207 页，第 211—212 页

根据材料分析回答：

1. 新民主主义社会为什么不是一个独立的社会形态？
2. 为什么"确立新民主主义社会秩序"的提法不妥？

第十讲　初期探索：社会主义建设的曲折发展

一、知识要点

（一）基本线索

本节主要讲的是1956年社会主义基本制度的全面确立到1976年“文化大革命”结束期间这二十年的历史。社会主义制度全面确立后，中国共产党开始探索一条适合中国情况的社会主义建设道路。这二十年是以毛泽东同志为核心的党的第一代领导集体带领全党和全国各族人民以苏联的经验教训为鉴戒，把马克思列宁主义基本原理同中国具体实际相结合，艰难探索中国自己社会主义建设道路的历史。中国从开始全面建设社会主义以来，既取得过巨大的成就，也经历过严重的挫折，走过了一条曲折的探索之路。

（二）知识要点

1. 全面建设社会主义的开端

（1）提出马克思主义和中国实际的“第二次结合”

1956年社会主义制度的全面确立，标志着中国进入了开始全面建设社会主义的历史阶段。但是，在中国这样一个经济文化落后、人口众多、幅员辽阔、发展极不平衡的国家，怎样建设以及怎样巩固和发展社会主义是以毛泽东为核心的党的第一代领导集体面临的全新课题。

新中国成立初期，由于没有现成的道路可循，中国共产党主要是借鉴苏联社会主义建设的经验，尤其在经济建设上，有的甚至照搬苏联的做法。这在当时是完全必要的，但是鉴于国情差异，这不是长久之计。中国共产党经过执行第一个五年计划的实践，积累了进行建设的初步经验，到了1956年，在这个中国走向社会主义道路的关键时刻，苏共二十大却进一步暴露了苏联在社会主义建设中存在的缺点和错误。就如毛泽东所指出的，赫鲁晓夫的秘密报告“揭开了盖子”，说明苏联、苏共、斯大林并不是一切都是正确的，这就破除了迷信，有利于反对教条主义。在这种情况下，以毛泽东为核心的党的第一代领导集体决心走自己的路，开始了探索中国自己社会主义建设的道路。

在探索中国自己的社会主义建设道路上，首先是毛泽东提出了关于实行马克思主义同中国实际的“第二次结合”的任务。他说：“这个问题，我几年前已开始考虑，现在赫鲁晓夫揭开了盖子，给我们最大的教育就是独立思考，按中国的情况办事，……现在是社会主义革命和建设时期，我们要进行第二次结合，找出在中国怎样建设社会主义的道路。”

（2）在社会主义制度下保护和发展生产力

社会主义制度的确立，为进一步保护和发展生产力创造了更为有利的条件。

1956年1月，毛泽东在最高国务会议上提出：“我国人民应该有一个远大的规划，要在几十年内，努力改变我国在经济上和科学文化上的落后状况，迅速达到世界上的先进水平。”为此，中共中央公布了《1956年到1967年全国农业发展纲要（草案）》，极大地调动了农民从事社会主义建设的积极性；召开知识分子问题会议，提出“向现代科学进军”，提出“百花齐放、百家争鸣”的方针，极大地调动广大知识分子从事社会主义建设的积极性，成为党和国家促进社会主义文化繁荣和科学进步的指导方针，后来也成了处理人民内部矛盾的正确方针；制定了《1956—1967年科学技术发展远景规划纲要》，它的实施填补了我国科学技术领域的诸多空白，许多尖端科技项目的集体攻关从这时起步，并开始了向世界科学技术先进水平的进军。

2. 早期探索的积极进展

（1）《论十大关系》的发表

《论十大关系》是以毛泽东为主要代表的中国共产党人开始探索中国自己的社会主义建设道路的标志。毛泽东曾经满意地说：“前八年照搬外国的经验，但从一九五六年提出十大关系起，开始找到自己的一条适合中国的路线。”

1956年2月到4月，毛泽东等先后听取了国务院工业、农业、运输业、商业、财政、计划等35个部委的工作汇报。1956年4月25日在政治局扩大会议上和5月2日的最高国务会议上做《论十大关系》的报告。

十大关系的内容包括经济关系和政治关系。其中前五个是经济关系，分别是重工业和轻工业、农业的关系；沿海工业和内地工业的关系；经济建设和国防建设的关系；国家、生产单位和生产者个人的关系；中央和地方的关系。后五个是政治关系，分别是汉族和少数民族的关系；党和非党的关系；革命和反革命的关系；是非关系；中国和外国的关系。这十大关系围绕一个基本方针，即：“一定要努力把党内党外、国内国外的一切积极的因素，直接的、间接的积极因素，全部调动起来，把我国建设成为一个强大的社会主义国家。”这成为同年九月召开的中共八大的指导思想。

（2）中共八大路线的制定

1956年9月15日至27日，中国共产党第八次全国代表大会在北京举行。中共八大文献的起草，是在毛泽东领导下集体进行的。作为中共八大纲领性文件的政治报告稿，是中共中央集体智慧的结晶。

中共八大正确地分析了社会主义改造完成后中国社会的主要矛盾和主要任务，指出：国内主要矛盾是人民对于经济文化迅速发展的需要同当前经济文化不能满足人民需要状况之间的矛盾；全国人民的主要任务是集中力量发展社会生产力，实现国家工业化，逐步满足人民日益增长的物质和文化需要；根本任务是在新的生产关系下保护和发展生产力。

在经济建设上，大会坚持既反保守又反冒进即在综合平衡中稳步前进的方针。在政治建设上，提出要扩大社会主义民主，健全社会主义法制，使党和政府的活动做到“有法可依”和“有法必依”。在执政党建设方面，强调要提高全党的马克思列宁主义思想水平，健全党内民主集中制，坚持集体领导制度，反对个人崇拜，发展党内民主和人民民主，加强党和人民群众的联系。

陈云“三个主体，三个补充”的思想为大会所采纳，成为探索适合中国特点的经济体制的主要步骤。

随后召开的八届一中全会，选举毛泽东为中央委员会主席，刘少奇、周恩来、朱德、陈云为副主席，邓小平为总书记，组成中央政治局常务委员会。

（3）《关于正确处理人民内部矛盾的问题》的发表

苏共二十大后，帝国主义趁机掀起了反苏反共反社会主义的浪潮，国际上出现的波兰、匈牙利事件，对中国也有一定的影响，同时国内一些地区出现工人罢工、学生罢课、农民退社等情况，一些领导干部简单地将其作为敌我矛盾来处理。

1957 年 2 月，毛泽东在扩大的最高国务会议第十一次（扩大）会议上发表了《关于正确处理人民内部矛盾的问题》讲话。主要内容包括社会主义社会的基本矛盾的理论；社会主义社会两类不同性质的矛盾——敌我矛盾和人民内部矛盾的理论；正确处理人民内部矛盾是国家政治生活的主题；正确处理人民内部矛盾的方针和方法。

（4）整风运动和反右派斗争

采取整风运动的办法来全面加强党的思想、组织、作风建设，是中国共产党的一个创造。在执政的条件下，党容易产生脱离群众的官僚主义等错误倾向。毛泽东和中共中央真诚地希望通过这种方式，加强党外人士对党员干部的批评、监督，进一步密切党同群众的联系。1957 年 4 月 27 日中共中央下发《关于整风运动的指示》，决定在全党进行一次反对官僚主义、宗派主义和主观主义的整风运动。

在整风运动中，绝大多数是诚恳的，群众提出的意见绝大部分是正确的、有益的，有利于改进党的领导。但确有极少数资产阶级右派分子乘机向党和新生的社会主义制度进攻。有的人甚至散布煽动性言论，鼓动一些不明真相的人闹事。事情正在起变化。6 月 8 日，中央发出组织力量反击右派分子进攻的党内指示，《人民日报》同日发表《这是为什么?》的社论。一场全国规模的群众性反右派运动全面展开。

对极少数右派分子的进攻实行坚决反击，是完全正确的和必要的。但是反右派斗争问题是被严重地扩大化了。把一批知识分子、爱国人士和党内干部错划为右派分子，是党和国家整个事业的严重损失。反右派斗争扩大化的一个重要影响，是改变了中共八大关于社会主要矛盾的正确判断，使党的指导思想开始出现了“左”的偏差。这一理论上和指导思想上的失误造成了长时期的严重后果。

3.“大跃进”及其纠正

分为几个阶段：“大跃进”和人民公社运动的发动（1957 年 11 月—1958 年 11 月）；初步纠正“左倾”错误的努力（1958 年 11 月—1959 年 7 月 22 日）；庐山会议与纠“左”进程的中断（1959 年 7 月 23 日—1960 年 11 月）；国民经济调整阶段（1960 年 11 月—1966 年 5 月）。

发动大跃进的原因：一五计划提前完成，激发了全国人民在短时期内彻底改变祖国

“一穷二白”面貌的斗志，增强了中国共产党人领导经济建设自信心；因为胜利，滋长了骄傲自满情绪；夸大了主观意志和主观努力的作用；忽视经济规律，急于求成，对社会主义建设的长期性、复杂性严重估计不足。

1958 年 5 月，中共八大二次会议通过了“鼓足干劲、力争上游、多快好省地建设社会主义”的社会主义建设总路线。同年 8 月，中共中央政治局北戴河会议通过了《关于在农村建立人民公社问题的决议》。只经过几个月的时间，全国 74 万个农业生产合作社合并成为 2.6 万个人民公社。人民公社实行“正社合一”的体制，它严重脱离农村的生产力水平，致使“一平二调”之风泛滥，损害了广大社员和小集体的利益。

毛泽东是“大跃进”和人民公社的积极倡导者和推动者，又是中共中央领导集体较早察觉并实际纠正“左”倾错误的领导人。从第一次郑州会议以后，对已经察觉到的错误进行了初步纠正。针对人民公社存在的平均主义和过分集中问题提出：队为基础、分级管理、三级核算、各计盈亏、按劳分配、承认差别的方针。

1959 年 7 月 2 日至 8 月 1 日中共中央在江西庐山召开政治局扩大会议。其出发点是统一认识，巩固纠“左”的成果。7 月 14 日，彭德怀在写给毛泽东的信中指出大跃进的严重问题和突出矛盾。7 月 23 日，毛泽东错误地对彭德怀的信提出尖锐批评。随后在全党范围内开展了“反右倾”斗争。这场斗争使党内从中央到基层的民主生活遭到严重损害；在经济建设上打断了纠“左”的进程，使错误延续了更长时间。加上当时的自然灾害和苏联政府背信弃义地撕毁合同，撤走全部专家，党和人民面临新中国成立以来所未有的严重经济困难。

国民经济发生的严重困难，给予中国共产党以深刻地教训。中共中央和毛泽东决心认真进行调查研究，调整政策，纠正错误。1961 年 1 月中共八届九中全会决定对国民经济实行“调整、巩固、充实、提高”的八字方针，并号召全党大兴调查研究之风。1962 年 1、2 月间，中共中央在北京召开了扩大的中共中央工作会议（即七千人大会）。七千人大会最重要的成果就是对党的民主集中制进行了深刻反思，恢复了党内的民主精神和自我批评精神。这是党中央自大跃进以来对我国社会主义建设经验的一次最为系统的总结，在三年调整时期具有关键的作用。

但是，20 世纪 50 年代后期开始的“左”倾错误，在经济工作指导思想中尚未得到彻底纠正，在政治和思想文化方面还有发展。在意识形态领域，也对一些文艺作品、学术观点和文艺界学术界的一些代表人物进行批判，并在一些问题上发生越来越严重的“左”的偏差，并且在后来发展成为“文化大革命”的导火索。

4. “文化大革命”及其结束

1966 年 5 月至 1976 年 10 月的“文化大革命”，是全局性的、长时间的“左倾”严重错误。它使中国共产党、国家和人民遭到新中国成立以来最严重的挫折和损失。毛泽东发动这场“大革命”的出发点是反对修正主义、防止资本主义复辟、维护党的纯洁性和寻求中国自己的建设社会主义的道路。

1965 年 11 月 10 日姚文元的《评新编历史剧〈海瑞罢官〉》成为毛泽东发动“文化大革命”的导火线。1966 年 5 月“五一六通知”系统阐发发动“文化大革命”的主要论点。但是历史已经证明，毛泽东发动“文化大革命”的主要论点既不符合马列主义，也不符合实际，同年 8 月 1 日至 12 日，毛泽东主持召开党的八届十一中全会，毛泽东在全会上印发《炮打司令部——我的一张大字报》，全会通过的《关于无产阶级文化大革命的决定》（简称“十六条”）成为“文化大革命”的指导方针。1969 年 4 月 1 日至 24 日九大召开，使“文化大革命”在理论和实践上合法化。经历粉碎林彪反革命集团和挫败“四人帮”“组阁”图谋，1976 年 10 月 6 日晚，中央政治局执行党和人民的意志，毅然粉碎了江青反革命集团，结束了“文化大革命”。

“文化大革命”是一场由领导者错误发动，被反革命集团利用，给党、国家和各族人民带来严重灾难的内乱。它不是也不可能是任何意义上的革命和社会进步。历史悲剧不容重演。

5. 严重的曲折，深刻的教训

（1）犯错误的原因

第一，社会主义运动的历史不长，社会主义国家的历史更短，社会主义社会的发展规律有些已经比较清楚，更多的还有待于继续探索。中国的社会主义建设则刚刚起步，对什么是社会主义、怎样建设社会主义的问题，并没有完全搞清楚。

第二，由于中国共产党的历史特点，在社会主义改造基本完成以后，在观察和处理社会主义社会发展进程中出现的政治、经济、文化等方面的新矛盾新问题时，容易把已经不属于阶级斗争的问题仍然看作是阶级斗争，并且面对新条件下的阶级斗争，又习惯于沿用过去熟悉而这时已不能照搬的进行大规模急风暴雨式的群众性斗争的旧方法和旧经验，从而导致阶级斗争严重扩大化。

第三，我们党的民主集中制和集体领导制度遭到了严重破坏，致使党无法依靠制度和集体的力量及时地发现并纠正错误。

（2）对错误进行科学分析

第一，中国共产党在犯严重错误时，党的性质和宗旨没有变，人民群众依然将党看成自己根本利益的代表，对它表示信任并寄予希望，我们党仍然有强大的凝聚力。

第二，中国共产党能够紧紧地依靠广大党员、干部和人民群众，并在广大人民群众的支持和帮助下，发现错误，抵制错误，纠正错误。

第三，尽管毛泽东犯了发动“文化大革命”的严重错误，但他仍然是中国人民的伟大领袖，毛泽东思想仍然是全国人民的指导思想。

第四，要历史地辩证地看待中国共产党和毛泽东所犯的错误，经过正确的总结经验教训同样是宝贵财富。

第五，即使在中国共产党和毛泽东犯了严重错误的历史时期，社会主义建设的各项事业仍然取得了举世公认的重要成就。

6. 建设的成就，探索的结果

第一，独立的、比较完整的工业和国民经济体系的基本建立。

第二，人民生活水平的提高与文化、教育、医疗、科技事业的发展。

第三，国际地位的提高与国际环境的改善。

第四，探索中形成的建设社会主义的若干重要原则。

（三）内容框架

- 初期探索：社会主义建设的曲折发展
  - 全面建设社会主义的开端
  - 早期探索的积极进展
    - 《论十大关系》的发表
    - 八大路线的制定
    - 《关于正确处理人民内部矛盾的问题》的发表
    - 整风运动和反右派运动
  - 探索中的严重曲折
    - “大跃进”及其纠正
    - “文化大革命”及其结束
    - 挫折和教训
  - 犯错误的原因解析
    - 错误的性质
    - 科学地认识所犯的错误
  - 初步探索的成果和成就
    - 经济建设
    - 文化建设
    - 社会建设
    - 政治建设
    - 国际层面

二、重点问题

（一）对中国共产党探索中所犯错误的性质的认识

1957年下半年以来中国共产党所犯的错误，特别是“文化大革命”的严重错误，是中国共产党在独立地寻找中国自己的社会主义建设道路过程中发生的严重错误。

首先，社会主义虽然是人类历史上全新的事业，但已经有了苏联的经验，以毛泽东为主要代表的中国共产党人没有图省事、走捷径，照搬苏联的经验。而是致力于探索一条中国自己的社会主义建设道路，表明了他们对祖国、对人民高度负责的精神。

其次，我国经济文化比较落后，要把马列主义基本原理同中国实际全面的正确的结合起来，不能不经历一个长期探索的过程。既然是探索，就难免有失误。

再次，我们党和毛泽东所犯的错误归根结底不是社会主义根本制度造成的，相反，恰恰都是可以依靠社会主义制度的自我完善和发展纠正的。

最后，我们必须把毛泽东的错误同林彪、“四人帮”的罪行区别开来。毛泽东他是在为广大人民谋利益的征途上犯的错误；而林彪、“四人帮”则是野心家、阴谋家，为了少数人的私利死不改悔，甚至不惜叛国出逃。

（二）探索中形成的建设社会主义的若干重要原则

1. 建设社会主义的重大理论原则

第一，阐明了必须实行马列主义与中国实际“第二次结合”这个基本原则，这是中国社会主义建设道路的一个最基本原则。马列主义与中国实际“第二次结合”必须坚持马克思主义基本原理。十月革命道路就是马克思主义基本原理与俄国具体实践相结合的结果，它“反映了人类社会发展长途中的一个特定阶段内关于革命和建设工作的普遍规律”。因此党中央指出，保持十月革命这一条马克思列宁主义的道路，在目前的国际形势下，具有特别重要的意义。必须从中国的国情出发。党中央指出，鉴于苏联在社会主义建设中发生的缺点和错误，我们应当更加强调从中国的国情出发。

第二，提出了社会主义社会矛盾的学说。毛泽东指出：社会主义社会充满着矛盾，社会主义社会的基本矛盾仍然是生产力和生产关系、经济基础和上层建筑之间的矛盾，不过社会主义社会的这些矛盾同旧社会的这些矛盾具有根本不同的性质和情况，可以通过社会主义制度本身的自我调整和完善，不断地得到解决。他还指出：在社会主义制度下，人民的根本利益是一致的，但还存在着敌我之间和人民内部两类性质根本不同的矛盾，前者需要用强制的、专政的方法去解决，后者只能用民主的、说服教育的方法，即团结—批评—团结的方法去解决，决不能用解决敌我矛盾的方法解决人民内部的矛盾。

第三，阐明了建设社会主义的基本方针：调动一切积极因素建设社会主义。

第四，关于社会主义的发展阶段，毛泽东指出：社会主义这个阶段，又可能分为两个阶段，第一个阶段是不发达的社会主义，第二个阶段是比较发达的社会主义。后一个阶段可能比前一阶段需要更长的时间。

第五，关于社会主义现代化建设的战略目标和步骤，毛泽东强调：社会主义现代化建设的战略目标，就是要把中国建设成为一个有现代农业、现代工业、现代国防和现代科学技术的强国。为此，应当采取“两步走”的发展战略，第一步，建成一个独立的比较完整的工业体系和国民经济体系；第二步，全面实现农业、工业、国防和科学技术的现代化，使中国的经济走在世界前列。

2. 制定了社会主义经济、政治、文化建设的重要指导方针

在社会主义经济建设方面提出实行以农业为主、以工业为主导的方针，正确处理重工业、轻工业、农业的关系，等等。

在社会主义民主政治建设方面，提出把正确处理人民内部矛盾作为国家政治生活的主题；坚持人民民主，尽可能团结一切可以团结的力量，等等。

在社会主义文化建设方面，毛泽东提出，要坚持马克思主义指导地位，实行“百花齐放、百家争鸣”的方针；思想政治工作是经济工作和其他一切工作的生命线，要实行政治和经济的统一、政治和技术的统一、又红又专的方针等。

3. 国防建设和军队建设、执政党建设的主要思想

在国防建设和军队建设方面，毛泽东提出必须加强国防、建设现代化正规军和发展现代化国防技术的重要指导思想，还提出国防建设要服从国家经济建设大局的方针。

在执政条件下加强共产党自身建设方面，毛泽东最早觉察到帝国主义的“和平演变”战略的危险，号召共产党人提高警惕，同这种危险作斗争并提出“两个务必”的思想。

毛泽东领导党和人民在建设社会主义过程中所取得的思想成果为中国共产党继续探索并系统形成中国特色社会主义理论提供了重要的基础。

三、案例解析

案例

习近平在纪念毛泽东同志诞辰120周年座谈会上的讲话中指出："社会主义基本制度确立以后，如何在中国建设社会主义，是党面临的崭新课题。毛泽东同志对适合中国情况的社会主义建设道路进行了艰苦探索。他以苏联的经验教训为鉴戒，提出要创造新的理论、写出新的著作，把马克思列宁主义基本原理同中国实际进行'第二次结合'，找出在中国进行社会主义革命和建设的正确道路，制定把我国建设成为一个强大的社会主义国家的战略思想。"

【解析】

中国社会主义建设道路初步探索的理论成果和重大意义①

（一）关于中国社会主义经济建设的重要思想

第一，坚持以经济建设为中心。新中国成立后，随着1956年社会主义改造基本完成以后国内主要矛盾的变化，毛泽东就及时指出，我们要"团结全国各族人民进行一场新的战争——向自然界开战，发展我们的经济，发展我们的文化。""巩固我们的新制度，建设我们的新国家"，"我们的根本任务已经由解放生产力变为在新的生产关系下面保护和发展生产力。"他还说，这个世纪（二十世纪），上半个世纪搞革命，下半个世纪搞建设。现在的中心任务是建设。中共八届三中全会之后不久的1958年1月，毛泽东在《工作方法六十条（草案）》中，针对我国科学技术落后和许多领导干部不懂科学技术的现状，强调"从今年起，要在继续完成政治战线上和思想战线上的社会主义革命的同时，把党的工作的着重点放到技术革命上去。这个问题必须引起全党注意。"虽然后来他对国内阶级斗争形势作出了过分严重的估计而转移了对经济建设的注意力，这些正确的思想未能在实践中得到很好的贯彻，但却成为邓小平提出社会主义初级阶段基本路线的理论先导。

第二，走出一条中国工业化的道路。进行经济建设，首先和主要的是要使中国从农业国变成工业国，实现国家的工业化，为此就要解决中国工业化的道路问题。鉴于苏联和东欧社会主义国家工业化过程中的经验教训，毛泽东在《关于正确处理人民内部矛盾的问题》一文中明确指出："这里所讲的工业化道路的问题，主要是指重工业、轻工业和农业的发展关系问题"。新中国成立初期，由于中国社会生产力落后，经济基础薄弱，毛泽东强调："我国的经济建设是以重工业为中心"。他还把生产资料优先增长的规律具体化为：在优先发展重工业的条件下，"同时必须充分注意发展农业和轻工业。发展工业必须和发展农业同时并举"。这是因为，"农业是工业的基础，没有农业就没有基础"，

---

① 王拓彬：《中国社会主义建设道路初步探索的理论成果和重大意义》，《长江论坛》2015年第6期。

我们要用“两支手，一手抓工业，一手抓农业”，“要说服工业部门面向农村，支援农业。要搞好工业化，就应当这样做。”同时，发展轻工业“可以更快地供给人民生活的需要”。因此，在社会主义经济建设的实践中，毛泽东更加重视农业、轻工业在国民经济中的地位和作用。1959 年 7 月，他提出了要按照农、轻、重次序安排国民经济的思想。1959 年底 1960 年初，毛泽东进一步明确提出了工业和农业同时并举以及“以农业为基础、以工业为主导”的思想。1962 年 9 月召开的中共八届十中全会上，正式将“以农业为基础、以工业为主导”的思想，确定为“发展国民经济的总方针”。正确处理重工业和轻工业、农业的关系，是党探索我国社会主义建设道路的一个重要思想，符合中国人口多、工业基础薄弱的实际，对于加快我国经济建设具有重要意义。

第三，经济体制和所有制结构的初步调整。建立什么样的经济体制，这是党执政后面临的一个重大问题。随着国民经济的恢复、第一个五年计划的实施，以及对生产资料私有制的社会主义改造的全面展开，我国逐步形成了高度集中的计划经济体制。在《论十大关系》等著作中，毛泽东开始对高度集中的计划经济体制进行反思，强调要发挥中央和地方两个积极性，“这对我们建设强大的社会主义国家比较有利”。毛泽东还认为必须兼顾国家、生产单位和生产者，“鉴于苏联和我们自己的经验，今后务必更好地解决这个问题”。关于所有制结构的调整，毛泽东、刘少奇、周恩来提出了把资本主义经济作为社会主义经济的补充的思想；朱德提出要注意发展手工业和农业多种经营的思想；陈云提出了“三个主体、三个补充”的设想，等等。二十世纪五六十年代党的领导人这些创造性的思想观点，为社会主义市场经济理论的形成提供了十分有益的启示。

第四，重视社会主义商品生产和价值规律的作用。针对 1958 年“大跃进”运动中有人提出要消灭商业、货币的错误观点，毛泽东指出：“必须肯定社会主义的商品生产和商品交换还有积极作用”；必须生产适宜于交换的社会主义商品，必须发展社会主义商业。针对“一平二调”共产风，毛泽东强调：只要存在着商品生产和商品交换，价值规律就必然存在并起作用。毛泽东提出的关于我们“需要有一个发展商品生产的阶段”、我们应当“有计划地大大发展社会主义的商品生产”的思想在当时是一个创新，具有重大意义。

（二）关于中国社会主义政治建设的重要思想

第一，确立人民民主专政制度。人民民主专政是马克思列宁主义关于无产阶级专政的理论同我国革命具体实践相结合的产物，是中国共产党在领导革命斗争中的一个创造，为社会主义建设提供了最根本最长远的政治保证。毛泽东在党的七届二中全会的报告中，把“以工农联盟为主体”改为“以工农联盟为基础”，明确提出了“无产阶级领导的以工农联盟为基础的人民民主专政”的思想，形成了科学的“人民民主专政”的概念。他在《论人民民主专政》中，又系统地总结了一百多年来中国人民革命斗争的丰富经验，深刻地指出：“总结我们的经验，集中到一点，就是工人阶级（经过共产党）领导的以工农联盟为基础的人民民主专政。这个专政必须和国际革命力量团结一致。这就是我们的公式，这就是我们的主要经验，这就是我们的主要纲领。”至此形成了完整的人民民主专政理论，为新中国建立奠定了理论和政策基础。

第二，确立人民代表大会制度。我国的人民代表大会制度，是根据我国人民革命根据地政权建设的长期经验，并参照苏联和各人民民主国家的经验确立起来的，是能够保证中国人民当家作主的根本政治制度和最高实现形式，也是党在国家政权中充分发扬民主、贯彻群众路线的最高实现形式，是中国社会主义政治文明的重要制度载体。1940年1月，毛泽东在《新民主主义论》中提出了无产阶级领导的各革命阶级联合专政的新民主主义共和国的国体论的同时，首次提出了实行人民代表大会制度的政权组织形式。建国初期，由于还不具备召开由普选产生的全国人民代表大会的条件，因此没有立即在全国实行人民代表大会制度，而由中国人民政治协商会议执行全国人民代表大会的职权。刘少奇在中华人民共和国第一届全国人民代表大会第一次会议上所作的《关于中华人民共和国宪法草案的报告》，对人民代表大会制度的政治性质、法律地位等作了深入的说明。这次会议标志着人民代表大会制度的正式确立，也标志着中国共产党关于人民代表大会制度的思想被全国人民认知和接受。人民代表大会制度在组织和保障人民管理国家事务和社会事务方面发挥了重要作用，促进了社会主义民主政治建设的不断发展。

第三，确立中国共产党领导的多党合作和政治协商制度。中国共产党领导的多党合作和政治协商制度，是共产党和各民主党派及社会各界人士的共同选择，是中国社会主义民主政治制度的重要组成部分。早在新民主主义革命时期，毛泽东就阐发了这样一个极为重要的思想：国事不是一党一派的私事。共产党员只有对党外人士实行民主合作的义务，而无排斥别人、垄断一切的权利。社会主义改造基本完成后，还要不要多党合作？毛泽东在总结同各民主党派长期合作的成功经验基础上，提出了同各民主党派“长期共存，互相监督”的方针；批评了那种共产党和民主党派“轮流坐庄”、效法西方两党制的主张。他同时强调：多党合作，长期共存，互相监督，必须建立在坚持判断言论和行动是非关系的六条政治标准的基础上，最重要的一条是“有利于巩固共产党的领导，而不是摆脱或者削弱这种领导”。

第四，确立民族区域自治制度。我国是一个多民族国家。在早期，中国共产党曾经主张过实行联邦制。在筹建新中国的时候，是实行联邦制还是实行民族区域自治制度，成为毛泽东和中国共产党需要作出抉择的关乎国家命运的重大问题。毛泽东毅然采纳实行民族区域自治制度的意见。实践证明，实行民族区域自治制度，是中国共产党根据我国的历史发展、文化特点、民族关系和民族分布等具体情况作出的制度安排，体现了我国坚持实行各民族平等、团结、合作和共同繁荣的原则，符合各民族人民的共同利益和发展要求，是党和各民族人民的一个伟大创举。

（三）关于中国社会主义文化建设的重要思想

第一，进行社会主义文化建设必须坚持马克思主义在意识形态领域里的指导地位。实现马克思主义对意识形态的指导，不仅对社会主义文化，而且对社会主义经济和政治也会产生巨大的影响，决定它们的性质和方向。因此，毛泽东认为，能不能在意识形态领域里坚持马克思主义指导地位，整个意识形态工作的情况如何，直接关系到社会主义事业的兴衰成败。如何用马克思主义去占领意识形态领域，毛泽东在实践中进行了很多探索：一是培养一支坚强的、忠诚的、特别能战斗的马克思主义的理论队伍；二是利用社会主义舆论工具对全社会进行正面宣传和教育；三是在思想文化教育领域坚持长期不懈的马克思主义理论教育；四是通过各种社会形式和社会主义运动进行广泛的社会主义教育。

第二，高度关注科学技术事业的发展。1956 年 1 月中共中央召开关于知识分子问题会议，毛泽东作了重要讲话，提出要进行技术革命、文化革命，革技术落后的命，革没有文化、愚昧无知的命。周恩来则指出："科学是关系我们的国防、经济和文化各方面的有决定性的因素"。会后，全国开始出现"向科学进军"的新气象。1958 年初，毛泽东又在多处讲话中着重谈到技术革命问题。即使是在毛泽东晚年的思想逐步地偏向以阶级斗争为纲的年代，毛泽东仍然高度关注科学技术事业的发展。

第三，始终重视知识分子在革命和建设中的作用。在社会主义革命时期，知识分子已成为工人阶级的一部分，成为社会主义建设事业的重要力量，知识分子的作用也显得更为重要。1957 年 7 月，毛泽东明确提出："为了建成社会主义，工人阶级必须有自己的技术干部的队伍，必须有自己的教授、教员、科学家、新闻记者、文学家、艺术家和马克思主义理论家的队伍。这是一个宏大的队伍，人少了是不成的。"

第四，制定促进艺术发展和科学进步的正确方针。1956 年 4 月 28 日，毛泽东在中共中央政治局扩大会议上的总结讲话中提出："艺术问题上的百花齐放，学术问题上的百家争鸣，我看，这应该成为我们的方针。"同年，中共中央赞同毛泽东的意见，确定"百花齐放，百家争鸣"为党的科学和文化工作的方针。为了建设社会主义的文化，毛泽东还提出了"应当充分地利用，批判地利用"古代文化的"古为今用"方针以及"有分析有批判地"学习外国文化的"洋为中用"方针。"古为今用"是对待历史和传统文化的正确方针，应当批判地利用封建主义的文化，"剔除其封建性的糟粕，吸收其民主性的精华"，发展社会主义新文化；"洋为中用"是对待外国文化的正确方针，应当学习外国好的东西，学习外国文化的根本目的，是为了建设和发展中国的社会主义文化。

四、延伸阅读

（一）重要文献推荐

中共中央党史研究室：《中国共产党历史（1949—1978）》第二卷，中共党史出版社 2011 年版。

胡乔木：《胡乔木回忆毛泽东》，人民出版社 2003 年版。

（美）罗斯·特里尔：《毛泽东传》，中国人民大学出版社 2006 年版。

（美）R. 麦克法夸尔、费正清：《剑桥中华人民共和国史上卷革命的中国的兴起 1949—1965》，中国社会科学出版社 2007 年版。

萧冬连、谢春涛、朱地、乔继宁：《求索中国：文革前十年史》，中共党史出版社 2011 年版。

当代中国研究所：《中华人民共和国史稿第二卷（1956—1966）》，人民出版社，当代中国出版社 2012 年版。

（英）罗德里克·麦克法夸尔：《文化大革命的起源（第二卷）大跃进 1958—1960》，求实出版社 1990 年版。

罗平汉：《天堂实验：人民公社化运动始末》，中共中央党校出版社 2006 年版。

（二）延伸阅读材料

《关于正确处理人民内部矛盾的问题》（节选）

我们的国家现在是空前统一的。资产阶级民主革命和社会主义革命的胜利，以及社会主义建设的成就，迅速地改变了旧中国的面貌。祖国的更加美好的将来，正摆在我们的面前。人民所厌恶的国家分裂和混乱的局面，已经一去不复返了。我国的六亿人民正在工人阶级和共产党的领导下，团结一致地进行着伟大的社会主义建设。国家的统一，人民的团结，国内各民族的团结，这是我们的事业必定要胜利的基本保证。但是，这并不是说在我们的社会里已经没有任何的矛盾了。没有矛盾的想法是不符合客观实际的天真的想法。在我们的面前有两类社会矛盾，这就是敌我之间的矛盾和人民内部的矛盾。这是性质完全不同的两类矛盾。

为了正确地认识敌我之间和人民内部这两类不同的矛盾应该首先弄清楚什么是人民，什么是敌人。人民这个概念在不同的国家和各个国家的不同的历史时期，有着不同的内容。拿我国的情况来说，在抗日战争时期，一切抗日的阶级、阶层和社会集团都属于人民的范围，日本帝国主义、汉奸、亲日派都是人民的敌人。在解放战争时期，美帝国主义和它的走狗即官僚资产阶级、地主阶级以及代表这些阶级的国民党反动派，都是人民的敌人；一切反对这些敌人的阶级、阶层和社会集团，都属于人民的范围。在现阶段，在建设社会主义的时期，一切赞成、拥护和参加社会主义建设事业的阶级、阶层和社会集团，都属于人民的范围；一切反抗社会主义革命和敌视、破坏社会主义建设的社会势力和社会集团，都是人民的敌人。

敌我之间的矛盾是对抗性的矛盾。人民内部的矛盾，在劳动人民之间说来，是非对抗性的；在被剥削阶级和剥削阶级之间说来，除了对抗性的一面以外，还有非对抗性的一面。人民内部的矛盾不是现在才有的，但是在各个革命时期和社会主义建设时期有着不同的内容。在我国现在的条件下，所谓人民内部的矛盾，包括工人阶级内部的矛盾，农民阶级内部的矛盾，知识分子内部的矛盾，工农两个阶级之间的矛盾，工人、农民同知识分子之间的矛盾，工人阶级和其他劳动人民同民族资产阶级之间的矛盾，民族资产阶级内部的矛盾，等等。我们的人民政府是真正代表人民利益的政府，是为人民服务的政府，但是它同人民群众之间也有一定的矛盾。这种矛盾包括国家利益、集体利益同个人利益之间的矛盾，民主同集中的矛盾，领导同被领导之间的矛盾，国家机关某些工作人员的官僚主义作风同群众之间的矛盾。这种矛盾也是人民内部的一个矛盾。一般说来，人民内部的矛盾，是在人民利益根本一致的基础上的矛盾。

在我们国家里，工人阶级同民族资产阶级的矛盾属于人民内部的矛盾。工人阶级和民族资产阶级的阶级斗争一般地属于人民内部的阶级斗争，这是因为我国的民族资产阶级有两面性。在资产阶级民主革命时期，它有革命性的一面，又有妥协性的一面。在社会主义革命时期，它有剥削工人阶级取得利润的一面，又有拥护宪法、愿意接受社会主义改造的一面。民族资产阶级和帝国主义、地主阶级、官僚资产阶级不同。工人阶级和民族资产阶级之间存在着剥削和被剥削的矛盾，这本来是对抗性的矛盾。但是在我国的具体条件下，这两个阶级的对抗性的矛盾如果处理得当，可以转变为非对抗性的矛盾，可以用和平的方法解决这个矛盾。如果我们处理不当，不是对民族资产阶级采取团结、批评、教育的政策，或者民族资产阶级不接受我们的这个政策，那末工人阶级同民族资产阶级之间的矛盾就会变成敌我之间的矛盾。

敌我之间和人民内部这两类矛盾的性质不同，解决的方法也不同。简单地说起来，前者是分清敌我的问题，后者是分清是非的问题。当然，敌我问题也是一种是非问题。比如我们同帝国主义、封建主义、官僚资本主义这些内外反动派，究竟谁是谁非，也是是非问题，但是这是和人民内部问题性质不同的另一类是非问题。

我们的国家是工人阶级领导的以工农联盟为基础的人民民主专政的国家。这个专政是干什么的呢？专政的第一个作用，就是压迫国家内部的反动阶级、反动派和反抗社会主义革命的剥削者，压迫那些对于社会主义建设的破坏者，就是为了解决国内敌我之间的矛盾。例如逮捕某些反革命分子并且将他们判罪，在一个时期内不给地主阶级分子和官僚资产阶级分子以选举权，不给他们发表言论的自由权利，都是属于专政的范围。为了维护社会秩序和广大人民的利益，对于那些盗窃犯、诈骗犯、杀人放火犯、流氓集团和各种严重破坏社会秩序的坏分子，也必须实行专政。专政还有第二个作用，就是防御国家外部敌人的颠覆活动和可能的侵略。在这种情况出现的时候，专政就担负着对外解决敌我之间的矛盾的任务。专政的目的是为了保卫全体人民进行和平劳动，将我国建设成为一个具有现代工业、现代农业和现代科学文化的社会主义国家。谁来行使专政呢？当然是工人阶级和在它领导下的人民。专政的制度不适用于人民内部。人民自己不能向自己专政，不能由一部分人民去压迫另一部分人民。人民中间的犯法分子也要受到法律的制裁，但是，这和压迫人民的敌人的专政是有原则区别的。在人民内部是实行民主集中制，我们的宪法规定：中华人民共和国公民有言论、出版、集会、结社、游行、示威、宗教信仰等等自由。我们的宪法又规定：国家机关实行民主集中制，国家机关必须依靠人民群众，国家机关工作人员必须为人民服务。我们的这个社会主义的民主是任何资产阶级国家所不可能有的最广大的民主。我们的专政，叫做工人阶级领导的以工农联盟为基础的人民民主专政。这就表明，在人民内部实行民主制度，而由工人阶级团结全体有公民权的人民，首先是农民，向着反动阶级、反动派和反抗社会主义改造和社会主义建设的分子实行专政。所谓有公民权，在政治方面，就是说有自由和民主的权利。

但是这个自由是有领导的自由，这个民主是集中指导下的民主，不是无政府状态。无政府状态不符合人民的利益和愿望。

匈牙利事件发生以后，我国有些人感到高兴。他们希望在中国也出现一个那样的事件，有成千上万的人上街，去反对人民政府。他们的这种希望是同人民群众的利益相违反的，是不可能得到人民群众支持的。匈牙利的一部分群众受了国内外反革命力量的欺骗，错误地用暴力行为来对付人民政府，结果使得国家和人民都吃了亏。几个星期的骚乱，给予经济方面的损失，需要长时间才能恢复。我国另有一些人在匈牙利问题上表现动摇，是因为他们不懂得世界上的具体情况。他们以为在我们的人民民主制度下自由太少了，不如西方的议会民主制度自由多。他们要求实行西方的两党制，这一党在台上，那一党在台下。但是这种所谓两党制不过是维护资产阶级专政的一种方法，它绝不能保障劳动人民的自由权利。实际上，世界上只有具体的自由，具体的民主，没有抽象的自由，抽象的民主。在阶级斗争的社会里，有了剥削阶级剥削劳动人民的自由，就没有劳动人民不受剥削的自由。有了资产阶级的民主，就没有无产阶级和劳动人民的民主。有些资本主义国家也容许共产党合法存在，但是以不危害资产阶级的根本利益为限度，超过这个限度就不容许了。要求抽象的自由、抽象的民主的人们认为民主是目的，而不承认民主是手段。民主这个东西，有时看来似乎是目的，实际上，只是一种手段。马克思主义告诉我们，民主属于上层建筑，属于政治这个范畴。这就是说，归根结蒂，它是为经济基础服务的。自由也是这样。民主自由都是相对的，不是绝对的，都是在历史上发生和发展的。在人民内部，民主是对集中而言，自由是对纪律而言。这些都是一个统一体的两个矛盾着的侧面，它们是矛盾的，又是统一的，我们不应当片面地强调某一个侧面而否定另一个侧面。在人民内部，不可以没有自由，也不可以没有纪律；不可以没有民主，也不可以没有集中。这种民主和集中的统一，自由和纪律的统一，就是我们的民主集中制。在这个制度下，人民享受着广泛的民主和自由；同时又必须用社会主义的纪律约束自己。这些道理，广大人民群众是懂得的。

我们主张有领导的自由，主张集中指导下的民主，这在任何意义上都不是说，人民内部的思想问题、是非的辨别问题，可以用强制的方法去解决。企图用行政命令的方法，用强制的方法解决思想问题，是非问题，不但没有效力，而且是有害的。我们不能用行政命令去消灭宗教，不能强制人们不信教。不能强制人们放弃唯心主义，也不能强制人们相信马克思主义。凡属于思想性质的问题，凡属于人民内部的争论问题，只能用民主的方法去解决，只能用讨论的方法、批评的方法、说服教育的方法去解决，而不能用强制的、压服的方法去解决。人民为了有效地进行生产、进行学习和有秩序地过生活，要求自己的政府、生产的领导者、文化教育机关的领导者发布各种适当的带强制性的行政命令。没有这种行政命令，社会秩序就无法维持，这是人们的常识所了解的。这同用说服教育的方法去解决人民内部的矛盾，是相辅相成的两个方面。为着维持社会秩序的目的而发布的行政命令，也要伴之以说服教育，单靠行政命令，在许多情况下就行不通。

在一九四二年，我们曾经把解决人民内部矛盾的这种民主的方法，具体化为一个公式，叫做“团结——批评——团结”。讲详细一点，就是从团结的愿望出发，经过批评或者斗争使矛盾得到解决，从而在新的基础上达到新的团结。按照我们的经验，这是解决人民内部矛盾的一个正确的方法。一九四二年，我们采用了这个方法解决共产党内部的矛盾，就是教条主义者和广大党员群众之间的矛盾，教条主义思想和马克思主义思想之间的矛盾。“左”倾教条主义者从前采用的党内斗争方法叫做“残酷斗争，无情打击”。这是一个错误的方法。我们在批评“左”倾教条主义的时候，就没有采取这个老方法，而采取了一个新方法，就是从团结的愿望出发，经过批评或者斗争，分清是非，在新的基础上达到新的团结。这个方法是在一九四二年整风的时候采用的。经过几年之后，到一九四五年中国共产党召开第七次全国代表大会的时候，果然达到了全党团结的目的，因此就取得了人民革命的伟大胜利。在这里，首先需要从团结的愿望出发。因为如果在主观上没有团结的愿望，一斗势必把事情斗乱，不可收拾，那还不是“残酷斗争，无情打击”？那还有什么党的团结？从这个经验里，我们找到了一个公式：团结——批评——团结。或者说，惩前毖后，治病救人。我们把这个方法推广到了党外。在各抗日根据地里，我们处理领导和群众的关系，处理军民关系、官兵关系、几部分军队之间的关系、几部分干部之间的关系，都采用了这个方法，并且得到了伟大的成功。这个问题，在我们党的历史上，还可以追溯到更远。自从一九二七年我们在南方建立革命军队和革命根据地开始，关于处理党群关系、军民关系、官兵关系以及其他人民内部关系，就是采用这个方法的。不过到了抗日时期，我们就把这个方法建立在更加自觉的基础之上了。全国解放以后，我们对民主党派和工商界也采取了“团结——批评——团结”这个方法。我们现在的任务，就是要在整个人民内部继续推广和更好地运用这个方法，要求所有的工厂、合作社、商店、学校、机关、团体，总之，六亿人口，都采用这个方法去解决他们内部的矛盾。

在一般情况下，人民内部的矛盾不是对抗性的。但是如果处理得不适当，或者失去警觉，麻痹大意，也可能发生对抗。这种情况，在社会主义国家通常只是局部的暂时的现象。这是因为社会主义国家消灭了人剥削人的制度，人民的利益在根本上是一致的。匈牙利事件所表现的那种范围相当宽广的对抗行动，是因为有内外反革命因素在起作用的缘故。这是一种特殊的也是暂时的现象。社会主义国家内部的反动派同帝国主义者互相勾结，利用人民内部的矛盾，挑拨离间，兴风作浪，企图实现他们的阴谋。匈牙利事件的这种教训，值得大家注意。

许多人觉得，提出采用民主方法解决人民内部矛盾的问题是一个新的问题。事实并不是这样。马克思主义者从来就认为无产阶级的事业只能依靠人民群众，共产党人在劳动人民中间进行工作的时候必须采取民主的说服教育的方法，决不允许采取命令主义态度和强制手段。中国共产党忠实地遵守马克思列宁主义的这个原则。我们历来就主张，在人民民主专政下面，解决敌我之间的和人民内部的这两类不同性质的矛盾，采用专政和民主这样两种不同的方法。这个意思，在我们党的过去的许多文件里和党的许多负责人的言论里，曾经说得很多。我在一九四九年所写的《论人民民主专政》里曾经说过：“对人民内部的民主方面和对反动派的专政方面，互相结合起来，就是人民民主专政”，解决人民内部的问题，“使用的方法，是民主的即说服的方法，而不是强迫的方法”。我在一九五〇年六月第二次政治协商会议上的讲话里，又说过：“人民民主专政有两个方法。对敌人说来是用专政的方法，就是说在必要的时期内，不让他们参与政治活动，强迫他们服从人民政府的法律，强迫他们从事劳动并在劳动中改造他们成为新人。对人民说来则与此相反，不是用强迫的方法，而是用民主的方法，就是说必须让他们参与政治活动，不是强迫他们做这样做那样，而是用民主的方法向他们进行教育和说服的工作。这种教育工作是人民内部的自我教育工作，批评和自我批评的方法就是自我教育的基本方法。”过去我们已经多次讲过用民主方法解决人民内部矛盾这个问题，并且在工作中基本上就是这样做的，很多干部和人民都在实际上懂得这个问题。为什么现在又有人觉得这是一个新问题呢？这是因为过去国内外的敌我斗争很尖锐，人民内部矛盾还不像现在这样被人们注意的缘故。

许多人对于敌我之间的和人民内部的这两类性质不同的矛盾分辨不清，容易混淆在一起。应该承认，这两类矛盾有时是容易混淆的。我们在过去工作中也曾经混淆过。在肃清反革命分子的工作中，错误地把好人当坏人，这种情形，从前有过，现在也还有。我们的错误没有扩大化，是由于我们在政策中规定了必须分清敌我，错了就要平反。

马克思主义的哲学认为，对立统一规律是宇宙的根本规律。这个规律，不论在自然界、人类社会和人们的思想中，都是普遍存在的。矛盾着的对立面又统一，又斗争，由此推动事物的运动和变化。矛盾是普遍存在的，不过按事物的性质不同，矛盾的性质也就不同。对于任何一个具体的事物说来，对立的统一是有条件的、暂时的、过渡的，因而是相对的，对立的斗争则是绝对的。这个规律，列宁讲得很清楚。这个规律，在我国，懂得的人逐渐多起来了。但是，对于许多人说来，承认这个规律是一回事，应用这个规律去观察问题和处理问题又是一回事。许多人不敢公开承认我国人民内部还存在着矛盾，正是这些矛盾推动着我们的社会向前发展。许多人不承认社会主义社会还有矛盾，因而使得他们在社会矛盾面前缩手缩脚，处于被动地位；不懂得在不断地正确处理和解决矛盾的过程中，将会使社会主义社会内部的统一和团结日益巩固。这样，就有必要在我国人民中，首先是在干部中，进行解释，引导人们认识社会主义社会中的矛盾，并且懂得采取正确的方法处理这种矛盾。

社会主义社会的矛盾同旧社会的矛盾，例如同资本主义社会的矛盾，是根本不相同的。资本主义社会的矛盾表现为剧烈的对抗和冲突，表现为剧烈的阶级斗争，那种矛盾不可能由资本主义制度本身来解决，而只有社会主义革命才能够加以解决。社会主义社会的矛盾是另一回事，恰恰相反，它不是对性的矛盾，它可以经过社会主义制度本身，不断地得到解决。

在社会主义社会中，基本的矛盾仍然是生产关系和生产力之间的矛盾，上层建筑和经济基础之间的矛盾。不过社会主义社会的这些矛盾，同旧社会的生产关系和生产力的矛盾、上层建筑和经济基础的矛盾，具有根本不同的性质和情况罢了。我国现在的社会制度比较旧时代的社会制度要优胜得多。如果不优胜，旧制度就不会被推翻，新制度就不可能建立。所谓社会主义生产关系比较旧时代生产关系更能够适合生产力发展的性质，就是指能够容许生产力以旧社会所没有的速度迅速发展，因而生产不断扩大，因而使人民不断增长的需要能够逐步得到满足的这样一种情况。旧中国在帝国主义、封建主义和官僚资本主义的统治下，生产力的发展一直是非常缓慢的。解放前五十多年间，全国除东北外，钢的生产一直只有几万吨；加上东北，全国的最高年产量也不过是九十多万吨。在一九四九年，全国钢产量只有十几万吨。但是全国解放不过七年，钢的生产便已达到四百几十万吨。旧中国几乎没有机器制造业，更没有汽车制造业和飞机制造业，而这些现在都建立起来了。当人民推翻了帝国主义、封建主义和官僚资本主义的统治之后，中国要向哪里去？向资本主义，还是向社会主义？有许多人在这个问题上的思想是不清楚的。事实已经回答了这个问题：只有社会主义能够救中国。社会主义制度促进了我国生产力的突飞猛进的发展，这一点，甚至连国外的敌人也不能不承认了。

但是，我国的社会主义制度还刚刚建立，还没有完全建成，还不完全巩固。在工商业的公私合营企业中，资本家还拿取定息，也就是还有剥削；就所有制这点上说，这类企业还不是完全的社会主义性质的。农业生产合作社和手工业生产合作社有一部分也还是半社会主义性质的；完全社会主义化的合作社在所有制的某些个别问题上，还需要继续解决。在各经济部门中的生产和交换的相互关系，还在按照社会主义的原则逐步建立，逐步找寻比较适当的形式。在全民所有制经济和集体所有制经济里面，在这两种社会主义经济形式之间，积累和消费的分配问题是一个复杂的问题，也不容易一下子解决得完全合理。总之，社会主义生产关系已经建立起来，它是和生产力的发展相适应的；但是，它又还很不完善，这些不完善的方面和生产力的发展又是相矛盾的。除了生产关系和生产力发展的这种又相适应又相矛盾的情况以外，还有上层建筑和经济基础的又相适应又相矛盾的情况。人民民主专政的国家制度和法律，以马克思列宁主义为指导的社会主义意识形态，这些上层建筑对于我国社会主义改造的胜利和社会主义劳动组织的建立起了积极的推动作用，它是和社会主义的经济基础即社会主义的生产关系相适应的；但是，资产阶级意识形态的存在，国家机构中某些官僚主义作风的存在，国家制度中某些环节上缺陷的存在，又是和社会主义的经济基础相矛盾的。我们今后必须按照具体的情况，继续解决上述的各种矛盾。当然，在解决这些矛盾以后，又会出现新的问题，新的矛盾，又需要人们去解决。例如，在客观上将会长期存在的社会生产和社会需要之间的矛盾，就需要人们时常经过国家计划去调节。我国每年作一次经济计划，安排积累和消费的适当比例，求得生产和需要之间的平衡。所谓平衡，就是矛盾的暂时的相对的统一。过了一年，就整个说来，这种平衡就被矛盾的斗争所打破了，这种统一就变化了，平衡成为不平衡，统一成为不统一，又需要作第二年的平衡和统一。这就是我们计划经济的优越性。事实上，每月每季都在局部地打破这种平衡和统一，需要作出局部的调整。有时因为主观安排不符合客观情况，发生矛盾，破坏平衡，这就叫做犯错误。矛盾不断出现，又不断解决，就是事物发展的辩证规律。

现在的情况是：革命时期的大规模的急风暴雨式的群众阶级斗争基本结束，但是阶级斗争还没有完全结束；广大群众一面欢迎新制度，一面又还感到还不大习惯；政府工作人员经验也还不够丰富，对一些具体政策的问题，应当继续考察和探索。这就是说，我们的社会主义制度还需要有一个继续建立和巩固的过程，人民群众对于这个新制度还需要有一个习惯的过程，国家工作人员也需要一个学习和取得经验的过程。在这个时候，我们提出划分敌我和人民内部两类矛盾的界限，提出正确处理人民内部矛盾的问题，以便团结全国各族人民进行一场新的战争——向自然界开战，发展我们的经济，发展我们的文化，使全体人民比较顺利地走过目前的过渡时期，巩固我们的新制度，建设我们的新国家，就是十分必要的了。

【提示】

1957 年 2 月，毛泽东在扩大的最高国务会议上第十一次（扩大）会议上发表了《关于正确处理人民内部矛盾的问题》讲话。这篇讲话稿经过补充修改后，以《关于正确处理人民内部矛盾的问题》为题，在 1957 年 6 月 19 日《人民日报》公开发表，是一篇重要的马克思主义文献。它创造性地阐述了社会主义社会矛盾学说，是对科学社会主义理论的重要发展，对中国社会主义事业具有长远的指导意义。

五、史学争鸣

毛泽东关于马克思主义与中国实际“第二次结合”思想和贡献的研究

（一）关于毛泽东“第二次结合”思想逻辑起点的研究①

毛泽东提出“第二次结合”思想具有特定的背景，学术界的观点较一致，包括中国共产党面临的新任务、新问题以及苏联模式的影响等。

1. 以共产党面临的新任务、新问题为研究视角

毛泽东“第二次结合”的理论是何以提出的，中国共产党在当时肩负着什么新任务？面临着哪些新问题？学术界主要从以下两方面进行论述：

（1）新任务　1956 年社会主义改造的基本完成，为中国共产党和中国人民留下一个新的历史课题：在经济上落后的国家里建设社会主义。我国要建设社会主义，必须首先回答“什么是社会主义，如何建设社会主义”这一问题。正如沙健孙教授指出在那样一个新旧交替的历史时期，毫无疑问“如何建设社会主义，如何巩固和发展社会主义，成为中国共产党面临的基本的历史性的课题”②。张乾元教授进一步站在马克思主义中国化进程的角度，概括出当时“马克思主义中国化的历史进程面临着一个向什么方向发展的历史性选择”③。我国高举马列主义旗帜走社会主义道路是历史的选择和人民的选择，这一大方向是不可改变的。这一大方向指引下，中国具体的发展道路该怎么走，是中国共产党肩负的使命，也是当时毛泽东思考的问题。正如梁柱教授指出“现在，当全面建设社会主义的任务提到党的面前，毛泽东敏锐地提出要进行马克思列宁主义同中国实际的第二次结合”④。

（2）新问题　学术界客观分析我国在社会主义建设阶段的初期面临的新问题，主要观点概括如下：

第一，从新民主主义革命时期历史经验的角度分析，以毛泽东为代表的共产党人坚持把马克思主义与中国革命的具体实际相结合，取得了新民主主义革命的胜利。韦日平教授指出，在社会主义建设时期，“毛泽东当然不会忘记马克思主义与中国实际第一次结合的成功经验”⑤，这说明毛泽东提出“第二次结合”具有历史必然性，而且在社会主义建设初期，再次选择马列主义与中国实际相结合的道路，也与新民主主义革命时期

① 王一雯：《近年来关于毛泽东“第二次结合”思想的研究综述》，《内蒙古农业大学学报》（社会科学版）2012 年第 6 期。

② 沙健孙：《毛泽东关于马克思列宁主义与中国实际“第二次结合”的思想》，《马克思主义研究》2007 年第 7 期。

③ 张乾元：《毛泽东关于马克思主义与中国实际“第二次结合”的思想及其历史贡献》，《武汉大学学报（人文科学版）》2008 年第 3 期。

④ 梁柱：《毛泽东与中国社会主义事业》，中国社会科学出版社 2009 年版。

⑤ 韦日平：《论毛泽东“第二次结合”的思想》，《高校理论战线》2010 年第 3 期。

的第一次结合有着连续性和传承性，正如张森林教授认为“进行‘第二次结合’是‘第一次结合’的必然和继续”①。

第二，学者高宁认为，建国后我国借鉴苏联社会主义建设实践经验的过程中出现了绝对化、凝固化。苏联模式在特定的历史条件下形成，这种历史特定性也决定其具有历史局限性。建国初期对苏联模式的借鉴，虽在恢复国民经济过程中发挥了巨大作用，但随着历史条件的变化，薄一波回忆，“同时，也陆续发现苏联的某些经验并不适合我国的国情。”② 这种不适应的情况，正是我们借鉴模式僵化不变的结果，这就迫使中国的社会主义建设必须转换思路。因此，在我国社会主义改造结束之前，毛泽东就已经在思考一条与苏联模式不同并且适合中国国情的建设道路了。

2. 以吸收苏联模式的经验教训为研究视角

学术界在对毛泽东“第二次结合”的历史背景研究中，大部分从毛泽东提出要“以苏为鉴”的角度切入。正如吴冷西回忆，苏共二十大召开后，“毛泽东曾说‘赫鲁晓夫反斯大林的秘密报告，一是揭了盖子，这是好的，二是捅了娄子，全世界都震动。’”③ 在这一基础上，近年来学界出现以下几种新观点：

第一，学者刘孜勤总结了毛泽东“以苏为鉴”的根本特点，认为毛泽东更强调的是“以苏为戒”，即对苏联社会主义建设中的缺点和错误，要引以为戒，但是苏联社会主义建设中的优点和成绩，没有引起毛泽东的足够重视。例如，苏联在短时间内一跃成为欧洲的工业强国与苏联在社会主义建设中重视科学技术密不可分，苏联在社会主义建设中正确处理科学技术与经济建设的关系，这一点值得我们学习。而在集中体现了毛泽东“以苏为鉴”思想的《论十大关系》一文中，却忽视了社会主义建设初期我国科学技术与经济发展的关系问题，因此，我国共产党人在如何对待苏联模式的思维方式上出现了片面性。

第二，何一成教授从马克思主义中国化历史进程的角度，认为以苏共二十大为起点的中苏论战，促使中国共产党人在对待苏联模式的态度上发生了转变。“如果说马克思主义中国化第一次飞跃是在由‘走俄国人的路’到逐渐突破苏俄模式过程中实现的，那么马克思主义与中国实际的‘第二次结合’便是从‘以俄为师’到‘以苏为戒’的转变过程中起步的。”④ 如何对待苏联模式的问题实质上是如何正确对待马克思主义的问题，是如何正确处理马克思主义与中国实际情况的问题。只有搞清楚这一问题，才能使社会主义建设走上正确的方向。

（二）关于毛泽东“第二次结合”思想逻辑归宿的研究⑤

毛泽东“第二次结合”思想的提出何以必要是当时党必须回答的问题；近年来学术界对毛泽东“第二次结合”思想的研究何以必要是这一研究的重点问题。以上两个问题

---

① 张森林：《毛泽东关于“第二次结合”的思想与实践论析》，《长白学刊》2004 年第 2 期。

② 薄一波：《若干重大决策与事件的回顾：上卷》，中共中央党校出版社 1991 年版。

③ 吴冷西：《十年论战》，中央文献出版社 1999 年版。

④ 何一成：:《中苏论战对马克思主义中国化的影响》，《湖湘论坛》2001 第 3 期。

⑤ 王一雯：《近年来关于毛泽东“第二次结合”思想的研究综述》，《内蒙古农业大学学报》（社会科学版）2012 年第 6 期。

构成了毛泽东“第二次结合”思想的逻辑归宿。

1. 探索适合中国的社会主义道路

毛泽东之所以在社会主义改造基本完成之时，社会主义制度基本建立这一历史时刻提出要把马克思主义基本原理同中国具体实际进行“第二次结合”，其逻辑归宿在于“努力找出在中国这块大地上建设社会主义的具体道路”①，即要探索出一条适合我国的全面建设社会主义的正确道路。“第二次结合”正是毛泽东对适合中国的社会主义建设道路的一次有益探索，探索适合中国的社会主义道路即走自己的路。上升到马克思主义中国化的整个逻辑进程视角来看，不难发现，走自己的路，实现马克思主义中国化一直以来都是中国共产党的一大永恒主题。只有坚持这一主题，才能保证社会主义在中国具有生命力，并能使社会主义不断走向胜利的根本保证。

2. 实事求是，一切从中国实际出发的思想路线

毛泽东“第二次结合”思想的逻辑归宿在于坚持社会主义方向，尤其是在当今充满挑战和危机的新形势下显得尤为重要。梁柱教授认为“毛泽东在提出要找到自己的建设道路这一历史性任务的同时，又对赫鲁晓夫全盘否定斯大林可能导致的严重后果深表忧虑”②。首先，苏联模式的失败给我们的启示是既要反对教条主义错误，又要警惕修正主义的破坏。其次，由于中国共产党有丰富的反对教条主义的经验，在长期革命实践中形成了一条实事求是、一切从中国实际出发的思想路线，因而比较早地认识到，建设道路也同样不能照搬外国。

3. 实现中国现代化

毛泽东“第二次结合”思想的逻辑归宿即走出一条具有中国特色的社会主义道路。在毛泽东“第二次结合”与中国特色社会主义的关系问题上，学术界的普遍观点是：毛泽东“第二次结合”思想，奠定了中国特色社会主义的基础，是中国特色社会主义建设道路的开端。虽然在当时的情况下，毛泽东并没有明确提出“中国特色社会主义”这一概念，但“第二次结合”思想的理论内涵和逻辑归宿与“中国特色社会主义”是一脉相承的，都在于根据中国社会的特殊性走出一条适合国情的社会主义发展道路，实现中国现代化。各学者虽在这问题上达成了一致，但论述角度有所区别，有代表性的主要有以下两种：

第一，学者杨相琴从和谐社会视域下研究毛泽东“第二次结合”思想，认为“毛泽东社会主义建设思想具有深刻的和谐意蕴”③，具体表现在以下几个方面：首先，正确处理矛盾，使矛盾双方达到平衡统一的状态，推动社会和谐发展，是毛泽东社会主义建设的方法论基础；其次，毛泽东在《论十大关系》中适当安排各类关系，统筹兼顾的工作方针反映出辩证系统观的整体性、动态性和过程性，为社会主义建设提供了理论依据；再次，在社会主义建设时期，利用文化建设的“双百”方针从各个方面提倡促

---

① 《毛泽东文集：第7卷》，人民出版社1999年版。

② 梁柱：《在历史大变动中掌握主动权》，《思想理论教育导刊》2011年第5期。

③ 杨相琴：《和谐社会视域下毛泽东社会主义建设思想剖析》，《长江大学学报（社会科学版）》2011年第3期。

进人的全面发展，这既是构建和谐社会的根本价值取向也是社会主义建设初期的价值归宿。

第二，国外学者对这一关系的研究主要集中在从现代化的视野中，研究毛泽东“第二次结合”的内容与中国特色社会主义模式这一关系上，其中具有代表性的观点来自于法国巴黎大学教授马努埃尔·乔治。他认为，“中国现代化的理论基础就在毛泽东思想之内”①，毛泽东“第二次结合”理论与现代化的中国特色社会主义政治经济组织结构之间是一个连续性的过程，即我们通常说的马克思主义中国化的过程。这种连续性体现在两个方面：一方面，建设中国特色社会主义现代化的思想基础在毛泽东号召“百花齐放、百家争鸣”的时候就已经孕育了；另一方面，毛泽东“第二次结合”中体现出来的独立自主思想原则，将会指引中国特色社会主义现代化事业的前进方向，未来的中国将会影响整个世界。

（三）论毛泽东在“马克思主义与中国实际第二次结合”中的独特贡献②

把马克思主义与中国实际结合起来，走中国自己的道路，实现马克思主义中国化，是以毛泽东为代表的中国共产党人首创并留给共产党人和中国人民最宝贵的经验和财富。

1. 适应社会发展需要，及时而科学地向全党提出了“实现马克思主义与中国实际第二次结合”的战略任务

1956 年是中国社会实现又一次历史性巨变并进入新的社会发展阶段的转折关头，正是在这一年，毛泽东向中国共产党人提出了“实现马克思主义与中国实际第二次结合”③ 的战略任务。这一战略任务的提出，成了马克思主义中国化第二次历史性飞跃的历史起点，成了中国共产党人走自己的路，探索有中国特点的社会主义建设道路的开端，具有极其重要的理论意义和实践意义。第一，提出“实现马克思主义与中国实际第二次结合”是毛泽东遵循认识发展规律、尊重“马克思主义与中国实际第一次结合”的根本经验所得出的科学结论。第二，提出“实现马克思主义与中国实际的第二次结合”是毛泽东对中国社会进入新的社会阶段和中国共产党人面对新的历史任务等进行准确把握、对新中国建立以来八年的实践经验进行认真总结后提出的。第三，提出“实现马克思主义与中国实际第二次结合”是毛泽东为了应对２０世纪５０年代中期苏联社会主义出现新情况新问题等而做出的战略抉择。

2. 科学地揭示了“实现马克思主义与中国实际第二次结合”的根本任务、社会目标和根本目的

理论与实际的每一次重大结合，都有其要完成的根本任务、实现的社会目标和达到的根本目的。以毛泽东为代表的中国共产党人提出“实现马克思主义与中国实际第二次结合”，就是要解决中国进入社会主义阶段后最迫切的问题，实现进入社会主义社会后

---

① 马努埃尔·乔治：《毛泽东与现代化：历史的回顾与展望》，《毛泽东研究》2009 年第 1 期。

② 王让新：《论毛泽东在“马克思主义与中国实际第二次结合”中的独特贡献》，《毛泽东思想研究》2008 年第 5 期。

③ 吴冷西：《忆毛泽东》，新华出版社 1995 年版。

中国人民的根本要求。毛泽东关于“实现马克思主义与中国实际第二次结合的根本任务、社会目标和根本目的”的思想观点，是对马克思主义中国化的重要贡献，在今天仍有极为重要的指导意义。第一，走出一条有中国特点的社会主义建设道路是“实现马克思主义与中国实际第二次结合”的根本任务。第二，“把我国建设成为一个强大的社会主义现代化国家”是“马克思主义与中国实际第二次结合”要实现的社会目标。第三，在有中国特点的社会主义建设中，不断实现从必然王国向自由王国的飞跃是“实现马克思主义与中国实际第二次结合”的根本目的。

3. 为实现“马克思主义与中国实际第二次结合”的不断进行提供了难得的经验借鉴

毛泽东不但给中国共产党人提出了“实现马克思主义与中国实际第二次结合”、实现马克思主义中国化的第二次历史性飞跃的历史任务，揭示了“马克思主义与中国实际第二次结合”的根本目的和要解决的根本问题，而且在探索“马克思主义与中国实际第二次结合”中积累了难能可贵的经验借鉴。第一，始终坚持解放思想与实事求是的统一是“实现马克思主义与中国实际相结合”的科学原则。第二，调查研究是实现解放思想与实事求是有机统一的根本途径。第三，毛泽东在探索“马克思主义与中国实际第二次结合”中的失误或错误为中国共产党人后来继续“实现马克思主义与中国实际第二次结合”提供了难得的可供汲取的教训。

六、实践指导

（一）观看由中央组织部、中央宣传部、中央电视台、国家博物馆联合摄制历史文献纪录片《筑梦中国——中华民族复兴之路》第三集：正道沧桑

实践目的：深入理解以毛泽东为核心的党的第一代中央领导集体带领全党全国各族人民完成了新民主主义革命，进行了社会主义改造，确立了社会主义基本制度，成功实现了中国历史上最深刻最伟大的社会变革，为当代中国一切发展进步奠定了根本政治前提和制度基础。在探索过程中，虽然经历了严重曲折，但党在社会主义建设中取得的独创性理论成果和巨大成就，为新的历史时期开创中国特色社会主义提供了宝贵经验、理论准备、物质基础。

（二）参观周恩来邓颖超纪念馆

周恩来邓颖超纪念馆位于天津水上公园风景区，建于1998年2月28日，为全国爱国主义教育示范基地、全国廉政教育基地和国家一级博物馆。占地70000平方米，建筑面积13000平方米，纪念馆基本陈列分为三大展区即主展厅、按1∶1比例仿建的北京中南海西花厅专题陈列厅和专机陈列厅。主展厅内有：周恩来生平展“人民总理周恩来”、邓颖超专题展“邓颖超——20世纪中国妇女运动的先驱”；西花厅专题陈列厅设有复原陈列和主题文物展“伟大的情怀”；专机陈列厅陈列着苏联政府赠送给周恩来总理的伊尔－14型678号专机，为国家二级文物。

实践目的：通过参观了解周恩来和邓颖超在社会主义建设时期的工作生活情况，亲

身感受老一辈无产阶级革命家为中国社会主义建设所做出的丰功伟绩，进一步坚定走中国特色社会主义道路的信念。

七、知识运用

（一）单项选择题

1. 1956年社会主义基本制度的全面确立，标志着（　　）。
   A. 中国进入全面建设社会主义的历史阶段
   B. 社会主义改造的基本完成
   C. 社会主义建设任务的实现
   D. 找到中国特色社会主义建设道路
2. 中国社会主义建设道路探索开端的标志是（　　）。
   A. 三大改造完成
   B.《论十大关系》
   C. 中共八大
   D.《关于正确处理人民内部矛盾的问题》
3. 社会主义改造完成以后，国家政治生活的主题是（　　）。
   A. 进行政治体制和经济体制改革　　B. 正确处理人民内部矛盾
   C. 坚持四项基本原则　　D. 开展阶级斗争
4. 标志着中国共产党在实践中开始探索本国建设社会主义道路的文献是（　　）。
   A.《论十大关系》
   B. 毛泽东在七届二中全会上的报告
   C.《关于正确处理人民内部矛盾的问题》
   D. 中共八大《关于政治报告的决议》
5. 在1956年1月召开的知识分子问题会议上，周恩来对知识分子阶级属性的表述是（　　）。
   A. 小资产阶级
   B. 民族资产阶级
   C. 知识分子的绝大部分已经是工人阶级的一部分
   D. 社会中间派
6. 1956年毛泽东作的《论十大关系》的报告，是探索中国社会主义建设道路的重要理论成果。它围绕的基本方针是（　　）。
   A. 中国共产党同民主党派长期共存、互相监督
   B. 坚持百花齐放、百家争鸣
   C. 调整、巩固、充实、提高
   D. 调动一切积极因素，把我国建设成为一个强大的社会主义国家

7. 毛泽东在《关于正确处理人民内部矛盾的问题》中提出科学文化工作的方针是(　　)。

A. 求大同，存小异　　B. 百花齐放，百家争鸣

C. 解放思想，大胆创新　　D. 各抒己见，勇于突破

8. 1956年4月召开的中央书记处会议上，毛泽东提出了(　　)的任务。

A. 全面开展社会主义建设

B. 马克思主义与中国实际的结合

C. 马克思主义与中国实际的第二次结合

D. 向现代科学进军

9. 1956年9月党的八大提出的我国国内的社会主要矛盾是(　　)。

A. 无产阶级同资产阶级的矛盾

B. 人民大众同反革命残余势力的矛盾

C. 人民对于经济文化迅速发展的需要同当前经济文化不能满足人民需要状况间的矛盾

D. 开展社会主义道路与资本主义道路的决战

10. 在党的八大发言中，陈云提出了的(　　)观点。

A. “一个主体，二个补充”　　B. “二个主体，二个补充”

C. “二个主体，三个补充”　　D. “三个主体，三个补充”

11. 1958年9月，全国范围内掀起人民公社化运动，人民公社的基本特点是(　　)。

A. 一平二调　　B. 政社合一

C. 一大二公　　D. 平均分配

12. 毛泽东提出的解决社会主义社会基本矛盾的主要途径是(　　)。

A. 进行新民主主义革命

B. 进行社会主义改造

C. 社会主义制度本身的自我调整和自我完善

D. 进行无产阶级专政下的继续革命

13. “文化大革命”的导火线是(　　)。

A. 吴晗发表《海瑞罢官》

B.《炮打司令部——我的一张大字报》

C. 发表《评新编历史剧〈海瑞罢官〉》

D. 中共中央发出“五一六通知”

14. 社会主义基本矛盾的性质是(　　)。

A. 阶级之间的矛盾　　B. 必须用暴力加以解决

C. 对抗性质的　　D. 非对抗性质的

15. 中共八大提出的我国经济建设的基本方针是(　　)。

A. 大干快上，超英赶美

B. 慢一点、稳一点

C. 既反保守又反冒进，在综合平衡中稳步前进
D. 力争高速度压倒一切

16. 正式宣布在不太长的时期内，把我国建设成为具有现代工业、现代农业、现代国防和现代科学技术的社会主义强国的会议是(　　)。
A. 中国人民政治协商会议第一次会议
B. 中共八大
C. 第一届全国人民代表大会
D. 第三届全国人民代表大会

17. 决定对国民经济实行“调整、巩固、充实、提高”的八字方针的会议是(　　)。
A. 八届六中全会　　B. 八届九中全会
C. 庐山会议　　D. 七千人大会

18. 1975 年邓小平推动对党和国家各项工作进行全面整顿，其中，经济工作的整顿首先是从(　　)开始。
A. 交通运输　　B. 军队
C. 农业领域　　D. 工业领域

19. 苏联开始暴露他们在社会主义建设中的一些缺点和错误是在(　　)。
A. 我国社会主义改造完成之时　　B. 1953 年斯大林逝世后
C. 赫鲁晓夫上台后　　D. 苏共二十大

20. 1971 年，第(　　)联合国大会以压倒多数票通过决议，恢复中华人民共和国在联合国的一切合法权利。
A. 二十三届　　B. 二十四届
C. 二十五届　　D. 二十六届

（二）材料题

材料一：

国家的统一，人民的团结，国内各民族的团结，这是我们的事业必定要胜利的基本保证。但是，这并不是说在我们的社会里已经没有任何的矛盾了。没有矛盾的想法是不符合客观实际的天真的想法。在我们的面前有两类社会矛盾，这就是敌我之间的矛盾和人民内部的矛盾。这是性质完全不同的两类矛盾。

——毛泽东：《关于正确处理人民内部矛盾的问题》，1957 年 2 月 27 日，《毛泽东文集》第 7 卷，人民出版社 1999 年版，第 204--205 页。

材料二：

波匈事件发生后，毛泽东对国内外局势作出科学分析，提出关于社会主义社会矛盾问题的学说，全党整风的主题，就是正确处理人民内部的矛盾。在整风过程中，发生了极少数右派向党猖狂进攻的复杂局面，对反党反社会主义的倾向进行反击和斗争是正确和必要的。但是，党对阶级斗争形势作了过分严重的判断，把一些明显错误的但不是从

根本上反党反社会主义的言论，甚至把大量对党的工作的批评意见都看成是右派进攻，导致了反右派斗争严重扩大化的错误，造成了不幸的后果。

——中共中央党史研究室：《中国共产党历史》第二卷（1949—1978）上册，中共党史出版社 2011 年版，第 422 页。

问题：

1. 根据材料一并结合所学课程，简述毛泽东关于社会主义社会两类矛盾学说的主要内容及其提出的重大意义。

2. 结合材料二和所学课程，分析 1957 年反右派斗争严重扩大化的历史影响。

第十一讲　民族复兴的征程：社会主义的探索与改革开放

一、知识要点

（一）基本线索

胡锦涛指出："道路问题是关系党的事业兴衰成败第一位的问题，道路就是党的生命，道路就是党的事业的命脉。"① 作为领路人的中国共产党，深感道路问题的重要性，他们不断通过自己的实践对这条道路进行总结和概括。

1978 年中国道路迎来新的起点。中国共产党召开了十一届三中全会，邓小平发表了题为《解放思想，实事求是，团结一致向前看》的讲话。这篇讲话被誉为开辟新时期新道路、开创建设有中国特色社会主义新理论的宣言书。1982 年，在中国共产党第十二次全国代表大会的开幕词中，邓小平同志对"什么是马克思主义，怎样对待马克思主义""什么是社会主义，怎样建设社会主义"这个问题作出了清楚的表达："把马克思主义的普遍真理同我国的具体实际结合起来，走自己的道路，建设有中国特色的社会主义，这就是我们总结长期历史经验得出的基本结论。"

在邓小平理论指导下，以江泽民为核心的第三代中央领导集体大胆进行实践探索和理论创新，使中国道路有了新的发展。2000 年 2 月，江泽民在广东考察工作时发表重要讲话，提出了"三个代表"重要思想。"三个代表"重要思想反映了当今世界和中国的发展变化对党和国家工作的新要求，成为以江泽民为核心的第三代中央领导集体全部理论创新的象征和灵魂。

在党的十六大上，以胡锦涛为核心的新一代领导集体表明了自己的态度："中国共产党要走的道路，就是邓小平同志开辟的、以江泽民同志为核心的党中央坚持并发展了的中国特色社会主义道路。"2003 年面对"非典"的挑战，党中央敏锐地认识到，只有经济发展是不能使人民满意的。新世纪新阶段，面对新机遇、新挑战和新任务，中国共产党人必须认清形势，加快发展、率先发展、协调发展、科学发展。2003 年 7 月，胡锦涛对发展观问题进行了阐述："我们讲发展是党执政兴国的第一要务，这里的发展绝不只是指经济增长，而是要坚持以经济建设为中心，在经济发展的基础上实现社会全面发展。我们要更好地坚持全面发展、协调发展、可持续发展的发展观。"以人为本、科

① 转引自《中国道路——中国共产党的思想历程（5）》，《人民日报》2012 年 6 月 26 日。

学发展的理念开启了中国道路上新一轮的理论和实践创新。

2012年，党的十八大胜利召开，会议选举产生了以习近平为总书记的新一届领导集体。在十八大报告中，胡锦涛对中国特色社会主义道路作出了完整的概括："中国特色社会主义道路，就是在中国共产党领导下，立足基本国情，以经济建设为中心，坚持四项基本原则，坚持改革开放，解放和发展社会生产力，建设社会主义市场经济、社会主义民主政治、社会主义先进文化、社会主义和谐社会、社会主义生态文明，促进人的全面发展，逐步实现全体人民共同富裕，建设富强民主文明和谐的社会主义现代化国家。"这是我们党对中国特色社会主义道路的最新概括，进一步丰富了中国特色社会主义道路的科学内涵，使我们对中国特色社会主义道路的认识更加清晰。

11月29日，习近平在参观《复兴之路》的展览时指出，改革开放以来，我们总结历史经验，不断艰辛探索，终于找到了实现中华民族伟大复兴的正确道路，取得了举世瞩目的成果。这条道路就是中国特色社会主义。中华民族的明天，可以说是"长风破浪会有时"。经过鸦片战争以来170多年的持续奋斗，中华民族伟大复兴展现出光明的前景。现在，我们比历史上任何时期都更接近中华民族伟大复兴的目标，比历史上任何时期都更有信心、有能力实现这个目标。

（二）知识要点

1. 真理标准问题大讨论

1978年5月11日，《光明日报》发表题为《实践是检验真理的唯一标准》的特邀评论员文章，由此全国开始了关于真理标准问题的大讨论。这一讨论冲破了"两个凡是"的思想束缚，自始至终得到邓小平等人的全力支持。关于真理标准问题的大讨论是继延安整风之后又一场马克思主义思想解放运动，成为拨乱反正和改革开放的思想先导，为党重新确立实事求是的思想路线，纠正长期以来的"左"倾错误，实现历史性的转折作了思想理论准备。

2. 中共十一届三中全会：开启改革开放历史新时期

1978年12月18日至22日，中共十一届三中全会在北京召开。邓小平在闭幕会上作了题为《解放思想，实事求是，团结一致向前看》的讲话。党的十一届三中全会冲破了长期"左"的错误的严重束缚，彻底否定了"两个凡是"的错误方针，高度评价了关于真理标准问题的讨论，并且断然否定"以阶级斗争为纲"的指导思想，作出了把工作重点转移到社会主义现代化建设上来和实行改革开放的战略决策，重新确立了马克思主义的思想路线、政治路线和组织路线。

3. 农村等改革的突破性进展

1979年9月，中共十一届四中全会通过了《关于加快农业发展若干问题的决定》，肯定包产到户、包干到户是社会主义集体经济的生产责任制，是合作经济的一个经营层次。在中共中央的支持和推动下，以包产到户、包干到户为主要形式的家庭联产承包责任制，在全国各地逐渐推广开来，"政社合一"的人民公社体制宣告解体。

4. 十二大：新时期总任务的提出

1982 年 9 月 1 日至 11 日，中国共产党第十二次全国代表大会在北京召开。邓小平在开幕词中提出：把马克思主义的普遍真理同我国的具体实际结合起来，走自己的道路，建设有中国特色的社会主义。中共十二大明确提出中国共产党在新的历史时期的总任务是："团结全国各族人民，自力更生，艰苦奋斗，逐步实现工业、农业、国防和科学技术现代化，把我国建设成为高度文明、高度民主的社会主义国家。"

5. 十三大：社会主义初级阶段理论和党的基本路线的提出

1987 年 10 月，中国共产党第十三次全国代表大会在北京举行。大会比较系统地阐述了关于社会主义初级阶段的理论，完整地概括了中国共产党在社会主义初级阶段"一个中心、两个基本点"的基本路线，制定了下一步经济体制改革和政治体制改革的基本任务和奋斗目标。

(1) 社会主义初级阶段理论

我国正处在社会主义的初级阶段。这个论断，包括两层含义：第一，我国社会已经是社会主义社会，我们必须坚持而不能离开社会主义；第二，我国的社会主义社会还处在初级阶段。

(2) 党的基本路线

中国共产党在社会主义初级阶段的基本路线是：领导和团结全国各族人民，以经济建设为中心（一个中心），坚持四项基本原则、坚持改革开放（两个基本点），自力更生，艰苦创业，为把我国建设成为富强、民主、文明的社会主义现代化国家而奋斗。

(3)"三步走"发展战略

第一步，实现国民生产总值比 1980 年翻一番，解决人民的温饱问题，这个任务已经基本实现；第二步，到 20 世纪末，使国民生产总值再增长一倍，人民生活达到小康水平；第三步，到 21 世纪中叶，人均国民生产总值达到中等发达国家水平，人民生活比较富裕，基本实现现代化。

6. 十四大：确立社会主义市场经济体制的改革目标

1992 年 10 月 12 日至 18 日，中国共产党第十四次全国代表大会在北京召开。大会依据邓小平南方谈话的精神，做出了三项具有深远意义的决策：一是确立邓小平建设有中国特色社会主义理论在全党的指导地位；二是明确我国经济体制改革的目标是建立社会主义市场经济体制；三是要求全党抓住机遇，加快发展。以邓小平南方谈话和党的十四大为标志，中国社会主义改革开放和现代化建设事业进入新的发展阶段。

7. 十五大：提出社会主义初级阶段的基本纲领

1997 年 9 月 12 日至 18 日，中国共产党第十五次全国代表大会在北京举行。江泽民作了《高举邓小平理论伟大旗帜，把建设有中国特色社会主义事业全面推向二十一世纪》的报告。大会首次使用"邓小平理论"这一概念，提出了社会主义初级阶段的基本纲领，规划了跨世纪发展的战略部署。以这次大会为标志，党进入了高举邓小平理论旗帜、推动建设有中国特色社会主义事业跨世纪发展的关键时期。

8. 十六大：把“三个代表”重要思想写入党章

2002 年 11 月 8 日至 14 日中国共产党第十六次全国代表大会在北京举行。江泽民作了《全面建设小康社会，开创中国特色社会主义事业新局面》的报告。大会提出全面建设小康社会的战略目标，把“三个代表”重要思想写入党章，与马克思列宁主义、毛泽东思想、邓小平理论一起作为党必须长期坚持的指导思想。

“三个代表”重要思想：中国共产党始终代表着先进生产力的发展要求，代表着中国先进文化的前进方向，代表着中国最广大人民的根本利益。同年 5 月，江泽民进一步把“三个代表”作为中国共产党的立党之本、执政之基、力量之源。“三个代表”重要思想的提出，有力地推动了改革开放和现代化建设的跨世纪发展，为中共十六大的召开奠定了思想基础。

9. 十七大：将“科学发展观”写入党章

2007 年 10 月 15 日至 21 日中国共产党第十七次全国代表大会在北京召开。大会主题是“高举中国特色社会主义伟大旗帜，为夺取全面建设小康社会新胜利而奋斗”。大会确定了胡锦涛总书记为核心的党中央，将科学发展观写入党章。

(1) 科学发展观

2003 年 10 月召开的中共十六届三中全会，正式提出了坚持以人为本、全面协调可持续的科学发展观。科学发展观，第一要义是发展，核心是以人为本，基本要求是全面协调可持续，根本方法是统筹兼顾。科学发展观是对党的三代中央领导集体关于发展的重要思想的继承和发展，是马克思主义关于发展的世界观和方法论的集中体现，是同马克思列宁主义、毛泽东思想、邓小平理论和“三个代表”重要思想既一脉相承又与时俱进的科学理论，是我国经济、社会发展的重要指导方针，是发展中国特色社会主义必须坚持和贯彻的重大战略思想。

(2) 构建社会主义和谐社会

2006 年 10 月，中共十六届六中全会审议通过了《中共中央关于构建社会主义和谐社会若干重大问题的决定》。决定指出：社会和谐是中国特色社会主义的本质属性，是国家富强、民族振兴、人民幸福的重要保证。我们要构建的社会主义和谐社会，是在中国特色社会主义道路上，中国共产党领导全体人民共同建设、共同享有的和谐社会。其主要特征是民主法治、公平正义、诚信友爱、充满活力、安定有序、人与自然和谐相处。

10. 十八大：开启民族复兴之路

中共十八大于 2012 年 11 月 8 日至 14 日在北京召开。大会把科学发展观同马克思列宁主义、毛泽东思想、邓小平理论、“三个代表”重要思想一道，确立为党的行动指南；在党章中完整表述了中国特色社会主义道路、中国特色社会主义理论体系、中国特色社会主义制度，全面揭示了中国特色社会主义的科学内涵；把生态文明建设纳入中国特色社会主义事业总体布局；把加强党的执政能力建设、先进性和纯洁性建设，整体推进党的思想建设、组织建设、作风建设、反腐倡廉建设、制度建设，全面提高党的建设科学化水平，建设学习型、服务型、创新型的马克思主义执政党等内容写入党章。

（三）内容框架

- 粉碎“四人帮”的胜利
  - 伟大的历史性转折
    - 粉碎“四人帮”的胜利
    - “两个凡是”的提出
    - “实践是检验真理的唯一标准”问题的大讨论
    - 伟大的历史性转折：十一届三中全会
    - 拨乱反正任务的顺利完成
  - 中国共产党理论纲领的与时俱进
    - 中共十二大：建设有中国特色社会主义
    - 中共十三大：社会主义初级阶段理论和党的基本路线的提出
    - 中共十四大：确立社会主义市场经济目标
    - 中共十五大：高举邓小平理论伟大旗帜
    - 中共十六大：“三个代表”重要思想与全面建设小康社会
    - 中共十七大：科学发展观与构建社会主义和谐社会
    - 中共十八大：对中国特色社会主义道路作出完整概括
  - 改革开放的伟大历程和成就
    - 经济体制改革的历程
    - 政治体制改革的历程
    - 精神文明建设
    - 全方位外交局面的形成
    - 顺利推进祖国统一大业
    - 全面推进党的建设新的伟大工程
  - 改革开放取得巨大成就的原因和经验
    - 取得巨大成就的根本原因
    - 主要经验

二、重点问题

（一）为什么说中共十一届三中全会实现了新中国成立以来党和国家历史上具有深远意义的伟大历史性转折？

第一，全会重新确立了解放思想、实事求是的思想路线。

第二，全会作出了把党和国家工作重心转移到社会主义现代化建设上来的战略决策。

第三，全会作出了实行改革、开放的伟大决策。

第四，全会审查和解决了历史上遗留的一批重大问题和一批重要领导人的功过是非问题。

第五，全会决定加强党的领导机构，健全党的民主集中制，健全党规党纪，严肃党纪。

中共十一届三中全会是建国以来党的历史上具有深远意义的伟大转折，也是共和国历史上的一个伟大转折点。全会从根本上突破了长期“左”倾错误的束缚，重新确立了马克思主义的思想路线、政治路线和组织路线，形成了以邓小平为核心的第二代中央领导集体，结束了1976年10月以来党和国家工作在徘徊中前进的局面，开始全面的认真的纠正"文化大革命"中及其以前的"左"倾错误。全会作出把党和国家工作重心转移到社会主义现代化建设上来和实行改革开放的伟大决策，因而成为开辟与中国特色社会主义道路，开创中国社会主义事业发展新时期的伟大起点。

（二）简述中国特色社会主义道路形成发展的历史进程

中国特色社会主义道路形成发展的历史进程可分为4个阶段。

第一阶段，从党的十一届三中全会到十二大。这是中国特色社会主义道路在拨乱反正和改革开放起步中确定主题阶段。这一阶段主要是拨乱反正，特征是着重从总结历史经验中探索中国社会主义建设道路。1981年6月，党的十一届六中全会通过的《关于建国以来党的若干历史问题的决议》宣告："三中全会以来，我们党已经逐步确立了一条适合我国情况的社会主义现代化建设的正确道路，"并对这条道路的主要点第一次作了初步概括。

第二阶段，从党的十二大到十三大。这是中国特色社会主义道路从确定主题到初步开辟阶段。这一阶段我们党在理论上实现了三大突破，一是作出了我国还处在社会主义初级阶段的国情判断。为开辟中国特色社会主义道路奠定了重要的理论基石。二是提出了和平与发展是当代世界的两大主题。这个论断实际上是回答了中国特色社会主义的外部环境问题。三是提出了社会主义经济是公有制基础上的有计划的商品经济的新概念，突破了把计划经济同商品经济对立起来的传统观念。这些变化冲破了旧体制和传统观念的束缚，使中国的社会主义开始焕发勃勃生机和活力。在总结新中国成立以来正反两方面的经验教训和十一届三中全会以来新鲜经验的基础上，党的十三大明确提出了社会主义初级阶段理论，并以此为依据制定了党在社会主义初级阶段的基本路线。

第三阶段，从党的十三大到十六大。这是中国特色社会主义道路基本形成和不断完善阶段。以1992年邓小平南方谈话和党的十四大召开为标志，我国改革开放和现代化建设进入一个新的发展阶段。党的十四大第一次明确提出我国经济体制改革的目标是建立社会主义市场经济体制，并对"建设有中国特色社会主义理论"的主要内容从九个方面作了新的概括。党的十五大明确地把这一理论命名为邓小平理论，确立为党的指导思想。邓小平理论是中国特色社会主义理论体系的开创之作，是最基础的重要组成部分。十五大紧紧把握社会主义初级阶段的基本特征，深入贯彻党在社会主义初级阶段的基本路线，制定了中国特色社会主义经济、政治、文化纲领，初步形成了中国特色社会主义建设三位一体的总体布局。

党的十三届四中全会以来，以江泽民为核心的党的第三代领导集体，把中国特色社会主义成功地推向21世纪，并在实践中形成了"三个代表"重要思想。党的第三代领导集体在中国特色社会主义道路上的新贡献，一是依据邓小平关于社会主义也可以搞市场经济的重要论断，创建了社会主义市场经济新体制，把社会主义基本制度与市场经济结合起来，既发挥社会主义制度的优越性，又充分体现市场经济的活力，这是中国特色社会主义一个重要创新；二是在经济全球化的大趋势下，作出趋利避害，既参与经济全球化，加入世界贸易组织，又坚持独立自主，维护国家经济安全的战略决策；三是确立了经济建设、政治建设、文化建设三位一体的中国特色社会主义事业的总体布局，进一步发展了中国特色社会主义道路。党的十六大在党的正式文件中首次将“有中国特色社会主义”的提法改变为“中国特色社会主义”。这一提法上的变化，伴随着实践基础上的理论创新，江泽民将其概括为党领导人民建设中国特色社会主义必须坚持的十条基本经验。这十条基本经验，形成了中国特色社会主义道路的基本轮廓。

第四阶段，党的十六大以来。这是中国特色社会主义道路继续深化和拓展阶段。进入新世纪新阶段，以胡锦涛为总书记的党中央面对复杂多变的国际环境和艰巨繁重的改革发展任务，从我国经济社会发展的阶段性特征出发，提出了科学发展观等一系列重大战略思想。以胡锦涛为总书记的党中央在中国特色社会主义道路上的新贡献，一是坚持以科学发展观统领经济社会发展全局，着力转变不适应不符合科学发展观的思想观念，着力解决影响和制约科学发展的突出问题，促进了国民经济又好又快发展；二是提出了构建社会主义和谐社会的重大战略思想，加快推进以改善民生为重点的社会建设，将社会建设提升到与经济、政治、文化建设并重的高度，使中国特色社会主义事业总体布局从“三位一体”提高到“四位一体”；三是坚持和发展了邓小平关于和平与发展已成为时代主题的观点，提出和平发展和谐世界的理论，坚持走和平发展道路。此外，大力推进社会主义核心价值体系建设、加强党的先进性建设和执政能力建设、建设社会主义新农村、建设创新型国家等创新理论和创新实践，进一步深化和拓展了中国特色社会主义道路。

（三）中国特色社会主义道路形成发展的基本经验是什么？

第一，坚持和拓展中国特色社会主义道路，必须既坚持科学社会主义基本原则，又从中国基本国情出发，制定符合社会主义初级阶段实际的路线方针政策。

第二，坚持和拓展中国特色社会主义道路，必须坚持实践创新与理论创新相结合，善于把实践创新转化为理论创新，又用理论创新来指导和推动实践创新。

第三，坚持和拓展中国特色社会主义道路，必须坚持不懈地解放思想，冲破僵化的观念和体制束缚。

第四，坚持和拓展中国特色社会主义道路，必须坚定不移地推进改革开放。

（四）中共十一届三中全会以来中国特色社会主义事业取得了哪些主要成就？取得这些成绩和进步的根本原因是什么？

党的十一届三中全会以来中国特色社会主义事业取得了巨大的成就，具体如下：

第一，国民经济保持持续健康快速发展，现代化建设事业稳步推进，综合国力和国际竞争力显著提高，人民生活总体上达到小康水平。

第二，社会主义市场经济体制初步建立并不断完善，各项改革事业取得重大进展。

第三，全方位对外开放取得新突破，形成全方位、多层次、宽领域的对外开放格局。

第四，社会主义民主政治建设取得重要进展。

第五，社会主义精神文明建设成效显著。

第六，民族政策和宗教政策得到全面贯彻。

第七，祖国统一大业取得重大进展。

第八，国防和军队建设迈出新步伐。

第九，积极开展全方位外交。

第十，全面推进党的建设新的伟大工程。

改革开放以来中国取得成绩和进步的根本原因，归结起来就是：开辟了中国特色社会主义道路，形成了中国特色社会主义理论体系，确立了中国特色社会主义制度。中国特色社会主义道路是实现途径，中国特色社会主义理论体系是行动指南，中国特色社会主义制度是根本保障，三者统一于中国特色社会主义伟大实践，这是中国共产党领导人民在建设社会主义长期实践中形成的最鲜明特色。

（五）简述全面建设小康社会的战略部署的主要内容

十八大报告提出了夺取中国特色社会主义新胜利必须牢牢把握的八项基本要求，这八项基本要求是：必须坚持人民主体地位，必须坚持解放和发展生产力，必须坚持推进改革开放，必须坚持维护社会公平正义，必须坚持走共同富裕的道路，必须坚持促进社会和谐，必须坚持和平发展，必须坚持党的领导。这些基本要求是根据党的基本理论、基本路线、基本纲领、基本经验，深刻总结 60 多年来我国社会主义建设特别是中国特色社会主义建设实践提出的，是最本质的东西，是体现共产党执政规律、社会主义建设规律、人类社会发展规律的东西，表明我们党对中国特色社会主义规律的认识达到了新水平。党的十八大提出的基本要求，进一步回答了在新的历史征程上怎样才能夺取中国特色社会主义新胜利的基本问题，是对当前我国经济社会发展中存在的突出问题、改革攻坚和加快转变经济发展方式面临的难点问题、干部群众普遍关注的热点问题的积极回应，是对我国进入全面建成小康社会决定性阶段改革发展稳定、内政外交国防、治党治国治军的正确指引。

三、案例解析

关于真理标准问题的讨论

凡是毛主席作出的决策，我们都坚决维护；凡是毛主席的指示，我们都始终不渝地遵循。（《学好文件抓好纲》，《人民日报》，1977 年 2 月 7 日）

我们必须世世代代地用准确的完整的毛泽东思想来指导我们全党、全军和全国人民，把党和社会主义的事业，把国际共产主义运动的事业，胜利地推向前进。（邓小平：《完整地、准确地理解毛泽东思想》，《邓小平文选》第 2 卷，人民出版社 1983 年版，第 39 页）

实践不仅是检验真理的标准，而且是唯一的标准。……标准只有一个，没有第二个。这是因为，辩证唯物主义所说的真理是客观真理，是人的思想对于客观世界及其规律的正确反映。因此，作为检验真理的标准，就不能到主观领域内去寻找，不能到理论领域内去寻找，思想、理论、自身不能成为检验自身是否符合客观实际的标准，正如在法律上原告是否属实，不能依他自己的起诉为标准一样。作为检验真理的标准，必须具有把人的思想和客观世界联系起来的特性，否则就无法检验。人的社会实践是改造客观世界的活动，是主观见之于客观的东西。实践具有把思想和客观实际联系起来的特性。因此，正是实践，也只有实践，才能够完成检验真理的任务。（特约评论员：《实践是检验真理的唯一标准》，《光明日报》，1978 年 5 月 11 日）

【解析】

1976 年 10 月粉碎“四人帮”以后，中央主要负责人提出“两个凡是”的方针，以“高举毛主席旗帜”、坚持毛泽东思想为借口，继续维护毛泽东晚年的错误，把“文化大革命”的理论口号及方针政策等都以毛主席有过批示为由而加以维护，阻碍拨乱反正工作的进行。“两个凡是”一提出，就引起广大干部特别是老干部的忧虑。邓小平最早旗帜鲜明地反对“两个凡是”的错误方针。他在 1977 年 7 月党的十届三中全会上提出要完整地、准确地理解毛泽东思想这个辩证唯物主义的科学原则。他的观点受到了叶剑英、陈云等一批老一辈革命家的支持和响应。

1978 年 5 月 10 日，中共中央党校内部刊物发表了由胡耀邦审定的《实践是检验真理唯一标准》一文；11 日，《光明日报》以特约评论员名义刊登了此文，当天新华社转发，次日《人民日报》和《解放军报》同时予以转载，全国绝大多数省、市、自治区的报纸也陆续予以转载。这篇文章阐述了马克思主义的思想路线，指出：检验真理的标准只能是社会实践，理论与实践的统一是马克思主义的一个最基本的原则，任何理论都要不断接受实践的检验；并阐明了革命导师是坚持用实践检验真理的榜样。这是从根本理论上对“两个凡是”的否定。这篇文章在全党引起了强烈反响，同时也遭到一些人的非议和谴责，从而引发了一场关于真理标准问题的全国性大讨论。

关于真理标准问题的讨论是在邓小平同志的倡导、支持下搞起来的。邓小平旗帜鲜明地指出：“两个凡是”不符合马克思主义，我们要完整地、准确地理解毛泽东思想的科学体系。关于真理标准问题的讨论，是继延安整风运动后的又一次思想解放运动。它对广大干部群众进行了一次较为普遍的辩证唯物主义的思想理论教育。它打破了教条主义和个人崇拜的枷锁，冲破了长期以来“左”的思想的束缚，重新确立了实事求是的思想路线，有力地推动了各条战线拨乱反正工作的开展，为党的工作实现历史性转折奠定了思想理论基础。其意义至为深远：第一，真理标准问题的讨论，为我们党冲破“两个凡是”的严重束缚、重新确立马克思主义的思想路线奠定了理论基础。第二，真理标准问题的讨论，为党的十一届三中全会实现历史转折、我国迈向改革开放新时期做了思想准备。第三，真理标准问题的讨论，为我们党在改革开放中坚持和发展中国特色社会主义道路、形成中国特色社会主义理论体系提供了强大精神动力。第四，真理标准问题的讨论，使我们党在改革开放中坚持解放思想，提供了一系列行之有效的宝贵经验。

回顾改革开放以来的征程，实践中的每一次创造、理论上的每一次突破、事业上的每一次进步，处处验证了“实践是检验真理的唯一标准”的科学性。

案 例 二

从深圳发展看改革开放

路透社报道：在深圳，每天都有大量游客沿着蜿蜒山路登上莲花山顶，在那里伫立着邓小平铜像，他仿佛审视着这座迅速崛起的新兴城市，也正是他于30年前在这片一无所有的土地上创造了奇迹。

来自河南省24岁的外来打工者郭晓（音译）表示："中国能够大步迈向繁荣兴旺，部分归功于邓小平。"中国共产党领导人在1980年决定将深圳建设成为"经济特区"，此举成为中国计划经济向市场经济转型的催化剂之一，并推动了改革和发展。苏格兰皇家银行香港分行经济学家贝哲民表示："深圳是领路者，所有人都希望效仿深圳的成功……它是旗手，同时能够吸引全国的资本和人才。"

目前，深圳是拥有860万人口的繁华都市，港口、摩天大楼、制造业基地和证券交易所汇集于此。而在1980年，它只是一个三万人口的小渔村，靠种植水稻和打鱼维持生计。（JamesPomfret：《深圳，曾经沉睡的村庄成为改革开放的试验田》，http://cn.reuters.com/article/wtNews/idCNChina－3149020081214?sp=true）

【解析】

深圳经济特区与中国改革开放和社会主义现代化建设事业的全局息息相关，为全国改革开放和现代化建设积累了宝贵经验，为探索中国特色社会主义道路做出了重要贡献，给我们许多启示：

第一，中央关于建立经济特区的决策是正确的、成功的。深圳经济特区所取得的巨大成就，是我国改革开放以来实现历史性变革和取得伟大成就的一个精彩缩影，向世界展示了中国特色社会主义的勃勃生机和光明前景。深圳特区的实践打破了只有资本主义才能实现现代化的西方神话，充分说明在社会主义制度的条件下，通过主动改革开放，同样可以创造较高的经济发展速度，摆脱贫困，走向富裕，实现现代化。

第二，坚持解放思想，是发展中国特色社会主义的重要法宝。深圳的重要经验就是敢闯，这是深圳经济特区建设实践成功经验的根本点。深圳改革开放和现代化建设的每一个重大步骤，无一不是解放思想、大胆地试、大胆地闯的结果，今天的深圳已成为全国改革开放的一面旗帜。

第三，改革开放是解放和发展社会生产力的必由之路。深圳建立经济特区，创造了共和国历史上经济发展最快、城乡面貌变化最快、人民实惠得到最多的新纪录。没有改革开放，就没有深圳经济特区的诞生，就没有经济特区发展的今天。从深圳经济特区的发展，让我们看到了中国改革开放的巨大成就和未来希望。

第四，社会主义基本经济制度能够与市场经济有效结合。深圳经济特区实践的成功，说到底就是坚持市场取向改革的成功。深圳的改革实践成功证明，社会主义制度不仅可以与市场经济结合起来，而且可以结合得很好。市场经济是发展经济的必由之路。经济特区经济高速发展的事实证明，市场经济体制尽管也有自身的缺陷，但它确实是充满生机活力的经济体制，是激发劳动者积极性、创造性的经济体制。只有市场经济才能给经济快速发展、长期繁荣提供持久的动力。

第五，建设社会主义必须坚持对外开放，借鉴人类文明的共同成果。深圳经济特区利用中央给予的政策和毗邻香港的区位优势，积极用好国内国际两个市场、两种资源，率先通过中外合资、中外合作、外商独资等形式，吸收了大量的资金、技术、人才和管理经验。正是由于初步实现了社会主义与发达资本主义国家和地区进步的东西的有效结合，才促进了深圳经济的迅速发展和社会的全面进步。

习近平参观《复兴之路》展览的讲话

我们现在比历史的任何时期都更加接近中华民族伟大复兴这个目标，我们现在比历史上任何时期都有信心，都有能力实现这个目标。

回首过去，我们全党的同志要牢记：落后就会挨打，发展才能自强。

我们审视现在，全党同志都要牢记：道路决定命运，找到一条正确的道路呀，是多么的不容易，我们必须坚定不移地走下去。

那么我们展望未来呢，全党的同志也必须牢记：把蓝图变成现实，我们还将走很长的路，我们必须为之付出长期艰苦的努力。

【解析】

首先，历史蕴含着盛衰兴亡的深刻哲理。近代中国历史让我们深切体会到：正是因为“社会制度腐败，经济技术落后”，近代以后中华民族才会遭受深重苦难；正是因为中华民族奋起抗争、发展自强才把乾坤挽回。

其次，道路决定命运。中国共产党团结带领中国人民完成了新民主主义革命和社会主义革命，开创和发展了中国特色社会主义，不可逆转地改变了国家和民族的前途命运。这条复兴之路筚路蓝缕的伟大历程，让我们深切体会到何谓“来之不易”、何谓“弥足珍贵”、何谓“倍加珍惜”、何谓“始终坚持”。用老百姓的生活和新中国的发展作证，沿着这条道路，我们才能够实现吃饱穿暖、免除农赋等千年梦想，才能够完成港澳回归、北京奥运、上海世博等百年盛事，才能畅想中华民族伟大复兴的光明前景。

第三，发展才能自强。回望鸦片战争以来中国人民的持续奋斗，百年中国跌宕前行的潮流，当代中国举世瞩目的进步，无不说明“发展”是中华民族伟大复兴的主旋律。今天的中国，比任何时期都更接近民族复兴的梦想。但历史的足音也警醒我们：越是这个时候，越不能掉以轻心。立足基本国情，迈向全面小康两个“百年目标”，前路不可能一帆风顺，蓝图不可能一蹴而就，梦想不可能全部成真，我们还需长期努力坚持发展、艰苦奋斗推进发展、改革创新提升发展。

四、延伸阅读

（一）重要文献推荐

邓小平：《邓小平文选》第2、3卷，人民出版社1983、1993年版。

江泽民：《论"三个代表"》，人民出版社2001年版。

江泽民：《全面建设小康社会，开创中国特色社会主义事业新局面》，人民出版社2002年版。

中共中央文献研究室：《三中全会以来重要文献汇编》（1—10），人民出版社1982年版。

沈冲、向熙扬：《十年来：理论·政策·实践资料选编》第2、3册，求实出版社1988年版。

江泽民：《高举邓小平理论伟大旗帜　把建设有中国特色社会主义事业全面推向二十一世纪》，人民出版社1997年版。

石仲泉：《"三个代表"思想：领航二十一世纪的中国》，广东教育出版社2002年版。

《"三个代表"与党的先进性》，中共中央党校出版社2003年版。

中国人民大学"三个代表"重要思想研究中心、中国人民大学马克思主义学院：《"三个代表"重要思想专题讲座》，中国人民大学出版社2003年版。

中共中央文献研究主编：《邓小平建设有中国特色社会主义的论述专题摘编》，中央文献出版社1995年版。

胡锦涛：《党的十八大报告》，http：//cpc. people. com. cn/18/。

习近平：《参观〈复兴之路〉展览的讲话实录》，http://blog. sina. com. cn/s/blog 4a51a6e301018wrl. html。

（二）延伸阅读材料

胡锦涛《庆祝建党90周年大会讲话》（节选）

90年来，我们党团结带领人民在中国这片古老的土地上，书写了人类发展史上惊天地、泣鬼神的壮丽史诗，集中体现为完成和推进了三件大事。

第一件大事，我们党紧紧依靠人民完成了新民主主义革命，实现了民族独立、人民解放。经过北伐战争、土地革命战争、抗日战争、解放战争，党和人民进行28年浴血奋战，打败日本帝国主义侵略，推翻国民党反动统治，建立了中华人民共和国。新中国的成立，使人民成为国家、社会和自己命运的主人，实现了中国从几千年封建专制制度向人民民主制度的伟大跨越，实现了中国高度统一和各民族空前团结，彻底结束了旧中国半殖民地半封建社会的历史，彻底结束了旧中国一盘散沙的局面，彻底废除了列强强加给中国的不平等条约和帝国主义在中国的一切特权。中国人从此站立起来了，中华民族发展进步从此开启了新的历史纪元。

第二件大事，我们党紧紧依靠人民完成了社会主义革命，确立了社会主义基本制度。我们创造性地实现由新民主主义到社会主义的转变，使占世界人口四分之一的东方大国进入社会主义社会，实现了中国历史上最广泛最深刻的社会变革。我们建立起独立的比较完整的工业体系和国民经济体系，积累了在中国这样一个社会生产力水平十分落后的东方大国进行社会主义建设的重要经验。

第三件大事，我们党紧紧依靠人民进行了改革开放新的伟大革命，开创、坚持、发展了中国特色社会主义。党的十一届三中全会以来，我们总结我国社会主义建设经验，同时借鉴国际经验，以巨大的政治勇气、理论勇气、实践勇气实行改革开放，经过艰辛探索，形成了党在社会主义初级阶段的基本理论、基本路线、基本纲领、基本经验，建立和完善社会主义市场经济体制，坚持全方位对外开放，推动社会主义现代化建设取得举世瞩目的伟大成就。

经过90年的奋斗、创造、积累，党和人民必须倍加珍惜、长期坚持、不断发展的成就是：开辟了中国特色社会主义道路，形成了中国特色社会主义理论体系，确立了中国特色社会主义制度。

中国特色社会主义道路，是实现社会主义现代化的必由之路，是创造人民美好生活的必由之路。中国特色社会主义道路，就是在中国共产党领导下，立足基本国情，以经济建设为中心，坚持四项基本原则，坚持改革开放，解放和发展社会生产力，巩固和完善社会主义制度，建设社会主义市场经济、社会主义民主政治、社会主义先进文化、社会主义和谐社会，建设富强民主文明和谐的社会主义现代化国家。

中国特色社会主义理论体系，是指导党和人民沿着中国特色社会主义道路实现中华民族伟大复兴的正确理论。我们党坚持把马克思主义基本原理同中国具体实际结合起来，在推进马克思主义中国化的历史进程中产生了两大理论成果。一大理论成果是毛泽东思想。毛泽东思想是马克思列宁主义在中国的运用和发展，系统回答了在一个半殖民地半封建的东方大国，如何实现新民主主义革命和社会主义革命的问题，并对建设什么样的社会主义、怎样建设社会主义进行了艰辛探索，以创造性的内容为马克思主义宝库增添了新的财富。另一大理论成果是中国特色社会主义理论体系。中国特色社会主义理论体系是包括邓小平理论、“三个代表”重要思想以及科学发展观等重大战略思想在内的科学理论体系，系统回答了在中国这样一个十几亿人口的发展中大国建设什么样的社会主义、怎样建设社会主义，建设什么样的党、怎样建设党，实现什么样的发展、怎样发展等一系列重大问题，是对毛泽东思想的继承和发展。

中国特色社会主义制度，是当代中国发展进步的根本制度保障，集中体现了中国特色社会主义的特点和优势。我们推进社会主义制度自我完善和发展，在经济、政治、文化、社会等各个领域形成一整套相互衔接、相互联系的制度体系。人民代表大会制度这一根本政治制度，中国共产党领导的多党合作和政治协商制度、民族区域自治制度以及基层群众自治制度等构成的基本政治制度，中国特色社会主义法律体系，公有制为主体、多种所有制经济共同发展的基本经济制度，以及建立在根本政治制度、基本政治制度、基本经济制度基础上的经济体制、政治体制、文化体制、社会体制等各项具体制度，符合我国国情，顺应时代潮流，有利于保持党和国家活力、调动广大人民群众和社会各方面的积极性、主动性、创造性，有利于解放和发展社会生产力、推动经济社会全面发展，有利于维护和促进社会公平正义、实现全体人民共同富裕，有利于集中力量办大事、有效应对前进道路上的各种风险挑战，有利于维护民族团结、社会稳定、国家统一。

（胡锦涛：《庆祝建党 90 周年大会讲话》，新华网）

【提示】

胡锦涛的“七一讲话”用很大的篇幅叙述了中国共产党 90 年来所做的“三件大事”、所取得的“三大成就”，目的就是要说明一个道理：中国一定要走自己的路。中国共产党要走出一条能实现民族复兴、人民富裕的道路，要为中国社会建立一个维护和保障最大多数群体利益的制度。90 年来走得不容易，有彷徨也有曲折，但确实走了过来，并且看到了初具规模的成功。

90 年来的革命、60 年来的探索、30 年来走“中国特色社会主义道路”的成功实践表明，中国道路不是对西方模式的“克隆”，而是对西方发展范式的突破与超越。在西方范式内发展，中国可能会有小的进展，但难有大的作为。

胡锦涛《坚定不移沿着中国特色社会主义道路前进为全面建设小康社会而奋斗》（节选）

在中国这样一个经济文化十分落后的国家探索民族复兴道路，是极为艰巨的任务。九十多年来，我们党紧紧依靠人民，把马克思主义基本原理同中国实际和时代特征结合起来，独立自主走自己的路，历经千辛万苦，付出各种代价，取得革命建设改革伟大胜利，开创和发展了中国特色社会主义，从根本上改变了中国人民和中华民族的前途命运。

以毛泽东同志为核心的党的第一代中央领导集体带领全党全国各族人民完成了新民主主义革命，进行了社会主义改造，确立了社会主义基本制度，成功实现了中国历史上最深刻最伟大的社会变革，为当代中国一切发展进步奠定了根本政治前提和制度基础。在探索过程中，虽然经历了严重曲折，但党在社会主义建设中取得的独创性理论成果和巨大成就，为新的历史时期开创中国特色社会主义提供了宝贵经验、理论准备、物质基础。

以邓小平同志为核心的党的第二代中央领导集体带领全党全国各族人民深刻总结我国社会主义建设正反两方面经验，借鉴世界社会主义历史经验，作出把党和国家工作中心转移到经济建设上来、实行改革开放的历史性决策，深刻揭示社会主义本质，确立社会主义初级阶段基本路线，明确提出走自己的路、建设中国特色社会主义，科学回答了建设中国特色社会主义的一系列基本问题，成功开创了中国特色社会主义。

以江泽民同志为核心的党的第三代中央领导集体带领全党全国各族人民坚持党的基本理论、基本路线，在国内外形势十分复杂、世界社会主义出现严重曲折的严峻考验面前捍卫了中国特色社会主义，依据新的实践确立了党的基本纲领、基本经验，确立了社会主义市场经济体制的改革目标和基本框架，确立了社会主义初级阶段的基本经济制度和分配制度，开创全面改革开放新局面，推进党的建设新的伟大工程，成功把中国特色社会主义推向二十一世纪。

新世纪新阶段，党中央抓住重要战略机遇期，在全面建设小康社会进程中推进实践创新、理论创新、制度创新，强调坚持以人为本、全面协调可持续发展，提出构建社会主义和谐社会、加快生态文明建设，形成中国特色社会主义事业总体布局，着力保障和改善民生，促进社会公平正义，推动建设和谐世界，推进党的执政能力建设和先进性建设，成功在新的历史起点上坚持和发展了中国特色社会主义。

在改革开放三十多年一以贯之的接力探索中，我们坚定不移高举中国特色社会主义伟大旗帜，既不走封闭僵化的老路、也不走改旗易帜的邪路。中国特色社会主义道路，中国特色社会主义理论体系，中国特色社会主义制度，是党和人民九十多年奋斗、创造、积累的根本成就，必须倍加珍惜、始终坚持、不断发展。

中国特色社会主义道路，就是在中国共产党领导下，立足基本国情，以经济建设为中心，坚持四项基本原则，坚持改革开放，解放和发展社会生产力，建设社会主义市场经济、社会主义民主政治、社会主义先进文化、社会主义和谐社会、社会主义生态文明，促进人的全面发展，逐步实现全体人民共同富裕，建设富强民主文明和谐的社会主义现代化国家。中国特色社会主义理论体系，就是包括邓小平理论、“三个代表”重要思想、科学发展观在内的科学理论体系，是对马克思列宁主义、毛泽东思想的坚持和发展。中国特色社会主义制度，就是人民代表大会制度的根本政治制度，中国共产党领导的多党合作和政治协商制度、民族区域自治制度以及基层群众自治制度等基本政治制度，中国特色社会主义法律体系，公有制为主体、多种所有制经济共同发展的基本经济制度，以及建立在这些制度基础上的经济体制、政治体制、文化体制、社会体制等各项具体制度。中国特色社会主义道路是实现途径，中国特色社会主义理论体系是行动指南，中国特色社会主义制度是根本保障，三者统一于中国特色社会主义伟大实践，这是党领导人民在建设社会主义长期实践中形成的最鲜明特色。

建设中国特色社会主义，总依据是社会主义初级阶段，总布局是五位一体，总任务是实现社会主义现代化和中华民族伟大复兴。中国特色社会主义，既坚持了科学社会主义基本原则，又根据时代条件赋予其鲜明的中国特色，以全新的视野深化了对共产党执政规律、社会主义建设规律、人类社会发展规律的认识，从理论和实践结合上系统回答了在中国这样人口多底子薄的东方大国建设什么样的社会主义、怎样建设社会主义这个根本问题，使我们国家快速发展起来，使我国人民生活水平快速提高起来。实践充分证明，中国特色社会主义是当代中国发展进步的根本方向，只有中国特色社会主义才能发展中国。

发展中国特色社会主义是一项长期的艰巨的历史任务，必须准备进行具有许多新的历史特点的伟大斗争。我们一定要毫不动摇坚持、与时俱进发展中国特色社会主义，不断丰富中国特色社会主义的实践特色、理论特色、民族特色、时代特色。

（胡锦涛：《坚定不移沿着中国特色社会主义道路前进为全面建设小康社会而奋斗》，新华网）

【提示】

发展中国特色社会主义，需要与时俱进的勇气和能力。今天，世情、国情、党情都在发生深刻变化，走封闭僵化的老路，是一条死路。任何怀念老路、为老路唱赞歌，甚至认为只有走老路才有希望的想法、做法，都是危险的，可怕的，愚蠢的，需要摈弃的。走改旗易帜的邪路，也是死路一条。每个国家有每个国家的发展模式，适合自己的道路才是最好的道路，有的模式在别国很有活力，但生搬硬套，移植到中国就会给中国带来灾难。我们明明已经走出了一条适合自己发展的道路，走出了中国特色的社会主义道路，就不要得陇望蜀，改旗易帜。

不走老路，也不走邪路，不等于就可以原地踏步。原地踏步只会逐渐封闭僵化。与时俱进，始终保持先进性，始终与民意相呼应，始终推陈出新，深刻把握住大势，才能立于不败之地。

旗帜就是方向，旗帜就是形象。举什么旗、走什么路，关乎党的命运，关乎国家发展，关乎人民幸福。只有高举中国特色社会主义伟大旗帜，走中国共产党领导的正路，才有美好未来可言。

五、史学争鸣

（一）如何正确看待改革开放前后两个历史时期[①]

习近平总书记深刻指出，我们党领导人民进行社会主义建设，有改革开放前和改革开放后两个历史时期，这是两个相互联系又有重大区别的时期，但本质上都是我们党领导人民进行社会主义建设的实践探索。他强调，对改革开放前的历史时期要正确评价，不能用改革开放后的历史时期否定改革开放前的历史时期，也不能用改革开放前的历史时期否定改革开放后的历史时期。习近平总书记的这一重要论述，集中体现了我们党对于这一重大问题的根本立场和鲜明态度。

首先，改革开放前的历史，是党领导全国各族人民进行社会主义革命和建设并取得巨大成就的历史。我们党自诞生之日起，就以实现中华民族伟大复兴为己任，肩负起争取民族独立、人民解放和实现国家富强、人民富裕这两大历史任务。党领导人民完成新民主主义革命，实现了中国人民梦寐以求的民族独立、人民解放。这就为在中国建立社会主义制度、进行社会主义建设扫清了障碍，为实现国家富强、人民富裕进而实现中华民族伟大复兴提供了根本政治前提。

新中国成立后，以毛泽东同志为核心的党的第一代中央领导集体领导人民建立和巩固人民民主专政的国家政权，创造性地实现从新民主主义到社会主义的转变，全面确立社会主义基本制度，成功实现了中国历史上最深刻最伟大的社会变革。党不失时机地提出过渡时期总路线，经过社会主义改造，建立起社会主义基本经济制度。党还领导人民建立起人民代表大会制度、中国共产党领导的多党合作和政治协商制度、民族区域自治制度，确立了马克思主义在意识形态领域的指导地位。社会主义制度的确立，符合中国国情和人民根本利益，为当代中国一切发展进步奠定了根本制度基础。

---

① 中共中央党史研究室：《正确看待改革开放前后两个历史时期——学习习近平总书记关于“两个不能否定”的重要论述》。转引自人民网 http://opinion.people.com.cn/n/2013/1108/c1003-23473940.html，有删节。

社会主义制度基本建立后，如何在中国建设社会主义，是党面临的崭新课题。党曾经号召学习苏联经验，但很快察觉到苏联模式的局限。毛泽东同志提出把马克思列宁主义同中国实际进行“第二次结合”的任务，要以苏联的经验教训为鉴戒，独立探索适合中国国情的社会主义建设道路。经过实践探索，党积累了领导社会主义建设的重要经验。党团结带领人民全力推进社会主义建设，取得了巨大成就。对改革开放前历史时期的探索成果和巨大成就，必须充分肯定。

其次，改革开放后的历史，是党领导全国各族人民成功开创和发展中国特色社会主义的历史。1978 年党的十一届三中全会重新确立解放思想、实事求是的思想路线，作出把党和国家工作中心转移到经济建设上来、实行改革开放的历史性决策，实现了新中国成立以来党的历史上具有深远意义的伟大转折。以邓小平同志为核心的党的第二代中央领导集体顺应时代要求和人民期待，以巨大的政治勇气和理论勇气推进改革开放，并明确提出必须搞清楚什么是社会主义、怎样建设社会主义这个重大理论和实践问题。邓小平同志指出：“我们的经验教训有许多条，最重要的一条，就是要搞清楚这个问题。”正因为这样尖锐地提出问题，才有了邓小平同志对这些重大问题的深入探索和开创性科学回答。1981 年，党的十一届六中全会作出“历史决议”，标志着党胜利地完成了指导思想上的拨乱反正。1982 年，邓小平同志在党的十二大上发出“走自己的道路，建设有中国特色的社会主义”的响亮号召。经过实践探索，党进一步提出了社会主义初级阶段理论，确立了党在社会主义初级阶段的基本路线，深刻揭示了社会主义的本质。邓小平同志深刻总结历史经验和新鲜经验，第一次比较系统地初步回答了在中国这样一个经济文化比较落后的国家如何建设社会主义、如何巩固和发展社会主义的一系列基本问题，用新的思想观点继承和发展了马克思列宁主义、毛泽东思想，开拓了马克思主义新境界，把对社会主义的认识提高到新的科学水平，成功开创了中国特色社会主义。

中国特色社会主义是不断发展、与时俱进的。党的十三届四中全会以后，以江泽民同志为核心的党的第三代中央领导集体成功地把中国特色社会主义推向 21 世纪。新世纪新阶段，以胡锦涛同志为总书记的党中央成功地在新的历史起点上坚持和发展了中国特色社会主义。党的十八大以来，以习近平同志为总书记的党中央团结带领全国各族人民，实现了夺取中国特色社会主义新胜利的良好开局。30 多年来，党领导人民坚持和拓展中国特色社会主义道路，坚持和丰富包括邓小平理论、“三个代表”重要思想、科学发展观在内的中国特色社会主义理论体系，坚持和完善中国特色社会主义制度，使中国特色社会主义焕发出勃勃生机和旺盛活力。

第三，改革开放前后两个历史时期本质上都是党领导人民进行社会主义建设的实践探索，不能相互否定。站在中国特色社会主义事业发展全局看，改革开放前后两个历史时期既有重大区别，又有本质联系。我们要坚持辩证唯物主义和历史唯物主义的基本观点，在充分肯定各自历史贡献、充分注意各自历史特点基础上，牢牢把握两个历史时期的辩证统一，决不能相互否定。

改革开放前社会主义的实践探索为改革开放后社会主义的实践探索提供了重要条件。改革开放后社会主义的实践探索是对改革开放前社会主义实践探索的坚持、改革、发展。

改革开放前后两个历史时期是两个相互联系又有重大区别的时期。看到相互联系，就是说这种联系并不只是时间上的顺延和承续，而是在坚持社会主义发展方向、基本制度、根本任务、奋斗目标基础上的联系，两个历史时期之间决不是彼此割裂的，更不是根本对立的；看到重大区别，主要是指在进行社会主义建设的思想指导、方针政策、实际工作上有着很大差别，也包括进行社会主义实践探索的内外条件、实践基础等方面存在很大差别。其中，有的差别是具有转折意义的，比如，从“以阶级斗争为纲”到“以经济建设为中心”，从高度集中的计划经济体制到社会主义市场经济。而前后两个时期的联系则大多是本质的、内在的，都是党领导人民进行社会主义建设的实践探索。只有正确认识这种联系与区别，才能看到，无论用哪一个历史时期否定另一个历史时期，都是对自己这个历史时期的否定，也才能更加自觉地坚持“两个不能否定”。

中国特色社会主义，是科学社会主义理论逻辑和中国社会发展历史逻辑的辩证统一。强调“两个不能否定”，就要把这两个历史时期放到历史发展的长河中特别是放到党的90多年历史中去观察、去把握，既注重分析前一时期为后一个时期提供了什么，又注重分析后一时期从前一个时期扬弃或拨正了哪些内容，提供和增添了哪些内容。这样，才能正确认识各个历史时期在探索、开创、发展中国特色社会主义历程中独特的地位和作用，尊重历史而不歪曲或割断历史，实事求是而不拔高或苛求前人，自觉做到新民主主义革命胜利的成果决不能丢失、社会主义革命和建设的成就决不能否定、改革开放和社会主义现代化建设的方向决不能动摇。

（二）“中国模式”研究的新动向

“中国模式”（或曰“中国道路”“北京共识”等），特指中国经济模式。改革开放以来，中国经济发展所取得的成就引起全球的关注。对“中国模式”的总结与研究，是对中国发展奥秘的探寻，是对中国未来成败的关注，是对中国重返世界强国舞台所做呼唤的一次回应。

首先，从时间上看，“北京共识”概念的提出和改革开放三十余年来取得的巨大成就，都是推动“中国模式”研究的重要因素。这种促进本身也带来了一个结果，就是“中国模式”似乎从一开始就紧紧地和经济转型、改革开放联系在了一起。越来越多的学者开始将视野拓展到改革开放前，而不以1978年作为“中国模式”的起点，如郑永年认为，中国模式的范畴应当涵盖新中国成立至今的60年，因为改革前“试错式”的发展，为改革积累了丰富的经验。[①] 王绍光提出，如果“中国模式”只能解释30年，不能解释60年，那就不完全是中国模式，而只是中国改革的模式而已。[②] 杨新铭强调，历史继承性是中国模式的重要特征之一。还有不少学者通过从政治基础、人力资本等诸多层面研究新中国前后两个30年之间的内在联系来论述“中国模式”的延续性。如甘阳提出，毛泽东时代的“创造性破坏”，使中国的经济体制在改革前就远不同于苏联式

---

① 郑永年：《中国模式：经验与困局》，浙江人民出版社2011年版，第2页。

② 王绍光：《善于学习是中国体制的活力所在》，载潘维、玛雅主编《人民共和国六十年与中国模式》，生活·读书·新知三联书店2010年版，第278页。

的中央计划经济结构，这为1978年以后的改革奠定了根本基础。为此，对于共和国60年来的历史，必须寻求一种新的整体性视野。路风则主张，经济发展的第一个条件是有效的政府，是政治问题，而中国后30年发展的政治框架是1949年的革命奠定的。[①] 除了强调新中国60年历史的不可分割之外，还有学者将这种在更长历史时段下审视“中国模式”的理念直接贯彻在研究当中。潘维根据新中国60年的历史实践，提出“中国模式”由经济、政治、社会三个子模式构成，社稷、民本、国民“三位一体”，形成了“当代中华体制”。

其次，从空间上看，“中国模式”的世界影响是“中国模式”研究中不能回避并日益受到关注的一个话题。赵启正认为，“‘中国模式’没有普适性，正像已经高度发达的国家的模式也没有普适性一样。”[②] 沈大伟、L·霍恩－法萨诺塞、裴宜理、M·怀特、P·格利高利、周晓、谢淑丽等许多西方学者则从政治体制、经济模式、国情等诸多层面的特殊性以及中国经济发展中的不足和缺陷入手分析“中国模式”的不可复制。只有少数学者，如美国肯尼迪政府学院的约瑟夫·奈、英国剑桥大学国际问题研究中心的S·哈尔珀、美国匹兹堡大学的T·罗斯基等认为，中国模式中有一些发展中国家可以效仿的做法或是“中国模式”中的一些因素存在输出的可能性。[③]

关于“中国模式”的意义，国内外研究者是从世界文明多样性以及现代化路径的多元化角度来讨论“中国模式”的意义。如郑永年指出，对很多西方人来说，中国模式是对西方价值的挑战和竞争。阿里夫·德里克的观点与其十分类似，他提出，中国模式至少在某种程度上强化了对特殊的现代性的强调，增强着人们对替代性模式的可能性的信心。[④]

第三，在理论上如何看待“中国模式”。为了更加深入地解读“中国模式”，学者们在研究方法的采用上进行了很多的探索。一方面，不少学者开始运用量化的、模型化的方法对“中国模式”中核心的一些问题进行实证分析，力求得出更为精确的政治经济学解释。而另一方面，研究者关注的不再仅仅是“中国模式”是什么的问题，还有我们究竟应当用什么样的研究视角和理论框架去解读“中国模式”。比如，潘维指出，“中国道路的成功挑战了西方经济学知识里的‘市场与计划两分’，西方政治学知识里的‘民主与专制两分’，西方社会学知识里的‘国家与社会两分’”，总结中国模式能够“促进我国学界对本土文明的自觉，从而促进‘中国话语系统’的形成，以及‘中国学派’的崛起”。而没有“中国特色”的清晰定义，就会被“世界潮流”和“普世价值”冲击得失去方寸。[⑤] 衣俊卿则认为，积极推动“中国模式”在实践上的不断完善和理论上的不断自觉，是“中国模式”进一步发展的理论诉求，也是中国哲学社会科学研究责无旁贷的历史使命。[⑥] 温铁军表示，中国这个社会不是西方的意识形态能够解释的。是否用西方

---

① 路风：《中国模式不是计划出来的》，载《人民共和国六十年与中国模式》，第21～22页。

② 赵启正：《中国无意输出“模式”》，《学习时报》2009年12月7日。

③ 王丹莉：《“中国模式”研究之新动向与再认识》，《中国经济史研究》2012年第2期。

④ 阿里夫·德里克：《“中国模式”理念：一个批判性分析》，《国外理论动态》2011年第7期。

⑤ 潘维：《中国模式——解读人民共和国的60年》，中央编译出版社2009年版，第6、21页。

⑥ 王广：《“中国模式”的理论诉求——衣俊卿教授专访》，《国际社会科学杂志》第26卷第1期。

意识形态来评价中国经验，是否用西方服务于意识形态的社会科学来研究中国经验，是“中国学派”能不能真正建立的前提条件。[①] 甘阳提出，任何直接到西方找一种学说来解决中国问题的尝试，都是肤浅的。我们应当“用中国的方式来研究中国，用西方的方式去研究西方”。[②]

随着中国经济的迅速发展，“中国模式”的讨论与研究倍受关注，这反映了世人对中华民族伟大复兴的殷切期待。任何一个大国、任何一个文明的崛起，一定要有一个有吸引力、有辐射力的思想作为基础，一定有一套成熟的制度作为保障。“中国模式”为中华民族的崛起提供了这种保障。

六、实践指导

（一）参观走访

1. “中国第一乡”美誉的广汉市向阳镇

1978 年前的向阳镇，只有一条不足 300 米长的狭窄小街，绝大多数农民居住在草房里。1980 年 4 月，在四川省委支持下，敢为天下先的向阳人终于率先迈出了农村政治体制改革的第一步。他们摘下了“广汉县向阳人民公社管理委员会”的牌子，挂上了“广汉县向阳乡人民政府”的牌子。由此，向阳镇因在全国第一个摘下人民公社牌子，而后被誉为“中国第一乡”蜚声海内外。目前，向阳镇已经实现村村通电视光纤、自来水、天然气，并且村社两级公路也全部铺通了水泥路；人均年收入突破 5000 元，人民生活富庶，社会稳定和谐。改革开放几十年给向阳镇带来翻天覆地的变化。

2. 成都市三圣乡国家级风景旅游区

2003 年起，成都市政府为三圣乡指出了一条走农业旅游的发展道路，既不破坏生态、又结合了三圣乡的长处、还让农民们能实实在在富起来。通过土地流转，农民们获得了补贴费、分红等收入，而政府则得以在大片土地上大刀阔斧地开展了统一规划建设，如利用幸福村村民世代种植的蜡梅打造幸福梅林、利用江家堰村的农耕传统打造江家菜地等，最终形成了颇负盛名的“五朵金花”景区，历年来接待游客近千万人次，旅游收入数亿元。（《成都新十景》，《成都晚报》2011 年 1 月 14 日）

（二）实践活动

以“家乡变革”为题，安排学生进行主题演讲。

制定和谐社会与和谐校园方案，开展“关爱自然、感恩母校、回馈社会”实践活动。

---

① 温铁军：《中国 1950 年代的两次重大战略转变》，载《人民共和国六十年与中国模式》，第 11～12 页。

② 甘阳：《用中国的方式研究中国，用西方的方式研究西方》，《现代中文学刊》2009 年第 2 期。

七、知识运用

（一）单项选择题

1. 1978 年关于真理标准问题的讨论，是为了解决中国共产党的（　　）。
   A. 组织路线问题　　B. 思想路线问题
   C. 政治路线问题　　D. 社会主义初级阶段的基本路线问题
2. 邓小平在中共十二大开幕词中（　　）。
   A. 深刻概括了社会主义的本质
   B. 鲜明提出了四项基本原则
   C. 系统阐述了社会主义初级阶段理论
   D. 明确提出了建设有中国特色社会主义的命题
3. 坚持四项基本原则的核心是（　　）。
   A. 坚持社会主义道路　　B. 坚持人民民主专政
   C. 坚持共产党的领导　　D. 坚持马列主义、毛泽东思想
4. 1978 年粉碎“四人帮”后，党和国家的工作出现在徘徊中前进的局面的根本原因是（　　）。
   A. 揭批“四人帮”运动还在开展
   B. 清查“四人帮”的帮派体系工作开始着手
   C. 国家的正常秩序需要恢复
   D. 当时主持中央工作的主要负责人坚持“两个凡是”的错误方针
5. 实际上成为中共十一届三中全会的主题报告是（　　）。
   A.《光明日报》特约评论员文章《实践是检验真理的唯一标准》
   B. 华国锋在中共十一大上的讲话
   C. 邓小平关于要完整、准确地理解毛泽东思想科学体系的讲话
   D. 邓小平在中央工作会议闭幕会上作的《解放思想，实事求是，团结一致向前看》的讲话
6. 新中国成立以来党的历史上具有深远意义、实现伟大转折的会议是（　　）。
   A. 中共十届三中全会　　B. 中共十一届三中全会
   C. 中共十一届六中全会　　D. 中共十二大
7. 邓小平提出“走自己的路，建设有中国特色的社会主义”是在（　　）。
   A. 中共十一大上　　B. 中共十一届三中全会上
   C. 中共十一届六中全会上　　D. 中共十二大上
8. 首次突破把计划经济同商品经济对立起来的观点，指出我国社会主义经济是在公有制基础上的有计划的商品经济的文献是（　　）。
   A. 1981 年《关于建国以来党的若干历史问题的决议》
   B. 1982 年《中华人民共和国宪法》

C. 1984 年《关于经济体制改革的决定》

D. 1985 年《关于科学技术体制改革的决定》

9. 1992 年 10 月中共十四大的主要内容是（　　）。

A. 把邓小平理论写入党章

B. 明确提出我国经济体制改革的目标是建立社会主义市场经济体制

C. 决定设立中央顾问委员会

D. 通过了《关于建立社会主义市场经济体制若干问题的决定》

10. 把邓小平理论同马克思列宁主义、毛泽东思想一道确立为中国共产党指导思想并写入《中国共产党章程》是在（　　）。

A. 中共十三大　　B. 中共十四大

C. 中共十五大　　D. 中共十六大

11. 中共十六届四中全会通过了（　　）。

A.《关于完善社会主义市场经济体制若干问题的决定》

B.《关于加强党的执政能力建设的决定》

C.《关于推进社会主义新农村建设的若干意见》

D.《关于构建社会主义和谐社会若干重大问题的决定》

12. 新世纪新阶段党的建设的主线是（　　）。

A. 党的思想建设和理论建设　　B. 党的组织建设和纪律建设

C. 党的作风建设和制度建设　　D. 党的执政能力建设和先进性建设

13. 中国特色社会主义的总布局是(　　)。

A. “一个中心，两个基本点”

B. “两个文明，两手抓”

C. 经济、政治、文化、社会、生态文明建设“五位一体”

D. 基本理论、基本实践、基本纲领、基本经验、基本制度“五基本”

14. 建设中国特色社会主义的总依据是(　　)。

A. 社会主义初级阶段　　B. 新世纪新阶段阶段性特征

C. 新世纪时代特征　　D. 新阶段阶段性特征

（二）材料分析题

材料一：

要着力服务全面建成小康社会、全面深化改革、全面依法治国、全面从严治党的战略布局。“四个全面”的战略布局是从我国发展现实需要中得出来的，从人民群众的热切期待中得出来的，也是为推动解决我们面临的突出矛盾和问题提出来的。

——摘自习近平：《同党外人士共迎新春时的讲话》（2015 年 2 月 11 日）

材料二：

辩证唯物主义是中国共产党人的世界观和方法论，我们党要团结带领人民协调推进全面建成小康社会、全面深化改革、全面依法治国、全面从严治党、实现“两个一百年”奋斗目标、实现中华民族伟大复兴的中国梦，必须不断接受马克思主义哲学智慧的滋养，更加自觉地坚持和运用辩证唯物主义世界观和方法论，增强辩证思维、战略思维能力，努力提高解决我国改革发展基本问题的本领。

——摘自习近平：《在十八届中央政治局第二十次集体学习时的讲话》（2015 年 1 月 23 日）

材料三：

全面建成小康社会是党的十八大提出来的，它是从党的十六大、十七大全面建设小康社会目标任务的基础上发展而来，它们之间虽然只有一字之差，但内涵却发生了深刻的变化，外延大大拓展了，全面建设小康社会是正在进行时，全面建成小康社会则是将来完成时，全面深化改革是党的十八届三中全会所确定的主题，是三中全会对我国改革作出的战略部署，全面依法治国是党的十八届四中全会所确定的主题，是四中全会对我国法治建设提出的战略任务，全面从严治党是在党的群众路线教育实践活动总结大会上，习近平总书记对教育实践活动以及对党的十八大以来党风廉政建设的反腐败斗争、党的各项工作所取得的成效、获得的经验、形成的成果进行的概括和总结，又是对今后党的建设进一步提出的新要求。

“四个全面”既是重大的战略布局，也是治国理政的重要战略思想，从哲学的高度来讲，“四个全面”是一个过程，不仅是因为他的提出和形成是一个过程，而且它的协调推进也将是一个过程。

——摘编自《光明日报》（2015 年 4 月 1 日）

问题：

1. 从认识的本质及其发展规律的视角，分析为什么说“四个全面”是一个过程？
2. “四个全面”重要战略思想体现了怎样的辩证思维？

第十二讲　中国梦强国梦：中国特色社会主义进入新时代

一、知识要点

（一）基本线索

本讲主要介绍2012年党的十八大以来，党和人民在实践中取得的重大理论创新、实践创新、制度创新成果，重点阐述中国特色社会主义进入新时代和习近平新时代中国特色社会主义思想。

要把握的重要知识点有：全面建成小康社会；中华民族伟大复兴的中国梦；“五位一体”总体布局；“四个全面”战略布局；中共十九大的主要贡献；宪法修改的重要性和主要内容。

（二）知识要点

1. 全面建成小康社会目标的确定

（1）中共十八大的召开

2012年11月8日至14日，中国共产党第十八次全国代表大会在北京召开。这是在中国进入全面建设小康社会决定性阶段召开的一次重要会议。

（2）中共十八大的内容

第一，阐明中国特色社会主义的总依据是社会主义初级阶段，总布局是经济、政治、文化、社会、生态文明建设五位一体，总任务是实现社会主义现代化和中华民族伟大复兴。阐明中国特色社会主义道路、中国特色社会主义理论体系和中国特色社会主义制度的科学内涵及其相互关系。大会明确提出夺取中国特色社会主义新胜利必须牢牢把握的八项基本要求，要求全党坚定道路自信、理论自信、制度自信。

第二，明确了今后一个时期中国的发展蓝图，提出到2020年国内生产总值和城乡居民人均收入将在2010年的基础上翻一番，在中国共产党建党100年时全面建成小康社会，在新中国成立100年时建成富强民主文明和谐的社会主义现代化国家。（“两个一百年”）

第三，强调坚持走中国特色社会主义政治发展道路和推进政治体制改革，第一次提出要健全社会主义协商民主制度。

第四，要求以改革创新精神全面推进党的建设新的伟大工程，全面提高党的建设科学化水平，以加强党的执政能力建设、先进性和纯洁性建设为主线，建设学习型、服务型、创新型的马克思主义执政党，确保党始终成为中国特色社会主义事业的坚强领导核心。

（3）中共十八大召开的意义

标志着中国已经进入全面建成小康社会的决定性阶段，开启了中国特色社会主义的新时代。

2. 实现民族复兴中国梦的提出

（1）中国梦的提出

2012 年 11 月 29 日，习近平强调，实现中华民族伟大复兴就是中华民族近代以来最伟大的梦想。2013 年 3 月 17 日，习近平在十二届全国人大第一次会议上进一步强调，实现全面建成小康社会、建成富强民主文明和谐的社会主义现代化国家的奋斗目标，实现中华民族伟大复兴的中国梦，就是要实现国家富强、民族振兴、人民幸福。

（2）中国梦的践行

第一，实现中国梦必须走中国道路。这就是中国特色社会主义道路。

第二，实现中国梦必须弘扬中国精神。这就是以爱国主义为核心的民族精神，以改革创新为核心的时代精神。

第三，实现中国梦必须凝聚中国力量。这就是中国各族人民团结的力量。

3. 统筹推进“五位一体”总体布局

中共十八大以来，中共中央统筹推进“五位一体”总体布局，提出一系列新理念新思想新战略，引领中国特色社会主义各项事业蓬勃发展。如提出新发展理念，主动适应和引领经济发展新常态，推进供给侧结构性改革；坚持发挥中国共产党总揽全局、协调各方的领导核心作用，与时俱进完善人民代表大会制度，坚持和完善中国共产党领导的多党合作和政治协商制度；发展中国特色社会主义文化，坚持和巩固党对意识形态工作的领导，培育和践行社会主义核心价值观；在发展中保障和改善民生，促进社会公平正义，让广大人民群众共享改革发展成果，加强和创新社会治理，完善中国特色社会主义社会治理体系；建设美丽中国，完善生态文明制度体系，用最严格的制度、最严密的法治保护生态环境；等等。

4. 协调推进“四个全面”战略布局

中共十八大以来，以习近平同志为核心的党中央提出了全面建成小康社会、全面深化改革、全面依法治国、全面从严治党的战略布局。全面建成小康社会，是今后一个时期奋斗的战略目标；全面深化改革、全面依法治国、全面从严治党，是三大战略举措。全面深化改革、全面依法治国，两者是“姊妹篇”，有如鸟之两翼、车之双轮；而全面从严治党，则是为了锻造我们事业的更加坚强的领导核心。“四个全面”是我们党治国理政与时俱进的新创造、马克思主义与中国实践相结合的新飞跃。

5. 极不平凡的五年

中共十八大以来的五年，是党和国家发展进程中极不平凡的五年。面对世界经济复苏乏力、局部冲突和动荡频发、全球性问题加剧的外部环境，面对我国经济发展进入新常态等一系列深刻变化，中共中央坚持稳中求进工作总基调，迎难而上，开拓进取，取得了改革开放和社会主义现代化建设的历史性成就。党中央的坚强领导是党和国家事业发生历史性变革的根本政治保障。

6. 新时代中国与世界关系的历史性变化

中国特色社会主义进入新时代，中国的国际地位发生了历史性的变化，正日益走近世界舞台中央。五年来，中国发挥负责任大国作用，积极推动构建人类命运共同体，做世界和平的建设者、全球发展的贡献者、国际秩序的维护者，不断为人类作出更大贡献。

第一，五年来，中国成功主办首届“一带一路”国际合作高峰论坛、亚太经合组织领导人非正式会议、金砖国家领导人厦门会晤、亚信峰会，特别是二十国集团领导人杭州峰会取得一系列具有开创性、引领性、机制性的成果。

第二，五年来，中国发起一系列以发展中国家为主体的国际组织及合作机制，实现了多边机制在发展中国家的网络化全覆盖，努力补全全球治理体系中的南方短板，推动上海合作组织等机构在区域和全球治理中发挥更大作用。

第三，五年来，面对此起彼伏的国际地区热点问题和层出不穷的各种全球性挑战，中国担当大国责任，发挥建设性作用，维护朝鲜半岛和平稳定，推动南苏丹、叙利亚、乌克兰等热点难点问题政治解决进程。

第四，中国通过兴办孔子学院、孔子学堂，积极开展汉语教学和文化交流活动等，为推动世界各国文明交流互鉴、增进中国人民与各国人民相互了解和友谊发挥了重要作用。

7. 在新时代坚持和发展中国特色社会主义

(1) 中共十九大的举行

时间：2017 年 10 月 18 日至 24 日，中国共产党第十九次全国代表大会在北京举行。

主题：不忘初心，牢记使命，高举中国特色社会主义伟大旗帜，决胜全面建成小康社会，夺取新时代中国特色社会主义伟大胜利，为实现中华民族伟大复兴的中国梦不懈奋斗。

意义：党的十九大是在全面建成小康社会的关键阶段，中国特色社会主义发展关键时期召开的一次十分重要的大会，对鼓舞和动员全党全国各族人民继续推进全面建成小康社会，坚持发展中国特色社会主义具有重大意义。

(2) 中共十九大的主要贡献

①确立习近平新时代中国特色社会主义思想的历史地位。大会通过的党章修正案把习近平新时代中国特色社会主义思想确立为党的行动指南，实现了党的指导思想的又一次与时俱进。这是党的十九大的一个重大历史贡献。

②作出中国特色社会主义进入新时代、我国社会主要矛盾发生新变化的重大政治论断。大会指出经过长期努力，中国特色社会主义进入了新时代，这是我国发展新的历史方位。中国特色社会主义进入新时代，我国社会主要矛盾已经转化为人民日益增长的美

好生活需要和不平衡不充分的发展之间的矛盾。

③确定决胜全面建成小康社会、开启全面建设社会主义现代化国家新征程的目标。大会指出，从现在到2020年，是全面建成小康社会决胜期。从2020年到21世纪中叶可以分两个阶段来安排：

第一个阶段，从2020年到2035年，在全面建成小康社会的基础上，再奋斗15年，基本实现社会主义现代化。

第二个阶段，从2035年到21世纪中叶，在基本实现现代化的基础上，再奋斗15年，把我国建成富强民主文明和谐美丽的社会主义现代化强国。从全面建成小康社会到基本实现现代化，再到全面建成社会主义现代化强国，是新时代中国特色社会主义发展的战略安排。

④对新时代推进中国特色社会主义伟大事业和党的建设伟大工程作出全面部署。大会对推进新时代中国特色社会主义伟大事业作出具体部署；提出了新时代党的建设总要求，强调要把党的政治建设摆在首位。

⑤选举产生新的领导集体。这为新时代坚持和发展中国特色社会主义提供了重要组织保障。2017年10月31日，中共十九大闭幕仅一周，习近平总书记带领中共中央政治局常委赴上海瞻仰中共一大会址。习近平总书记强调，要结合时代特点大力弘扬“红船精神”（开天辟地、敢为人先的首创精神；坚定理想、百折不挠的奋斗精神；立党为公、忠诚为民的奉献精神），让“红船精神”永放光芒。

8. 更好发挥宪法在新时代坚持和发展中国特色社会主义中的重大作用

2018年1月，中共十九届二中全会在北京举行。全会审议通过了《中共中央关于修改宪法部分内容的建议》。

（1）宪法的重要作用

宪法是国家的根本法，是治国安邦的总章程，是党和人民意志的集中体现。宪法修改是国家政治生活中的一件大事，是党中央从新时代坚持和发展中国特色社会主义全局和战略高度作出的重大决策，也是推进全面依法治国、推进国家治理体系和治理能力现代化的重大举措。为更好发挥宪法在新时代坚持和发展中国特色社会主义中的重大作用，需要对宪法作出适当修改，把党和人民在实践中取得的重大理论创新、实践创新、制度创新成果上升为宪法规定。

（2）如何发挥宪法的作用

全会认为，我国现行宪法是符合国情、符合实际、符合时代发展要求的好宪法。全会强调，要把党的十九大确定的重大理论观点和重大方针政策特别是习近平新时代中国特色社会主义思想载入国家宪法，体现党和国家事业发展的新成就新经验新要求，在总体保持我国宪法连续性、稳定性、权威性的基础上推动宪法与时俱进、完善发展，为新时代坚持和发展中国特色社会主义、实现“两个一百年”奋斗目标和中华民族伟大复兴的中国梦提供有力宪法保障。2018年3月11日，十三届全国人大一次会议审议通过了《中华人民共和国宪法修正案》。

9. 推进国家治理体系和治理能力现代化

2018年2月，中共十九届三中全会在北京举行。全会审议通过《中共中央关于深化党和国家机构改革的决定》和《深化党和国家机构改革方案》，同意把《深化党和国家机构改革方案》的部分内容按照法定程序提交十三届全国人大一次会议审议。

全会提出，党和国家机构职能体系是中国特色社会主义制度的重要组成部分，是中国共产党治国理政的重要保障。

全会强调，完善坚持党的全面领导的制度，加强党对各领域各方面工作领导，确保党的领导全覆盖，确保党的领导更加坚强有力，是深化党和国家机构改革的首要任务；转变政府职能，优化政府机构设置和职能配置，是深化党和国家机构改革的重要任务；统筹党政军群机构改革，是加强党的集中统一领导、实现机构职能优化协同高效的必然要求等。

2018 年 3 月 17 日，十三届全国人大一次会议表决通过国务院机构改革方案。

10. 肩负新使命，迈向新征程

2018 年 3 月 5 日至 20 日，十三届全国人大一次会议在北京举行，这是一次民主、团结、求实、奋进的大会，是一次体现人民意愿、凝聚新时代共识鼓舞亿万人民朝着新目标开启新征程的大会。

①会议审议批准政府工作报告和其他重要报告，体现党的十九大精神，贯彻党中央决策部署，总结了过去 5 年我国取得的历史性成就和进步，明确了 2018 年政府工作的基本思路和主要任务。

②最重要成果和最重大历史贡献，是审议通过了宪法修正案，体现党和国家事业发展的新成就新经验新要求，为新时代坚持和发展中国特色社会主义、实现“两个一百年”奋斗目标和中华民族伟大复兴的中国梦提供有力宪法保障。

③大会选举和决定的新一届国家机构领导人员，结构更加优化、活力更为增强，为新时代坚持和发展中国特色社会主义提供了重要的组织保证。

11. 齐心协力走向中华民族伟大复兴的光明前景

实现中华民族伟大复兴是近代以来中华民族最伟大的梦想。中国共产党成立后，就肩负起实现中华民族伟大复兴的历史使命，团结带领人民进行了艰苦卓绝的斗争，谱写了气吞山河的壮丽史诗。

90 多年来，中国共产党团结带领人民找到了一条以农村包围城市、武装夺取政权的正确革命道路，进行了 28 年浴血奋战，完成了新民主主义革命，1949 年建立了中华人民共和国，实现了中国从几千年封建专制政治向人民民主的伟大飞跃；团结带领人民完成社会主义革命，确立社会主义基本制度，推进社会主义建设，完成了中华民族有史以来最为广泛而深刻的社会变革，为当代中国一切发展进步奠定了根本政治前提和制度基础，实现了中华民族由近代衰落到根本扭转命运、走向繁荣富强的伟大飞跃；团结带领人民进行改革开放新的伟大革命，破除阻碍国家和民族发展的一切思想和体制障碍，开辟了中国特色社会主义道路，使中国大踏步迈进新时代。

人民是历史的创造者，人民是真正的英雄。波澜壮阔的中华民族发展史是中国人民书写的；博大精深的中华文明是中国人民创造的；历久弥新的中华民族精神是中国人民培育的。中华民族迎来了从站起来、富起来到强起来的伟大飞跃是中国人民奋斗出来的。

（三）内容框架

- 中国特色社会主义进入新时代
  - 开拓中国特色社会主义更为广阔的发展前景
    - 全面建成小康社会目标的确定
    - 实现民族复兴中国梦的提出
    - 统筹推进“五位一体”总体布局
    - 协调推进“四个全面”战略布局
  - 党和国家事业的历史性成就和历史性变革
    - 极不平凡的五年
    - 新时代中国与世界关系的历史性变化
  - 夺取新时代中国特色社会主义伟大胜利
    - 在新时代坚持和发展中国特色社会主义
    - 更好发挥宪法在新时代坚持和发展中国特色社会主义中的重大作用
    - 推进国家治理体系和治理能力现代化
    - 齐心协力走向中华民族伟大复兴的光明前景

二、知识重点

（一）中共十八大的主要内容及意义

第一，阐明中国特色社会主义的总依据是社会主义初级阶段，总布局是经济、政治、文化、社会、生态文明建设五位一体，总任务是实现社会主义现代化和中华民族伟大复兴。

第二，明确了今后一个时期中国的发展蓝图。（“两个一百年”）

第三，强调坚持走中国特色社会主义政治发展道路和推进政治体制改革。

第四，要求以改革创新精神全面推进党的建设新的伟大工程，全面提高党的建设科学化水平。

中共十八大的召开，标志着中国已经进入全面建成小康社会的决定性阶段，开启了中国特色社会主义的新时代。

（二）中共十九大的基本内容

①确立习近平新时代中国特色社会主义思想的历史地位。

习近平新时代中国特色社会主义思想，是对马克思列宁主义、毛泽东思想、邓小平理论、“三个代表”重要思想、科学发展观的继承和发展，是马克思主义中国化最新成果，是党和人民实践经验和集体智慧的结晶，是中国特色社会主义理论体系的重要组成部分，是全党全国人民为实现中华民族伟大复兴而奋斗的行动指南，必须长期坚持并不断发展。

②作出中国特色社会主义进入新时代、我国社会主要矛盾已经转化为人民日益增长的美好生活需要和不平衡不充分的发展之间的矛盾。

必须认识到，我国社会主要矛盾的变化是关系全局的历史性变化，对党和国家工作提出了许多新要求。我们要在继续推动发展的基础上，着力解决好发展不平衡不充分问题，大力提升发展质量和效益，更好满足人民在经济、政治、文化、社会、生态等方面日益增长的需要，更好推动人的全面发展、社会全面进步。

必须认识到，我国社会主要矛盾的变化，没有改变我们对我国社会主义所处历史阶段的判断，我国仍处于并将长期处于社会主义初级阶段的基本国情没有变，我国是世界最大发展中国家的国际地位没有变。

③确定决胜全面建成小康社会、开启全面建设社会主义现代化国家新征程的目标。

④对新时代推进中国特色社会主义伟大事业和党的建设伟大工程作出全面部署。大会对推进新时代中国特色社会主义伟大事业作出具体部署；提出了新时代党的建设总要求，强调要把党的政治建设摆在首位。

三、案例分析

习近平论中国梦

实现全面建成小康社会、建成富强民主文明和谐的社会主义现代化国家的奋斗目标，实现中华民族伟大复兴的中国梦，就是要实现国家富强、民族振兴、人民幸福，既深深体现了今天中国人的理想，也深深反映了我们先人们不懈追求进步的光荣传统。

——2013年3月17日，习近平在第十二届全国人民代表大会第一次会议上的讲话

【解析】

这个案例反映的是习近平对实现中华民族伟大复兴“中国梦”的阐释。

习近平指出：“实现全面建成小康社会、建成富强民主文明和谐的社会主义现代化国家的奋斗目标，实现中华民族伟大复兴的中国梦，就是要实现国家富强、民族振兴、人民幸福。”“中国梦”既是历史发展的积淀，又是时代呼唤的产物，既是理论创新的结晶，又是深化改革的号角，既是民族复兴的宣言，更是核心价值观的彰显。“中国梦”从国家、民族和个人三个层次系统建构了以经济发展、文明复兴和价值彰显为主要内容的中华民族伟大复兴的梦想体系，是对社会主义核心价值观在国家、社会和个人层面的生动展现。

1.“中国梦”解读

“人类对文明的要求是最终落实为社会理想和文化理想”，“中国梦”的提出是对社会主义文明进程的总结和概括，有其深刻的历史背景和理论背景。“中国梦”是五千年华夏文明的传承，是上百年屈辱历史的呐喊，更是新中国奋发图强的憧憬；“中国梦”是全球化进程中中华民族形象的集体展示，是现代化征程中社会主义建设的价值追求，是改革开放以来人民渴望幸福生活的内心祈盼。“中国梦”是一个自成科学体系而又内涵价值意蕴的梦想系统。

（1）“中国梦”是国家富强梦、民族振兴梦和个人幸福梦

“中国梦”由来已久，是近代中国积贫积弱的现状下无数仁人志士救国图存的精神呐喊，是几代中国人历经千辛万苦、上下求索的美好夙愿。虽然不同理想目标和政治抱负的爱国先驱赋予中国梦不同的内涵和解读，但却都指向一个共同的愿景：实现民族解放独立、国家富强繁荣、人民幸福安康。“中国梦”延续着中华民族的历史命运，沿袭着当代中国的发展走向，不断指明全体华夏儿女的共同奋斗目标，就是要实现国家富强、民族振兴、人民幸福。

①国家富强梦。

国家富强梦是指以科学发展观为指导，坚持解放思想、坚持把以经济建设为中心同四项基本原则、改革开放这两个基本点统一于中国特色社会主义伟大实践，凝聚力量、攻坚克难，建成富强民主文明和谐的社会主义现代化国家。“国家力量是一个国家生存发展所拥有的全部实力的总和。”国家繁荣富强既是实现“中国梦”的主要内容，又是践行“中国梦”的主导力量。正如习近平指出：“建设富强民主文明和谐的社会主义现代化国家，实现中华民族伟大复兴，是鸦片战争以来中国人民最伟大的梦想，是中华民族的最高利益和根本利益。”提出、追求和实现“中国梦”，就是要破解近代以来中国积贫积弱、遭受欺凌之格局，在民族复兴伟大梦想的激发下，坚持走中国道路，不断深化对共产党执政规律、社会主义建设规律、人类社会发展规律的科学认识，促进社会主义与现代化建设协同发展，推进国家治理体系和治理能力现代化，科学统筹经济建设、文化建设、政治建设、社会建设、生态文明建设以及党的建设，实现全面建成小康社会的既定目标，为实现中华民族伟大复兴奠定坚实基础，进一步将社会主义中国由世界大国发展成为世界强国。

②民族振兴梦。

民族振兴梦是指中华儿女在历史地选择了中国共产党，实现民族解放和民族独立之后，不断促进民族发展，在推进中华民族从传统向现代转型实践过程中，实现中华民族伟大复兴、雄踞于世界民族之林的历史性目标。民族复兴作为中华儿女共同的美好愿景，始终贯通着近代以来中华民族的历史脉络、承载着近代以来中国人民的整体诉求、寄托着近代以来全体国人的民族情怀。中华民族作为历史悠久、文化灿烂的民族实体，是在漫长的历史长河中形成的既血肉相连、密不可分，又团结一致、奋发有为的多民族共同体。中华民族在融合发展和整合前进的过程中，创造了辉煌历史，引领着世界潮流，激发并生成了全体国人深深的民族自豪感和民族自信心。虽然灰暗惨痛的近代史让中华民族饱受欺凌侮辱、几乎丧失信心，但“我们民族有一脉相承的精神追求、精神特质、精神脉络”，指引着中国人民不断为寻求民族复兴之路而团结奋斗。中华民族的民族自豪感、文化自信心乃至发展自觉性来自于优秀传统文化的积淀浸染和传承创新。习近平指出：“博大精深的中华优秀传统文化是我们在世界文化激荡中站稳脚跟的根基。中华文化源远流长，积淀着中华民族最深层的精神追求，代表着中华民族独特的精神标识，为中华民族生生不息、发展壮大提供了丰厚滋养。”实现中华民族伟大复兴，“要注重塑造我国的国家形象，重点展示中国历史底蕴深厚、各民族多元一体、文化多样和谐的文明大国形象。”因此，要创造性发展和创新性转化中华优秀传统文化，通过文化强

国建设坚定文化自信，实现中华文化影响力持续扩大；通过培育践行社会主义核心价值观增强文化自觉，建构现代性中华民族；通过爱国主义教育培育弘扬民族精神，推进中华民族伟大崛起。

③人民幸福梦。

人民幸福梦是指在社会主义现代化建设过程中，从维护最广大人民根本利益的高度，加快健全基本公共服务体系，加强和创新社会管理，让全体人民共同享有人生出彩的机会，共同享有梦想成真的机会，共同享有同祖国和时代一起成长与进步的机会，实现好、维护好、发展好最广大人民的根本利益，提升全社会的幸福指数。幸福是人类孜孜以求的理想愿景和美好体验，是人们在社会生活中对人的生命价值的执着追求和永恒期盼。实现人民幸福既是马克思主义政党的核心议题，更是中国共产党的历史使命和根本宗旨。马克思指出，“如果我们选择了最能为人类而工作的职业，……我们的幸福将属于千百万人，我们的事业将悄然无声地存在下去，但是它会永远发挥作用”，点明了实现人类解放、促进人民幸福是伟大崇高的事业。恩格斯更是明确指出，“每个人都追求幸福”是“颠扑不破的原则，是整个历史发展的结果，是无须加以论证的”。马克思主义与中华民族伟大复兴的历史进程相结合而产生的“中国梦”，将马克思主义幸福观融入中国梦想之中，将个人幸福与国家富强、民族复兴紧密联系起来，提出“中国梦”的根本价值目标就是实现13亿多人民群众的美好幸福生活。习近平指出：“中国梦是民族的梦，也是每个中国人的梦。”“这个梦想，凝聚了几代中国人的夙愿，体现了中华民族和中国人民的整体利益，是每一个中华儿女的共同期盼。”因此，实现人民幸福就是坚持人民主体地位，坚持共享发展理念，把增进人民福祉、促进人的全面发展作为社会主义现代化建设的出发点和落脚点，不断健全就业、教育、文化、社保、医疗、住房等公共服务体系，在实现社会安定有序、人民安居乐业的过程中，引领全体人民共同迈入全面小康社会。

（2）“中国梦”是经济发展梦、文明复兴梦和价值彰显梦

“中国梦”的实现过程是国家社会各领域、全方位的综合发展和进步过程，是经济持续健康发展、中华文明走向世界和社会主义价值得以彰显的系统工程。“中国梦”的梦想体系涵括追求经济发展梦、文明复兴梦和价值彰显梦。三个层次的“中国梦”体系，更加清晰地明确了党的十八大提出的“两个一百年”的奋斗目标，是对坚定不移沿着中国特色社会主义道路奋勇前进的总体性目标的系统化解读和形象化描述。

①经济发展梦。

经济发展进而国家繁荣富强是实现“中国梦”的现实基础。马克思曾经指出：“我们判断一个人不能以他对自己的看法为根据，同样，我们判断这样一个变革时代也不能以它的意识为根据；相反，这个意识必须从物质生活的矛盾中，从社会生产力和生产关系之间的现存冲突中去解释。”“中国梦”的提出、追求和实现过程，同样也要放置于社会主义现代化建设过程中，通过经济持续稳定健康发展，着力解决当前影响我国实现中华民族伟大复兴的社会主要矛盾。

因此，生产力的发展、生产力与生产关系的合理互动，以及建构在此基础上的经济基础的发展，既是“中国梦”的现实基础，也是“中国梦”的应有之义。“中国梦”如

果脱离了生产力的发展、忽视了经济领域发展新常态，就会因为丧失基础而成为空中楼阁。这就是马克思所强调的："物质生活的生产方式制约着整个社会生活、政治生活和精神生活的过程。"从这个意义上讲，"中国梦"首先是而且必须是经济发展梦，是坚持以经济建设为中心，以科学发展为主题，在发展平衡性、协调性、可持续性明显增强的基础上，在坚持全面推进经济建设、政治建设、文化建设、社会建设、生态文明建设，实现以人为本、全面协调可持续的科学发展过程中，引领经济发展新常态，把握经济发展新特征，激发各类市场主体发展新活力，增强创新驱动发展新动力，构建现代产业发展新体系，培育开放型经济发展新优势，确保到2020年实现国内生产总值和城乡居民人均收入比2010年翻一番。

②文明复兴梦。

文明复兴进而中华民族伟大崛起是实现"中国梦"的时代主题。克劳塞维茨认为："历史最能证明精神因素的价值和它们的惊人的作用。"中华民族近代以来追求民族解放、民族独立、民族复兴的历史征程充分表明，"一个民族的觉醒，首先是文化上的觉醒；一个政党的力量，很大程度上取决于文化自觉的程度。可以说，是否具有高度的文化自觉，不仅关系到文化自身的振兴和繁荣，而且决定着一个民族、一个政党的前途命运。"从文明发展角度讲，"中国梦"鲜明的时代主题就是文明复兴——中华文明的现代性发展和崛起，就是建构起一整套能够适应并引领现代中国社会生活的文明体系，在促进国人文化自觉的过程中，达致文化自信，实现文化自强。马克思曾经指出："理论一经掌握群众，也会变成物质力量。理论只要说服人，就能掌握群众；而理论只要彻底，就能说服人。所谓彻底，就是抓住事物的根本。"物质生产与精神生产协调同步发展，是一个社会的最佳运行状态，而没有先进的能够抓住事物根本的精神文明作指导和引领的民族，往往容易在现代化浪潮中丧失自身。辉煌灿烂的中华文明催生国人高度的文化自觉和文化自信，但在近代以来却几乎遭遇到毁灭性打击。历经文化自卑、文化迷茫和艰苦的文化探索，中国人民在中国共产党的领导下，以社会主义先进文化引领中国文化建设，增强文化软实力，打造具有独特精神文明标识的"中国梦"。因此，"中国梦"在全球化席卷世界的时代大潮中，应该是而且必须是文明复兴梦，是在建设社会主义文化强国的总体目标下，在培育、践行和弘扬社会主义核心价值观的过程中，公民文明素质和社会文明程度明显提高，文化产品更加丰富多元，公共文化服务体系基本建成，中国传统文化在体现现代文明色彩中实现价值性回归，中华文化走出去迈出更大步伐，中华文明重新走向世界，文化软实力显著增强，用中华文明的全面复兴凝聚人心、整合社会、引领时代。

③价值彰显梦。

马克思在《评阿·瓦格纳的"政治经济学教科书"》中指出，"'价值'这个普遍的概念是从人们对待满足他们需要的外界物的关系中产生的"，价值"是人们所利用的并表现了对人的需要的关系的物的属性"。马克思指出了价值作为关系范畴，是一种客体属性对于主体需要的特定关系。梦想同样也要具备一定的价值属性，才能满足主体的需要，成为引领主体积极付诸实践的精神力量。"共同梦想内蕴着基本价值追求，基本价值追求承载着伟大梦想的种子。""中国梦"是党和国家根据世情、国情、党情新变化而提出社会主义现代化建设的美好梦想，全面阐述了近代以来中华民族跌宕起伏的历史脉络，激情描绘了中华儿女不懈奋斗的艰辛历程，深刻展示了现代化进程中华夏儿女的共同愿景，积极彰显了社会主义新中国的宏伟目标，符合时代发展要求、契合历史发展规律、迎合全体人民期盼，具有深远的价值意蕴。“中国梦”的提出，既是凝神聚魂的战略考量，又是在西方一些国家推行文化霸权、宣扬“普世价值”的背景下，展示中国特色社会主义价值目标的战略部署，是在全球金融危机之后西方国家经济萎靡不振的大环境下，积极展现中国道路发展优势、系统呈现中国梦想独特魅力的战略工程。因此，“中国梦”从长远角度来看就是价值彰显梦，是在实现国家富强、民族振兴和个人幸福的历程中，坚定不移地沿着中国特色社会主义道路前进，既不走封闭僵化的老路、也不走改旗易帜的邪路，而是在继承、坚持和弘扬人的全面自由发展这一社会主义核心价值理念的原则基础上，实现坚持人民主体地位、坚持解放发展生产力、坚持推进改革开放、坚持维护公平正义、坚持共同富裕道路、坚持促进社会和谐、坚持世界和平发展和坚持共产党的领导的有机统一，不断赋予中国特色社会主义以实践特色、理论特色、民族特色、时代特色，积极彰显中国特色社会主义的价值自觉和价值自信。因此，“中国梦”的战略目标就是在后金融危机时代，在与资本主义发展道路的比较中，甄辨与“美国梦”“欧洲梦”等的本质区别，展现中国特色社会主义发展道路的本质属性、独特优势和价值意蕴。

综上所述，“中国梦”是一个由国家梦、民族梦和个人梦构建而成的梦想体系，同时也是一个由经济社会发展、中华文明复兴、社会主义价值彰显全方位迈进的造梦工程。“中国梦”既内含着国家、社会、个人的三维指向，更彰显着中国特色社会主义发展道路的价值言说。因此，坚持三位一体的“中国梦”，就是要坚持和发展中国特色社会主义，就是要在社会主义核心价值观的引领下，全面建成小康社会、建成富强民主文明和谐的社会主义现代化国家、实现中华民族伟大复兴。

2. “中国梦”的梦想定位与价值彰显

实现中华民族伟大复兴，价值问题具有终极意义。一个民族若是没有清晰的价值坐标，没有坚定的理想信仰，没有先进的伦理规范，即使经济基础再坚固、物质财富再雄厚，也因为缺少文化形象和价值观念而难以获得世界认同。实现中华民族伟大复兴的“中国梦”，必须强体固本、凝心聚力、传神塑魂，奠定造梦、筑梦、追梦和圆梦的强大思想基础和精神动力。而“中国梦”在传达价值意蕴的过程中清晰地勾勒出梦想定位，就是以弘扬社会主义核心价值观为基本价值定位，在坚持中国道路、弘扬中国精神、凝聚中国力量的过程中，不断坚定全体人民理想追求、捍卫国家主流信仰、推动全民实干创业，并通过实现“中国梦”，筑建中国特色社会主义梦想，汇聚全体人民最大共识，从坚定共同理想、强化价值体认、诠释价值目标、捍卫主流意识形态等方面彰显着社会主义核心价值观的核心要义。

（1）“中国梦”价值定位：追求理想、捍卫信仰和创业实干

作为包含着中华民族传统文化复归的历史重任、社会主义中国现代化转型发展的现实要求和中国特色社会主义长远建设的奋斗目标的综合性价值观念体系，社会主义核心价值观蕴含并彰显着对国家富强的目标期待、对民族复兴的进步要求以及对人民幸福的

价值旨归，为追求“中国梦”提供着价值导向，为实现“中国梦”编织着精神纽带。以“三个倡导”为基本内容的社会主义核心价值观就是我们追求和实现“中国梦”的价值定位和精神引领，是打造和锻造“中国梦”的力量源泉和价值依托。从“中国梦”的三个维度考量，实现繁荣昌盛、富国强民的“强国梦”，就是要在价值层面实现“富强、民主、文明、和谐”，突出弘扬中国特色社会主义的共同理想，彰显“中国梦”在国家建设层次的价值目标；追求民族复兴、社会进步的“文明梦”，就是要在价值层面实现“自由、平等、公正、法治”，着重凝聚中华民族伟大复兴的价值共识，凸显“中国梦”在社会发展层次的价值取向；凸显生活美好、安居乐业的“幸福梦”，就是要在价值层面实现“爱国、敬业、诚信、友善”，科学维系人民追求幸福安康美好生活的道德风尚，传达“中国梦”在个人追求层次的价值准则。通过国家层面的价值目标、社会层面的价值共识、个人层面的价值取向的培育和践行，以“三个倡导”为基本内容的社会主义核心价值观整体匹配地嵌入“中国梦”的三个具体维度之中，为中华民族阔步复兴大道提供正确的价值坐标、科学的信仰支撑和强大的灵魂指引。因此，从梦想定位的角度上讲，“中国梦”的提出、追求和实现，突出凝练为中华民族的共同理想、科学上升为华夏儿女的主流信仰、具体形化为全国人民的实干创业。

①追求理想。

梦想来源于现实世界，而又超越于现实世界，梦想是基于现实生活的更高层次的一种理想追求。“中国梦”本质上是一种社会意识，是社会存在发展的映射化，是在中国特色社会主义现代化建设过程中形成的更高层次的理想愿景和社会心理。马克思在一定程度上认可社会意识的主观能动性，揭示了不同的社会心理在社会斗争、政治斗争和经济斗争中的突出作用。他认为在“在市民社会，任何一个阶级要想扮演这个角色，就必须在一瞬间激起自己和群众的热情”。因此，“中国梦”作为一种理想追求，体现了全体人民对中华民族的美好发展憧憬、共同利益关切和参与建设热情，更加容易激发全体国人对实现民族伟大复兴的心理认同，汇聚共同建设社会主义新中国的精神力量。正如习近平指出的：“中国梦意味着中国人民和中华民族的价值体认和价值追求，意味着全面建成小康社会、实现中华民族伟大复兴，意味着每一个人都能在为中国梦的奋斗中实现自己的梦想，意味着中华民族团结奋斗的最大公约数，意味着中华民族为人类和平与发展做出更大贡献的真诚意愿。”

②捍卫信仰。

信仰是人的本质的对象化，是人对社会实践活动的最高价值认定和理念确信，并形成的最高价值理想和终极追求目标。坚定的信仰能够产生强大的精神动力，促进信仰主体克服具体实践过程中的种种阻碍和挫折，向着既定的信仰蓝图锲而不舍。“中国梦是新时期中国人民的精神诉求和精神信仰。”“中国梦”的坚持和追求本质上是对中国特色社会主义的坚定和捍卫，是对中国特色社会主义共同理想和共产主义伟大梦想的坚持和信仰。将“中国梦”作为全体人民的共同信仰，融入人们的日常生活、生产实践和具体工作之中，有利于人们将中国梦信仰与实现共产主义最高信仰结合起来，有利于在当前各种价值观念和社会思潮纷繁复杂，思想意识多元多样多变的局势下，引导人们紧紧围绕中国梦信仰，高扬社会主义现代化建设主旋律，整合意识形态建设最强音，唱响中华民族伟大复兴进行曲，为实现全面建成小康社会提供强大的理论引领和精神支撑。因此，“中国梦是社会主义意识形态的共同理想和终极信仰，处在社会主义意识形态结构‘魂中之魂’的位阶。”

③创业实干。

梦想需要付诸行动，否则再美好的梦想终究是场空。毛泽东认为：“如果有了正确的理论，只是把它空谈一阵，束之高阁，并不实行，那末，这种理论再好也是没有意义的。”提出、倡导和弘扬“中国梦”，最终目标在于通过全体人民的共同努力，实实在在干事业、扎扎实实创新业，共同实现“中国梦”。目前，我国仍处于并将长期处于社会主义初级阶段，我国发展处于大有作为的重要战略机遇期和矛盾叠加、风险增多的严峻挑战期并存阶段，“实现中国梦，创造全体人民更加美好的生活，任重而道远，需要我们每一个人继续付出辛勤劳动和艰苦努力。”实现“中国梦”，关键在党，基础在人民。正如习近平所强调：“我们面临的挑战和问题依然严峻复杂，应该说，党面临的赶考，远未结束，我们党要带领人民实现全面建成小康社会的奋斗目标，不断坚持和发展中国特色社会主义，就是这场考试的继续。”“中国梦”因其强大的吸引力、凝聚力和整合力，赋予全体人民崇高的使命感、厚重的紧张感和激昂的参与感，只有不断实干创业，才能实现美好梦想。因此，习近平指出：“只要我们紧密团结，万众一心，为实现共同理想而奋斗，实现梦想的力量就无比强大。我们每个人为实现自己梦想的努力就拥有广阔空间。”

（2）“中国梦”的价值彰显：中国特色的社会主义核心价值观

“中国梦”从国家、民族和人民三个维度具体阐释着中国特色社会主义的奋斗目标，综合性地指向中国特色社会主义现代化建设的价值追求，与以“三个倡导”为基本内容的社会主义核心价值观从国家、社会和个体的层次阐发中国特色社会主义道路的价值目标遥相呼应，具有内在契合性。“任何梦想的实现都是梦想者的价值观外化”，“中国梦”的提出过程、表现形态和追求路向具有内在的统一性和协同性，这种协同的整体性梦想体系，是对当下中国社会主义现代化建设发展目标的科学解读和合理诠释，是对社会主义核心价值观的直观描绘和生动展现。“中国梦”是三位一体的科学结构形态，强调国家富强的“强国梦”从国家层面构想了中国特色社会主义繁荣富强的实践路径和发展图景，奠定造梦工程的主体架构；主张民族振兴的“文明梦”从社会层面设想了中华民族伟大复兴的文明基因和发展理念，彰显造梦工程的精神品质；追求个人幸福的“幸福梦”从个体层面回答了全国各族人民幸福安康的道德要求和依靠主体，凝聚造梦工程的集体力量。国家富强是“中国梦”的有力支撑，同时也是民族振兴和人民幸福的坚实物质基础，没有富裕强大的社会主义新中国，民族振兴和人民幸福就会失去现实依托而成为渺茫的幻想；民族振兴是“中国梦”的文明走向，同时也是国家富强和人民幸福的主要动力源泉，没有走向复兴的中华民族新文明，国家富强和人民幸福就会失去精神依靠而成为无根的游魂；人民幸福是“中国梦”的价值追求，同时也是国家富强和民族振兴的根本价值旨归，没有幸福美好的人民群众新生活，国家富强和民族振兴就会失去存在意义而成为空洞的口号。因此，“中国梦”的三个维度有机构成其对中国特色社会主义的价值彰显，“中国梦”的提出是对中国特色社会主义价值追求的回应，“中国梦”的追求是对中国特色社会主义价值定位的解答，“中国梦”的实现是对中国特色社会主义价值彰显的诠释。“中国梦”书写着人们对社会主义核心价值观的理性表达、美好畅想和合理演绎，“中国梦”传递着人们对中国特色社会主义的崇高信仰、无比信心和坚定信念。

“中国梦”在其更深层次上而言是社会主义核心价值观的表达重构和话语创新，“中国梦用鲜活的大众语言表达了全国各族人民的共同愿望，成为引领当代中国社会发展的精神旗帜。”“中国梦”的鲜活生命力、强大感召力和深刻阐释力，一方面来自于“中国梦”自身的科学体系架构和丰富内涵融合，另一方面也来自于其对社会主义核心价值观核心要义的突出彰显。

①“中国梦”以更加凝练的形式坚定了中国特色社会主义共同理想。

习近平强调：“富强、民主、文明、和谐，自由、平等、公正、法治，爱国、诚信、敬业、友善，传承着中国优秀传统文化的基因，寄托着近代以来中国人民上下求索、历经千辛万苦确立的理想和信念，也承载着我们每个人的美好愿景。”培育和践行社会主义核心价值观，其主要目标之一就是巩固全党全国人民团结奋斗的共同思想基础，引导人们在国家发展新常态中坚定中国特色社会主义共同理想。“中国梦”涵括的国家富强、民族振兴、人民幸福等主要观点，在本质上仍然是中国特色社会主义的主体内容。邓小平早就指出：“社会主义的本质，是解放生产力，发展生产力，消灭剥削，消除两极分化，最终达到共同富裕。”这构成中国特色社会主义共同理想的理论基础。“中国梦”则从国家、民族和人民三个层次系统组合表述为中国特色社会主义共同理想的核心要义，并以更加凝练的表达打破了人们从经济建设、文化建设、政治建设、社会建设、生态文明建设和党的建设等几大领域予以解读的习惯性思维模式，将国家发展目标、民族复兴重任和人民主体地位鲜明地凸显出来。因此，“中国梦”的新颖表述和科学意蕴，一经公布就立即成为全体中国人普遍认可的价值追求。习近平认为：“把我国 56 个民族，13 亿多人紧紧凝聚在一起的，是我们共同经历的非凡奋斗，是我们共同创造的美好家园，是我们共同培育的民族精神，而贯穿其中的、更重要的是我们共同坚守的理想信念。”而“中国梦”则以更加贴近人民心声、契合人民愿景、符合时代要求的形式，揭示出坚守共同理想信念的重要性和必要性。因为，“中国梦是国家的、民族的，也是每一个中国人的。国家好、民族好，大家才会好。只有每个人都为美好梦想而奋斗，才能汇聚起实现中国梦的磅礴力量。”

②“中国梦”以更加形象的表达强化了国家认同、价值共识和利益诉求。

民族复兴“首先要求中国建成现代文明国家，并在此过程中展示中华传统价值、中国模式的世界意义”。因此，实现民族复兴的中国梦想，要在推动经济持续健康发展，打造中国梦想的雄厚物质基础的同时，更要在民主政治改革和文化大发展大繁荣的过程中，形成令人仰慕的价值优势和精神力量。“在改革深水期、攻坚期与实现中华民族伟大复兴的关键节点上，呼吁各个阶层、各种势力、各种利益同心同德，不仅效验显著，而且意义重大。”正是在这个意义上，习近平强调指出：“实现我们的发展目标，实现中国梦，必须增强道路自信、理论自信、制度自信……而这‘三个自信’需要我们对核心价值观的认定作支撑。”没有精神支撑的经济繁荣不会走远，没有精神食粮的民族发展没有未来。社会主义核心价值观既是中国特色社会主义理论的精神内核，又是全体中国人民的价值认同。积极培育和践行社会主义核心价值观，就是要推动解决目前社会存在的“价值缺失”“观念冲突”“道德迷茫”等问题，推动解决目前存在的试图冲击、解构和颠覆主流意识形态的思想斗争问题，以社会主义核心价值观引领社会思潮、凝聚社会共识，增强社会成员的国家认同、文化认同和价值认同。“中国梦”在时间上具有前溯性和后续性，向前追溯“中国梦”是近代以来中国人民追求民族独立解放、国家繁荣富强和人民当家做主梦想的沿承和发展；往后展望“中国梦”是新中国成立以来党团结带领全国人民努力建设中国特色社会主义之梦、科学推进中国现代化转型发展之梦，以及不懈追求实现共产主义之梦。“中国梦”以鲜活的语言将过去之梦、现在之梦和未来之梦有机融合一体，通过强调“中国梦”归根到底是人民的梦这一真实出发点和最终落脚点，最大化整合大多数人的利益诉求和价值诉求，形象化地表达了全体中国人团结奋斗的最大公约数，有效强化了国家认同、文化认同和价值认同。

③“中国梦”以更加科学的架构诠释了社会主义现代化建设总目标。

当今世界正处在金融危机后的深度调整期，我国正处于全面深化改革的关键期，如何更加生动形象而又全面深刻地向人们阐释中国特色社会主义现代化建设的总目标和总规划，团结凝聚起全面建成小康社会的整体力量，是培育和践行社会主义核心价值观的重要任务。因此，如何更好地满足人民物质和精神需求，进而在既让人民过上殷实富足的物质生活，又让人民享有健康丰富的文化生活的过程中，促进人的全面发展，凸显社会主义制度的优越性，展现新中国社会主义实践的科学性，为继续解放思想、全面深化改革、推动科学发展、全面建成小康社会提供坚强思想保证、强大精神动力、有力舆论支持、良好文化条件，是党和国家在重要战略机遇期必须面对和解答的时代性课题。习近平指出：“我们要坚持发展是硬道理的战略思想，坚持以经济建设为中心，全面推进社会主义经济建设、政治建设、文化建设、社会建设、生态文明建设，深化改革开放，推动科学发展，不断夯实实现中国梦的物质文化基础。”“中国梦”的提出，从国家全局、社会整体和个人角度系统架构了中国特色社会主义现代化建设的总目标，以更加形象和科学的结构诠释着社会主义现代化建设的总目标，体现出了社会主义中国对富强、民主、文明、和谐，自由、平等、公正、法治，爱国、诚信、敬业、友善等价值观念的尊重和追求，彰显了社会主义核心价值观的核心要义。因此，实现“中国梦”，就是要在社会主义核心价值观的引领下，以经济持续健康发展为目标推进国家富强进程，以人民民主不断扩大为目标促进政治体制改革，以文化软实力显著增强为目标推动精神文明建设，以人民生活水平全面提高为目标推动和谐社会建设，以资源节约型、环境友好型社会建设为目标推进生态文明，促进创新发展、协调发展、绿色发展、开放发展和共享发展，进一步推进改革开放和社会主义现代化建设，坚定不移地贯彻中国道路，实现民族复兴的伟大梦想。

④“中国梦”以更加明确的要求捍卫马克思主义主流意识形态。

“一定的意识形态总是借用一定的语言和术语来叙述自己。”巩固马克思主义在意识形态领域的指导地位，成为社会主义核心价值观的重要使命。培育和践行社会主义核心价值观，就是要增强社会主义意识形态的竞争力，掌握价值观念领域的主动权、主导权和话语权，扩大主流价值观念的影响力、辐射力和凝聚力，逐步打破西方的话语垄断、舆论垄断，维护国家文化安全和意识形态安全。“中国梦”在阐述伟大美好梦想的同时，对于如何实现“中国梦”提出了更加明确的要求，那就是实现中国梦必须走中国道路、弘扬中国精神、凝聚中国力量，蕴含着对我国意识形态安全工作的清醒认识和严格要求，并通过接受面最广、理解度最深、区别度最强的话语形式凸显出意识形态色彩。“中国梦”只能是中国特色社会主义性质的民族复兴梦，它既含有社会主义性质、又凸显人民民主诉求，既主张民族整体利益、又捍卫个体合法权利，既强调中国现代化转型、又关注世界和平发展，在与社会主义核心价值观的遥相呼应中，捍卫着我国马克思主义主流意识形态、呈现着我国社会主义现代化特征、回应着时代变迁进程中的人民诉求，彰显着社会主义核心价值观的核心要义。

（选自李东坡：《“中国梦”的梦想体系和价值彰显》，《中南大学学报》（社会科学版），2016 年第 22 卷第 2 期）

3. “中国梦”的伟大意义

（1）“中国梦”的历史意义

经历了中华人民共和国的建立和改革开放的发展，中华民族不仅站起来了，而且富起来了，更进一步地强起来了。“改革开放之初，我们党发出了走自己的路、建设中国特色社会主义的伟大号召。从那时以来，我们党团结带领全国各族人民不懈奋斗，推动我国经济实力、科技实力、国防实力、综合国力进入世界前列，推动我国国际地位实现前所未有的提升，党的面貌、国家的面貌、人民的面貌、军队的面貌、中华民族的面貌发生了前所未有的变化，中华民族正以崭新姿态屹立于世界的东方。”只有在这个时刻，我们才能谈到“中华民族的伟大复兴”这一具有世界历史意义的梦想。实现这一梦想既是中国共产党所肩负的历史使命，同时也是中国共产党所应承担的历史责任。因此，“中国梦”首先是国家梦、民族梦，既是经历了一百多年历史性苦难的中华民族的梦想，也是对古代历史上那个曾经以文化吸引周边国家和地区的世界性大国曾有过的辉煌的渴望。同时，这一梦想的实现无论是就其主体来说，还是就其作为一种历史性的成就所惠及的群体来说，都是广大的中国人民的梦想。中国人民既是这一场世界历史性史诗的剧中人物，同时也是剧作者。因此，“中国梦”必然是人民梦，是每一个中华民族儿女的梦。而每一个个体，作为人民的一分子，必将在伟大的民族复兴的进程中获得自身发展的舞台，实现自身发展的梦想。

（2）“中国梦”的时代价值

改革开放 40 年的发展，中国已经日益紧密地融入全球化的历史进程当中，当代中国的发展已经不再仅仅属于中国自身的问题，而是与世界各国的经济社会发展密切地联系在一起。当代中国所面临的问题，一方面是传统社会的转型及新的人类文明类型的建构问题；另一方面则是如何通过自身的社会历史与文化的转型逐步消解现代工业文明的发展所造成的全球性的人的生存危机，从而为未来人类社会的发展开辟新的道路问题。因此，“中国梦”赋予当代中国特色社会主义以中国特色，更是直面人类面临的普遍性问题。具有时代意义。

(3)“中国梦”的超越价值

当代中国问题既属于世界问题的一个构成部分，同时又具有其自身的特殊性。在世界历史的前提下，把握中国问题必须具有世界性的眼光，必须把当代中国的问题纳入世界历史的总体视野之下去理解和把握。同时又必须立足于本民族国家的历史文化传统与当代现实。

一方面，当代中国的发展和社会转型是在资本主义开创的世界历史的总体进程中展开的。资本全球化使资本主义自身的问题逐步发展成为全球人类面临的共同问题。随着中国的发展日益融入世界历史进程，我们同样面临资本主义自身发展进程中所面临的很多问题。以大工业为基础的对自然的掠夺性开发造成的生态问题，同样是我们必须面对的。另一方面，当代中国的发展已经深刻地影响和正在改变着世界历史进程，中国的发展已经不仅仅是中国人自己的事情，而且是具有世界历史意义的事件。按黑格尔的说法，每一个历史时代都会有一个国家、民族代表世界历史，当世界历史将其推到那个位置时，它才能代表世界历史。而当代中国的发展已经使中国处于这样的位置，因此，当代中国问题的解决同样具有世界历史意义。

过去40年中国经济快速增长的同时，自然资源也在被过渡开发。农业现代化与工业化所带来的恶劣的社会灾难在南北世界各国都可见到。

正是基于对时代问题的理解，习近平总书记在讲话中始终强调一个极为重要的主题，这就是发展的人民性问题。在十八届中央政治局常委同中外记者见面会的讲话中，习近平总书记明确指出，“人民对美好生活的向往，就是我们的奋斗目标。”也正是在这次讲话中，他明确强调全党同志的重托、全国各族人民的期望，是新的一届领导班子必须承担的重要的历史责任，也即对民族的责任、对人民的责任和对党的责任，并强调“一定要始终与人民心心相印、与人民同甘共苦、与人民团结奋斗，夙夜在公，勤勉工作，向历史、向人民交出一份合格的答卷”。

（选自隽鸿飞：《“中国梦”的历史意识、时代意识和超越意识》，求是学刊2017年第44卷第6期）

四、延伸阅读

（一）重要文献推荐

习近平：《习近平谈治国理政》，外文出版社2014年版。

习近平：《决胜全面建成小康社会夺取新时代中国特色社会主义伟大胜利》，人民出版社2017年。

中共中央宣传部：《习近平总书记系列重要讲话读本》，学习出版社，人民出版社2016年版。

《中国共产党章程》，法律出版社2015年版。

习近平：在庆祝改革开放40周年大会上的讲话，新华网2018年12月18日。

（二）延伸阅读材料

习近平在省部级主要领导干部“学习习近平总书记重要讲话精神，迎接党的十九大”专题研讨班开班式上发表重要讲话。

习近平强调，即将召开的党的十九大，是在全面建成小康社会决胜阶段、中国特色社会主义发展关键时期召开的一次十分重要的大会，能否提出具有全局性、战略性、前瞻性的行动纲领，事关党和国家事业继往开来，事关中国特色社会主义前途命运，事关最广大人民根本利益。我们党要明确宣示举什么旗、走什么路、以什么样的精神状态、担负什么样的历史使命、实现什么样的奋斗目标。

习近平指出，谋划和推进党和国家各项工作，必须深入分析和准确判断当前世情国情党情。我们强调重视形势分析，对形势作出科学判断，是为制定方针、描绘蓝图提供依据，也是为了使全党同志特别是各级领导干部增强忧患意识，做到居安思危、知危图安。分析国际国内形势，既要看到成绩和机遇，更要看到短板和不足、困难和挑战，看到形势发展变化给我们带来的风险，从最坏处着眼，做最充分的准备，朝好的方向努力，争取最好的结果。

习近平强调，认识和把握我国社会发展的阶段性特征，要坚持辩证唯物主义和历史唯物主义的方法论，从历史和现实、理论和实践、国内和国际等的结合上进行思考，从我国社会发展的历史方位上来思考，从党和国家事业发展大局出发进行思考，得出正确结论。全党要牢牢把握社会主义初级阶段这个最大国情，牢牢立足社会主义初级阶段这个最大实际，更准确地把握我国社会主义初级阶段不断变化的特点，坚持党的基本路线，在继续推动经济发展的同时，更好解决我国社会出现的各种问题，更好实现各项事业全面发展，更好发展中国特色社会主义事业，更好推动人的全面发展、社会全面进步。

（节选自新华社 2017 年 7 月 7 日新闻《习近平在省部级主要领导干部“学习习近平总书记重要讲话精神，迎接党的十九大”专题研讨班开班式上发表重要讲话》）

【提示】

在省部级主要领导干部“学习习近平总书记重要讲话精神，迎接党的十九大”专题研讨班开班式上，习近平总书记发表重要讲话，系统总结党的十八大以来党和国家事业发展的巨大成就和实践经验，为党的十九大胜利召开奠定了重要的政治、思想和理论基础，为继续推进中国特色社会主义伟大事业提供了科学指南。

国际社会对习总书记重要讲话给予高度关注，很多海外专家学者认为，“讲话”科学准确分析了当前国际国内形势，深刻阐明了未来中国共产党和中国发展的方向，具有前瞻性、指导性，意义深远。

（三）延伸阅读解读

把握新形势抓住新机遇

——贯彻落实习近平总书记在省部级专题研讨班重要讲话精神系列述评之二

即将召开的党的十九大，是在全面建成小康社会决胜阶段、中国特色社会主义发展关键时期召开的一次十分重要的大会。

“分析国际国内形势，既要看到成绩和机遇，更要看到短板和不足、困难和挑战，看到形势发展变化给我们带来的风险，从最坏处着眼，做最充分的准备，朝好的方向努力，争取最好的结果。”

习近平总书记在“7.26”重要讲话中深刻阐释如何认识和把握我国发展的阶段性特征，为“中国号”巨轮劈波斩浪指明了航向。社会主义中国以新发展理念为引领，确保如期建成得到人民认可、经得起历史检验的全面小康社会，不断朝着全体人民共同富裕、社会全面进步的目标前进。

站到新起点　进入新阶段

党的十八大以来，党和国家事业发生历史性变革，我国发展站到了新的历史起点上，中国特色社会主义进入了新的发展阶段。近代以来久经磨难的中华民族实现了从站起来、富起来到强起来的历史性飞跃。

习近平总书记用两个“前所未有”确定了“中国号”巨轮的新坐标。

“今日中国，前所未有地走近世界舞台的中心，前所未有地接近实现中华民族伟大复兴的梦想。”

习近平总书记提出“两个牢牢把握”：我们要牢牢把握我国发展的阶段性特征，牢牢把握人民群众对美好生活的向往。

“‘牢牢把握’的核心要义是深入分析和准确判断当前世情国情党情，为制定方针、描绘蓝图提供依据；内在逻辑是牢牢把握社会主义初级阶段这个最大国情和人民至上这个价值取向。”全国政协社会和法制委员会副主任施芝鸿说。

“认识和把握我国社会发展的阶段性特征，要从历史和现实、理论和实践、国内和国际的结合上进行思考，从我国社会发展的历史方位上来思考，从党和国家事业发展大局出发进行思考。”中央党校副教育长韩庆祥说。

环顾全球，经济政治重心从北大西洋转向太平洋，新兴市场国家和发展中国家崛起之势不可阻挡。地缘政治因素错综交织，全球经济复苏乏力，地区热点和全球性挑战此起彼伏。

“我们参与全球治理的根本目的，就是服从服务于实现‘两个一百年’奋斗目标、实现中华民族伟大复兴的中国梦”“共同推动建立以合作共赢为核心的新型国际关系”“打造人类命运共同体”……习近平总书记的讲话切中肯綮。

中国发展的“快车”，让更多国家分享中国发展的红利。在当今矛盾重重、冲突不断、反全球化思潮暗流涌动的世界，“一带一路”倡议赢得广泛响应、取得超出预期成果。

当人们用双脚丈量中国的土地，就会发现：上海外滩的夜霓虹璀璨，贵州山区农村仍没有路灯“点亮”黑夜；港珠澳大桥似长龙卧波，西部峡谷的村医还要溜索过河给人看病……社会主义初级阶段是当代中国的最大国情、最大实际。

挪威劳动生产率高达 18.1 万美元/人，中国仅 1.4 万美元/人；瑞士单位能耗经济产出高达 25.6 美元/千克标煤，中国仅 3.1 美元/千克标煤……“我们亟待通过创新挖掘劳动力大国的潜力”中国战略科学技术研究院副院长武夷山说。

专家指出，中国经济发展呈现速度变化、结构优化、动力转化三大特点。适应新常态、把握新常态、引领新常态，是当前和今后一个时期我国经济发展的“大逻辑”。

党的十八大以来，我国经济持续稳定增长，经济结构逐步优化升级；发展协调性不断增强，城乡间、区域间的发展差距逐步缩小；人民生活显著改善，人民群众获得感日益增多；综合国力不断增强，国际影响力得到显著提升。

“我国经济总量已经超过 10 万亿美元，在供给侧结构性改革的引领下，中国在低迷的世界经济中创造了耀眼的经济增长亮点。”清华大学国情研究院院长胡鞍钢如是说。

时代在变，民生诉求也在不断提升。

“人民对美好生活的向往，就是我们的奋斗目标。”这是中国执政党的郑重承诺。

改革开放之初，中国社会主要矛盾是人民群众日益增长的物质文化需要，同落后的社会生产之间的矛盾。而今，人民的需求呈现出多样化、多元化、多层次的特征。

“中国人口多、底子薄，每一个民生问题都是‘世界级’难题。”中国国际经济交流中心信息部部长王军说，全面建成小康的过程也是不断破解民生难题的过程。

更好的教育、更稳定的工作、更满意的收入、更可靠的社会保障、更高水平的医疗卫生服务、更舒适的居住条件、更优美的环境、更丰富的精神文化生活……

天下顺治在民富，天下和静在民乐。“八个更”为改善民生指明了方向和着力点。

抓住新机遇　迎接新挑战

山西吕梁，这里山大沟深，十年九旱，是中国最贫瘠的土地之一。

2017 年 6 月 21 日，习近平总书记风尘仆仆来到这里，“如约”走遍了全中国 14 个连片特困地区。在这里，他发出坚强有力的动员令——“攻克深度贫困堡垒，是打赢脱贫攻坚战必须完成的任务，全党同志务必共同努力。”

中国脱贫目标相当于 4 年内要实现阿根廷全国人口的农村贫民脱贫，平均每天 3 万人！

“中国最贫困人口的脱贫规模举世瞩目，速度之快绝无仅有！”联合国开发计划署前署长海伦·克拉克说。

“知其事而不度其时则败。”党中央作出重要战略机遇期这一重大判断以来，特别是国际金融危机发生以来，世情国情不断变化，我国发展重要战略机遇期的内涵也相应变化。

——国际金融危机破坏了世界经济增长动力，新的自主增长动力没有形成，世界经济增长对我国经济增长的带动力减弱，我们利用世界经济较快增长加快自身发展的条件发生深刻变化，必须更多依靠内生动力实现发展。

——主要国家去杠杆、去债务，全球需求增长和贸易增长乏力，保护主义抬头，市场成为最稀缺的资源，利用国际市场扩张增加出口的条件发生深刻变化，必须把发展的立足点更多放在国内，更多依靠扩大内需带动经济增长。

——世界新一轮科技革命和产业变革蓄势待发，发达国家推进高起点“再工业化”，发展中国家加速工业化，利用经济全球化深入发展和原有比较优势的条件发生深刻变化，必须加快从要素驱动转向创新驱动。

权威人士指出，如果到2020年我们在总量和速度上完成了目标，但发展不平衡、不协调、不可持续问题更加严重，短板更加突出，就算不上真正实现了目标。

施芝鸿说，决胜全面建成小康社会，时间紧任务重。突出抓重点、补短板、强弱项，坚决打好防范化解重大风险、精准脱贫、污染防治的攻坚战。

防范风险，中国社会多样化，发展极不平衡；精准扶贫，人对人，村对村，一个都不能落下；污染防治，深化供给侧结构性改革，既要金山银山也要绿水青山。

“我们在生态环境方面欠账太多了，如果不从现在起就把这项工作紧紧抓起来，将来会付出更大的代价。”习近平总书记谆谆告诫。

用最严格的制度、最有力的举措推动生态文明建设，中国经济社会发展更加绿色更有活力。一场关乎亿万人民福祉、中华民族永续发展的绿色变革，已经开启征程。

必须清醒看到，如期全面建成小康社会，既具有充分条件，也面临艰巨任务，前进道路并不平坦，诸多矛盾叠加、风险隐患增多的挑战依然严峻复杂，我们需要奋发图强。

创造新气象　开辟新境界

面对复杂多变的国际形势和艰巨繁重的国内改革发展稳定任务，以习近平同志为核心的党中央科学把握当今世界和当代中国的发展大势，推出一系列重大战略举措，解决了许多长期想解决而没有解决的难题，办成了许多过去想办而没有办成的大事，经济社会发展取得了举世公认的辉煌成就。

中国特色社会主义展现出越来越美好的发展前景，不仅给中国赢得了前所未有的国际地位和影响，也给中国人民赢得了前所未有的尊严和自信。

伴随着中国经济年中答卷缓缓铺展，超预期的经济数据让世界对中国再次充满信心。

正如德国《世界报》所言：“多年来一直有人预测中国经济衰退。现在，中国经济火车头正开足马力驰骋。”

强劲的“经济韧性”、蓬勃的“中国动力”，得益于供给侧结构性改革这个“中国方案”。

延续中国经济发展的奇迹，保留住经济的韧性至关重要。

2017年上半年，我国生态保护和环境治理业、水利管理业、交通运输仓储和邮政业、教育等“短板”领域的投资，同比分别增长46％、17.5％、14.7％和17.8％，均明显快于同期固定资产投资增速。

“中国经济稳中向好的态势持续发展，势头不减。”国家统计局新闻发言人毛盛勇说，整个市场的供求关系在不断改善，不断优化，趋于平衡，市场信心不断增强。

中国发展事关世界人民利益，英国剑桥大学政治与国际研究系资深研究员马丁·雅克认为，当前中国改革进入新阶段，发展进入机遇期。

随着改革深入推进，中国创业创新环境持续优化，发展后劲更猛、底气更足，中国经济增长的含金量稳步提升……

决胜全面建成小康社会，必须加快形成适应经济发展新常态的经济发展方式，这样才能建成高质量的小康社会，才能为实现第二个百年奋斗目标奠定更为牢靠的基础。

历史车轮滚滚向前。今天的世界，国际形势正发生前所未有之大变局；今天的中国，中国特色社会主义正全面向前推进。实现中华民族伟大复兴的中国梦：我们，信心无比！

（新华社北京 8 月 18 日电记者　陈芳　余晓洁　胡喆　闫睿）

【提示】

为深入贯彻习近平总书记 7 月 26 日在省部级主要领导干部专题研讨班上的重要讲话精神，引导广大党员干部群众把思想和行动统一到讲话精神上来，新华社陆续推出“贯彻落实习近平总书记在省部级专题研讨班重要讲话精神系列述评”，深入宣传这次重要讲话的丰富内涵、精神实质、基本要求，阐释其中蕴含的重大政治意义、理论意义、实践意义，激励全党各族人民紧密团结在以习近平同志为核心的党中央周围，高举中国特色社会主义伟大旗帜，为实现“两个一百年”奋斗目标、实现中华民族伟大复兴的中国梦不懈奋斗。

五、史学争鸣

关于新时代社会主要矛盾内涵的几种观点

新时代社会主要矛盾包括两个方面，“人民日益增长的美好生活需要”和“不平衡不充分的发展”，两个方面是对立统一的关系。其中，“不平衡不充分的发展”是社会主要矛盾的主要方面，因为它已经成为满足“人民日益增长的美好生活需要”的主要制约因素，在矛盾中居于主导地位；从社会矛盾产生因果机制看，这种不平衡不充分的发展状态是造成现阶段其他各种社会矛盾的主要根源，是要“着力解决”的问题。对于这一点，学术界并无多大分歧。“人民日益增长的美好生活需要”是一个包括人们在经济、政治、文化、社会、生态等多方面需要的概念，学术界对此也无异议。

而对于社会主要矛盾的主要方面“不平衡不充分的发展”的内涵，学术界看法不尽相同。有学者把“不平衡不充分的发展”主要解读为经济方面的发展不平衡不充分。

如中央党校科研部主任韩庆祥从需求与供给角度指出：“今天我国发展所存在的主要问题，一是发展不平衡。东西部、南北部、各个行业之间、各个部门之间、人和人之间的发展不平衡现象比较突出，平衡和平衡机制存在较为严重的问题。二是发展不充分。这既体现在发展质量和效益还不是很高，也体现在中国制造需要向中国创造、中国智造升级。”

韩庆祥认为，所谓的“不平衡不充分”主要指经济及发展机制方面的内容。①

中央党校研究生部主任辛鸣在谈到“不平衡不充分的发展”时，主要列举了一些经济社会方面不平衡不充分的现象，并且强调“扭住发展这个第一要务不动摇，继续为发展新时代中国特色社会主义夯实经济基础”。② 辛鸣所谈“不平衡不充分”也是主要指经济方面。可以说，二者的阐述反映了学术界一部分人的看法。

也有另一部分学者认为“不平衡不充分”不仅仅指经济领域，也应该包括政治等其他方面。

这部分学者中的代表有胡鞍钢和冷溶等。清华大学国情研究院院长胡鞍钢指出，与人民日益增长的美好生活需要相比，发展的不平衡不充分主要体现在：社会生产力发展尚不充分，无法满足人民日益增长的物质需求；发展仍然不平衡，不能满足人民日益增长的经济和社会公平需求；物质文明与精神文明不平衡，不能满足人民日益增长的文化需求；人与自然发展仍然不平衡，不能满足人民日益增长的生态环境需求；经济建设与总体安全仍然不平衡，不能满足人民日益增长的安全需求。③ 特别是胡鞍钢在详细阐述了这些不平衡不充分的“主要体现”后指出：“此外，民主、法治等方面也存在较大的不平衡和不充分，难以满足人民日益增长的需要。”④ 不难看出，胡鞍钢认为不平衡不充分应包括政治方面。

冷溶在人民日报撰文阐述社会主要矛盾的内涵时指出：“我们党对社会主义初级阶段的认识，从来都不是单纯从经济发展水平一个因素来看的，而是从整个社会主义事业发展全局来看的，涉及生产力和生产关系、经济基础和上层建筑，涉及物质文明和精神文明，涉及经济建设、政治建设、文化建设、社会建设、生态文明建设和党的建设各个方面。”⑤ 很明显，冷溶认为“发展不平衡不充分”应该包括政治方面以及经济、文化等其他方面之间的发展不平衡不充分。

[选自左华、冀荣珍：《新时代社会主要矛盾的内涵，提出依据及实践要求》，《山东省社会主义学院学报》2018 年第 2 期.]

六、实践指导

（一）新时代伟大成就范例

1. 北京庆祝改革开放 40 周年大型展览

庆祝改革开放 40 周年大型展览，是经党中央批准，中共中央宣传部、中央改革办、中央党史和文献研究院、国家发展和改革委员会、商务部、新华社、中央军委政治工作

① 韩庆祥：《深刻把握我国社会主要矛盾转化的新特点》，浙江日报 2017 年 10 月 23 日。

② 辛鸣：《正确认识我国社会主要矛盾的变化》，人民日报 2017 年 11 月 3 日 07 版。

③ 胡鞍钢，王然：《科学把握中国特色社会主义新时代的强国战略——访清华大学文科资深教授胡鞍钢》，高校马克思主义理论研究 2018 年第 1 期。

④ 同上。

⑤ 冷溶：《社会主义矛盾变化是在社会主义初级阶段中发生的变化》，新华网 2017 年 10 月 26 日。

部、北京市在北京联合举办的大型展览。旨在隆重庆祝改革开放40周年，大力营造深入学习贯彻习近平新时代中国特色社会主义思想和党的十九大精神的浓厚社会氛围。

2018年11月13日，“伟大的变革——庆祝改革开放40周年大型展览”在北京国家博物馆开幕，习近平总书记等党和国家领导人参观展览。2018年11月30日，网上展馆上线。

该大型展览以习近平新时代中国特色社会主义思想为指导，以改革开放40年光辉历程为主线，紧扣“坚持和发展中国特色社会主义”这个主题，聚焦大事要事喜事，多角度、全景式集中展示改革开放40年的光辉历程、伟大成就和宝贵经验。突出展示党的十八大以来，以习近平同志为核心的党中央坚定不移高举改革开放旗帜，推进全面深化改革、全面扩大开放的战略决策部署，展现改革开放是党在新的时代条件下带领全国各族人民进行的新的伟大革命，展现党中央将改革进行到底的政治魄力和坚定决心，展现全面深化改革的总目标是完善和发展中国特色社会主义制度、推进国家治理体系和治理能力现代化，不断增强中国特色社会主义道路自信、理论自信、制度自信、文化自信。

该大型展览紧紧围绕改革系统性，贴近群众，突出展示群众、生活、文化和故事，强化展示历史纵深感、群众获得感、发展成就感和新旧对比感，集中展示我们党的理论是正确的，党中央确定的改革开放路线方针是正确的，改革开放一系列战略部署是正确的，着力增强历史厚度、文化深度、感情温度，努力为展览深刻的思想性寻求完美的艺术表达。（参见百科名片：“庆祝改革开放40周年大型展览”）

2. 四川战旗村

唐昌镇战旗村地处横山脚下，柏条河畔。位于郫都区、都江堰市、彭州市三市县交界处。全村有耕地2158.5亩，辖区面积2853.8亩。9个农业合作社，506户农户，1682人。村党支部下设9个党小组，有党员67人。全村有8个集体企业（全部实行租赁经营），5个私人企业。地区生产总值1.347亿元。村集体自有资金1280万元（固定资产820万元，货币资金460万元）。战旗村在20世纪70年代是省、地、县农业学大寨的先进村。党的十一届三中全会以后，认真落实中央会议精神，以经济建设为中心，在全县率先办起了集体企业。首先办起了砖厂，再以滚雪球的办法先后办起了12个集体企业，集体经济得到了发展。

2018年10月8日，经地方推荐和专家审核，农业农村部拟将战旗村推介为2018年中国美丽休闲乡村。去年以来，唐昌镇战旗村紧紧抓住被列入县镇新农村建设试点村、市委宣传部思想文化建设试点村的契机，在县级相关部门的帮助、指导下，按照“生产发展、生活宽裕、乡风文明、村容整洁、管理民主”的新农村建设二十字方针，坚持以城乡统筹、突出特色、稳步推进、分步实施的原则，以农村经营体制改革、思想文化建设、村容村貌整治三个方面为重点，加快推进社会主义新农村建设步伐，目前各项工作取得了一定成效。（参见百科名片：“战旗村”）

（二）走访基层民众，充分认识十八大以来我国社会的深刻变迁

建议访谈内容：人民群众幸福感、获得感的现实体会；人民群众的生活在这一时期所发生的新变化；对中国共产党政策的认知、理解及体会；讨论国家发展现状。

（三）视频资料：大型电视纪录片《我们一起走过》

大型电视纪录片《我们一起走过——致敬改革开放40周年》由中共中央宣传部、中央广播电视总台联合制作。该片以改革开放40年取得的历史性成就和发生的历史性变革为基础，选取我国经济社会各个领域的发展变迁故事，呈现40年来中国改革开放的宏伟实践。

七、知识运用

（一）单项选择题

1. （　　），中国共产党第十九次全国代表大会在北京举行。
   A. 2017年10月18日至24日
   B. 2017年10月19日至25日
   C. 2018年10月18日至24日
   D. 2018年10月19日至25日
2. （　　），标志着中国已经进入全面建成小康社会的决定性阶段，开启了中国特色社会主义的新时代。
   A. 中共十九大　　B. 中共十八大
   C. 中共十八届一中全会　　D. 中共十八届三中全会
2. 中共十八大明确了以后一个时期中国的发展蓝图，提出到2020年国内生产总值和城乡居民人均收入将在2010年的基础上翻一番，在（　　）时全面建成小康社会，在（　　）时建成富强民主文明和谐的社会主义现代化国家。
   A. 建国一百年　建党一百年
   B. 建党一百年　建国一百年
   C. 建军一百年　建国一百年
   D. 建军一百年　建党一百年
4. 全面深化改革的总目标是：（　　）。
   A. 完善和发展中国特色社会主义制度，推进国家治理体系和治理能力现代化
   B. 建设中国特色社会主义法治体系，建设社会主义法治国家
   C. 始终保持党同人民群众的血肉联系，保持党的先进性和纯洁性
   D. 建设一支听党指挥、能打胜仗、作风优良的人民军队
5. 中国梦的内涵是：（　　）。
   A. 国家富强　军队强盛　人民幸福
   B. 国家富强　民族振兴　军队强盛
   C. 国家富强　人民幸福　文化发展
   D. 国家富强　民族振兴　人民幸福

6. 中共十八大以来，中共中央统筹推进(　　)的“五位一体”总体布局，提出一系列新理念新思想新战略，引领中国特色社会主义各项事业蓬勃发展。
A. 政治经济文化社会军事
B. 政治经济文化社会生态文明
C. 政治文化社会军事生态文明
D. 政治经济文化军事生态文明
7. 中共十八大以来，以习近平同志为核心的党中央提出了(　　)的“四个全面”战略布局。
A. 全面建成小康社会全面深化改革全面依法治国全面从严治党
B. 全面建设绿色中国全面深化改革全面依法治国全面从严治党
C. 全面建成小康社会全面建设绿色中国全面深化改革全面依法治国
D. 全面依法治国全面从严治党全面建成小康社会全面建设绿色中国
8. 中共十九大明确提出夺取中国特色社会主义新胜利必须牢牢把握的八项基本要求，要求全党坚定(　　)。
A. 道路自信　理论自信　制度自信　文化自信
B. 道路自信　理论自信　政治自信　文化自信
C. 道路自信　理论自信　制度自信　经济自信
D. 道路自信　理论自信　制度自信　政治自信
9. 中国共产党第十九次全国代表大会，是在全面建成小康社会决胜阶段、中国特色社会主义进入(　　)的关键时期召开的一次十分重要的大会。
A. 新时期　　B. 新阶段
C. 新征程　　D. 新时代
10. 中共十九大的主题是：不忘初心，(　　)，高举中国特色社会主义伟大旗帜，决胜全面建成小康社会，夺取新时代中国特色社会主义伟大胜利，为实现中华民族伟大复兴的中国梦不懈奋斗。
A. 继续前进　　B. 牢记使命
C. 方得始终　　D. 砥砺前行
11. 中国特色社会主义进入新时代，我国社会主要矛盾已经转化为人民日益增长的(　　)需要和(　　)的发展之间的矛盾。
A. 美好生活　不充分不平衡　　B. 幸福生活　不平衡不充分
C. 幸福生活　不充分不平衡　　D. 美好生活　不平衡不充分
12. 新时代中国特色社会主义思想，明确坚持和发展中国特色社会主义，总任务是实现社会主义现代化和中华民族伟大复兴，在全面建成小康社会的基础上，分(　　)在本世纪中叶建成富强民主文明和谐美丽的社会主义现代化强国。
A. 两步走　　B. 三步走
C. 四步走　　D. 五步走
13. 三严的内涵是：(　　)。
A. 严以修身、严以用权、严于律已　　B. 严以修身、严以用权、严以治吏

C. 严守纪律、严守党章、严以修身　D. 严以修身、严守党章、严于律己

14. 三实的内涵是：(　　)。

A. 谋事要实、创业要实、做人要实　B. 做事要实、创业要实、做人要实

C. 谋事要实、工作要实、行事要实　D. 做事要实、创业要实、行事要实

15. 新时代中国特色社会主义思想，明确中国特色社会主义最本质的特征是(　　)。

A. "五位一体"总体布局

B. 建设中国特色社会主义法治体系

C. 人民利益为根本出发点

D. 中国共产党领导

16. 发展是解决我国一切问题的基础和关键，发展必须是科学发展，必须坚定不移贯彻(　　)的发展理念。

A. 创新、协调、绿色、开放、共享

B. 创造、协调、生态、开放、共享

C. 创新、统筹、绿色、开放、共享

D. 创造、统筹、生态、开放、共享

17. 我们呼吁，各国人民同心协力，构建人类命运共同体，建设(　　)的世界。

A. 持久和平、普遍安全、共同繁荣、开放包容、公平正义

B. 持久和平、普遍安全、共同繁荣、公平正义、清洁美丽

C. 持久和平、普遍安全、共同繁荣、开放包容、清洁美丽

D. 持久和平、普遍安全、公平正义、开放包容、清洁美丽

18. 党的(　　)是党的根本性建设，决定党的建设方向和效果。

A. 思想建设　B. 政治建设

C. 组织建设　D. 制度建设

19. (　　)，十三届全国人大一次会议审议通过了《中华人民共和国宪法修正案》。

A. 2018 年 3 月 11 日　B. 2018 年 4 月 11 日

C. 2018 年 3 月 12 日　D. 2018 年 4 月 12 日

20. 中共十八大要求以加强党的执政能力建设、先进性和纯洁性建设为主线，建设(　　)的马克思主义执政党，确保党始终成为中国特色社会主义事业的坚强领导核心。

A. 学习型、建设型、服务型　B. 学习型、服务型、创新型

C. 建设型、服务型、创新型　D. 建设型、学习型、创新型

(二) 材料分析题

材料一：

习近平同志在向党的十九大作报告时指出："经过长期努力，中国特色社会主义进入了新时代，这是我国发展新的历史定位。进入新时代，最鲜明的历史坐标，就是中华民族迎来了从站起来、富起来到强起来的伟大飞跃。"2017 年 10 月 25 日，在中共十九

届一中全会上，习近平同志再次当选中共中央总书记，体现了全党的意愿。

新时代标示新方位。党的十八大以来的5年，以习近平同志为核心的党中央科学把握当今世界和当代中国发展大势，顺应实践要求和人民愿望，举旗定向，运筹帷幄，统领伟大斗争、伟大工程、伟大事业、伟大梦想，统筹推进“五位一体”总体布局、协调推进“四个全面”战略布局，以巨大的政治勇气和强烈的责任担当，提出一系列新理念新思想新战略，出台一系列重大方针政策，推出一系列重大举措，推进一系列重大工作，解决了许多长期想解决而没有解决的难题，办成了许多过去想办而没有办成的大事，推动党和国家事业发生深刻的历史性变革。5年来，我国经济建设取得重大成就，全面深化改革取得重大突破，民主法制建设迈出重大步伐，思想文化建设取得重大进展，人民生活不断改善，生态文明建设成效显著，强军兴军开创新局面，港澳台工作取得新进展，全方位外交布局深入展开，全面从严治党成效卓著。5年来的成就是全方位的、开创性的，5年来的变革是深层次、根本性的，表明中国特色社会主义已进入新的发展阶段。

新时代聚焦新目标。党的十九大上承“三步走”战略目标，下启全面建设社会主义现代化国家新征程，即对全面建成小康社会做出新部署，又提出了从2020年到本世纪中叶分两步走全面建设社会主义现代化国家的新目标，明确了新时代中国特色社会主义发展的战略安排——从全面建成小康社会到基本实现现代化，再到全面建成社会主义现代化强国。十九大到二十大的5年，正处在实现“两个一百年”奋斗目标的历史交汇期，第一个百年奋斗目标要实现，第二个百年奋斗目标要开篇。

新时代催生新思想。党的十八大以来，以习近平同志为主要代表的中国共产党人，顺应时代发展，围绕重大时代课题，创立了习近平中国特色社会主义思想。在领导全党全国推进党和国家事业的实践中，习近平同志提出了一系列具有开创性意义的新理念、新思想、新战略，为新时代中国特色社会主义思想的树立发挥了决定性作用、作出了决定性贡献。习近平新时代中国特色社会主义思想是马克思主义中国化的最新成果，其内涵十分丰富。党的十九大报告用“8个明确”概括了这一思想的主要内容，为贯彻落实这一思想，报告提出新时代坚持和发展中国特色社会主义的基本方针，并概括为“14个坚持”。“8个明确”、“14个坚持”的基本方略，构成了系统完整的科学理论体系。党的十九大把习近平新时代中国特色社会主义思想写入新修订的党章，上升为全党统一意志，确立为党必须长期坚持的指导思想。这是党的指导思想又一次与时俱进，是党的十九大的一个历史性贡献。

（摘编自　人民网2017年10月24日、11月3日、11月6日　新华网2017年10月24日、11月17日）

问题：

（1）如何理解“中国特色社会主义进入了新时代”？

（2）为什么说习近平新时代中国特色社会主义思想是马克思主义中国化最新成果？

四川大学期末考试试题

（2014—2015 学年第二学期）

一、单选题（每小题 1 分，共 10 分）

1. 最早规定外国列强在中国享有领事裁判权的不平等条约是(　　)。

A.《望厦条约》　B.《北京条约》

C.《五口通商章程》　D.《南京条约》

2. 近代割让中国领土最多的国家是(　　)。

A. 英国　B. 俄国

C. 法国　D. 日本

3. 洋务运动的指导思想是(　　)。

A. 师夷长技以制夷　B. 中学为体，西学为用

C. 富国强兵　D. 扶清灭洋

4. 19 世纪末，在帝国主义列强瓜分中国的狂潮中提出“门户开放”政策的国家是(　　)。

A. 俄国　B. 日本

C. 美国　D. 德国

5. 武昌起义前同盟会领导的影响最大的武装起义是(　　)。

A. 钦州起义　B. 萍浏醴起义

C. 镇南关起义　D. 黄花岗起义

6. 资产阶级革命派开展护国运动的主要原因是(　　)。

A. 袁世凯指使刺杀宋教仁

B. 袁世凯强迫国会选举他为正式大总统

C. 袁世凯解散国会

D. 袁世凯复辟帝制

7. 前期新文化运动与资产阶级改良派、革命派思想相比，就其作用而言，主要“新”在(　　)。

A. 传播了资产阶级民权平等思想　B. 动摇了封建正统思想的统治地位

C. 绝对肯定了西方文化的进步性　D. 深入研究和传播了马克思主义

8. 李大钊在《庶民的胜利》中写道："我们应该准备怎么能适应这种潮流，不可抵抗这个潮流"。这种"潮流"是(　　)。
   A. 新文化运动　　B. 资产阶级民主革命
   C. 马克思主义的传播　　D. 社会主义革命
9. "我们国内的主要矛盾，已经是人民对于建立先进的工业国的要求同落后的农业国的现实之间的矛盾。"提出这一论断的会议是(　　)。
   A. 中共七大　　B. 中共七届二中全会
   C. 中共八大　　D. 八届一中全会
10. 党在过渡时期的总路线的主体是(　　)。
   A. 实现国家的社会主义工业化
   B. 实现对农业的社会主义改造
   C. 实现对手工业的社会主义改造
   D. 实现对资本主义工商业的社会主义改造

二、多选题（每小题 2 分，共 10 分）

1. 19 世纪 70 年代至 80 年代，中国陷入严重的边疆危机，表现在(　　)。
   A. 英国从印度侵入西藏　　B. 法国从越南侵犯广西
   C. 俄国从中亚入侵新疆　　D. 日本屯兵琉球，侵略台湾
   E. 德国强占胶州湾
2. 辛亥革命时期，孙中山领导的资产阶级革命派的骨干力量是(　　)。
   A. 资产阶级知识分子　　B. 小资产阶级知识分子
   C. 民族工商业人士　　D. 民间会党人士
   E. 大资产阶级
3. 1921 年中国共产党成立，是中国历史上划时代的里程碑，中国革命的面目焕然一新，从此中国革命有了(　　)。
   A. 正确的革命道路　　B. 科学的指导思想
   C. 坚强的领导核心　　D. 崭新的奋斗目标
   E. 土地革命
4. 陈独秀右倾机会主义和王明"左"倾机会主义错误产生的共同原因是(　　)。
   A. 共产国际的错误指导
   B. 中国共产党不够成熟，缺乏理论修养和实践经验
   C. 主观主义
   D. 对革命急于求成
   E. 教条主义在党内占据主导作用
5. 中国共产党在中国革命中战胜敌人的法宝是(　　)。
   A. 统一战线　　B. 独立自主　　C. 武装斗争
   D. 党的建设　　E. 土地革命

三、材料题（共 20 分）

阅读下述材料，回答后面的问题：

材料 1

（一）民族主义，并非是遇着不同族的人便要排斥他，是不许那不同族的人来夺我民族的政权。民族革命的原故，是不甘心满洲人灭我的国，主我的政，定要扑灭他的政府，光复我民族的国家。我们并不是恨满洲人，是恨害汉人的满洲人。

（二）民权主义，就是政治革命的根本。将来民族实行以后，现在的恶劣政治固然可以一扫而尽，却是还有刃。恶劣政治的根本，不可不去。中国数千年来都是君主专制政体，这种政体，不是平等自由的国民所堪受的。要去这政体，不是专靠民族革命可以成功。这有政体不好的原故，不做政治革命是断断不行的。讲到政治革命的结果，是建立民主立宪政体。所以我一定要由平民革命，建国民政府。

（三）民主主义，欧美为甚不能解决社会问题？因为没有解决土地问题。解决的法子，社会学者所见不一，兄弟所最信的是定地价的法子。比方地主有价值一千元，可定价为一千，或多至二千；就算那地将来因交通发达，价涨至一万，地主应得二千，已属有益无损；赢利八千，当归国有。这于国计民生，皆有大益。少数富人把持垄断的弊窦自然永绝。

——摘自孙中山：《在东京（民报）创刊周年庆祝大会的演说》

材料 2

（一）民族主义。国民党之民族主义，有两方面之意义：一则中国民族自求解放，二则中国境内民族一律平等。

第一方面，国民党之民族主义。其目的使中国民族得自由独立于世界，盖民族主义，对于任何阶级，其意义皆不外免除帝国主义之侵略。

第二方面，则国内诸民族宜可得平等之结合。国民党敢郑重宣言，承认中国以内各民族之自决权，于反对帝国主义及军阀之革命获得胜利以后，当组织自由统治的（各民族自由联合的）中华民国。

（二）民权主义。近世各国所谓民权制度，往往为资产阶级所专有，适成压迫平民之工具。若国民党之民权主义，则为一般平民所共有，非少数人所得而私也。凡真正反对帝国主义之个人及团体，均得享有一切自由及权利：凡卖国罔民以效忠于帝国主义及军阀者，无论其为团体或个人，皆不得享有此等自由及权利。

（三）民生主义。国民党之民生主义，其最要之原则之外二者：一日平均地权，二日节制资本。盖酿成经济组织不平均者，莫大于土地权之为少数人所操纵。故当国家规定土地法、土地使用法、土地征收法及地价税法。私人所有土地，由地主估价呈报政府，国家地依地价征税，并于必要时依报价收买之。农民之缺乏田地沦为佃户者，国家当给以上地，资其耕作。凡本国人及外国人之企业，或有独占的性质，或规模过大为私人之力所不能办者，如银行、铁路、航路之属，由国家经营管理之，使私有资本制度不能操纵国计民生。

——摘自《国民党第一次全国代表大会宣言》

材料 3

中国共产党是中国无产阶级政党。它的目的是要组织无产阶级，用阶级斗争的手段，建立工农专政的政治，铲除私有财产制度，渐渐达到一个共产主义的社会。

中国共产党为工人和贫农的目前利益，引导工人帮助民主主义的革命运动，使工人和贫农与小资产阶级建立民主主义的联合战线。中国共产党为工人和贫农的利益在这个联合战线里奋斗的目标是：

（一）消除内乱，打倒军阀，建设国内和平；

（二）推翻国际帝国主义的压迫，达到中华民族完全独立；

（三）统一中国本部（东三省在内）为真正民主共和国。

——摘自《中国共产党第二次全国代表大会宣言》

请回答：

（1）根据材料 1，概括民族、民权、民生三大主义的中心思想。（6 分）

（2）比较材料 1 和材料 2，指出国民党一大宣言对三民主义的新发展。（6 分）

（3）对比材料 2 和材料 3，说明新三民主义为什么成为国共合作的政治基础。（4 分）

（4）比较材料 2 和材料 3，指出中国共产党革命纲领同新三民主义的主要区别。（4 分）

四、简答题（10 分）

简述中国抗日战争胜利的意义。

四川大学期末考试试题（A卷）

（2015—2016学年第二学期）

一、单项选择题（每题1分，共10分）

1. 认识中国近代一切社会问题和革命问题的最基本的依据，是(　　)。
   A. 中国革命运动的性质　　B. 中国资本主义的发展
   C. 中国近代社会的性质　　D. 世界资本主义的发展
2. 近代以来，在遭受资本一帝国主义侵略的同时，中国人民的民族意识逐渐觉醒，尤其是中日甲午战争以后，当中华民族面临生死存亡的关头时，中国人的民族意识开始普遍觉醒，其中率先喊出“振兴中华”这个时代最强音的是(　　)。
   A. 梁启超　　B. 康有为
   C. 严复　　D. 孙中山
3. 中国民族资产阶级登上政治舞台的第一次表演，指的是(　　)。
   A. 公车上书　　B. 戊戌维新
   C. 预备立宪　　D. 辛亥革命
4. 1912年1月1日中华民国宣告成立，孙中山宣誓就职临时大总统，并成立中华民国临时政府，史称南京临时政府，其性质是(　　)。
   A. 资产阶级共和国性质的革命政权
   B. 无产阶级共和国性质的革命政权
   C. 农民阶级共和国性质的革命政权
   D. 几个阶级联合执政性质的革命政权
5. 标志着中国新民主主义革命阶段的开端，是(　　)。
   A. 新文化运动　　B. 五四运动
   C. 中国共产党的成立　　D. 中国共产党“二大”召开
6. 1924年1月，中国国民党“一大”在孙中山的主持下召开，标志着第一次国共合作正式形成。大会通过的宣言对三民主义作出了新的解释，这成为国共合作的(　　)。
   A. 思想基础　　B. 组织基础
   C. 政治基础　　D. 阶级基础

7. 为了抗日民族统一战线的坚持、扩大和巩固，中国共产党制定了“发展进步势力，争取中间势力，孤立顽固势力”的策略总方针。下述势力中，不属于进步势力的是（　　）。
A. 工人阶级　　B. 农民阶级
C. 民族资产阶级　　D. 城市小资产阶级
8. 20世纪40年代前期，中国共产党以延安为中心，在全党范围内开展的整风运动，这场整风运动最主要的任务，是（　　）。
A. 反对主观主义以整顿学风　　B. 反对官僚主义以整顿党风
C. 反对宗派主义以整顿党风　　D. 反对党八股以整顿文风
9. 新中国成立前夕，中国共产党在1948年3月召开了七届二中全会，下列不属于此次会议内容的是（　　）。
A. 指出了中国由农业国转变为工业国的发展方向
B. 规定了毛泽东思想为中国共产党的一切工作的指针
C. 指明了中国由新民主主义社会转变为社会主义社会的发展方向
D. 提出了“两个务必”的思想
10. 对资本主义工商企业进行社会主义改造，就是要把民族资本主义工商业改造成为社会主义性质的企业。中国共产党领导的经过国家资本主义来改造资本主义工商业，这意味着国家对资本家采取的政策，是（　　）。
A. 公私合营　　B. 四马分肥
C. 定股定息　　D. 和平赎买

二、多项选择题（每题2分，共10分）

1. 贯穿整个中国半殖民地半封建社会的始终，并对中国近代社会的发展变化起着决定性作用的两对主要矛盾，是（　　）。
A. 资本主义与社会主义的矛盾　　B. 帝国主义与中华民族的矛盾
C. 地主阶级与农民阶级的矛盾　　D. 资产阶级与无产阶级的矛盾
E. 封建主义与人民大众的矛盾
2. 日本思想家福泽谕吉认为，一个民族要崛起，需要依次进行三个方面的改变：（1）人心；（2）政治制度；（3）器物。中华民族在实现现代化过程中经历了艰难的探索，近代以来中国现代化的轨迹中，涵盖了（　　）。
A. 器物救国　　B. 改良救国
C. 制度救国　　D. 革命救国
E. 思想救国
3. 中国共产党的成立，使中国革命面貌焕然一新，从此中国革命有了（　　）。
A. 科学的指导思想　　B. 崭新的奋斗目标
C. 坚强的领导核心　　D. 全新的土地政策
E. 正确的革命方法

4. 20世纪30年代初，毛泽东领导中国共产党制定了中国历史上第一个比较完整的土地革命纲领和路线，土地革命中的阶级路线和土地分配方法指明要坚定依靠的力量，是(　　)。
   A. 佃农　　B. 贫农　　C. 雇农
   D. 中农　　E. 富农
5. “三大法宝”是中国新民主主义革命胜利基本经验的总结，内容是(　　)。
   A. 武装斗争　　B. 实事求是
   C. 统一战线　　D. 党的建设
   E. 独立自主

三、材料分析题（共15分）

材料1

实现中华民族伟大复兴始终是近代以来中国人民最伟大的梦想。无数志士仁人前仆后继、不懈探索，寻找救国救民道路，却在很长时间内都抱憾而终。太平天国运动、戊戌变法、义和团运动、辛亥革命接连而起，但农民起义、君主立宪、资产阶级共和制等种种救国方案都相继失败了。战乱频仍，民生凋敝，丧权辱国，成了旧中国长期无法消除的病疠。

——习近平同志在纪念毛泽东同志诞辰120周年座谈会上的讲话

材料2

马克思列宁主义，为中国人民点亮了前进的灯塔；1921年中国共产党的成立，使中国人民有了前进的主心骨。

然而，在一个半殖民地半封建的东方大国进行革命，面对的特殊国情是农民占人口的绝大多数，落后分散的小农经济、小生产及其社会影响根深蒂固，又遭受着西方列强侵略和压迫，经济文化十分落后，选择一条什么样的道路才能把中国革命引向胜利成为首要问题，也是马克思主义发展史上前所未有过的难题。年轻的中国共产党，一度简单套用马克思列宁主义关于无产阶级革命的一般原理和照搬俄国十月革命城市武装起义的经验，中国革命遭受到严重挫折。

从革命斗争的这种失误教训中，毛泽东同志深刻认识到，面对中国的特殊国情，面对压在中国人民头上的三座大山，中国革命将是一个长期过程，不能以教条主义的观点对待马克思列宁主义，必须从中国实际出发，实现马克思主义中国化。毛泽东同志创造性地解决了马克思列宁主义基本原理同中国实际相结合的一系列重大问题，深刻分析中国社会形态和阶级状况，经过不懈探索，弄清了中国革命的性质、对象、任务、动力，提出通过新民主主义革命走向社会主义的两步走战略，制定了新民主主义革命总路线，开辟了以农村包围城市、最后夺取全国胜利的革命道路。

——习近平同志在纪念毛泽东同志诞辰120周年座谈会上的讲话

依据给定材料，请回答：

1. 依据材料（2），并结合所学知识，指明中国新民主主义革命的性质、对象、任务、动力和前途。（5 分）

2. 依据上述材料，并结合所学知识，解析中国共产党诞生的客观必然性及其成立的历史条件。（10 分）

四、论述题（15 分）

近代以来的中国长期处于经济文化十分落后的境地，探索国家出路和民族复兴道路的任务极为艰巨。党的十八大报告指出："道路关乎党的命脉、关乎国家前途、民族命运、人民幸福；"胡锦涛指出："经过 90 年的奋斗、创造、积累，党和人民必须倍加珍惜、长期坚持、不断发展的成就是：开辟了中国特色社会主义道路，形成了中国特色社会主义理论体系，确立了中国特色社会主义制度；"习近平强调："历史和现实都告诉我们，只有社会主义才能救中国，只有中国特色社会主义才能发展中国。"

结合所学知识，请论述中国共产党找寻到中国革命新道路的历史意义何在？对当代中国必须倍加珍惜、始终坚持、不断发展中国特色社会主义有何重要启示？

四川大学期末考试试题（B卷）

（2015—2016学年第二学期）

一、单项选择题（每题1分，共10分）

1. “九州生气恃风雷，万马齐喑究可哀，我劝天公重抖擞，不拘一格降人才”的作者是（　　），他是近代中国维新思想的先驱者。

A. 林则徐　　B. 龚自珍

C. 黄爵滋　　D. 魏源

2. 19世纪末，帝国主义在华争划势力范围时，美国政府提出了关于中国的（　　）。

A. 合作政策　　B. 干涉政策

C. 门户开放政策　　D. 以华制华政策

3. 中国历史上第一部具有资产阶级共和国宪法性质的法典是（　　）。

A.《中华民国临时约法》　　B.《中华民国约法》

C.《中华民国宪法》　　D.《中华民国临时宪法》

4. 毛泽东第一次明确提出“马克思主义的本本”是要学习的，但必须同中国革命的实际情况相结合的观点的著作是（　　）。

A.《井冈山的斗争》

B.《反对本本主义》

C.《中国的红色政权为什么能够存在》

D.《星星之火可以燎原》

5. 王明“左”倾错误的的核心是（　　）。

A. 城市中心论　　B. 关门主义

C. 教条主义　　D. 全面进攻

6. 毛泽东在《新民主主义论》中指出，新民主主义革命要建立的国家体制是（　　）。

A. 无产阶级专政的共和国

B. 资产阶级领导的，几个革命阶级联合专政的国家

C. 以无产阶级领导的，工农联盟为基础，几个革命阶级联合专政的共和国

D. 工农民主专政的共和国

7. 中国共产党确定把毛泽东思想作为全党指导思想的会议是(　　)。
   A. 遵义会议　　B. 瓦窑堡会议
   C. 中国共产党“七大”　　D. 党的七届二中全会
8. 抗战胜利后，国共两党斗争的实质是(　　)。
   A. 内战和反内战的斗争　　B. 独裁与民主的斗争
   C. 建立什么国家的斗争　　D. 联合与分裂的斗争
9. 把抗战时期的减租减息改变为解放战争时期的没收地主土地分配给农民政策的文件是(　　)。
   A.《中国土地法大纲》
   B.《关于清算减租及土地问题的指示》
   C.《关于目前党的政策中的几个重要问题》
   D.《在不同地区实施土地法的不同政策》
10. 1949 年中华人民共和国成立到 1956 年三大改造基本完成，这个时期我国是(　　)。
   A. 资本主义社会　　B. 新民主主义社会
   C. 社会主义社会　　D. 社会主义初级阶段

二、多项选择题（每题 2 分，共 10 分）

1. 近代中国人民早期反侵略战争无不失败，从内因分析其主要原因是(　　)。
   A. 社会制度腐败　　B. 敌强我弱
   C. 经济技术落后　　D. 用人失察
   E. 没有勇猛的精神
2. 以下关于辛亥革命的正确评述是(　　)。
   A. 推翻了统治中国两千年的封建君主专制制度
   B. 使民主观念深入人心
   C. 为民族资本主义发展创造了有利条件
   D. 建立了资产阶级民主共和国
   E. 鼓舞了亚洲其他各国的民族解放运动
3. 土地革命时期，毛泽东阐述工农武装割据的内容是(　　)。
   A. 土地革命　　B. 党的建设
   C. 武装斗争　　D. 根据地建设
   E. 统一战线
4. 第二次国共合作的特点是(　　)。
   A. 党外合作　　B. 没有统一的组织形式
   C. 没有统一的政纲　　D. 一直存在两条抗战路线
   E. 一直存在两个战场

5. 1949 年中共七届二中全会的主要内容是(　　)。
   A. 规定了党在过渡时期的总路线
   B. 规定了党在全国胜利后政治、经济、外交方面应当采取的基本政策
   C. 提出了中国由农业国转变为工业国的发展方向
   D. 提出了新民主主义社会转变为社会主义社会的发展方向
   E. 在中国共产党自身建设上，提出了“两个务必”

三、材料题分析题（15 分）

材料 1

1944 年正值李自成领导的农民起义军进入北京推翻明王朝 300 周年，郭沫若毅然放下正在进行的先秦思想史研究，撰写《甲申三百年祭》。在这篇文章中，郭沫若深刻总结了李自成农民起义成功建立起大顺朝但旋即失败的历史教训。从 3 月 19 日起，这篇长文在重庆《新华日报》全文连载，文章发表后，引起社会各界的广泛关注。仅隔 20 天，毛泽东就在《学习和时局》的报告中指出：“我党历史上曾经有过几次表现了大的骄傲，都是吃了亏的……近日我们印了郭沫若论李自成的文章，也是叫同志们引为鉴戒，不要重犯胜利时骄傲的错误。”11 月 21 日，毛泽东复信郭沫若：“你的《甲申三百年祭》，我们把它当成整风文件看待。小胜即骄傲，大胜更骄傲，一次又一次吃亏，如何避免此种毛病，实在值得注意。”

——《〈甲申三百年祭〉风雨六十年》人民出版社 2005 年版

材料 2

1949 年 3 月 23 日，毛泽东率中共中央机关离开西柏坡前往北平（北京），临行前，他对周围的人说：“同志们，我们就要进北平了，我们进北平，可不是李自成进北平，他们进了北平就变了，我们共产党人进北平，是要继续革命，建设社会主义，直到实现共产主义。”他兴奋地对周恩来说：“今天是进京‘赶考’嘛。”周恩来说：“我们应当都能考试及格，不要退回来。”毛泽东说：“退回去就是失败了。我们决不当李自成，我们都是希望考个好成绩。”

——《毛泽东传（1893—1949）》中央文献出版社 1993 年版

材料 3

2013 年 7 月 11 日至 12 日，习近平总书记来到革命圣地西柏坡，在同县乡村干部和群众座谈时指出：当年党中央离开西柏坡时，毛泽东同志说是“进京赶考”“六十多年过去了，我们取得了巨大进步，中国人民站起来了，富起来了，但我们面临的挑战和问题依然严峻复杂，应该说，党面临的‘赶考’远未结束。我们党要带领人民实现全面建成小康社会的奋斗目标，不断坚持和发展中国特色社会主义，就是这场考试的继续。所有领导干部和全体党员要继续把人民对我们党的‘考试’、把我们党正在经受和将要经受各种考验的‘考试’考好，努力交出优异的答卷。”

——《习近平关于实现中华民族伟大复兴的中国梦论述摘编》中央文献出版社 2013 年版

依据给定材料，请回答：

1. 1949 年春，为什么毛泽东把离开西柏坡前往北平比作“赶考”？
2. 如何理解习近平所说的“党面临的‘赶考’远未结束”？

四、论述题（15 分）

在近代改造中国、探索出路的奋斗中，先进分子为什么选择了马克思主义？

四川大学期末考试试题（A卷）
（2016—2017 学年第二学期）

一、单选题（每题 1 分，共 10 分）

1. 中国近代史的起点是（　　）。
   A. 鸦片战争　　B. 中法战争
   C. 甲午战争　　D. 八国联军侵华战争
2. 近代中国社会的主要矛盾是（　　）。
   A. 资产阶级与无产阶级的矛盾，帝国主义与中华民族的矛盾
   B. 帝国主义与中华民族的矛盾，封建主义与人民大众的矛盾
   C. 封建统治阶级内部各集团派系之间的矛盾
   D. 各帝国主义国家在中国争夺的矛盾
3. 帝国主义列强对中国的争夺和瓜分的图谋达到高潮是在（　　）之后。
   A. 鸦片战争　　B. 中法战争
   C. 甲午战争　　D. 八国联军侵华战争
4. 辛亥革命是中国近代史上一次深刻的政治和思想解放。其中，“政治解放”是指（　　）。
   A. 打击了帝国主义的政治统治
   B. 结束了两千多年的封建君主专制制度
   C. 使资产阶级民主政治观念深入人心
   D. 建立了新民主主义国家
5. 毛泽东认为，中国革命的基本问题和中心问题是（　　）。
   A. 工人问题　　B. 农民问题
   C. 军队问题　　D. 政权问题
6. 国民革命失败后，中国红色政权能够存在和发展最根本的原因是（　　）。
   A. 中国的政治、经济发展不平衡　　B. 党的正确领导
   C. 有良好的群众基础　　D. 相当力量的正式红军的存在
7. 抗日战争时期，中国共产党在农村的土地政策是（　　）。
   A. 没收大地主的土地分配给农民　　B. 实行土地平均分配
   C. 没收一切土地分配给农民　　D. 减租减息

8. 确定毛泽东思想为中国共产党的指导思想的会议是(　　)。
A. 瓦窑堡会议　　B. 洛川会议
C. 遵义会议　　D. 中共七大

9. 国共重庆谈判的焦点是(　　)。
A. 建国方针问题　　B. 建国目标问题
C. 国大代表问题　　D. 军队和政权问题

10. 过渡时期总路线的主体是(　　)。
A. 实现国家的社会主义工业化
B. 对农业的社会主义改造
C. 对手工业的社会主义改造
D. 对资本主义工商业的社会主义改造

二、多选题（每题2分，共10分）

1. 鸦片战争使中国开始沦为半殖民地半封建社会，关于半殖民地半封建社会表述正确的是(　　)。
A. 政治上是半殖民地的，经济上是半封建的
B. 资本主义和封建主义生产关系各占一半
C. 封建经济逐步瓦解，资本主义有了一定发展
D. 国家形式上独立自主，实际上政治和经济方面都被外国列强控制
E. 半殖民地半封建社会是近代中国的基本国情

2. 旧民主主义革命时期，关于孙中山“三民主义”论述正确的是(　　)。
A. 民族主义是要以革命手段推翻满清政府
B. 民族主义包括反对帝国主义的主张
C. 民权主义即推翻君主专制制度，建立资产阶级的民主共和国
D. 民权主义即要保障人民的民主权利
E. 民生主义提出了“平均地权”的主张

3. 1912年3月中华民国临时参议院颁布的《中华民国临时约法》是中国历史上第一部具有资产阶级共和国宪法性质的法典。毛泽东曾称赞它“带有革命性、民主性”。其“革命性、民主性”主要体现在(　　)。
A. 它不承认清政府与列强签订的一切不平等条约
B. 它规定中华民国国民一律平等
C. 它规定中华民国之主权属于国民全体
D. 它以根本大法的形式废除了封建君主专制制度
E. 实现无产阶级专政

4. 毛泽东在论述“农村包围城市，武装夺取政权”理论时，提出的“工农武装割据”思想的主要内容是(　　)。
A. 统一战线　　B. 武装斗争

C. 土地革命　　D. 农村根据地建设

E. 党的建设

5. 中国共产党在中国革命中战胜敌人的三大法宝是(　　)。

A. 统一战线　　B. 武装斗争

C. 实事求是　　D. 党的建设

E. 群众路线

三、材料题（共 15 分）

材料 1

陈独秀在《新青年》上著文宣告："我们现在认定只有这两位先生（即"德先生"和"赛先生"），可以救治中国政治上、道德上、学术上、思想上一切的黑暗。"

材料 2

李大钊在《庶民的胜利》一文中写道"须知一个新生命的诞生，必经一番苦痛，必冒许多危险。……这新纪元的创造，也是一样的艰难，是进化途中所必须经过的，不要恐怕，不要逃避的。……须知这种潮流，是只能迎，不可拒的。我们应该准备怎么能适应这个潮流，不可抵抗这个潮流。"

材料 3

中华人民共和国成立前夕，毛泽东在一篇文章中指出："一九一七年的俄国革命唤醒了中国人，中国人学得了一样新的东西，这就是马克思列宁主义。中国产生了共产党，这是开天辟地的大事变。"

——摘自《毛泽东选集》

材料 4

习近平强调，中国产生了共产党，这是开天辟地的大事变。这一开天辟地的大事变，深刻改变了近代以后中华民族发展的方向和进程，深刻改变了中国人民和中华民族的前途和命运，深刻改变了世界发展的趋势和格局。

——习近平《在庆祝中国共产党成立 95 周年大会上的讲话》

依据给定材料，请回答：

1. 依据材料 1，请回答这一时期运动的主题、口号与内容。(5 分)

2. 依据材料 2 和材料 3，请分析作为外部条件的十月革命，是怎样影响了中国先进分子对马克思主义的选择？(5 分)

3. 依据材料 3 和材料 4，运用所学知识，分析为什么说"中国共产党的成立是开天辟地的大事变"。(5 分)

四、论述题（15 分）

在中国近代史中，资产阶级改良派的戊戌维新运动失败了；资产阶级革命派的辛亥革命虽然推翻了清王朝的统治，但其建立的民主共和政体最终还是流产了；在新民主主义革命时期，代表民族资产阶级、小资产阶级的各民主党派仍旧努力希望在中国建立资产阶级共和国，但最终他们不得不放弃自己的政治理想，而选择与中国共产党合作，共同创建了一个人民民主专政的国家，如毛泽东所说："就是这样，西方资产阶级的文明，资产阶级的民主主义，资产阶级共和国的方案，在中国人民的心目中，一齐破了产，资产阶级的民主主义让位给工人阶级领导的人民民主主义，资产阶级共和国让位给人民共和国。"（《论人民民主专政》《毛泽东选集》第4卷）

请结合中国近代的国情，运用所学知识分析：为什么资本主义道路在中国走不通？

四川大学期末考试试题（B卷）

（2016—2017学年第二学期）

一、单选题（每题1分，共10分）

1. 1840年鸦片战争以后，中国遭受西方列强“坚船利炮”的欺凌不断加深，中华民族面临生死存亡的形势也日益严峻，中国“睡狮”在西方列强的隆隆炮声中渐渐苏醒。促使中国人民的民族意识开始普遍觉醒的重大事件是(　　)。
   A. 中法战争
   B. 中日甲午战争
   C. 八国联军侵华战争
   D. 日本全面侵华战争
2. 帝国主义侵略中国的最终目的，是要瓜分中国、灭亡中国，但是帝国主义列强并没有能够实现瓜分中国的图谋，最根本的原因是(　　)。
   A. 帝国主义列强之间的矛盾和互相制约
   B. 帝国主义的社会内部矛盾
   C. 中华民族进行的不屈不挠的反侵略斗争
   D. 中国疆域辽阔、人口众多
3. 太平军所进行的战争，是一次反对清政府腐朽统治和地主阶级压迫、剥削的正义战争。最能体现太平天国社会理想与这次农民战争特点的纲领性文件是(　　)。
   A.《天朝田亩制度》　B.《资政新篇》
   C.《原道救世歌》　D.《原道醒世训》
4. 1898年6月11日，光绪帝颁布了“明定国是”谕旨，并在此后发布了一系列推行新政的政令，维新变法中在文化教育方面影响最大的改革举措是(　　)。
   A. 兴办京师大学堂　B. 废除八股，改试策论
   C. 翻译西书　D. 派遣留学生
5. 洋务运动是在19世纪60年代初清政府镇压太平天国起义的过程中和第二次鸦片战争结束后兴起的。洋务派倡导洋务运动的根本目的是(　　)。
   A. 抵御外来侵略　B. 维护封建经济
   C. 维护封建统治　D. 发展资本主义

6. 毛泽东在谈到辛亥革命时指出，辛亥革命有它胜利的地方，也有它失败的地方，“辛亥革命把皇帝赶跑，这不是胜利了吗？说它失败，是说辛亥革命只把一个皇帝赶跑。”毛泽东这里所说的“只把一个皇帝赶跑”是指（　　）。
   A. 没有推翻帝制
   B. 反帝反封建的革命任务没有完成
   C. 孙中山没有继续革命
   D. 袁世凯窃夺了胜利果实
7. 新文化运动是从1915年9月陈独秀在上海创办《青年杂志》（后改名《新青年》）开始的。新文化运动把斗争的矛头指向了儒家传统思想，是因为（　　）。
   A. 儒家思想阻碍了中国资本主义的发展
   B. 儒家思想比资产阶级思想落后
   C. 儒家思想不利于马克思主义的传播
   D. 儒家思想是维护封建制度的理论基础
8. （　　）标志着第一次国共合作的正式形成。
   A. 共产党一大的成功召开　　B. 共产党二大的成功召开
   C. 国民党一大的成功召开　　D. 共产党三大的成功召开
9. 1929年12月下旬，红四军党的第九次代表大会在福建上杭县古田村召开，会议总结了红军创立以来的经验，通过了著名的古田会议决议。决议的中心思想是（　　）。
   A. 中国共产党必须服从共产国际的领导
   B. 武装斗争是中国革命的主要形式
   C. 在农村根据地广泛开展土地革命
   D. 用无产阶级思想进行军队和党的建设
10. 毛泽东思想是马克思主义中国化的第一大理论成果，是在中国革命和建设的实践中逐步形成和发展起来的，在土地革命战争后期和抗日战争时期，毛泽东思想得到多方面展开而达到成熟，其标志是（　　）。
   A. 思想政治工作和文化工作理论的系统提出
   B. 新民主主义理论的系统阐明
   C. 人民民主专政理论的完整论述
   D. 农村包围城市和武装夺政权理论的科学概括

二、多选题（每题2分，共10分）

1. 1921年中国共产党的成立，是中国历史上划时代的里程碑，中国革命的面目焕然一新，从此中国革命有了（　　）。
   A. 正确的革命道路　　B. 科学的指导思想
   C. 坚强的领导核心　　D. 崭新的奋斗目标
   E. 土地革命

2. 毛泽东在论述“农村包围城市，武装夺取政权”理论时，提出的“工农武装割据”思想的主要内容是(　　)。

A. 武装斗争　　B. 土地革命

C. 党的建设　　D. 农村根据地建设

E. 资产阶级革命斗争

3. 为巩固抗日民族统一战线，共产党制定的策略总方针是“发展进步势力，争取中间势力，孤立顽固势力”，其中的中间势力指的是(　　)。

A. 民族资产阶级　　B. 开明绅士

C. 知识分子　　D. 地方实力派

E. 大地主大资产阶级的抗日派

4. 1949 年 3 月七届二中全会的主要内容是(　　)。

A. 规定了党在全国胜利后在政治、经济、外交方面应当采取的基本政策

B. 指出了中国由农业国转变为工业国的发展方向

C. 指出了中国由新民主主义转变为社会主义的发展方向

D. 指出了中国共产党廉政建设方向

E. 在中国共产党自身建设的问题上，提出了“两个务必”的思想

5. 中共中央在 1952 年底开始酝酿并于 1953 年正式提出党在过渡时期的总路线。当时，对这条总路线的内容有过一种通俗的解释：“好比一只鸟，它要有一个主体，它又要有一双翅膀。”那么过渡时期总路线的“两翼”是指(　　)。

A. 实现对农业的社会主义改造

B. 实现对知识分子的社会主义改造

C. 实现社会主义工业化

D. 实现对手工业的社会主义改造

E. 实现对资本主义工商业的社会主义改造

三、材料题（共 15 分）

材料 1

毛泽东：“任何转变，应以是否具备了转变的条件为标准，时间会要相当长。不到具备了政治和经济上一切应有的条件之时，不到转变对于全国最大多数人民有利而不是不利之时，不应当轻易谈转变。”

材料 2

1949 年 9 月，刘少奇代表中国共产党在政协第一届全体会议上的讲话中说：“在协商过程中，有些代表提议把中国社会主义的前途写进共同纲领中去，但是我们认为这还是不妥当的。因为要在中国采取相当严重的社会主义步骤，还是相当长久的将来的事情，是以后的事情，如在共同纲领上写上这一目标，很容易混淆我们在今天所要采取的实际步骤，无疑问，中国将来的前途，是要走到社会主义和共产主义去的。”

材料 3

1950 年 6 月举行的全国政协一届二次会议上，毛泽东进一步指出：在全国范围内实行社会主义改造，即实行私营工业国有化和农业社会化，这种时候还在很远的将来。要在国家经济事业和文化事业大为兴盛了之后，在各种条件具备了以后，在全国人民考虑并在大家同意了以后，才可以从容地和妥善地走进社会主义的新时期。

材料 4

1952 年 9 月 24 日，在中央书记处的一次会议上，毛泽东进一步明确提出："我们现在就要开始用 10 年到 15 年的时间基本上完成到社会主义的过渡，而不是 10 年或者以后才开始过渡。"

如上列材料所述，毛泽东等中国共产党领导人开始认为，新民主主义社会要持续 10 年、15 年，甚至更长时间，其目的是为向社会主义社会转变准备条件。可是，新中国成立仅三年，中共中央及毛泽东便修改原定计划，决定开始逐步过渡到社会主义社会。

请分析当时我国提早结束新民主主义社会，向社会主义社会过渡的原因。

四、论述题（15 分）

毛泽东同志在《中国革命和中国共产党》一文中说到："认清中国社会的性质，就是说，认清中国的国情，乃是认清一切革命问题的基本的依据。"

请结合近代中国的先进分子对国家出路的探索历程，运用所学知识，论述近代中国的基本国情与中国革命的关系。

四川大学期末考试试题（A卷）

（2017—2018学年第二学期）

一、单项选择题（每小题1分，共10分）

1. 中国近代史的起点是(　　)。

A. 郑和下西洋　　B. 鸦片战争

C. 洋务运动　　D. 戊戌维新运动

2. 近代中国半殖民地半封建社会的矛盾，呈现错综复杂的状况。其中占支配地位的主要矛盾中最主要的矛盾是(　　)。

A. 农民阶级与地主阶级的矛盾

B. 资产阶级与地主阶级的矛盾

C. 帝国主义与中华民族的矛盾

D. 封建主义与人民大众的矛盾

3. 资产阶级思想与封建主义思想在中国的第一次正面交锋是(　　)。

A. 维新派与守旧派的论战　　B. 洋务派与守旧派的论战

C. 革命派与改良派的论战　　D. 改良派与守旧派的论战

4. 1905年11月，在同盟会机关报《民报》发刊词中，孙中山将同盟会的纲领概括为三大主义，后被称为三民主义。其中孙中山希望“举政治革命、社会革命毕其功于一役”的思想反映在(　　)里面。

A. 民族主义　　B. 民主主义

C. 民权主义　　D. 民生主义

5. 开始采取资产阶级政党和政治派别没有采取过、也不可能采取的革命方法，即群众路线的方法是(　　)。

A. 中共一大　　B. 中共二大

C. 中共三大　　D. 中共六大

6. 从1927年7月大革命失败到1935年1月遵义会议召开前，“左”倾错误先后三次在党中央的领导机关取得统治地位。其中尤其(　　)，使中国革命受到严重挫折。

A. 以瞿秋白为代表的“左”倾盲动主义错误

B. 以李立三为代表的“左”倾冒险主义错误

C. 以王明为代表的“左”倾教条主义错误

D. 以博古为代表的“左”倾关门主义错误

7. 抗战时期，中国共产党在农村的土地政策是(　　)。

A. 没收大地主的土地分配给农民

B. 没收汉奸土地归抗日政府

C. 实行土地平分

D. 减租减息

8. 蒋介石成为美国“扶不起的天子”，就蒋介石集团内部而言，其最主要的原因是(　　)。

A. 不应该关闭与共产党和谈的大门

B. 政治腐败导致政治独裁，经济恶化、军事溃败

C. 不应该接受美国援助打内战

D. 中国近代历史运动发展的必然结果

9. 毛泽东提出“两个务必”思想的会议是(　　)。

A. 遵义会议　　B. 瓦窑堡会议

C. 中共七大　　D. 中共七届二中全会

10. 1949 年中华人民共和国成立，标志着中国从半殖民地半封建社会进入(　　)。

A. 社会主义社会

B. 资本主义社会

C. 新民主主义社会

D. 新民主主义到社会主义的过渡社会

二、简答题：(10 分)

以毛泽东为主要代表的中国共产党人是如何探索和开辟中国革命新道路的？

三、材料分析题：(共 10 分)

材料：

“中国反帝反封建的资产阶级民主革命，正规地说起来，是从孙中山先生开始的……五十年来，有它胜利的地方，也有它失败的地方。你们看，辛亥革命把皇帝赶跑，这不是胜利了吗？说它失败，是说辛亥革命只把一个皇帝赶跑，中国仍旧在帝国主义和封建主义的压迫之下，反帝反封建的革命任务并没有完成。”

(摘自毛泽东：《青年运动的方向》)

结合材料和所学知识，对于辛亥革命是成功了还是失败了这个问题，谈谈你的看法。

四、论述题：（共 20 分）

习近平总书记在纪念马克思诞辰两百周年大会上指出，实践已经证明，“马克思主义为中国革命、建设、改革提供了强大思想武器，使中国这个古老的东方大国创造了人类历史上前所未有的发展奇迹。历史和人民选择马克思主义是完全正确的。”试结合所学知识，分析马克思主义传入中国并被广泛接受的历史背景。

四川大学期末考试试题（B卷）

（2017—2018学年第二学期）

一、单项选择题（每小题1分，共10分）

1. 鸦片战争前中国封建社会的主要矛盾是（　　）。
   A. 地主阶级和农民阶级的矛盾　　B. 帝国主义和中华民族的矛盾
   C. 资产阶级和工人阶级的矛盾　　D. 封建主义和资本主义的矛盾
2. 资产阶级思想与封建主义思想在中国的第一次正面交锋是（　　）。
   A. 维新派与守旧派的论战　　B. 洋务派与守旧派的论战
   C. 革命派与改良派的论战　　D. 改良派与守旧派的论战
3. 中国第一个资产阶级革命政党是（　　）。
   A. 兴中会　　B. 中国同盟会
   C. 中华革命党　　D. 中国国民党
4. 标志中国新民主主义革命开端的运动是（　　）。
   A. 新文化运动　　B. 五四运动
   C. 保路运动　　D. 五卅运动
5. 在中国大地上率先举起马克思主义旗帜的是（　　）。
   A. 李大钊　　B. 陈独秀
   C. 蔡和森　　D. 毛泽东
6. 1927年8月，中国共产党召开（　　）会议，确定了土地革命和武装反抗国民党反动统治的总方针。
   A. 八七会议　　B. 洛川会议
   C. 遵义会议　　D. 古田会议
7. 1937年7月，日本帝国主义制造了开始全面侵华战争的（　　）。
   A. 九一八事变　　B. 一・二八事变
   C. 华北事变　　D. 卢沟桥事变
8. 抗战时期，中国共产党在农村的土地政策是（　　）。
   A. 没收大地主的土地分配给农民　　B. 没收汉奸土地归抗日政府
   C. 实行土地平分　　D. 减租减息

9. 蒋介石成为美国“扶不起的天子”，就蒋介石集团内部而言，其最主要的原因是(　　)。
   A. 不应该关闭与共产党和谈的大门
   B. 政治腐败导致政治独裁，经济恶化、军事溃败
   C. 不应该接受美国援助打内战
   D. 中国近代历史运动发展的必然结果
10. 1949 年中华人民共和国成立，标志着中国从半殖民地半封建社会进入(　　)。
   A. 社会主义社会
   B. 资本主义社会
   C. 新民主主义社会
   D. 新民主主义到社会主义的过渡社会

二、简答题（10 分）

简要回答过渡时期总路线的基本内容。

三、材料分析题（共 10 分）

材料 1

曾国藩说：“今日和议既成，中外贸易有无交通，购买外洋器物，尤属名正言顺。购成之后，访募覃思之士，智巧之匠，始而演习，继而试造，不过一二年，火轮船必为中外官民通行之物，可以剿发捻，勤远略。”

材料 2

奕䜣说：“就今日之势论之，发捻交乘，心腹之患也。俄国壤地相接，有蚕食上国之志，肘腋之患也。英国志在通商，暴虐无人理，不为限制则无以自立，肢体之患也。故灭发捻为先，治俄次之，治英又次之。”

材料 3

冯桂芬说：“以中国之伦常名教为原本，辅以诸国强富之术。”

请回答：

参考材料 1、材料 2、材料 3，说明洋务派兴办洋务事业的指导思想和目的是什么？

四、论述题（共 20 分）

毛泽东指出：“一九一七年的俄国革命，唤醒了中国人，中国人学得了一样新的东西，这就是马克思列宁主义。中国产生了共产党，这是开天辟地的大事变。”请结合这段话和所学知识，论述为什么说中国共产党的成立是“开天辟地的大事变”？